문화와 예술을 사랑해야 하는 이유 _ 안휘준

1. 미적 창의성과 예술성의 구현

2. 감성과 정서의 진솔한 표현

3. 문화와 역사 연구의 긴요한 사료

4. 새로운 창작을 위한 밑거름

한국의 미술문화와 전시

한국의 미술문화와 전시

2022년 7월 5일 초판 1쇄 찍음
2022년 7월 15일 초판 1쇄 펴냄

지은이 안휘준

편집 김천희
표지·본문 디자인 김진운
본문 조판 민들레
마케팅 최민규

펴낸이 고하영
펴낸곳 (주)사회평론아카데미
등록번호 2013-000247(2013년 8월 23일)
전화 02-326-1545
팩스 02-326-1626
주소 03993 서울특별시 마포구 월드컵북로6길 56

ISBN 979-11-6707-068-5 93600

한국의 미술문화와 전시

안휘준

사회평론아카데미

머리말

일부 학자들은 책과 논문 이외에 이른바 '잡문(雜文)'이라는 글도 쓴다. 논문처럼 격식을 갖추어 제대로 쓴 글이 아니라 자기 멋대로 자의적으로 쓴 글이라는 약간은 비하하는 듯한 냉소적인 개념이 소위 '잡문'이라는 단어에 배어 있다는 생각이 든다.

저자도 이런 범주에 속하는 글을 누구 못지않게 많이 쓴 편이다. 신문, 잡지, 각급 기관과 단체들로부터 청탁을 받아서 쓴 것들이 대부분을 차지한다.

청탁 시에는 몇 가지 요구 조건이 으레 따라온다. 이를테면 현안에 대한 전문가로서의 저자의 견해는 어떤 것인지 밝혀달라는 것, 원고의 분량은 200자 원고지로 몇 매가 넘지 않도록 해달라는 것, 원고의 마감 시일은 언제까지라는 것 등이다.

이런 조건들을 충족시키면서 논리정연하고 일목요연한 좋은 글을 쓰기 위해서는 많은 조사와 사실 확인, 여러 가지 생각들의 합리적인 조율, 집중적이고 깔끔한 집필 등의 과정을 거쳐야 한다.

'잡문'이라는 단어가 얼마나 부당하고 잘못된 것인지 알 수 있다. 그래서 저자는 스스로 '학술단문(學術短文/학술적인 성격의 짧은 글)'이라는 용어를 만들어서 사용하고 있다. 저자는 학술단문이 논문에 버금가는 중요한 글이라고 생각한다. 내용의 명쾌한 전달의 측면에서는 오히려 길고 장황한 논문보다 효율적인 장점까지 지니고 있다.

저자가 쓴 많은 학술단문들 중에서 2000년 이전에 나온 중요한 것들은 2000년에 시공사에서 낸 졸저 『한국의 미술과 문화』와 『한국 회화의 이해』 두 권의 책들에 담겨 있다. 꾸준히 거듭해서 찍고 있어서 독자들의 식지 않는 관심과 사랑을 느끼게 한다.

2000년 이후에 쓴 글들도 이번에 두 권의 책자(이 책과 『나의 한국 미술사 연구』)에 담겨 빛을 보게 되었다. 여간 다행한 일이 아니다. "구슬이 서 말이라도 꿰어야 보배"라는 말을 절감한다. 그렇지 않으면 흩어져 있는 상태로 잊혀질 수도 있기 때문이다.

이로써 저자가 평생 공들여 쓴 학술단문들은 도합 네 권의 책자들에 분산, 게재되어 새 생명을 얻게 된 셈이다.

이 밖에 학술대회 총평, 개별 학술발표자들에 대한 토론, 학술좌담, 저자가 사회를 보면서 주도했던 한국미술사에 대한 시대별, 분야별 연속 종합토론 등 상당수가 책으로 묶이지 못한 채로 남아 있으나 그것들까지 챙길 겨를과 여력이 저자에게 생길지는 가늠하기 어렵다.

이 책에는 미술문화 및 전시와 연관된 글들만을 실었다. 연구 및 저술과 관련된 글들은 다른 책(『나의 한국 미술사 연구』)에 실렸다.

이 책의 제I장에는 「국보(國寶)의 의의」와 「한국의 세계 제일 국가 유산」을 위시한 문화재에 관한 글들을, 제II장에는 「한국미의 근원: 청출어람의 신경지」와 「한국 고미술의 재인식」을 비롯한 미술 관련 단문들을, 그리고 제III장에는 「조선시대 초상화는 어떻게 발달했을까」와 졸저들 어디에도 포함된 바 없는 「안견(安堅)」 등 회화 관계의 글들을 실었다.

이어서 제IV장에는 「그래도 박물관은 지어야-용산 국립박물관 문제의 해법-」 및 「사립(私立)박물관을 생각한다」를 위시한 박물관(미술관)에 관한 글들이, 제V장에는 저자와 인연이 깊은 문화인들에 관한 단문들이 게재되어 있다.

제VI장에는 미술문화의 꽃이자 열매이기도 한 전시에 관해 쓴 40여 편의 글들을 실었다. 국공립박물관과 사립미술관, 화랑들이 개최한 고미술전들을 비롯하여 단체와 개인들이 연 현대회화전에 이르기까지 다양한 내용이다. 서예전과 복식전에 관한 글들도 포함되어 있다. 대부분 청탁을 받아 쓴 것들이지만 역사에 남을 중요한 전시회도 상당수 다루어져 있다. 여러 가지 전시를 묶어서 종합 고찰한 연구서가 눈에 띄지 않는 현재의 상황에서 이곳의 글들은 나름대로 참고가 되지 않을까 생각된다.

미술사가와 문화재 전문가로 평생을 지내오면서 신문과 잡지사의 요청에 따라 종종 인터뷰도 하게 되었다. 인터뷰 기사 14편을 제VII장에 함께 묶어 놓았다. 문화재청 국외소재문화재재단의 초대 이사장으로서 해외의 우리 문화재에 관하여 가졌던 9건의 인터뷰 기사들은 졸저 『한국의 해외문화재』(사회평론아카데미, 2016)에 정리되어 있어서 중복을 피해 이 책에는 싣지 않았다. 인터뷰 기사는 글과는 다른 생동감과 현장감을 느끼게 하여 쉽게 외면하기 어렵다. 인터뷰를 맡아준 신문사와 잡지사의 기자들과 사진기자들께 감사한다.

이 모든 것이 가능하게 된 것은 사회평론의 윤철호 대표와 김천희 소장 덕분이다. 코로나19와 경제적 어려움에도 불구하고 졸저들을 내주시는 데 대하여 충심으로 감사한다. 또한 옛 원고의 수합 및 편집 과정에서 서울대학교 규장각한국학연구원 이경화 선임연구원의 도움을 받았다.

한평생 인생을 살면서 수많은 분들에게 신세를 지거나 은덕을 입었다. 일일이 갚지 못하니 빚진 인생이 되고 말았다. 여간 죄송스러운 일이 아니다. 그 중에서도 세 분은 각별하다. 저자에게 남다른 시각으로 고향을 떠나 서울에서 공부할 수 있도록 길을 터주신 외숙모 김양순 씨, 집 없는 대학생 조카가 서울에서 머물 수 있도록 거처를 내주시고 격려를 아끼지 않으신 큰이모 박옥순 씨, 아들을 위해 온갖 어려움을 감내하신 어머니 박진순 씨, 이 세 분은 특히 고맙기 비할 데가 없다. 이 세 분에게 작은 보은의 뜻으로 넘치는 감사와 사랑을 담아 이 책을 영전에 삼가 바친다.

2022년 1월 25일 밤

우면산하 서재에서

저자 안휘준 적다

차례

III. 회화 153

IV. 박물관·미술관 215

V. 문화인들 251

VI. 전시 289

VII. 인터뷰 463

I

문화재

국보(國寶)의 의의*

안휘준
서울대학교 명예교수·전 문화재위원장

1. 머리말

우리는 '국보(國寶)', '보물(寶物)', '국보급', '보물급'이라는 말을 주변에서 종종 듣는다. 흔히 빼어난 문화재 혹은 문화유산을 지칭하는 말이지만 간혹 뛰어난 인재에게도 비공식적으로 사용된다. 이미 고인이 된 어느 유명한 문인이 스스로를 '국보' 아무개라고 자칭했던 것은 그 한 가지 예라 하겠다.

사전적 의미로는 '국보'란, 말 그대로 '나라의 보물' 또는 '나라의 보배'라고 풀이된다. 다시 더 풀어서 말하면 '나라를 대표하는 보물이나 보

---

* 『萬海祝典 자료집(하)』(백담사 만해마을, 2009), pp. 377-390; 『국보사랑 시운동: 국보의 원형심상과 시적 상상력』(한국시인협회, 2009), pp. 6-16.

배', 혹은 '나라에서 특히 중요한 보물과 보배'라는 뜻으로 받아들여질 수도 있을 것이다. 이처럼 '국보'라는 단어는 사용하는 사람에 따라 이렇게 저렇게 약간씩 뉘앙스가 다를 수도 있다는 생각이 든다. 그래서 필자가 말하는 '국보'라는 단어의 의미를 먼저 분명하게 밝혀둘 필요가 있다. 필자가 이곳에서 얘기하는 '국보'라는 말은 '국가가 합법적인 절차를 밟아서 공식적으로 지정한 나라의 보배'라는 뜻이라는 점을 분명히 해두고 싶다.

국가가 공식적으로 지정한 문화재나 문화유산이 모두 국보가 되는 것은 아니다. 오직 '국보'라는 명칭을 붙여서 지정한 경우에만 공식적인 국보로 인정된다. 예를 들어서 '보물'이나 다른 명칭으로 지정된 문화재나 문화유산은 '국보'로 일컬어질 수 없다. 그런 의미에서 '국보'라는 말은 '국가 최상의 문화재와 문화유산'이라는 위계(位階)의 개념이 강하게 배어 있다고 볼 수 있다. 따라서 '보물'은 '국보' 다음의 문화재라는 차등의 개념을 내포하고 있다고 하겠다.

2. 국보는 어떻게 태어나나

문화재나 문화유산이 국보로 지정되려면 그것에 합당한 조건을 갖추고 있어야 하고 정당한 법적, 행정적 절차를 거쳐야만 한다. 그래서 국보 지정의 조건과 절차에 한하여 간략하게나마 소개할 필요가 있겠다.

1) 국보 지정의 조건

국보는 몇 가지 조건들을 충족시킬 때에만 비로소 태어날 수 있다.

첫째는 대한민국의 주권(主權)이 미치는 곳에 소재해 있어야 한다. 대한민국 주권이 미치지 않는 북한이나 일본을 위시한 외국에 소재하고 있는 문화유산은 아무리 뛰어나도 지정될 수가 없다. 설령 우리 정부가 지정하고 싶어도 지정 후의 법적, 행정적 관리의 실효성이 없기 때문에 고려의 대상에서 제외될 수밖에 없다. 이 점은 비단 국보의 경우만이 아니라 보물을 포함한 모든 범주의 지정에 있어서도 마찬가지임은 물론이다.

둘째는 한국인이 만든 한국 문화재이어야만 한다. 외국인이 만든 국내 소재의 외국 문화재는 아직은 대상이 아니다. 그러나 앞으로는 대한민국의 주권이나 통치권 안에 소재하는 외국의 문화재도 국익에 도움이 된다고 판단되면 지정 대상에 포함시키는 것이 바람직할 것으로 믿어진다.

셋째로 국보 지정의 범위가 제한적이다. 우리 국가가 지니고 있는 국가 유산은 문화유산과 자연유산으로 대별되는데 국보와 보물은 문화유산 중에서도 '유형문화재'만이 지정 대상이 된다. 예를 들어 자연유산은 '천연기념물'과 '명승'으로 지정되며 국보나 보물의 명칭은 부여되지 않는다. 문화유산 중에서도 국보와 보물은 대부분 건축문화재와 동산문화재(회화, 서예 전적(典籍), 서적, 조각, 과학기기, 각종 공예 등) 중에서 지정된다. 다른 문화유산은 사적(史蹟) 및 명승(名勝), 중요 무형(無形)문화재(속칭 인간문화재), 중요 민속자료 등으로 종류에 따라 구분하여 지정된다. 이 분야들의 문화재들은 국보나 보물로 불리지 않는다. 그러나 그렇다고 해서 이들 국가지정문화재들이 반드시 국보나 보물만 못하다는 것을 의미하지는 않는다. 이러한 분야들의 문화유산 중에도 국보급이나 보물급이 있을 수 있지만 종류에 따라 그렇게 구분지어 지정하는 것이다. 어쨌든 이처럼 국보와 보물은 제한된 분야에서만 지정이 되어왔다고 볼 수 있다.

이러한 국가지정문화재 이외에 근대문화재를 주 대상으로 하는 '등록

문화재' 제도가 새로 생겨서 시행되고 있고, 지방자치단체(특별시장, 광역시장, 도지사)가 지정하는 '시, 도 지정 문화재' 및 '문화재 자료'가 있다.

넷째로 국보는 대표적인 '문화재'로서 최상의 격조를 갖추고 있어야 지정될 수 있다. 문화재보호법에 의하면 '문화재'라 함은 "인위적, 자연적으로 형성된 국가적, 민족적, 세계적 유산으로서 역사적, 예술적, 학술적, 경관적 가치가 큰 것으로서 다음의 것을 말한다."라고 규정하면서 유형문화재, 무형문화재, 기념물, 민속자료 등 유형별(類型別)로 정의하고 있다(『문화재연감』(문화재청, 2006), p. 30). 이는 국보와 보물을 포함한 모든 지정 대상 문화재에 관한 전제조건을 제시한 것이라고 볼 수 있다. 국보에 대해서는 "유형문화재 중 중요한 것을 보물(寶物)로 지정하고…… 보물에 해당하는 문화재 중 인류문화의 견지에서 가치가 매우 높고 유례가 드문 것을 국보로 지정"한다 라고 되어 있어서 국보는 보물 중에서 지정하며 그 등급이 보물보다 위임을 밝히고 있다. 그리고 국보의 조건에 관해서는 "역사적, 학술적, 예술적 가치가 큰 것, 제작 연대가 오래되고 그 시대를 대표하는 것, 제작 의장이나 제작 기법이 우수해 그 유례가 적은 것, 저명한 인물과 관련이 깊거나 그가 제작한 것" 등을 대상으로 한다고 정의하고 있다. 여기에 필자가 나름대로 사족을 단다면 대체로 다음과 같은 것들을 제시할 수 있을 듯하다(안휘준, 「『한국의 국보』 발간에 앞서」, 『韓國의 國寶』(문화재청 동산문화재과, 2007), pp. 8-9).

① 창의성과 한국적 예술성이 뚜렷해야 한다.

② 기록성과 사료성(史料性)이 뚜렷해야 한다.

③ 해당 분야와 시대를 대표하는 것이어야 한다.

④ 보존상태가 격에 걸맞게 양호해야 한다.

⑤ 연대가 오래되어야 한다.

이러한 조건들은 보물의 경우에도 적용되지만 국보의 경우에는 더욱 엄격함과 훨씬 높은 격조가 요구된다.

2) 국보 지정 절차

해당 분과위원회의 심의에서 지정할 만한 가치가 있는지 여부가 결정되며, 지정할 만한 가치를 지니고 있다고 판단되는 문화재들은 일단 한 달간의 지정 예고 과정을 거친다. 일 개월 간의 지정 예고 기간에 아무런 이의가 제기되지 않으면 다시 분과위원회의 심의에 부쳐 정식으로 지정키로 의결한다. 그러면 일단은 '보물'로 지정되며, '국보'는 이미 지정된 보물들 중에서 특별히 중요하고 격조가 높은 극소수의 작품들만을 선정하여 국보 승급 여부를 심의한다. 국보 승급을 위한 위원회는 해당 문화재에 대한 전문성이 뛰어난 위원들과 각 분과위원장들로 구성되는 것이 통례이다. 종래에는 국보심의분과위원회가 별도로 설치되어 있었으나 2009년에 폐지되었다. 별도의 위원회가 있든 없든 그 구성은 대체로 마찬가지이다. 이때의 위원장은 문화재위원회 전체 위원장이 맡는다.

국가지정문화재인 보물 지정에서 탈락된 문화재 중에서 학술적 가치가 다소 높다고 판단되는 것들은 해당 지역의 시·도 지정 문화재로 지정되도록 권고하기도 한다. 지방에 소재하는 문화재들을 보물 등 국가문화재로 지정받고자 할 경우에는 먼저 일단 지방문화재인 시·도 문화재로 지정받는 것이 필요하다. 지방에서 그 지역 시·도 지정을 받은 후에 그것을 토대로 국가지정문화재인 보물로 승급을 위한 신청을 문화재청에 접수시킬 수 있으며 문화재청은 이렇게 신청 접수된 문화재들을 해당 분과위원회의 회의에 회부하게 된다.

국보와 보물 등 문화재의 지정 과정에서 전문적인 심사와 의결은 문화재위원회와 위원들이 하지만 조사 의뢰와 지원, 지정 예고와 공표 등 일체의 행정적인 절차는 문화재청과 청장이 담당한다.

문화재를 지정할 때에는 관리와 행정상의 편의를 위하여 번호를 부여하게 된다. 새로 지정되는 국보나 보물 등 문화재가 이미 지정된 것들과 동종(同種)일 경우에는 앞서 붙여진 번호에 곁들여 가지번호를 부여하기도 한다.

국민들 중에는 이러한 문화재의 지정번호에 대하여 단순한 행정적 순번이 아니라 중요성의 순서를 의미하는 것으로 오인하는 경우가 적지 않다. 즉 국보 1호면 국보 중에서도 첫 번째의 가장 중요한 것으로, 보물 1호면 보물들 중에서도 으뜸가는 것으로 여기는 경향이 그 전형적인 예이다. 국보 1호인 숭례문(崇禮門, 남대문)이 화재를 당했을 때 국민들의 절망감이 다른 문화재의 화재를 당했을 때보다 훨씬 크고 심각했던 데에는 1호라는 번호가 지닌 상징성도 어느 정도 한몫으로 작용했을 가능성이 있다는 생각이 든다.

숭례문이 화재로 인하여 국보 1호의 지위를 잃게 되었다는 전제하에 어떤 문화재를 대신 국보 1호로 결정할 것인가의 문제를 놓고 일각에서 갑론을박했던 것도 같은 맥락에서 이해된다. 불행 중 다행으로 숭례문은 2층만 크게 손상되었을 뿐 70% 정도가 온전히 남아 있어서 문화재위원회는 연석회의를 열어 숭례문의 국보 1호 지위를 그대로 유지시키기로 결정한 바 있다. 이로써 더 이상의 논란은 없게 되었다. 만약 국보 1호를 국보들 중에서 가장 첫 번째로 중요한 것으로 전제하고 다시 정한다고 가정하면 그 혼란은 말할 수 없이 클 것이다. 어떤 작품을 1호로 할 것인지도 문제이지만 원칙적으로는 다른 국보들도 중요성에 따라 그 순번이 재조명되어야 마땅할 것이기 때문이다. 그뿐만이 아니라 새로 지정되는 국보들도 번호 때문에 두통거리가 될 것이다.

이 기회에 숭례문이 국보 1호가 된 배경에 대한 이해를 해두는 것이 좋을 듯하다. 처음으로 국보와 보물의 번호를 결정할 때 우선적으로 고려했던 원칙은 지역적으로는 경기도에 앞서서 서울, 분야로는 건조물이었다. 이 두 가지 원칙에 따르면 당연히 서울의 도성(都城)이 그 첫 번째 대상이 되지만 도성은 사적이어서 국보나 보물로 지정하기에 부적합하다. 그래서 도성에 나 있는 4대문들이 고려의 대상이 되었고 그중 서울의 정문(正門)인 남대문, 즉 숭례문이 가장 중요하므로 국보 1호가 되었고 그다음으로 중요한 동대문이 보물 1호로 결정되었던 것이다. 즉 4대문들 사이에는 경중의 차이가 국보 1호와 보물 1호로 구체화되었지만, 그렇다고 국보 1호인 숭례문이 모든 국보들 중에서 최고로 중요하다는 의미는 아니다. 국보 1호는 앞에서 얘기한 원칙들, 즉 서울의 도성에서 제일 중요한 문이어서 행정적 편의상 붙여진 번호일 뿐인 것이다.

국보든 보물이든 같은 범주 안에서의 번호는 결코 중요성의 순번만을 나타내는 번호가 아닌 것이다. 지정 순서에 따라 편의상 붙여진 측면이 강하다. 그러므로 문화재에 붙여진 번호에 대하여 잘못된 통념을 버리고 올바르게 이해하는 것이 요구된다.

3) 국가지정문화재의 현황

그동안 국가가 지정한 문화재의 숫자는 2008년 12월 31일 현재 모두 3,178점으로 그중 국보는 309점, 보물은 1,573점, 사적 478건, 사적 및 명승 10건, 천연기념물 389건, 중요무형문화재 114건, 중요민속자료 254건이며 시도무형문화재 9,953건까지 합치면 지정문화재는 총 16,309점에 이른다. 그리고 등록문화재는 서울 65건을 비롯하여 모두 422건이다. 이상의 구체적인 내용은 〈표 1〉에 밝혀져 있다.

표 1 문화재 지정·등록 현황

■ 지정문화재 ('08.12.31. 현재)

구분	2000	2001	2002	2003	2004	2005	2006	2007	2008	비고
총계	7,994	8,271	8,544	8,722	8,915	10,171	12,485	12,785	16,309	
국가지정문화재	2,684	2,731	2,761	2,812	2,859	2,908	2,990	3,080	3,178	
-국보	302	303	304	305	306	307	307	309	309	
-보물	1,291	1,315	1,337	1,371	1,401	1,420	1,479	1,512	1,573	
-사적	410	423	428	439	445	453	457	474	478	
-사적 및 명승	9	9	9	9	9	9	9	10	10	
-명승	7	7	7	10	12	13	19	30	51	
-천연기념물	327	329	329	330	337	360	365	379	389	
-중요무형문화재	104	108	108	108	109	110	112	113	114	
-중요민속자료	234	237	239	240	240	241	242	253	254	
시도무형문화재	3,672	3,831	3,994	4,078	4,163	4,350	6,506	6,625	9,953	

■ 등록문화재 ('08.12.31. 현재)

구분	서울	부산	대구	인천	광주	대전	울산	경기	강원	충북	충남	전남	경북	경남	제주	기타	합계
등록문화재	65	10	8	5	10	16	5	26	33	21	28	66	27	36	21	0	422

국가지정문화재 중에서 국보와 보물만을 보면 동산문화재의 비중이 제일 큰데 그 유형별, 소재지별, 소유자별 현황은 문화재청이 작성한 〈표 2〉에 상세하게 밝혀져 있다.

표 2 국가지정 동산문화재 현황

■ 유형별 현황 (2007.04.07. 현재)

구분	회화	전적	서적	조작	과학기기	공예	계
국보	21 (21)	56 (61)	1 (1)	38 (38)	4 (5)	100 (100)	120 (225)
보물	184 (193)	409 (459)	7 (33)	92 (92)	69 (76)	212 (220)	973 (1,073)
계	205 (241)	465 (520)	8 (34)	130 (130)	73 (81)	312 (320)	1,193 (1,299)

* ( )는 가지번호 포함

■ 소재지별 현황

구분	서울	부산	대구	인천	광주	대전	울산	경기	강원	충북	충남	전북	전남	경북	경남	제주	합계
국보	141 (146)	3 (4)	3 (3)	1 (1)	0 (0)	0 (0)	0 (0)	8 (8)	5 (5)	4 (4)	21 (21)	3 (3)	5 (5)	22 (22)	4 (4)	0 (0)	220 (226)
보물	469 (518)	15 (22)	23 (26)	16 (17)	5 (5)	2 (3)	0 (0)	80 (91)	10 12)	34 (36)	35 (42)	39 (41)	76 (78)	121 (128)	47 (50)	1 (4)	973 (1,073)
계	610 (684)	18 (26)	26 (29)	17 (18)	5 (5)	2 (3)	0 (0)	88 (99)	15 (17)	38 (40)	56 (63)	42 (44)	81 (83)	143 (150)	51 (54)	1 (4)	1,193 (1,299)

* ( )는 가지번호 포함

■ 소유자별 현황

구분	국공립기관	대학박물관	사찰	사립박물관	서원, 문중, 개인	합계
국보	94 (98)	13 (13)	29 (29)	58 (59)	26 (27)	220 (226)
보물	254 (279)	65 (84)	236 (251)	187 (194)	231 (265)	973 (1,073)
계	348 (377)	78 (97)	265 (280)	245 (253)	257 (292)	1,193 (1,299)

* ( )는 가지번호 포함

표 3 해외 소재 우리 문화재 현황 ('08.12.31. 현재)(단위 점)

소장국	소장 수량	주요 소장처
일본	34,369	동경국립박물관 등
미국	18,635	스미소니언프리어 미술관 등
영국	6,610	영국박물관 등
독일	5,221	함부르크민속박물관 등
러시아	1,603	동양예술박물관 등
프랑스	2,121	국립기메동양박물관 등
중 국	1,434	요령성박물관 등
덴마크	1,240	덴마크 국립박물관 등
캐나다	1,080	로얄온타리오박물관 등
네덜란드	820	국립라이덴박물관 등
스웨덴	804	동아시아박물관 등
오스트리아	679	비엔나민속박물관 등
바티칸	500	바티칸민속박물관 등
스위스	457	스위스 민족학박물관 등
체 코	250	체코 국립박물관 등
폴란드	135	바르샤바 국립박물관 등
벨기에	82	왕립미술역사박물관 등
헝가리	58	호프훼렌쯔동아시아박물관 등
호주	28	뉴사우스웨일즈박물관 등
이탈리아	17	성천사의 성 박물관

■ 해외문화재 환수 현황: 10개국 7,466점

- 국가별 현황: 일본 4,416점, 미국 1,230점, 뉴질랜드 186점, 프랑스 4점, 이탈리아 59점, 호주 1점, 캐나다 20점, 노르웨이 1점
- 환수방법 : 정부 간 협정 1,728점, 기증 5,398점, 구입 338점

이 밖에 해외에 흩어져 있는 우리나라 문화재의 숫자는 일본의 34,369점을 필두로 총 76,143점에 달하는 것으로 밝혀져 있다(표 3 참조). 문화재청이 작성한 〈표 3〉의 통계자료가 반드시 정확하다고 볼 수는 없겠지만 우리 문화재의 해외 분포 상황을 이해하는 데에는 크게 참고가 됨을 부인할 수 없다. 실제로는 〈표 3〉의 통계자료보다도 오히려 훨씬 더 많을 것으로 추측되며 이 중에는 물론 국보급과 보물급의 문화재들도 상당수 포함되어

표 4 세계유산 등록 현황 ('08.12.31. 현재)

<table>
<tr><th colspan="3">구분</th><th>세계유산</th><th>기록유산</th><th>무형문화재</th></tr>
<tr><td rowspan="3">등재현황</td><td rowspan="2">한국</td><td>등재
(17건)</td><td>8건
석굴암·불국사, 해인사장경판전, 종묘(95.12.9), 창덕궁, 화성(97.12.6), 경주역사유적지구, 고창·화순, 강화고인돌유적(2000.12.2), 제주화산섬과 용암동굴(2007.6.27)</td><td>6건
조선왕조실록, 훈민정음(97.10.1), 직지심체요절, 승정원일기(2001.9.24), 해인사 팔만대장경판 및 제 경판, 조선왕조의궤(2007.6.14)</td><td>3건
종묘제례 및 종묘제례악(2001.5.18), 판소리(2003.11.7), 강릉단오제(2005.11.25)</td></tr>
<tr><td>잠정
목록</td><td>8건
삼년산성, 강진 도요지, 공주 무령왕릉, 설악산 천연보호구역, 안동하회마을, 월성양동마을, 남해안일대공룡화석지, 조선시대의 왕릉과 원</td><td>없음
*무구정광대다라니경, 동의보감 등이 예비목록으로 선정된 바 있음(2005.12)</td><td>4건
옹기장, 처용무, 제주칠머리당굿, 나전장</td></tr>
<tr><td colspan="2">세계</td><td>878건(145개국)
(문화 679, 자연 174, 복합 25)
이탈리아 43건, 중국 37건, 일본 14건
■위험에 처한 유산: 30건(24개국)</td><td>158건
중국 5건
오스트리아 10건
독일 10건 등</td><td>90건
한국, 중국, 일본, 인도, 볼리비아 각 3건 등</td></tr>
</table>

있음을 외국 박물관들의 소장품 전시만을 통해서도 쉽게 확인된다.

이 문화재들 중에서 외국의 박물관들에 들어가 있는 것들은 전시를 통하여 한국문화의 해외 홍보에 일조를 하고 있어서 그나마 다행이지만 개인들의 손에 쥐어져 있는 것들은 사장(私藏)되어 말 그대로 사장(死藏)된 상태여서 안타까움을 금할 수 없다.

우리나라 문화재들 중에는 세계유산 8건, 기록유산 6건, 무형문화유산 3건 등 총 17건이 이미 유네스코의 세계유산으로 등재되어 있고(표 4 참조), 앞으로도 더욱 많은 문화재가 세계적 공인을 받게 될 것으로 전망된다. 이러한 문화재들은 국내의 국보나 보물, 사적, 무형문화재로서만이 아니라 세계적으로 공인될 것들이어서 그 비중이나 위상이 더욱 크다고 하겠다.

3. 국보는 어떤 의미를 지니고 있나

국보가 지닌 의미는 대단히 크고 그 무게는 더없이 막중하다.

첫째, 국보는 '보물 중의 보물'로서 우리 문화유산의 대표라 할 수 있다. 이에 대하여는 굳이 긴 설명을 요하지 않는다. 이미 앞에서도 언급하였듯이 이미 지정된 보물들 중에서 특별히 격조가 높고 예술적, 학술적, 문화적, 역사적 의미가 특히 큰 것들만 엄선하여 지정하기 때문이다. 따라서 지정 절차상으로나 그 비중에 있어서나 보물 중의 보물이라 할 수 있다.

둘째, 국보는 보물을 비롯한 다른 문화재들과 마찬가지로 우리 한민족의 창의성과 지혜, 미의식과 기호(嗜好)를 가장 잘 구현하고 있어서 우리 문화와 정체성(正體性)의 표상(表象)이라 할 수 있다.

셋째, 국보의 대부분은 세계 제일, 혹은 유일의 문화재로서 청출어람(青出於藍)의 경지를 보여준다. 그리고 동아시아나 세계의 예술과 문화의 발전에 한민족이 기여한 바를 가장 확실하고도 분명하게 드러낸다.

이 밖에도 국보는 다른 문화재들과 마찬가지로 기록성, 사료성(史料性), 종교성, 과학성 등을 내포하고 있다.

4. 국보를 어떻게 할 것인가

우리에게 더할 나위 없이 소중한 국보를 위시한 문화재를 어떻게 할 것인가에 대하여 신중하게 생각해볼 필요가 있다.

첫째는 온전하게 보존하는 일이다. 국보를 포함한 문화재들은 대부분 지극히 희소하고 손상되기 쉬워서 그 보존 문제는 무엇보다도 심각하고 중요하다. 재료도 종이, 섬유, 흙, 돌, 목재, 금속 등 다양하여 재질에 따른 특성을 살리는 보존 대책의 수립과 관리가 요망된다. 이와 관련해서는 검토할 사항들이 너무나 많아서 이곳에서 섣불리 얘기하기 어렵다.

둘째는 국보를 위시한 문화유산에 대한 보다 적극적이고 심층적인 연구가 요구된다. 이를 위해 새 연구 인력의 양성, 연구와 조사의 활성화 등이 필요하다고 본다.

셋째는 각급 학교의 교육과 사회 교육을 통하여 국보를 비롯한 문화재에 대하여 국민들에게 올바르게 알려주고 애호사상을 고취하는 것이 절실하다. 이것이 제대로 이루어져야만 국보의 보존과 계승에도 도움이 될 것이다. 이를 위하여 교육과학부, 문화체육관광부, 문화재청의 긴밀한 협력도 요구된다. 교과서의 보완과 교사들의 재교육에서도 국보 등 문화재에 관한 내용이 대폭적으로 포함되고 가장 바람직한 방향으로 실시되어야 하리라고 본다.

넷째, 대내·대외의 홍보도 긴요하다고 본다. 각종 홍보를 통하여 대내적으로는 국민들이 국보 등 우리의 문화재와 문화유산을 올바로 이해하게 하고, 다른 나라들의 국민들에게도 세계화 시대에 걸맞게 우리나라와 문화를 올곧게 전해주는 것이 어느 때보다도 절실하다고 본다. 국보와 보물은 우리 문화의 특성과 우수성을 알리는 데 가장 효과적이고 바람직하다고 확신한다.

다섯째, 국보와 문화재는 과거의 유산으로서만이 아니라 한국의 새로운 예술과 문화를 창출하는 데 밑거름과 토대가 되도록 해야 한다. 국보와 보물 등 문화재에는 앞에서도 지적하였듯이 우리 한민족의 미의식, 기호, 지혜, 창의성 등이 농축되어 있어서 한국적인 새 예술과 문화를 창출하는 것이 무엇보다도 크게 참고가 된다. 이러함에도 불구하고 현재 우리나라 예술과들과 문화인들이 국보와 보물을 외면하거나 관심을 두지 않는 것은 참으로 안타깝고 실망스러운 일이다. 이러한 상황은 예술가들이 각급 학교에서 우리의 국보와 보물에 대하여 제대로 공부할 기회가 없었던 데다가 학교를 졸업한 후에도 스스로의 공부를 통하여 이를 극복하거나 보완하지 않았기 때문이라고 믿어진다. 어쨌든 이러한 상황은 마치 자신의 손안에 보배를 들고 있으면서도 그것이 무엇인지, 얼마나 중요한지, 자신에게 어떤 도움이 될 수 있는지조차 모르는 것과도 같이 어리석은 일이라 하겠다.

5. 맺음말

이제까지 국보와 보물 등 문화재의 지정과 관련된 조건과 절차 등 몇 가지 사항들과 국보 등의 유형문화재들이 지닌 의의를 소략하게나마 살펴보았다. 국보와 보물의 중요성은 그것들이 없다고 가정해보면 쉽게 절감할 수 있다. 이들 문화재가 없다면 우리가 뛰어난 문화민족임을 무엇으로 증명할 수가 있겠는가? 문화, 음악, 무용, 연극, 영화 등 모든 예술이 다 같이 소중하고 우리의 창의성과 특성을 보여주지만 선사시대부터 현대까지 모든 시대의 예술적 문화적 특성과 그 변천을 파악하게 해주는 것은 국보와 보물을 포함한 미술문화재, 즉 유형문화재뿐이다. 다른 분야들은 고대로 올라갈수록 남아 있는 작품이 없어서 그 실상을 규명할 수 없지만 미술 분야의 경우에는 많든 적든 작품들이 남아 있어서 체계적인 파악이 가능하다. 이 때문에 국보와 보물의 대부분을 차지하는 유형문화재로서의 미술문화재는 너무도 소중하다고 보지 않을 수 없다. 이것들 없이는 한국문화사를 제대로 쓸 수가 없다. 이것들이 풍부하고 다양하게 남아 있고 제대로 보존되어야만 우리의 문화사는 풍성하고 다양하게 될 것이다. 현대의 문학을 비롯한 예술도 앞으로의 한국문화사, 한국예술사의 자료가 될 것이므로 똑같이 보존에 유념해야 한다고 본다.

이번에 한국시인협회가 주관하는 '국보사랑 시운동'은 그런 의미에서 대단히 참신하고 값진 행사라 하겠다. 이 운동이 우리 국민들에게 큰 반향을 일으키고 우리의 국보를 비롯한 문화재에 대한 인식이 바로 서게 되는 계기가 되기를 충심으로 빌어 마지않는다.

한국의 세계 제일 국가 유산*

안휘준
서울대 명예교수

우리나라에는 세계 제일급의 각종 유산들이 있다. 이 유산들은 우리 민족이 지혜와 미적 창의력을 발휘하여 창출한 여러 종류의 문화 유산과 우리 주변의 자연 속에 산재해 있으면서 아름다움을 드러내고 명승(名勝)과 승경(勝景)으로 대표되는 자연유산으로 대별된다.

문화유산과 자연유산을 합쳐서 '국가유산'으로 통칭할 수 있다. 문화유산은 우리 민족이 지닌 슬기와 인공의 결합체이지만 자연유산은 대부분 신(神)이 우리에게 내려준 천혜(天惠)의 선물이라 할 수 있다. 그러나 문화유산이든 자연유산이든 현재를 살고 있는 우리가 지극 정성으로 보살펴야 할 대상이라는 점에서 공통된다. 우리가 보살핌의 손을 떼는 순간부터 그 유산들은 훼손되기 시작할 것임이 자명하다. 문화유산과 자연유산을 포괄

---

* 『월간미술』 제318호(2011. 7), pp. 104-108.

하는 국가유산을 제대로 보존하고 빛나게 하며 새로운 발전의 밑거름으로 삼기 위해서는 먼저 그것들을 제대로 알아야 한다. 이를 위해 우리의 문화유산과 자연유산에는 어떤 것들이 있으며 그중에서도 세계 제일의 경지에 있는 것들은 무엇이고 어떤 특징과 의의를 지니고 있는지를 살펴볼 필요가 있다.

문화유산 중에서 미술 분야의 유산에 대해서는 『월간미술』이 2010년 6월호부터 10월까지 5회에 걸쳐 각 호마다 4점씩 총 20여 점을 요점적으로 소개한 것을 위시하여 이런저런 방식으로 조명한 바가 있다. 필자가 펴낸 『청출어람의 한국미술』(사회평론, 2010)과 한국국제교류재단이 여러 학자들의 글을 모아 영문 번역가 이경희 씨와 함께 G-20 정상회담에 맞추어 발간한 *Master-pieces of Korean Art*(Korea Foundation, 2010)는 그 대표적 예다. 미술문화유산은 이 밖에도 여러 학자가 내놓은 수많은 저서와 논문들을 통하여 학문적 검토를 받아온 바 있다. 그러나 그 밖의 문화유산과 자연유산은 미술문화유산에 비하여 상대적으로 충분한 관심의 대상이 되지 못한 감이 있다. 이러한 사실은 여간 아쉬운 일이 아니다. 이번에 『월간미술』이 특집호를 통하여 몇 개 분야의 문화유산과 자연유산을 소개하게 된 것은 그나마 다행이 아닐 수 없다.

사실 이러한 일은 어느 한 잡지사가 맡아서 약식으로 하기보다는 정부 차원에서 각 분야의 대표적 전문가들을 동원하여 지혜와 연구성과를 집약하고 치밀한 논의를 거쳐서 보다 체계적이고 종합적이며 훨씬 높은 수준의 방대한 업적으로 정리하고 간행하는 것이 마땅하다고 본다. 그렇지 못한 것이 못내 아쉽지만 『월간미술』의 이번 특집이 그 단서(端緒)를 여는 계기가 되기를 기대해 마지않는다. 우리의 세계 제일 국가 유산들은 우리 민족의 우수성, 독창성, 특성, 정체성(正體性), 긍지를 드러내는 것이어서 중요성을 아무리 강조해도 지나치다고 할 수 없다.

대표적인 국가유산은 어떤 것들인가

우리의 문화유산과 자연유산은 무수히 많다. 그중에서도 문화유산은 특히 다양하고 우수하다. 문화유산은 미적 조형성이 뛰어난 미술유산 이외에도 의식주(衣食住)생활, 문자(文字)생활, 종교생활 등 생활문화와 직결되는 것들이 절대적인 비중을 차지한다. 이 중에서도 의복과 음식은 특히 한국적 특성이 유난히 두드러진 양상을 드러낸다. 곡선과 기능을 잘 살린 형태와 색채감각이 조화로운 한복과 우리의 입맛에 가장 잘 맞는 한식이 우리에게 최고임을 물론 자부할 수 있다. 한식과 한복은 우리의 풍토, 즉 자연환경과 기후에 적응하며 오랜 세월에 걸쳐서 형성된 것이어서 값지고 자랑스럽다. 어디에 내어놓아도 독보적이고 '한국적'임을 누구도 부인하기 어렵다. 따라서 다른 나라에는 없는 우리만의 의복과 음식은 모두 독보적이고 세계 제일이라고 주장할 수가 있을 것이다.

그러나 다른 나라 다른 민족에게도 우리의 한복이나 한식처럼 그들에게 고유하고 독자적인 자신들만의 옷과 음식이 있어서 그들도 자기들의 것이 세계 제일이라고 외쳐댈 수가 있을 것이다. 이에 대하여 아무도 토를 달기 어렵다. 한국, 중국, 일본 등 동양 3국의 옷과 음식만 비교해보아도 어느 한 나라의 것만이 세계 제일이라고 주장하기 어렵다. 예를 들어 중국의 탕면(湯麵), 한국의 칼국수, 일본의 우동 중에서 어느 한 가지만이 세계 제일이라고 고집부릴 수 있겠는가. 이 세 나라의 국수를 맛본 사람이라면 어느 누구도 어느 한 나라의 국수만이 세계 최고라고 함부로 주장할 수가 없을 것이다. 세 나라의 국수 맛이 제각기 다르고, 독특하며, 맛 있어서 우열을 단정적으로 얘기할 수가 없다. 오직 요리사의 솜씨와 맛보는 사람의 입맛에 따라 차이가 드러날 뿐이다. 그러므로 옷과 음식에 관해서는 절대평가를 하는 것이 과연 합리적이라고 할수 있는지 의문이다.

그러나 주(住)생활과 연관되는 건축물에 대해서는 우열을 가리는 절대평가가 가능하다고 본다. 물론 건축물도 의복이나 음식처럼 그 나라의 기후에 풍토의 영향을 반영하고 있는 것이 사실이지만 그럼에도 불구하고 옷과 음식에 비하여 훨씬 복잡하고 복합적이어서 평가의 잣대가 많아질 수밖에 없고 이것이 절대평가를 가능하게 한다. 미적 창의성이 입체적으로 조형화되어 있고 기능성이 과학기술에 의해 정교하게 뒷받침되어 있는 사실이 특히 절대평가를 용이하게 한다고 볼 수 있다. 이러한 점들을 염두에 둔다면 문화유산들 중에서도 이미 다루어진 미술문화재 이외에 기록문화재, 과학문화재, 왕릉을 포함한 건축문화재, 국악을 위시한 무형문화재 등이 관심의 대상이 될 수 있을 것이다. 자연유산 중에서는 인공이 곁들여진 조경문화와 명승유적이 특히 주목된다고 하겠다.

이 분야들의 유산도 숫자가 많아서 지속적인 탐구가 요구되지만 현재로서는 국가의 지정을 받은 것들 중에서도 유네스코의 세계유산으로 등재된 대상들을 우선적으로 세계 제일로 내세우는 것이 가장 합리적이라고 하겠다. 국내외를 막론하고 이에 이론을 제기할 사람은 없을 것이다. 유네스코의 지정과 등재는 가장 엄정한 심사와 국제적 공인을 뜻하기 때문이다.

이런 범주에 속하는 유산으로 먼저 기록문화재를 꼽을 수 있다. 고려시대의 ① 대장경판과 ② 백운화상(白雲和尙)이 초록(抄錄)하여 1372년에 펴낸 『불조직지심체요절(佛祖直指心體要節)』, ③ 조선왕조시대의 『조선왕조실록(朝鮮王朝實錄)』, ④ 『훈민정음(訓民正音)』, ⑤ 각종 의궤(儀軌), ⑥ 『승정원일기(承政院日記)』, ⑦ 『일성록(日省錄)』, ⑧ 허준(許浚, ?~1615)의 『동의보감(東醫寶鑑)』, 현대의 ⑨ 5·18관련 기록물 등 9건이 세계적인 공인을 받은 기록문화재들이다.

①은 고려 고종(高宗)의 재위 24년부터 35년(1237~1248)에 판간된 것으로 현존의 세계 모든 대장경 중에서 제일 오래되었고 내용이 가장 완벽하며 판수가 8만여 개에 달하는 세계 최고의 경판이어서, ②는 비록 우리나라가 아닌 프랑스의 독립도서관에 소장되어 있어서 아쉽지만 독일의 구텐베르크 활자보다 78년 이상 앞서는 금속활자본이어서 귀중하기 그지없다. ③은 조선왕조의 공식적인 편년체 국가기록으로서 태조 때부터 472년간에 걸쳐 정치 외교, 군사, 법률, 행정 등 제반에 걸쳐 전개된 사항들을 망라하여 적은 방대하고 대표적인 역사적 산물이다. 5세기 가까이 이어진 한 왕조의 긴 역사를 이처럼 간단없이 적어놓은 기록유산은 어디에서도 그 유례를 찾기 어렵다. ⑤의 의궤는 왕실의 각종 행사를 그림으로 그리고 행사와 연관된 모든 사항을 구체적으로 적어넣은 기록유산으로서 조선왕조실록과 쌍벽을 이룬다고 보아도 좋을 듯하다. 그림과 함께 갖추어져 있어서 보다 입체적이며 아름답다는 점에서 특기할 만하다. 특히 어람용(御覽用)은 장정, 서화의 격조 등에서 세계의 모든 기록유산 중에서 단연 독보적이다. 최근에 프랑스로부터 약탈되었던 외규장각의궤들을 조건부로나마 되찾아온 것은 그래서 더욱 의미가 크다. ④의 중요성은 굳이 거론을 요하지 않는다.

⑥은 조선시대에 왕명의 출납을 맡았던 승정원이 취급한 각종 문서와 사건을 날짜별로 적은 기록이어서, ⑦은 정조의 주변에서 일어난 여러 가지 일을 구체적이면서도 요점적으로 정리해놓은 기록이어서 모두 특수하고 값진 왕실 관계 기록유산이라 하겠다. 한편 ⑧은 동양 최고의 의약서여서 소중하기 그지없다. 이처럼 이들 기록문화유산들은 각기 특수하고 빼어

난 것이어서 유네스코에 등재되는 데 충분하고도 남음이 있다고 하겠다. 우리나라의 기록유산은 워낙 방대하고 다양하여 앞으로도 많은 유산이 국제적으로 공인받을 것으로 믿어진다.

과학문화재 분야에서도 세계적 업적들이 이루어졌다. 천문학, 지리학과 지도, 농어업, 의약학, 출판인쇄 등등 여러 분야의 업적들이 주목된다. 첨성대, 간의(簡儀), 동표(銅表) 등의 천문기구, 1395년에 돌에 새겨진 천문도인 〈천상열차분야지도(天象列次分野之圖)〉, 자동 물시계인 자격루(自擊漏), 해시계인 앙부일구(仰釜日晷), 강우량을 재는 측우기(測雨器), 김정호(金正浩, ?~1866)의 〈대동여지도(大東輿地圖)〉, 허준의 『동의보감』 등은 대표적 과학문화재이다. 대표적 과학기기 이외에도 성덕대왕신종을 위시한 수많은 미술작품과 뛰어난 건축물들도 훌륭한 과학문화재임을 유념해야 하겠다. 과학기술의 뒷받침 없이는 창출될수 없었던 문화재들인 때문이다.

27대에 걸친 조선왕조시대의 왕과 왕비들의 유택인 왕릉도 2009년에 유네스코 세계문화유산으로 등재되어 그 역사적 의의와 문화예술적 가치가 범세계적으로 공인되었다. 위치의 선정, 유택의 축조, 건물과 석조물들의 포치와 조형적 특징, 『산릉도감의궤(山陵圖鑑儀軌)』의 기록 등 모든 면에서 특출하며 최고의 경지를 드러낸다. 이외 함께 역대 왕의 혼을 모신 종묘(宗廟)와 제례악도 세계 최고임은 이미 소개된 바대로 널리 알려진 사실이다. 대표적 목조건축물들과 다보탑을 비롯한 뛰어난 석조건축물들도 미술문화유산으로 거듭거듭 다루어진 바 있으므로 이 글에서는 더 이상 논의를 요하지 않는다.

무형문화재인 국악·연예 분야에서는 종묘제례악을 필두로 판소리, 강릉 단오제, 강강술래, 남사당놀이, 영산제, 제주 칠머리당 영등굿, 처용무, 가곡 등이 2001년부터 2010년에 이르기까지 줄지어 유네스코 인류문화유산으로 등재되었다. 궁중음악과 민중음악이 함께 등재된 사실도 주목된다.

자연유산도 세계적인 관심을 끌고 있는데 제주도가 유네스코 세계자연유산으로 지정된 것이 그 대표적 예이다. 하늘이 내려준 자연경관은 물론 천연기념물, 명승이 모두 관심의 대상이 아닐 수 없다. 특히 명승(名勝)은 여러모로 더욱 관심을 끄는데 자연명승과 함께 인문적인 경관을 토대로 하는 역사문화명승이 주축을 이룬다. 국가지정문화재로 지정된 명승이 현재 74건이나 되어 일일이 거론하기 어렵다. 한결같이 아름답고 역사적·문화적 의의가 커서 앞으로 세계적 공인을 받도록 더욱 거국적 노력을 경주할 필요가 있다고 생각한다.

국가유산을 어떻게 할 것인가

앞에서 간략하게 살펴보았듯이 우리나라는 세계 제일급의 많은 문화유산과 자연유산을 보유하고 있다. 국가적 차원의 이 국가유산을 어떻게 할 것인가에 우리의 지혜와 노력이 모아져야 하겠다. "구슬이 서 말이라도 꿰어야 보배"라는 우리의 옛말이 새삼 되새겨진다. 우리의 지극히 소중한 문화유산과 자연유산을 위해 상식적이지만 다음과 같은 조치가 취해져야 한다고 생각한다.

① 조사연구의 활성화

② 과학적 보존의 적극화

③ 국가지정의 활성화

④ 서적의 출판과 시청각자료의 제작 및 보급의 적극화

⑤ 각급 학교 교육과 사회교육에 적극 반영

⑥ 해외홍보의 적극화

⑦ 유네스코 세계유산 지정을 위한 보다 적극적인 노력 경주

위의 사항들에 관하여 부연 설명할 지면의 여유가 없어서 아쉬우나 제목만으로도 필자의 뜻이 독자에게 전해질 것으로 믿는다. 최근에는 중국이 우리의 아리랑과 가야금 연주, 결혼60주년 회혼례, 판소리를 자국의 조선족 유산이라는 핑계로 국가무형유산으로 지정했다는 뉴스는 우리에게 경종을 울리는 좋은 예다. 문화유산이든 자연유산이든 우리가 아끼고 사랑하지 않는다면 언제든 남에게 빼길 위험이 도사리고 있음을 한시도 잊지 말아야겠다.

세계 곳곳에 숨어 있는 알찬 우리 문화재들*

안휘준
서울대 명예교수, 전 문화재위원장

주한 미국대사관의 문정관으로 근무하면서 우리나라 문화재를 대량 수집하여 미국으로 가져간 그레고리 헨더슨의 컬렉션 150점을 국내에 유치하여 전시할 계획이라고 보도됐다. 도자기가 주종인 이 유물들은 헨더슨의 사후 하버드대에 기증된 것으로, 1993년 그 대학의 박물관에서 '천하제일-헨더슨의 한국 도자기 컬렉션'이라는 전시를 통해 미국과 서방 세계에는 널리 알려졌지만 막상 본고장인 한국에는 제대로 소개된 적이 없다. 전시가 이루어지면 해외에 있는 우리 문화재에 대한 국민의 이해도 깊어지고 전문가들의 연구에도 큰 보탬이 될 것이다.

이 소식을 접하면서 필자의 뇌리에는 두 가지 생각이 떠올랐다. 하나는 40여 년 전 미국 유학 중에 헨더슨 씨의 거듭된 권유로 그의 집을 방문

* 『조선일보』, 2011. 3. 12, A31면.

했던 일이다. 그의 집 거실에는 고려청자, 조선백자, 신라 토기 등이 놓여 있었고 이완용의 글씨가 벽에 걸려 있었다. 그때 느꼈던 착잡한 심정이 이번 전시를 통하여 깨끗이 정리되었으면 좋겠다. 다른 하나는 이를 계기로 해외 여러 나라에 흩어져 있는 우리 문화재들을 보다 적극적으로 유치하여 좀 더 자주 전시할 수 있으면 다행이겠다 하는 생각이다.

한번은 미국 시카고 박물관에서 빼어난 고려청자들을 보면서 그중에 두 점은 국내에 있다면 국보로 지정될 수 있을 텐데 하는 아쉬움을 느꼈다. 비슷한 경험은 시애틀 미술박물관에서도 했다. 동양부장의 안내를 받으며 수장고 속의 우리 문화재들을 돌아보면서 고려청자 수집품들의 수준이 너무 뛰어나 감탄을 금할 수 없었다. 미국 뉴욕의 메트로폴리탄 박물관, 보스턴 미술박물관, 영국의 대영박물관 같은 세계적인 박물관들뿐 아니라 이처럼 비교적 우리 국민에게 덜 알려져 있는 박물관에도 의외로 알찬 우리 문화재들이 알뜰하게 모아져 있다. 미국만이 아니라 일본과 유럽의 선진국들도 사정은 비슷하다. 오사카 동양도자박물관의 한국 도자기 컬렉션은 세계 제1급에 속하며, 안견의 〈몽유도원도〉가 소장되어 있는 덴리(天理)대학의 조선시대 초상화 컬렉션도 그 분야의 대표적 예로 꼽기에 충분하다.

외국에 있는 이런 우리 문화재들을 순차적으로 국내에 유치하여 전시한다면 그 이로움이 한두 가지에 그치지 않을 것이다. 일반 국민은 평소에 개인적으로 접하기 어려운 해외 소재 우리 문화재들을 외국에 가지 않고 직접 살펴볼 수 있게 됨으로써 문화 향수의 기회가 넓어지고 동시에 전통문화에 대한 이해가 더욱 깊어질 것이다. 전문가들은 우리의 역사와 문화를 연구하는 데 보다 많은 도움을 받게 될 것이다.

국립중앙박물관이 작년에 세계 각국에 흩어져 있는 우리의 불교회화 명작들을 국내에 들여와 열었던 〈고려불화대전(大展)〉은 그런 의미에서 어느 전시보다도 많은 참고가 되는 좋은 예라고 할 수 있다. 일본·미국·유럽 등에 뿔뿔이 흩어져 있던 고려불화 61점이 700년 만에 고국의 관객과 상봉한 이 전시는 출품기관만 44곳에 달했다. 박물관 학예직들이 2년 동안 수십 차례 일본을 비롯한 여러 나라의 사찰과 박물관 등을 찾아다니며 작품을 모아준 덕분에 우리는 선조들이 남긴 최고급 명품들을 한자리에서 감상할 수 있었다. 이와 비슷한 해외에 있는 우리 문화재의 전시가 더 활발히 이뤄졌으면 하는 바람이다.

첫 공개 북(北)문화재를 보고*

남북이 분단된 지 반세기를 훌쩍 넘겼다. 분단과 대결로 남북 간 문화교류는 제한될 수밖에 없었다. 우여곡절 끝에 이루어진 약간의 교류조차 음악과 무용 등 현대 공연예술뿐이다. 남북 전문가들의 공동토론이나 문화재 교환전시 같은 것은 여전히 꿈도 꾸기 어려운 실정이다.

이로 인해 남북은 피차 손해가 많다. 우리는 북한에 있는 고조선, 고구려, 고려의 유적과 유물을 직접 조사할 수 없고, 북측은 백제, 신라, 가야, 통일신라의 문화유산을 실견할 수 없다. 선사시대의 경우도 마찬가지이다. 우리 민족의 동질성을 올바로 인식하고 공고히 하는 데도 심대한 위협이다.

이런 안타까운 상황에서 금년 6월 일본의 학자들, 출판사 직원들, 사진사 등으로 짜인 조사단이 북한의 문화유적과 문화재들을 조직적으로 조

---

* 『朝鮮日報』 제23842호, 1997. 10. 2, 3면.

사한 일은 경이이자 충격이다. 우리나라 고대미술의 전문가인 규슈대학의 기쿠다케 준이치(菊竹淳一) 교수와 야마토 분카칸(大和文華館)의 요시다 히로시(吉田宏志) 학예부장이 미술전문 출판사인 쇼가쿠칸(小學館)의 기획에 참여해 북한의 대표적 벽화고분들과 주요 박물관들의 소장품들을 조사한 것이다.

이들은 고구려의 안악3호분, 덕흥리(德興里)고분, 쌍영총(雙楹塚), 수산리(水山里)고분, 강서대묘(江西大墓), 고려 태조 왕건의 능 등 우리 문화사상 막중한 비중을 차지하는 벽화고분들은 물론, 평양과 지방에 흩어져 있는 문화재와 유적들을 약 3주간 철저하게 조사했고 최신 장비를 동원해 사진을 촬영했다.

이에 힘입어 종래 대충만 알고 있던 것들이 보다 구체적이고 분명하게 밝혀지게 됨은 물론, 이제까지 우리에게 전혀 소개되지 않았던 새로운 자료들도 알려지게 되었다.

일예로, 수산리고분의 경우 생동하는 인물들의 눈동자, 둥글고 복스러운 미인들의 얼굴, 현대적 세련미가 넘치는 복장, 극도로 섬세하고 숙련된 필묘법(筆描法), 1천5백여 년의 세월을 이겨낸 선명한 색채, 화려한 건축의 장 등 고도로 발달했던 5세기 고구려 미술문화의 진면목을 생생하게 확인할 수가 있다.

고려 태조 왕건릉에 그려진 동양 최고(最古)의 세한삼우도(歲寒三友圖), 조선시대 이암, 김두량, 김득신 등의 회화 작품들, 최금섭(崔金燮), 심기(沈祁), 이O거(李O巨) 등 고려 도공들의 이름을 포함한 순화년명(淳化年銘) 10세기 도편(陶片)들, 힘차고 동적인 디자인을 지닌 고구려의 각종 금속공예품 등은 특히 주목을 요하는 자료들이다.

이 문화재들을 간접적으로나마 접하니 만감이 교차한다. 도대체 우리는 언제까지 북한문화재들을 간접적, 간헐적으로 대해야 하는가.

이런 실정을 개선할 길은 정말 없는 것일까. 통일에 대비한 대책은 있는가. 다함께 고심해야 할 때다.

〈서울대 교수·미술사〉

문화유산의 파괴를 개탄한다*

우리의 문화재와 유적이 곳곳에서 훼손되고 있는 것은 새삼스러운 일이 아니다. 이곳저곳에서 자행되고 있는 도굴, 개발에 따라 유적의 파괴, 문화재의 위조와 밀매 등이 꼬리를 잇고 있어서 문화를 사랑하고 연구하는 사람들의 속을 새카맣게 태워 온 지 오래다. 이러한 악행들은 우리의 문화와 역사를 올바르게 밝히는 데 치명적인 손실을 초래하기 때문에 조금이라도 그 해약을 이해하는 문화인이라면 속이 상하지 않을 수가 없는 것이다.

최근에 발생한 두 가지 사례는 그 정도가 특히 심하여 놀란 가슴과 벌어진 입을 되돌리기 어렵다. 그중 하나는 중국의 지안(集安)에 있는 장천 1호분(長川1號墳)과 삼실총(三室塚) 등 고구려 고분의 벽화들이 거듭 탈취되어 공벽(空壁)으로 남겨졌다는 것이고(조선일보 2001년 10월 4~5일자 보도 참

---

* 『월간미술』 202호(2001. 11), p. 186.

조), 다른 하나는 경기도 광주의 도요지에 흩어져 있던 도자기 파편들이 도자기 엑스포를 계기로 3.2톤이나 닥치는 대로 채취·수집되어 무용지물이 되고 말았다는 점이다(동아일보 2001년 9월 27일자 보도 참조).

고구려 벽화는 우리 손이 미치지 않는 타국에서 절취되어 우리가 당장은 손쓰기가 어렵다는 점에서 발만 동동 구를 수밖에 없는 안타까운 상황이고, 광주의 도요지 일대에서 저질러진 도편의 채취는 우리 지방 관청의 어리석은 지시와 의식 없는 주민들의 손에 자행되었다는 점에서 더욱 한심스러운 사례가 되고 있다.

문화유산에 대한 의식 전환이 필요하다

문화재란 전문적이고 과학적인 학술조사를 충분히 거치지 않은 채 본래 있던 곳을 떠나면 그 기원, 조성 배경, 존재 양태, 유물 상호 간의 관계, 역사·문화적 가치 등을 제대로 파악하기가 어려워진다. 전체의 형태로 온전하게 남아 있지 않은 고분 벽화의 잔편이나 도요지 이곳저곳에 흩어진 도편들의 경우에는 더욱 그러하다. 도편 하나하나는 모르는 사람들에게는 사금파리에 불과한 것으로 여겨지기 쉽지만 그것들이 본래 있던 곳에 그대로 놓여 있을 때는 우리에게 많은 것을 말해 주고 여러 가지 의문을 푸는 데 귀중한 실마리를 제공한다. 그러나 전문가들에 의한 조사와 기록 없이 마구잡이 채집으로 아무렇게나 합쳐졌을 때 그것은 의미를 잃은 쓰레기와 별반 다를 바 없는 것으로 변해 버리고 만다.

이 두 가지 사례는 분명히 반달리즘(Vdndalism), 즉 문화파괴의 대표적 예이며 우리 국가와 민족에게 심각한 해악이 되는 것을 부인할 수 없다. 하나는 돈에 눈이 멀어서, 다른 하나는 무지의 소치로 빚어졌을 가능성이 높지만 두 경우 모두 우리에게 경각심을 심어 주기에 충분한 사례다.

우리 사회에 짙게 펴져 있는 역사인식의 결핍, 문화의식의 부족, 문화재 애호정신의 결여, 배금주의의 만연, 고급문화의 경시와 저급문화의 확산, 관치주의의 팽배 등이 알게 모르게 직간접으로 어우러져 빚어낸 사례들임을 깨닫고 관민 모두가 인식을 전환함으로써 재발 방지를 위한 대비책 마련에 진력해야 한다고 본다. 이러한 문화재 파괴 사례들을 계기로 하여 올바른 문화재 정책을 수립하고, 중국 등 외국과의 상호 협조방안을 확립하는 일이 절실하다.

안휘준 · 서울대 고고미술사학과 교수

II

미술과 미술교육

「한국미술 오천년」을 조망한다(1)*

安輝濬 서울大박물관장

얼마전에 세계일보 문화부의 이규원(李揆元) 부장으로부터 전화가 걸려 왔다. 1995년이 광복 50주년인 동시에 「미술의 해」이므로 이를 계기로 하여 우리나라의 미술을 조망해 보는 기획을 연초부터 시행에 옮기고자 하니 협조해 달라는 내용이었다. 매주 한 번씩 연재하여 일년 내내 계속할 것이며 필요하다면 그 이상 계속해도 좋다는 얘기 끝에 못하겠다는 말만은 하지 말라는 침까지 놓는 것이었다.

이 전화를 받고 한편으로는 놀랐고 또다른 한편으로는 걱정이 앞서 마음이 무거워짐을 느꼈다. 그러한 기획을 입안한 이부장의 높은 문화적 식견도 놀랍고 여유 없는 지면을 그토록 후하게 그처럼 오랫동안 파격적으로 배려하겠다는 세계일보 측의 용단도 대단하다는 생각이 들었다. 그렇지

* 『世界日報』 제1968호, 1995. 1. 1, 37면

만 부족한 능력에 오만가지 일로 끊임없이 쫓겨 사는 처지에 매주 거르지 않고 글을 써서 연재한다는 것이 필자에게 얼마나 끔찍한 것인지를 너무도 잘 알고 있기에 마음이 납덩이처럼 무거워 옴을 느꼈다.

이 기획의 취지와 의의를 분명하게 인식하면서, 지워지는 짐을 개인적인 부담을 앞세워 벗을 꾀만 부릴 수는 없다고 생각했다. 그래서 우선 일년간 연재할 52주분의 시대별-분야별 항목을 정한 다음에 이 안을 가지고 편집진을 대표하는 이규원 부장, 학문적으로 뜻을 같이하는 동국대학교의 문명대(文明大) 교수와 함께 검토하여 대체로 원안대로 확정을 짓게 되었다. 또한 이 모임에서는 필자 문제도 신중하게 논의하였다. 본래는 되도록 많은 필자를 동원하는 것이 좋겠다는 생각이었으나 그럴 경우 기획물이 생명으로 하는 체제와 내용에 있어서 일관성과 통일성을 기하기 어려울 것이라는 우려 때문에 방향을 바꾸어 필자의 수를 최소한으로 제한하기로 합의를 보았다. 그래서 필자가 총론과 회화를, 문명대 교수가 조각을, 충북대학교의 강경숙(姜敬淑) 교수가 도자기를 담당하여 집필하되 기타 분야는 세 사람의 전공을 고려하여 분담하기로 하였다. 이로써 집필의 부담이 대강 삼분되기는 하였으나 여전히 책임이 큼을 느낀다.

사실은 필자 개인적으로는 은사인 고 삼불(三佛) 김원용(金元龍) 박사님을 도와 서울대학교 출판부에서 『신판 한국미술사(新版韓國美術史)』를 낸 바 있는데, 이 책을 내면서 많은 것을 경험하였다. 이러한 경험이 이번의 기획에 많은 참고가 될 것으로 생각한다. 이제까지 출판된 개설서들 중에서 제일 종합적이고 총론적이며 학술적 성격이 강한 이 책과 더불어, 앞으로 좀 더 내용이 평이하고 견실하며 가볍게 읽을 수 있는 대중적인 성격의 입문서도 출간되어 함께 참고가 되면 좋겠다는 생각이 드는데 이번의 연재가 그러한 결실로까지 이어질 수 있다면 다행이겠다.

이러한 입장에서 시대별-분야별-지역별 특성이 고려되고 소개되어야 하겠다. 작품의 선택은 미술사의 사료 선정기준에 의거하여 한 시대나 경향을 대표하고 대변하여 창의성이 뛰어나게 발현되어 있는 것들 중에서 이루어질 것이다.

이 연재를 통하여 우리나라 미술의 특성과 경향, 업적과 변천, 외국과의 관계 등 제반 사항이 다양하게 소개되기를 기대한다. 또한 이것을 계기로 우리의 훌륭한 미술문화적 위업들이 올바르게 이해되기를 희망한다. 아울러 독자제현의 따뜻한 격려와 엄정한 질정을 함께 기대하여 마지않는다.

한국적 자연주의의 대범성과 대의성*

안휘준(서울대교수·미술사학)

머리말

한국의 전통회화(傳統繪畵)에 나타나 있는 미의식(美意識)의 문제를 탐구해 보는 일은 원칙적으로는 미술사(美術史) 분야에서보다는 미학(美學) 분야에서 시도해야 할 것으로 생각된다. 왜냐하면 미술사에서 할 일은 미술의 양식적(樣式的) 특색을 분석하고 그것이 언제 어디에서 누구에 의해 어떻게 생성되었으며 어떻게 변천했는지, 무엇이 그것을 가능하게 했는지, 전대(前代) 및 후대(後代) 미술과의 관계는 어떠한지, 그리고 타 지역의 미술과는 어떠한 관계가 있는지 등의, 이를 테면 미술을 둘러싼 그리고 미술을 통해 본 여러 가지 역사적 현상(現像)을 밝혀 내는 것이 주된 임무인 데 반하

....

* 『미술세계』 통권 32호(1987. 5), pp. 42-50.

여, 미학은 미(美)의 본질이나 미의식을 포함한 제반 미적 현상을 그 본래의 영역으로 다루기 때문이다. 그러므로 미의식의 문제를 미술사학도가 다루게 될 때에는 역사적 통찰에서 보여줄 수 있는 강점 못지않게 미학적 접근에의 한계성을 띨 수밖에 없다고 믿어진다. 그러나 현재의 우리나라 학계의 형편상 부득이 우선 미술사 분야에서 이 문제에 대한 접근을 시도해 보는 수밖에는 없는 입장이라 하겠다.

한국인의 미의식에 관한 문제를 전통회화나 미술을 통해서 규명하는 것은 지극히 어려운 일이다. 왜냐하면 과거에 우리나라에는 화론(畵論)을 비롯한 미술이론의 발달을 보지 못했고, 따라서 미의식이나 미감(美感)에 대한 본격적인 저술이 전혀 이루어지지 않았기 때문이다. 그러므로 이 문제에 관한 시도는 전혀 맨바닥에서 시작할 수밖에 없는 형편이다. 그럼에도 불구하고 이러한 시도는 매우 의미가 크다고 생각된다.

이에 접근하기 위한 방법으로 전통 회화를 위시한 미술 자체의 특징을 파헤쳐 보고 거기에 투영된 미적 의식이나 의지(意志)를 추출하고 상정(想定)하는 형식을 취하는 것이 현실적으로 바람직하다고 생각된다.

한국의 전통회화에 보이는 한국인의 미의식을 찾거나 밝혀보려면 미술사적 연구의 경우와 마찬가지로 두 가지 측면이 함께 고려되어야 하리라고 본다. 그 하나는 작품 자체가 보여주는 특색이 무엇이며 그것을 만들어낸 미의식은 어떤 것인가의 문제일 것이고, 다른 하나는 문헌 기록에 단편적으로 나타나는 '미술에 대한 한국인들의 견해'는 어떠했는가를 찾아보는 일일 것이다.

이 두 가지 측면을 함께 고려하면서 한국미에 관해 몇몇 학자들이 제기한 기왕의 설들을 살펴본 후 선사시대(先史時代)의 선각화(線刻畵)에서부터 조선왕조시대 후기의 민화(民畵)에 이르기까지의 전통회화에 보이는 미의식의 문제를 생각해 보고자 한다. 다만 문헌적인 검토는 기록의 영세성 때문에 부득이 고려 및 조선왕조시대에 한정하여 소극적으로 다루어질 수 밖에 없을 것으로 생각된다.

그런데 회화도 일반적으로 조각이나 각종 공예 그리고 건축 등의 다른 미술 분야와 마찬가지로 어떤 공통의 시대적인 조류나 특징들을 반영하는 게 상례이다. 다만 회화는 다른 미술 분야에 비하여 변화의 속도나 폭이 큰 편이면서도 평면미술이기 때문에 아무래도 입체성을 띤 조각이나 공예에 비해 어떤 시대적인 또는 민족적인 특색의 표현이나 포착의 강도가 덜 느껴질지도 모르겠다. 그러나 전통회화에 보이는 양식상의 특징뿐만 아니라 그것에 내포되어 있거나 그것을 구현한 미의식이라는 것도 비록 분야에 따른 부분적인 특수성을 지니고 있다고 하더라도 전반적으로는 한국 전통미술 전체의 그것과 밀접한 관계가 있음을 부인할 수 없다. 또한 동시에 분야마다의 특징도 결코 가볍게 볼 수 없음은 물론이다. 왜냐하면 바로 그것이 한국 미술을 다양하게 한 하나의 주요한 요인이기 때문이다. 이러한 관점에서 한국 미술의 특징에 관한 여러 학자들의 설(說)들을 우선 살펴볼 필요가 크다고 하겠다.

한국미(韓國美)에 관한 제설(諸說)의 검토

한국 미술의 특징을 규명하거나 정의하려는 노력은 일제시대부터 현재에 이르기까지 관계 분야의 학자들에 의해 종종 시도되어 왔다. 이러한 노력은 한국 미술 자체에 대한 이해를 도모하는 데에도 목적이 있었지만 그와 아울러 주로 한국의 미술이 이웃하는 중국이나 일본의 미술과 무엇이 어떻게 다른지를 밝혀 보려는 데에도 많은 뜻을 두고 이루어졌다.

그러나 이 문제는 '한국문화'의 독특한 특징이 무엇이며 그것이 중국이나 일본 등 타국의 문화와 어떻게 다른지를 간단 명료하게 규명하고자 하는 것과 마찬가지로 광범하고 지난(至難)한 일이다. 한국의 문화나 미술이 독자적인 특징을 지니고 있지 않아서가 아니라 오히려 반대로 그것이 매우 다양하고 광범한 양상을 띠고 있기 때문이다. 비로 이러한 이유 때문에 어느 시대, 어느 지역, 어떤 분야의 미술이나 문화에 항상 딱 들어맞는 정의를 찾아내기는 실질적으로 불가능하다고 생각된다.

한국 미술의 역사는 신석기시대부터만 따져도 7천 년이 넘고, 또 그것은 시대의 변천과 분야 또는 지역의 특수성에 따라 끊임없이 그리고 다양하게 발전하거나 변화해왔던 것이다. 그러므로 종횡으로 이어지는 이러한 많은 다양한 양상을 하나로 묶어서 명쾌한 단정을 내리는 것은 매우 어렵다. 그러므로 오직 근사(近似)한 접근을 시도하고 이해하는 수밖에는 없을 듯하다. 그리고 한국 미술 자체를 하나로 포괄해서 보기보다는 시대·분야·지역 등으로 좀더 나누어서 보는 것이 보다 근사치에 접근하는 방법이 아닐까 생각된다. 물론 시대·분야·지역 간의 차이라는 것을 크게 확대해서 보면 서로 대체적인 연관이 있음은 물론이지만 역시 작게 쪼개서 구체적으로 살펴보는 것이 보다 바람직하다고 생각된다.

한국 미술 자체에 대한 정의가 이처럼 어렵기 때문에 그것이 중국이나 일본 또는 어떤 다른 나라의 미술과 무엇이 어떻게 다른지를 규명하는 것은 더더욱 어려운 일이다. 이것은 마치 유럽 각국의 미술이 상호 어떻게 다른지, 또는 유럽 미술의 영향을 받아서 발견한 미국의 미술이 유럽 각국의 미술과 어떻게 다른지를 밝혀 보려는 노력이나 마찬가지로 지난하면서도 어떤 확실한 답을 얻기 어려운 소이와 같은 것이라 하겠다. 어떻게 보면 이러한 문제에 관해서 필요 이상의 노력을 기울일 필요가 없을지도 모른다. 보는 이에 따라서는 부질없는 일이라고 생각할 수도 있다.

이와 관련하여 서양에서는 유럽 각국의 미술이 서로 어떻게 다른지 그리고 미국의 미술이 유럽 각국의 그것과 어떻게 구분되는지에 관해서 굳이 상론(詳論)을 하지 않고 또 그럴 필요를 느끼지 않는 것으로 알고 있다. 즉 어느 한 나라의 미술이 그것대로의 독자성)과 특성이 있는 것으로 인정되면 그것으로 족하게 여기고, 그것을 둘러싼 또는 그것이 내포하고 있는 역사적 현상을 파헤치는 데 주력할 뿐이다. 한국의 미술도 이와 마찬가지의 입장에서 평가되고 다루어져야 하리라고 본다.

그러나 우리나라에서는 아직도 한국 미술의 특징이 무엇이며, 그것에 내재하는 또한 그것을 형성한 미의식이 무엇인지, 그리고 그것이 중국이나 일본과 어떻게 다른지에 대한 관심이 아직도 지대하므로 이 문제를 종합적으로든 분야별로든 한번쯤 검토해 볼 필요는 크다고 생각된다.

한국 미술의 특징에 관해서 처음으로 분명한 견해를 피력한 학자는 잘 알려져 있는 바와 같이 일본인 학자 유종열(柳宗悅)이다. 그는 자신의 저서인 『조선(朝鮮)과 그 예술(藝術)』의 서문에서 밝히고 있듯이 한민족과 그 예술에 대한 애틋한 동정심을 간직한 채 그가 평소 생각했던 바대로의 한국미에 대한 견해를 개진하였던 것이다. 그는 '조선 문제(朝鮮問題)에 대한 공분(公憤)'과 '그 예술(藝術)에 대한 사모(思慕)'의 마음으로 '잃어지려 하고 있는 예술의 가치와 그 미래를 옹호하려고 일어섰다.'고 하면서, 그가 피력하는 것은 '사상이지 학술이 아니며', '예술에의 서술이 아니라 마음에 나타난 미술에의 이해'이고 '과학적으로 연구하는 자의 보고가 아니라 예술을 사랑하는 자의 통찰'이라고 자신의 입장을 밝혔다.[1] 말하자면 양식의 분석에 토대를 둔 미술사학적 입장에서 썼다기보다는 마음에 느껴지는 직관적(直觀的) 견해를 피력한 것이라고 볼 수 있다. 이 때문에 그의 견해는 처음부터 지나치게 주관적이고 감상적(感傷的)일 수밖에 없는 소지를 지니고 있다고 하겠다. 이렇게 보면 그의 소견들을 굳이 꼬치꼬치 따질 필요가 없다고 느껴진다. 그러나 문제는 그의 견해가 한민족에 대한 그의 동정심에 힘입어 일제시대에 많은 호소력을 발휘하였을 뿐만 아니라 해방 이후의 전문가와 식자들에게까지도 여전히 큰 영향을 미쳐 왔다는 데에 있다. 바로 이러한 이유 때문에 그의 견해가 타당하든 않든 한 차례 구체적인 검토를 요하는 것이다.[2]

유종열은 한국 미술이나 예술을 '비애(悲哀)의 미(美)' 또는 '애상(哀傷)의 미'라고 보고 그 특징은 선(線)에 있으며 이러한 미의 세계가 형성될 수밖에 없었던 것은 한국의 반도라는 지리적 환경과 눈물로 얼룩진 비참한 역사에 있다고 믿었다. 이러한 그의 결론을 여러 가지 이유를 들어 설명한 것이 곧『조선과 그 예술』이라는 그의 저서의 대강이라고 할 수 있다.

그의 상기의 저서에 실린「조선(朝鮮)의 미술(美術)」이라는 글에서,

> 자연(自然)과 역사(歷史)는 언제나 예술의 어머니였다. 자연은 그 민족의 예술에 취해야 할 방향을 정해 주고 역사는 밟아야 할 경로를 주었다. 조선 예술의 특질을 그 근저에서 포착하려면, 우리는 그 자연으로 돌아가고 그 역사에 들어가지 않으면 안 된다.

라고 전제한 다음

> 그곳(조선)에서는 자연조차도 쓸쓸하게 보인다. 봉우리는 가늘고 나무는 듬성하고 꽃은 퇴색해 있다. 땅은 메마르고 물건들은 윤기가 없고 사람은

적다. 예술에 마음을 맡길 때 그들은 무엇을 호소할 수가 있었을까. 소리에 강한 가락도 없고 빛깔에 즐거운 빛이 없다. 다만 감정에 넘치고 눈물에 충만한 마음이 있다. 나타난 미는 애상의 미이다. 슬픔만이 슬픔을 달래 준다. 슬픈 미가 그들의 벗이었다.

라고 결론을 내렸던 것이다.[3] 이와 비슷한 내용을 다른 글들에서도 전개하였다. 예를 들면 「조선의 벗에게 보내는 글」이라는 일문에서,

오랫동안의 참혹하고 불쌍한 조선의 역사는 그 예술에다 남모르게 쓸쓸함(寂寥)과 슬픔(悲哀)을 아로새긴 것이다. 거기에는 언제나 슬픔의 아름다움이 있다. 눈물에 넘치는 쓸쓸함이 있다. 나는 그것을 바라볼 때 가슴이 메이는 감정을 누를 수가 없다. 이렇게도 비애에 찬 미가 어디에 있을 것인가.[4]

라고 적고 있다. 말하자면 빈약한 반도의 자연과 참혹한 역사 때문에 한국인들은 필연적으로 슬픔에 찌든 미를 창출하게 되었다는 것이다.

얼핏 들으면 그럴 듯한 호소력을 지니고 있다. 그러나 뒤집어보면 그것이 사실이 아님을 알 수 있다. 우선 한국의 자연이 유종열의 말처럼 다른 나라들에 비해 유난히 빈약하지도 않거니와 그 역사 또한 세사적 입장에서 볼 때 그의 말대로 그렇게 참혹한 것만은 결코 아니다. 이 점은 다른 나라들과 비교해 보아도 그렇고 한국만의 자연이나 역사를 놓고 밝은 면과 어두운 면을 대비시켜 보아도 그렇다. 즉 그는 한국의 자연에서 비옥한 영토는 보지 못하고 메마른 돌산만을 보았으며 한민족의 영광스런 역사는 외면한 채 피침사(被侵史)만을 보았던 것이다. 밝은 태양 밑에서의 한국과 한국인상

은 보지 못하고 어둠에 싸인 한국과 한국인만을 보았던 것이다. 이 때문에 그의 견해는 어둡고 쓸쓸할 수밖에 없었다.

이러한 그의 견해는 그가 주로 관심을 가지고 보았던 조선왕조시대의 민예품(民藝品)과 민예적 도자기에서 이루어진 것으로 보인다. 그렇다고 해도 어떻게 아름다운 미술품들에서 기쁨과 밝은 아름다움보다도 눈물이 얼룩진 비애나 애상을 느낄 수 있었던 것일까? 이것은 군력(軍力)과 경찰력을 동원하여 전대 미문의 잔악한 식민통치를 일삼았던 가해자로서의 일본인이 아니면 도저히 느낄 수 없는 일이다. 어느 누가 찬란한 신라의 금속공예나 세련(洗鍊)의 극치를 이룬 통일신라의 석굴암 조각, 극도로 화려하고 정교한 고려시대의 불화(佛畵)와 청자, 그리고 깔끔한 조선시대 백자에서 솟구치는 눈물을 볼 수 있을 것인가! 유종열은 이러한 한국 미술의 밝은 정수들을 외면한 채 조선시대 시골의 지방 가마에서 나온 찌든 민예적 식기(食器)들만을 보았던 것이다. 그러므로 그의 한국미에 대한 설은 본의든 아니든 결과적으로 공정성과 객관성을 잃은, 동정심 많은 한 종교철학자의 센티멘탈리즘에 불과한 것으로 볼 수밖에 없게 되었다.

그래서 그는 한국의 미를 즐거움이 없는 눈물의 미술로 보았고, 그 때문에 한국인들은 도자기의 장식에도 '불가사의'하게도 즐거움의 표상인 아름다운 색채를 쓸줄 몰랐으며 그래서 '빛깔이 아름다운 꽃을 즐길 마음을 가지지 못해' 꽃병도 별로 만들지 않았다고 보았던 것이다.[5] 즉 그는, 한국인들이 즐거움을 몰라서가 아니라 불필요하게 요란한 색채를 피하며 그래서 품위 있고 야하지 않은 흰색이나 연한 색들을 애호하는 것을 이해하지 못했던 것이다. 또 그는 한국인들이 들이나 산에 있는 꽃 그대로의 모습을 사랑하며 그래서 특별한 경우 이외에는 그것을 굳이 똑똑 꺾어서 방 안의 꽃병에 꽂아야만 할 필요성을 느끼지 않는 한국인의 자연관이나 대범성(大

泛性)을 소홀히 보았던 것이다.

채색이나 꽃에 대한 한국인들의 이러한 견해는 조선왕조시대의 홍만선(洪萬選, 1664~1715) 같은 학자의 설명에서도 엿볼 수 있다. 즉 그는 "병족(屛簇)의 서화(書畵)는 가품(佳品)만을 표구하되 진채(眞彩)는 단채(單彩)만 못하고 담채(淡彩)는 단묵(單墨)만 못하다"느니, "꽃병은 채화(彩花)가 요란하지 않는 것이 좋으며 우리나라 백자(白磁)도 아름답다"고 하여 색이 현란한 것보다는 담백한 것을 높이 평가하였던 것이다. 그는 또한 "꽃병을 위한 화품(花品)은 매화, 모란, 작약, 연꽃, 치자, 촉계화, 해당화, 부용화, 영지(靈芝) 등이 좋으나 절지화(折枝花)는 자연의 모습을 해치는 것이므로 삼가는 것이 좋다"고 하여 일본 꽃꽂이에서처럼 꽃을 똑똑 꺾거나 싹둑싹둑 잘라서 꽂는 행위는 피해야 할 것으로 보았다.[6]

이렇게 볼 때 유종열은 본의든 아니든 일본인의 눈으로 한국의 미를 관조하였다고 여길 수밖에 없다. 우리 민족의 고난에 더없는 동정심을 지녔던 것으로 믿어지는, 그리고 한국미를 누구보다도 꿰뚫어 본 듯한 그도 태생이 일본인이기 때문에 이처럼 불가피하게 곡해를 하는 경우가 없지 않았던 것이다.

유종열은 한국 미술이나 예술의 가장 큰 특질적 요소를 선으로 보았다. 그는,

> 나는 조선의 예술 특히 그 요소라고도 볼 수 있는 선(線)의 아름다움은 실로 그들의 사랑에 굶주린 마음의 상징이라고 생각한다. 아름답게 길게 길게 끄는 조선의 선은 확실히 연연하게 호소하는 마음 그것이다. 그들의 원한도 그들의 기원도 그들의 요구도 그들의 눈물도 그 선을 타고 흐르는 듯이 느껴진다.[7]

라고 적었다. 즉 한국의 미술을 비롯한 예술의 특징을 '선(線)의 아름다움'으로 보고 그 선이라는 것도 곡선(曲線)이 본래 지니고 있는 날렵한 동세(動勢)나 유연성을 표현한 것으로서가 아니라 눈물이 타고 흐르는, 즉 애상의 선으로 보았던 것이다. 그래서 그는 "불안하고 쓸쓸한 마음을 전하는 데 저 눈물겨운 선보다 더 잘 어울리는 길은 없을 것이다."[8]라고 말했던 것이다. 즉 선을 애상의 미를 나타내기 위한 수단으로 보았던 것이다. 선이 한국 미술에 있어서 하나의 두드러진 특징인 것은 사실이며 또 그것을 꼬집어 본 것은 그의 달견(達見)임에는 틀림없으나 그것을 슬픔을 표현하기 위한 방법이나 수단으로 본 것은 순수성을 잃은 것이라 하겠다.

그는 이것을 토대로 한·중·일 삼국미술을 정의하기에 이르렀다. 그래서 그는 "중국의 예술은 의지의 예술이고 일본의 그것은 정취의 예술이었다. 그런데 그 사이에 서서 혼자 비애의 운명을 져야만 했던 것이 조선의 예술이다."[9]라고 전제한 후 다음과 같은 견해를 폈던 것이다.

> 그러나 이상하게도 동양의 세 나라에 있어서 세 개의 다른 자연이 대표되고 세 개의 다른 역사가 표현되고 세 개의 다른 예술의 요소가 시현되었다. 대륙과 섬나라와 반도와, 하나는 땅에 안정되고, 하나는 땅에서 즐기고, 하나는 땅을 떠난다. 첫째의 길은 강하고, 둘째의 길은 즐겁고, 셋째의 길은 쓸쓸하다. 강한 것은 형태를, 즐거운 것은 색채를, 쓸쓸한 것은 선을 택하고 있다.[10]

즉 중국은 대륙이기 때문에 강하고 그래서 '형태(形態)'를 택했으며, 일본은 섬 나라이기 때문에 즐겁고 그렇기 때문에 '색채(色彩)'를 택했고, 한국은 반도이기 때문에 쓸쓸하고 그래서 '선'을 택했다는 논리이다. 세상에 이런 논리가 일본인인 유종열이 아니면 어떻게 나올 수 있겠는가. 특히 쓸쓸하기 때문에 선을 택했다는 것은 도무지 납득이 가지 않는 일이다. 더구나 선이라는 것은 형태에서 비롯되는 경우가 많다. 고려시대의 청자표형병(靑磁瓢形甁)의 형태를 타고 흐르는 선이나 조선시대의 목조 건축물의 추녀가 긋는 선 같은 것은 이를 잘 말해 준다. 그러므로 선의 아름다움이란 회화를 제외하고는 형태를 수반하는 또는 형태에서 비롯되는 것이다. 이렇게 볼 때에 '선의 미'라는 것도 결국은 유종열의 설대로라면 '형태(形態)의 미(美)'에 가까운 것이고 따라서 일종의 '강한 미술'이라고 보아야 마땅할 것이다. 아무튼 한국 미술의 특징을 선으로 보았던 유종열의 설은 '애상의 미'를 입증하기 위해 주장한 왜곡된 동기임에도 불구하고 많은 공감을 얻었고, 그래서 다른 학자들에게 큰 영향을 미쳤던 것이다.

필자의 견해로는 유종열이 얘기한 선이라는 것은 직선적인 것이기보다는 곡선적인 것이 아닐까 생각된다. 이 곡선이 지향하고 의도하는 것은 경쾌한 동세(動勢)의 효율적인 표현이라고 믿어진다. 이러한 경향은 회화·조각·공예·건축 등 한국 미술 전반에서 자주 찾아볼 수 있는 것이다. 그러므로 한국 미술의 두드러진 경향의 하나로 선을 본 것은 탁견이라고 하겠다. 다만 그것을 '애상의 미'로 본 것은 일본적 시각이라고 생각된다. 필자의 견해로는 그것은 오히려 선율적·음악적 표현의 한 수단이라고 보고 싶다. 따라서 거기에는 애상이나 비애보다는 오히려 경쾌한 율동적 꿈과 이상이 서려 있는 것이라 느껴진다. 그러므로 부정적인 측면을 지닌 유종열의 설은 이러한 보다 긍정적이고 진실된 것으로 수정되어야 할 것이다. 이렇게 보지 않을 경우 유종열의 선에 대한 설은 수긍을 얻기가 어려울 것이다. 사실상 김원용(金元龍) 박사의 견해대로, 미술에 있어서의 미라는 것은 선이나 형태 없이 존재하기 어렵고 따라서 그것이 오직 한국 미술에만 나타나는 고유한 특징으로 보기는 어려운 것이다.[11]

유종열의 한국 미론에서 또 한 가지 주목되는 것은 한국의 미가 꾸밈에 치중하지 않는 '자연의 미'라고 하는 견해이다. 그는 「이조 도자기(李朝陶磁器)의 특질」을 논하면서,

> 그릇은 탄생한 것이지 만들어진 것이 아니다. 위대한 예술의 법칙, 즉 자연(自然)에로의 귀의(歸依)가 거기에 이루어져 있는 것이다.

라고 설명하고 곧이어서,

> 이조(李朝) 도자기의 미(美)는 자연(自然)이 보호해 주고 있다고 나는 생각한다. 아치(雅致)는 모두 자연이 주는 혜택이다. 자연에 대한 순진한 신뢰, 이것이야말로 말기 예술에 있어서의 놀라운 이례가 아니겠는가.

라는 견해를 밝히고 있다.[12] 즉 이조 도자기의 미는 꾸며서 이루어졌다기보다는 자연이라는 것에 귀의함으로써 위대함을 지니게 되었다는 견해인 것이다. 이러한 그의 견해는 「조선의 목공품(木工品)」이라는 글에도 잘 나타나 있다.[13]

유종열의 이 설은 그의 이론 중에서 가장 호소력이 크고 또 제일 많은 수긍을 얻고 있다. 사실상 한국의 미술, 그 중에서도 특히 조선왕조시대의 미술에서는 그가 주장하는 경향이 두드러지게 나타난다. 즉 인공을 가능한 한 덜 가하고 자연과의 조화를 최대한 시도하는 정원 예술(庭園藝術)이나 목리(木理) 등 재료가 지닌 특성을 최대한으로 살리는 목공예품 등에서 그가

얘기하는 자연의 미를 더욱 자주 엿보게 된다. 회화에 있어서도 화제(畵題)의 선정이나 그 표현 방법에 있어서 이러한 경향을 보이는 경우가 조선시대의 그림에서 종종 엿보인다. 그러므로 유종열의 자연미론(自然美論)은 많은 공감을 자아낸다. 다만 여기에서 간과해서는 안 될 것은 이러한 미술을 창출한 것은 자연 그 자체가 결코 아니며 한국인 자신이라는 점과 또 이것이 반드시 한국인의 기법상의 부족함을 뜻하기보다는 오히려 그것을 초탈한 한국인의 미의식을 반영하고 있다는 점이라 하겠다. 이러한 조건하에서만 유종열의 설은 계속 설득력을 지닐 수 있을 것이다.

지금까지 살펴본 바와 같이 유종열의 한국미에 대한 설은 문명대(文明大) 교수가 이미 지적한 바와 같이 한국 미술사 및 미학의 효시라고 일컬어지는 고유섭(高裕燮) 선생에게도 영향을 미쳤던 것이다.[14] 즉 고유섭 선생은 삼국시대의 미술은 물론 고려 및 조선 시대의 미술도 민예적인 것으로 보고, 한국의 미를 '비애의 미'·'적조미(寂照美)'로 정의하고 거기에는 '비균제성(非均齊性)'·'비정제성(非整齊性)'·'무관심성(無關心性)'·'무계획성(無計劃性)'·'무기교(無技巧)의 기교(技巧)'·'구수한 큰 맛'과 같은 특질이 보인다고 피력하였던 것이다. 이러한 그의 견해는 「조선미술 문화(朝鮮美術文化)의 몇낱 성격(性格)」, 「조선고대 미술(朝鮮古代美術)의 특색(特色)과 그 전승문제(傳承問題)」라는 글을 비롯하여 이곳저곳에 표현되어 있다.[15]

유종열의 영향을 받았느냐의 여부가 문제될 것은 없다. 오직 문제가 되는 것은 유종열의 설과 그의 설을 토대로 한 고유섭 선생의 설이 얼마나 타당하냐에 달려 있는 것이다. 필자의 견해로는 유종열이 주장한 '애상의 미'나 '비애의 미'라는 설은 앞에서도 지적한 것처럼 수긍하기 어렵다고 보며 따라서 그의 설을 별다른 비판 없이 받아들여 한국의 미를 '비애의 미' 또는 '적조미'로 정의한 고유섭 선생의 설도 이제는 재고를 요한다고 본다.

유종열은 조선시대의 도자기나 목공품을 논하면서 그것들을 만든 것은 자연이라는 어떤 불가사의한 큰 힘으로 간주할 뿐 실제로 그것들을 만든 장인들의 창의성이나 개성을 소홀히 보는 결과를 낳았는데 이것을 그냥 받아들인 것도 역시 수긍하기 어렵다. 자연은 사람에 의해서 대표되었을 뿐이기 때문이다. 그러므로 이러한 견해를 토대로 한 고유섭 선생의 '무관심성'·'무계획성'·'무기교의 기교' 등의 설명도 설득력이 부족하다고 볼 수밖에 없다. 도대체 관심이 주어지지 않고 이루어진 전통 미술이 있을 수 있는 것일까? 물론 그것이 오직 상대적인 정의라 할지라도 한국 미술의 전반적인 특질을 잘 정의했다고 보기는 어렵다. 차라리 자질구레한 세부에 별로 신경을 쓰지 않고 대체(大體)를 구한다는 의미에서 대범성(大泛性)이라고 정의를 내리는 것이 바람직할지도 모른다. 또 그러한 정의들은 한국 미술 전체에 관한 것이기보다는 조선왕조의 미술, 그 중에서도 민예적인 미술에 중점을 둔 것으로 이해하는 것이 바람직하다고 본다.[16] 만약 이것들을 한국 미술에 관한 통시대적 정의로 파악한다면 한국 미술을 진정하게 이해하는 데에 도달하기보다는 오히려 반대로 그것을 올바로 이해하는 데에 지장을 초래하게 될 것이라고 생각한다. 그러므로 앞에서도 이미 언급했듯이 이제 한국 미술 전체를 굳이 한두 마디의 어휘로 정의를 시도하기보다는 가능한 한 시대별, 지역별, 분야별 등으로 나누어 보다 구체적으로 특성을 찾아보고 그에 수반된 미의식을 알아보는 것이 바람직하다고 하겠다.

한국 미술의 특성에 관해서는 유종열, 고유섭 선생 이외에도 김원용, 최순우 양 선생 등 국내의 선학(先學)들과 제켈, 콤퍼츠, 매큔, 그리핑 같은 외국의 학자들에 의해서도 논의되었으나 그 대체적인 내용은 이미 김원용 박사와 전영래 교수가 잘 정리해서 요점적으로 소개한 바가 있기 때문에 이곳에서는 논급을 생략하기로 하겠다.[17]

다만 고유섭 선생 이후 한국 미의 본질이나 특색에 관해서 가장 적극적으로 논지를 펴 한국 미술의 이해에 많이 기여한 김원용 박사의 설만 간단히 언급하고자 한다.

김 박사는 여러 편의 글들에서 한국 미에 대한 견해를 피력하였는데 그 내용은 『한국미술사(韓國美術史)』, 『한국미(韓國美)의 탐구(探究)』, 『한국고미술(韓國古美術)의 이해(理解)』 등의 저서들에 집약되어 있다. 김 박사는 "한국 미술의 바닥을 흐르고 있는 것은 자연주의(自然主義)라고 할 수 있다"고 전제하고 이것은 "삼국시대부터 이조에 이르기까지 한국 미술의 기조(基調)가 되고 있다"고 보았다.[18] 이어서 "자연에 대한 애착, 자연 현상의 순수한 수용, 이것이 한국 민족의 특성이요, 또 한국 미술의 본질인 것이다"라고 설명한 후 목공품에 대하여 언급하면서 "인공 이전(人工以前), 미 이전(美以前)의 세계에서 일하며 형용할 수 없는 불후불멸(不朽不滅)의 미를 만들어 내고, 소재가 가지는 자연의 미를 의식적으로 보존하려는 노력은 세계에 자랑할 만한 성과요 감각이었다고 할 수 있을 것이다"라고 지적하였다.[19]

이러한 설명들을 통해서 김 박사의 자연주의 미론(自然主義美論)에 대한 의식을 분명히 파악할 수 있다. 김 박사의 이 이론은 지금까지의 한국 미에 대한 여러 학자들의 이론 중에서 제일 체계화된 것이라 믿어진다. 또한 이 설은, '애상의 미'를 주장하기 위한 보조적 견지에서 한국의 미를 '자연의 미'로 보았던 유종열의 설과는 대조적으로 하나의 객관적 입장에서 긍정적 측면으로 관조하였다는 점에서 그 차이를 찾아볼 수 있다. 앞으로 적당한 기회에 김 박사의 '자연주의'가 서양미술에서 얘기하는 자연주의(Naturalism)와 어떻게 다른가에 대한 견해를 소수의 전문학자들 이외의 일반을 위해서 밝힌다면 좀더 분명한 이해를 얻게 되리라고 본다.

김 박사는 한국 미술 전체에는 이따금 나타나는 추상화 경향 등을 제외하면 본질적으로 자연주의적 성향을 띠고 있다고 보면서도 한국 미술의 특징을 시대별로 구분하여 보려고 시도함으로써 한국미에 대한 이해의 폭을 넓히고 있다. 이러한 시도는 고유섭 선생도 삼국시대의 미술 등에서 소극적으로 실시한 바 있으나,[20] 이를 보다 적극적으로 체계화시켰다는 점에서 의의가 크다. 김 박사는 「한국 미술의 특색과 그 형성」이라는 글에서 선사시대부터 조선왕조시대까지의 미술을 다음과 같이 정의하였다.[21]

선사시대(先史時代) — 강직(强直)의 추상화(抽象化)

삼국시대(三國時代) — 한국적(韓國的) 자연주의(自然主義)의 전개(展開)

고구려(高句麗) — 움직이는 선(線)의 미(美)

백제(百濟) — 우아(優雅)한 인간미(人間味)

신라(新羅) — 위엄(威嚴)과 고졸(古拙)한 우울(憂鬱)

통일신라시대(統一新羅時代) — 세련과 조화의 미(美)

고려시대(高麗時代) — 무작위(無作爲)의 창의(創意)

조선시대(朝鮮時代) — 철저한 평범(平凡)의 세계(世界)

물론 김원용 박사의 이러한 견해에 대해서는 부분적으로 학자마다 이견(異見)이 있을 수도 있겠으나 대체적으로는 한국 미술의 시대적 변천에 따른 특징이 그 어려움에 비해 잘 정의되었다고 볼 수 있다. 이것을 토대로 앞으로 시대의 변천에 따른 각 분야별 양상에 대한 보다 철저한 규명과 정의가 시도되어야 할 것으로 믿는다.

맺음말

한국의 회화는 시대마다 특성을 키우며 변천해 왔고 이러한 변천의 배경에는 여러 다른 요소들과 함께 그때그때의 미의식이 큰 작용을 했다고 보여진다. 그러나 그 미의식은 어디까지나 화풍에 의거한 추론일 뿐 옛날 화가들이나 평론가들로부터 직접적인 설명에 의한 것이 아니다. 화론이나 화론적인 기록이 워낙 없기 때문에 불가피한 일이라 하겠다. 이러한 한계성뿐만 아니라 앞에서 살펴본 바와 같이 어느 특정 시대의 회화라고 해도 한 가지만의 미의식을 반영한 것이 아닌 경우가 대부분이기 때문에 한국의 전통회화에 나타난 한국인의 미의식을 한두 마디의 단어나 말로 간단 명료하게 정의하는 것은 실질적으로 불가능하게 느껴진다.

그러나 한 가지 분명한 것은 한국의 미의식이 유종열이 얘기했듯이 눈물을 쥐어짜는 '애상의 미'나 '비애의 미'는 결코 아니라는 사실이다. 오히려 회화를 통해 본 한국인의 미의식은 밝고, 명랑하고, 건강하고, 풍류적이고, 낭만적이고, 해학적이라고 믿어진다. 또한 답답하고 번거로운 것을 피하여 확 트이고 시원한 공간의 여유를 추구하는 경향을 띠고 있다고 보여진다. 반면에 큰 것을 추구하고 작은 것을 되도록 생략하는 대의성(大義性) 또는 대범성(大泛性)을 띠고 있기도 하다.

이러한 모든 양상을 함께 묶어서 한 단어로 집약하는 것은 위험하고 또 무리가 따르는 일이라 믿어진다. 그러나 굳이 그것을 시도한다면 그래도 가장 가까운 개념은 김원용 박사가 말하는 '한국적 자연주의'가 아닐까 생각된다. 이것은 어떤 의미에서는 천진성(天眞性)이나 대범성 등의 복합적인 개념으로 풀이될 수 있을지도 모르겠다.

그러나 앞에서도 되풀이하여 언급했듯이 이제는 우리나라의 미술의 특징이나 그에 내재하는, 그리고 그것을 창출한 다양한 미의식을 일괄해서 보기보다는 어느 특정한 시대나 분야 또는 작가마다의 경우에 따라 그 특징과 미의식을 뜯어보는 것이 보다 합리적이고 바람직한 일이라고 본다. 이렇게 하지 않는 경우 불가피하게 무리는 따르게 마련일 것이다. 같은 풍속화의 세계를 거의 비슷한 시기에 추구했던 김홍도와 신윤복의 작품상의 특징과 그 바닥에 깔린 의식의 차이가, 한편으로는 비록 어떤 공통점을 지니고 있을지라도 다른 한편으로는 얼마나 현저하게 다른 양상을 보여주고 있는가 하는 점은 이의 필요성을 잘 말해 준다.

이제까지 미술사학도의 입장에서 미의식의 문제를 주섬주섬 고찰해 보았으나 이것은 본래 미술사학도보다는 미술사적 지식을 갖춘 미학자들에 의해서 다루어져야 할 영역이기 때문에 더욱 아쉬움과 한계성을 많이 느끼지 않을 수 없었다. 앞으로 우리나라에서도 한국미학이나 동양미학 분야가 발달하여 이에 대한 보다 체계적인 연구가 이루어지기를 바란다. 그러므로 본고는 이 방면에 있어서 앞으로의 본격적인 연구에 앞서 실시한 하나의 예비적 시도 또는 기초 작업 정도로 이해되었으면 한다.

註

1 柳宗悅,『朝鮮의 藝術』, 朴在姬 譯(東亞文化社, 1977). pp. 14~19.

2 柳宗悅과 그의 韓國藝術論에 대한 포괄적인 소개는 金元龍,「日本人 柳宗悅의 韓國美觀」,『한국미의 探究』(悅話堂, 1981), pp. 63~77. 그리고 그의 이론에 대한 비판적인 검토는 文明大 교수에 의해 시도된 바 있다. 文明大,「日帝時代의 韓國美術史學」,『韓國美術史學의 理論과 方法』(悅話堂, 1978), pp. 28~32.

3 柳宗悅, 前揭書, p. 105 및 108.

4 上揭書, p. 52.

5 上揭書, pp. 121~124, 196~197.

6 安奎哲,「山林經濟에 실린 조선시대 선비의 사랑방 가구」,『季刊美術』 제28호(1983, 겨울), p. 50 參照.

7 柳宗悅, 前揭書, pp. 30~31.

8 上揭書, p. 125.

9 上揭書, p. 106.

10 上揭書, p. 114.

11 金元龍,『韓國美術史』(汎文社, 1973), p. 3.

12 柳宗悅, 前揭書, p. 199.

13 上揭書, pp. 212~213.

14 文明大, 上揭書, pp. 32~42.

15 高裕燮,『韓國美의 散策』(東西文化社, 1977). pp. 30~39, 57~69.

16 이와 비슷한 주장은 전영래 교수도 강력히 피력한 바 있다.「韓國傳統 環境論」,『天竇星』 第6號(全州大學 學從護國團, 1982), p. 40, 48.

17 金元龍,『韓國古美術의 理解』(서울大 出版部, 1981), pp. 10~20; 전영래, 前揭

論文, pp. 40~41: 崔淳雨, 「韓國美의 序說」, 『한국미, 한국의 마음』(知識産業社, 1980). pp. 9~12 參照.

18 金元龍, 『韓國美術史』, p. 4.

19 上揭書, p. 5.

20 高裕燮, 前揭書, pp. 21~29.

21 金元龍, 『韓國美의 探究』, pp. 10~32.

〈이 원고는 『한국미술의 미의식(정신문화연구원 편)』 중의 논문을 요약 발췌한 것입니다.〉

한국미의 근원: 청출어람의 신경지*

청동기 시대의 다뉴세문경은 기하학적·추상적·상징적인 신석기 시대 이래의 미의 세계를 반영하고 있으며, 과학기술사적 측면에서도 경이적인 면을 드러낸다. 고구려 5회분 4호묘의 벽화는 고구려 미술의 절정을 보여주는 가장 아름다운 벽화다. 4벽과 천장의 벽화가 완벽한 구성의 미를 드러내고 화려한 채색이 극도로 아름다우며, 모든 붓질이 고도의 세련성을 보여준다. 인류의 문명 발달에 획기적으로 기여한 농신(農神)·수신(燧神)·야철신(冶鐵神)·제륜신(製輪神) 등을 천장의 층급 받침에 그려 넣은 것도 크게 주목된다. 백제의 산수문전(山水文塼)은 백제의 산수화 발달 정도를 보여주는 유일한 작품으로서 균형 잡힌 대칭구도, 거리감·공간감·깊이감·오행감의 표현, 토산과 암산의 차이 묘사, 산다운 분위기 묘사, 불교 사찰의 건

....

* 『월간미술』 제184호(2000. 8), p. 80.

축양식 구현 등 다각적인 측면에서 지극히 중요하다. 백제의 산수화만이 아니라 백제 미술양식의 특징, 삼국시대 미술의 발달 정도, 중국 남조와의 관계 등을 이해하는 데 크게 참고되는 작품이다.

신라의 금동미륵반가사유상(국보 83호)은 삼국시대 불교조각의 높은 발달 정도와 일본 고류지(廣隆寺) 소장 목조 미륵반가사유상의 연원을 밝혀 주는 대표적 작품이다. 양쪽 눈썹과 콧등으로 이어지는 날카로운 선 등의 양식적 특징으로 보아 신라의 작품일 가능성이 높다고 생각된다. 통일신라의 석굴암은 굳이 설명이 필요 없을 만큼 뛰어난 작품이다.

통일신라의 성덕대왕신종은 세계에서 가장 아름답고 제일 크고 소리가 더없이 신비스러운 종으로 과학기술사적으로도 대표적인 소중한 작품이다. 안견의 〈몽유도원도〉는 조선 초기, 특히 세종연간의 산수화의 특징과 발달 정도, 국제적 성격, 이념미를 대표하며 시·서·화가 어울린 종합적 성격의 걸작이다.

한국미술의 원형은 선사시대의 미술에서 시작되었다고 볼 수 있다. 후대의 우리나라 미술에서 보이는 곡선미와 대칭미, 추상적 성격의 미술과 구상적(사실적) 경향의 미술이 청동기 시대 이전에 이미 나타나기 시작했음이 확인되기 때문이다. 이 점을 재인식해야만 한다.

삼국시대부터 조선 말기까지 중국과 활발하게 교섭하고 영향을 받으면서도 선별적 수용과 한국적 재창출을 통해 청출어람의 경지를 개척하였다. 앞에 든 작품들 이외에도 백제의 금동향로, 불국사의 다보탑, 고려시대의 불교회화와 청자, 조선시대의 초상화, 진경산수, 풍속화, 분청사기, 백자, 도자기, 목가구, 건축과 정원 등은 그 전형적 예들이다. 또한 일본 미술의 발전에 획기적으로 기여한 점도 가볍게 볼 수 없다. 이와 함께 우리나라 미술에 보이는 국제적 보편성과 독자적 특성을 새로운 시각에서 냉철하게 관조하는 것이 필요하다고 생각된다. 과장이나 과소평가가 아닌 공정한 평가, 이것만 제대로 이루어진다면 우리 미술은 왜곡과 오해의 늪을 벗어나게 될 것이다.

전통미술에 보이는 한국적 특징과 우수성을, 창작을 담당하는 작가들이 제대로 이해하고 새로운 미술의 창출에 충분히 활용하는 것이 무엇보다도 중요하다고 본다.

안휘준 서울대 교수

한국 고미술의 재인식*

안휘준 서울대학교 고고미술사학과 명예교수

청출어람(靑出於藍)

필자는 오랫동안 우리나라의 미술을 연구하고 가르치면서 많은 생각을 해왔다. 그중의 하나가 세계에서 가장 뛰어나고 독보적인 우리의 미술작품들만을 엄선하여 '세계 제일의 한국미술'이라는 제목의 책으로 엮어내면 얼마나 좋을까 하는 것이었다. 처음에는 미술문화재만을 생각했으나 생각을 거듭하면서 기왕이면 한글, 인쇄문화, 대장경판, 무형문화재 등등 미술 이외의 문화유산까지 포함하여 엮으면 더욱 좋을 것이라는 생각을 하게 되었다. 그러나 이렇게 확대할 경우 누구도 혼자서는 해낼 수 없는 너무나 방대한 성격의 과제가 될 수밖에 없어서 국가나 정부 차원에서 각 분야의 전

---

* 『월간미술』 제305호(2010. 6), pp. 176-179.

문가를 모아 위원회와 집필진을 구성하여 추진하지 않으면 안 된다고 판단하였다. 그래서 정부 기관에 넌지시 뜻을 비치기도 하였지만 호의적 반응을 얻지 못하였다. 아마도 쉽지 않은 일이라고 판단하였기 때문일 것이다. 아쉽지만 좀 더 시간을 두고 기다려 보는 수밖에 없겠다는 잠정적인 결론을 얻었다. 언젠가는 꼭 우리 문화 전반에 걸쳐 세계 제일의 문화재나 문화유산을 선정하여 알찬 책으로 펴내야 한다고 여기고 있다. 현대를 살아가는 우리 모두에게 부여된 최대 과제이자 사명이라 하겠다.

이러한 취지에서 필자는 그동안 몇 가지 일을 해왔다. 먼저 1995년에는 '1995 미술의 해' 조직위원회가 도서출판 에이피 인터내셔널(Editions API)에서 펴낸 국문판『한국미술 名品 100選』과 영문판 *Korean Art 100 Masterpieces*의 출판에 참여하여 작품을 선정하고「한국미술의 특성과 변천(Characteristics and Transformation Korean Art)」이라는 글을 기고하기도 하였다. 대표작들에 대한 생각을 정리하게 해준 계기였다.

이러한 생각을 보다 구체화하게 된 계기는 2007년 10월에 한빛문화재단과 화정박물관이 개최한 '제1회 화정미술사 강연'이었다. 이때 강연의 주제를 무엇으로 할 것인지에 관하여 심사숙고한 끝에 '청출어람(靑出於藍)의 한국미술'로 결정하였다. 한국미술에 큰 영향을 미쳤던 중국의 미술보다도 더 뛰어난 우리나라의 미술문화재들에 관하여 강연을 하기로 용단을 내렸던 것이다. 본래 "청색은 쪽에서 나왔지만 쪽보다 더 푸르다"는 뜻을 지닌 '청출어람'은 '스승보다 나은 제자'나 '선배보다 나은 후배'를 지칭하기도 하므로 이 말을 강연 제목의 일부로 삼았다. 그런데 청출어람의 경지에 이른 작품들 중에는 세계 제일의 범주에 드는 명작이 다수 포함되어 있어서 결국 강연의 대체적인 내용도 거기에 맞추어지게 되었다.

한국미술의 기원, 발전(청출어람), 일본에 미친 영향(또 하나의 미술종주국) 등 3회에 걸쳐 행한 이때의 강연 내용은 3년간의 수정보완을 거쳐 금년 6월에 『청출어람의 한국미술』이라는 동일한 제목으로 사회평론에서 출간된다. 세계 제일의 한국미술문화재에 관한 오랫동안의 필자 개인적 염원이 학문적으로 대충 정리된 셈이다. 이와 함께 영문 잡지 *Koreana*가 G20 정상회담을 계기로 하여 발행할 예정인 *Masterpieces of Korean Art*(한국미술의 걸작들)라는 영문 책자에 「걸작들을 통해 본 한국의 전통미술」이라는 졸문을 썼는데 그 내용도 대부분 회화, 불교조각, 금속공예, 도토공예, 목칠공예, 석조건축(탑) 등 각 분야의 제1급에 속하는 문화재들에 관한 것이다. 이 책은 *Koreana*의 편집진과 영문번역가인 이경희 문화재위원이 기존의 기고문들 중에서 추려낸 것들에 필자가 추천한 최소한의 작품들에 관한 기사를 합쳐서 정리한 것이다. 꼭 포함시켜야 할 분야나 작품들 중에서 빠진 것들이 많아서 아쉽지만 그런대로 해외에 우리나라의 미술문화를 소개하는 데 큰 기여를 하게 될 것으로 기대된다.

이러한 일들이 진행되는 과정에 『월간미술』이 새로운 기획으로 '세계 제1의 한국미술문화유산'이라는 제목 하에 우리나라의 대표적인 미술문화재들을 금년 6월호부터 4회에 걸쳐 독자들에게 집중적으로 소개하고자 한다는 뜻을 밝히면서 필자의 협조를 구해왔다. '세계 제일'이라는 말이 들어간 것에서도 짐작이 되듯이 오랫동안 필자가 품어왔던 취지와 염원이 반영된 기획이어서 개인적으로도 보람을 느끼지만 독자들을 위해서도 여간 다행한 일이 아니다.

이번의 기획을 계기로 하여 필자는 우리나라의 전통 미술 자체의 특징과 변천에 관하여 살펴보기보다는 그것과 연계된 몇 가지 중요한 문제들에 대하여 우선적으로 생각해 볼 필요를 절감한다. 현대의 문화인들과 미술인들에게 고대의 미술은 무엇이며 어떤 의미가 있는가, 그것을 어떻게 보고 무엇을 참고할 것인가, 또 그것을 토대로 무엇을 어떻게 이룰 것인가 등의 문제들을 이번 기회에 되새겨 보는 것이 요구된다고 생각한다. 이것들을 몇 가지로 나누어 생각해보도록 하겠다.

불이미술(不二美術)

우리나라의 현대미술계를 보면 한국미술과 서양미술, 고대미술과 현대미술, 사실과 추상, 구상과 비구상, 이론과 실기 등으로 각각 이분되어 있고, 그 사이에 마치 유리벽이 가로막고 있기라도 한 듯 서로 바라보기만 할 뿐 소통하지 못하고 있다. 한국의 미술은 고대미술이든 현대미술이든 모두 한민족의 창작물로서 본래 뿌리가 같고 하나의 맥을 이룬다. 단지 시대적, 양식적 차이를 드러낼 뿐이다. 즉 불이(不二)의 미술인 것이다. 그러함에도 불구하고 상호 별개의 미술인 것처럼 여기는 형국이다. 다른 경우에도 대체로 엇비슷하다. 그 경직된 불통(不通)의 단적인 예는 엉뚱하게 여겨질지도 모르지만 1991년 11월 30일에 발효한 '박물관 및 미술관 진흥법'에서 찾아볼 수 있다. 왜 '박물관 진흥법'이라는 단순명쾌한 명칭이 아닌 '미술관'이라는 명칭이 추가된 복잡한 명칭의 진흥법이 되고 말았는가, 왜 다른 분야의 박물관들은 모두 '박물관'의 범주에 이의 없이 포함되었는데 오직 '미술관'만 따로 구분되었는가, 다른 나라에도 이러한 사례가 있는가 등 의문이 제기될 수밖에 없다.

'미술관'이란 곧 '미술박물관(museum of arts, museum of fine arts)'임에도 불구하고 구태여 박물관이기를 거부한 것이다. 이는 실로 기이한 일로서, 우리나라 현대미술계 인사들이 만들어 놓은 것임을 부인할 수 없다. 현대미술계 종사자들의 사고(思考)를 반영하고 있는 것이다. '박물관'은 고대미술, 고고학, 민속학, 자연사 자료 등 옛것만을 다루는 곳이므로 현대미술과 무관하고 따라서 거기에 해당되지 않는다. 그러므로 '미술관'으로 분명하게 구분하여 자신들과 자신들의 영역을 차별화해야 한다고 굳게 믿고 밀어붙인 결과임이 분명하다. 그렇다면 현대미술관의 대표격인 뉴욕의 Museum of Modern Art(현대미술박물관)가 '박물관(museum)'이라고 스스로를 칭하는 것을 그들은 어떻게 생각하는가. 또 그들이 말하는 '미술관'은 영어로 어떻게 번역하는가 묻지 않을 수 없다. Metropolitan Museum of Art, Museum of Fin Arts, Boston 등 대표적인 미국의 박물관들은 말할 것도 없고, 심지어 미국과 영국의 National Gallery of Art조차 Gallery라는 명칭을 붙이고도 모두 미술박물관임을 자처 자부하고 있다. 이러한 사례들만 보아도 우리나라의 '박물관 및 미술관 진흥법'의 명칭이 얼마나 기형적이고 잘못된 것인지, 이러한 파행을 빚은 현대미술인들의 사고가 얼마나 경직된 것인지, 그것을 용인하고 그런 잘못된 명칭의 법을 발효시킨 당시 정부의 문화인식이 얼마나 비합리적이었는지 분명하게 알 수 있다. 미술관은 역사, 고고, 민속, 자연사 등 많은 분야의 박물관과 마찬가지로 미술박물관인 것이다. 여기서 필자가 지적하고 싶은 것은 단순히 '박물관 및 미술관 진흥법'의 오류가 아니라 그것을 야기시킨 현대미술인들의 고미술에 대한 지독한 이분법적 편견이다. 이는 한시 바삐 불식되어야 마땅하다. 이러한 경직된 인식의 차이는 비단 고대미술과 현대미술에서만 간취되는 현상이 아니다. 한국미술과 서양미술, 구상과 비구상, 사실과 추상, 이론과 실기(창작)에서도 대동소이하게 확인된다. 이론의 경우에도 미학과 미술사로, 미술사에서는 한국미술사와 서양미술사로 나뉘어 상호 소통이 거의 되지 않고 있다.

우리나라의 미술계가 이처럼 이분화되어 있는 것은 분명히 비극이다.

이렇게 이분화되어 있는 것이 우리 모두에게 얼마나 손해가 되는지를 모르고 있는 듯하다. 실기(창작)든 이론이든 한국미술을 하는 사람이 서양이나 동양의 다른 나라 미술을 모르고 무관심하면 그 나라들의 미술에 내포되어 있는 인간의 무한한 창의성과 지혜를 어떻게 깨달을 수 있으며 자신의 창작이나 연구에 활용할 수 있겠는가. 반대로 한국인으로서 서양미술을 하는 사람이 한국미술을 외면한다면 제 나라 것도 모르는 그가 어찌 한국인일 수 있으며, 더구나 어떻게 한국적 미의 창출과 연구에 기여할 수 있겠는가. 실로 개탄하지 않을 수 없는 일이다. 이를 해소하는 길은 불이미술(不二美術)의 진리와 진실을 믿고 존중하는 것이라고 본다. 미술은 불교에서 말하는 불이법문(不二法門)처럼 둘이 아닌 하나인데 사람들이 공연히 한국미술과 서양미술을 나누고, 고대미술과 현대미술을 구분하며, 사실과 추상, 구상과 비구상, 실기와 이론을 구별하는 것이라고 볼 수 있다. 어느 분야, 어떤 방법으로 미술을 하든 상대 영역의 중요성과 필요성을 깨닫고 개선하는데 진력해야 한다. 그렇지 않으면 그동안 대학 간, 학과 간, 전공 간에 철벽을 쌓았던 인문학이 위기를 맞고 있는 것과 유사한 상황에 미술계도 직면하게 될 가능성이 크다. 이러한 상황이 계속된다면 물량은 넘쳐도 세계 제일의 한국 현대미술은 창출되기 어렵다. 모든 미술은 그 근원이 둘이 아닌 하나인 것임을, 즉 불이미술임을 되새겨야 하겠다.

유용지물(有用之物)

우리나라의 고대미술을 현대미술 분야 종사자를 비롯한 국민이 어떻게 보고 있으며 또 어떻게 보아야 할 것인지에 대하여 생각해 봐야 한다. 우리나라의 고미술에 대한 국민의 관심은 전에 비하면 크게 높아진 것이 사실이다. 2009년 10월에 안견의 〈몽유도원도(夢遊桃源圖)〉가 귀국하여 국립중앙박물관에서 9일간 전시되었을 때 그 작품을 보기 위하여 관람객이 운집해 여러 시간 줄지어 섰던 일은 그 좋은 예이다. 그러나 이러한 지극히 예외적인 경우를 제외하면 고미술에 대한 국민의 관심은 뜨뜻미지근하다. 현대미술인이라고 일반인에 비하여 더 나을 게 없다. 좋은 고미술 전시회들에서 작가들의 모습을 마주치기가 쉽지 않은 점도 그 한 가지 예이다. 서양의 미술전시회에는 거의 예외 없이 관람객들이 쇄도하는 것과 큰 대조를 보인다. 이는 이웃나라인 중국과 일본에서 자국의 고미술전시회에 관람객이 운집하는 것과도 현저한 차이를 드러내는 현상이다.

우리나라 고대미술에 대한 현대미술인과 국민의 냉담함과 무관심은 분명히 잘못된 일이다. 중국과 일본의 국민은 자국의 고대미술에 지대한 관심을 가지고 있는데 왜 우리나라의 현대미술인과 국민은 우리의 고미술에 대하여 열기가 없는 것일까. 그 가장 큰 원인은 현대미술인을 포함하여 국민 절대 다수가 우리의 고대미술에 대하여 제대로 교육받지 못했기 때문이라고 생각된다. 미술교육이 서양미술 위주로 이루어져왔던 사실도 이러한 파행에 일조했음이 분명하다. 그 결과 현대미술인들과 국민이 우리 고대미술이 지닌 특성과 가치를 제대로 이해하지 못하게 된 것이다. 제대로 알지 못하니 그 가치와 소중함을 절감하지 못하고, 새로운 현대미술의 창출에 활용하는 일은 더더구나 생각조차 못하게 된 것이다.

우리의 고대미술에는 선조들의 지혜와 창의성, 기호(嗜好)와 미의식, 얼과 사상, 멋과 정서, 디자인 감각과 생활풍속, 외국과의 교류 양상 등 실로 다양한 예술적, 문화적 요소들이 담뿍 담겨 있다. 그것은 새 미술의 창출에 더없이 참고되는 풍부하고 소중한 보고(寶庫)이다. 이렇듯 우리의 고대미술은 현대미술과 마찬가지로 무용지물이 아니라 유용지물이다. 단순한 유용지물이 아니라 너무도 소중한 보배인 것이다. 손에 보배를 들고 있으면서도 그 가치와 소중함을 모르는 무지함과 어리석음을 한시바삐 벗어나야 한다. 더 나아가 그것을 새 미술 창출에 현명하고 지혜롭게 활용할 줄 알아야 하겠다.

온고지신(溫故知新)

고대미술을 올바르게 이해하려면 그것을 공부하고 익혀야 한다. 그래야 그것을 바탕으로 새로운 것을 깨우치고 활용할 수 있다. 즉 온고(溫故)해야 지신(知新)할 수 있다. 온고를 제대로 하려면 다독다학(多讀多學)하고 다견다찰(多見多察)해야 한다. 즉 책을 많이 읽고 많이 공부해야 하며, 좋은 작품과 자연을 많이 보고 많이 관찰해야 한다(필자의 '四多論' 중의 일부임. 『미술사로 본 한국의 현대미술』, 서울대학교출판부, 2008, pp. 4~55 참조). 이는 중국의 화론에서 훌륭한 작가가 되기 위해서는 "독만권서(讀萬卷書), 행만리로(行萬里路)", 즉 만 권의 책을 읽고 만리 길을 여행해야 한다고 보았던 것과 상통하는 것이다. 어쨌든 많이 읽고 많이 보는 것이 작가에게는 물론 미술이론 분야의 종사자에게도 절대적으로 필요한 것임을 알 수 있다. 우리의 고미술에 관해서도 많이 공부하고 많이 보는 것이 요구된다. 그래야만 새로운 것을 새롭게 깨우칠 수 있을 것이다.

법고창신(法古創新)

고대미술을 제대로 알아야 하는 중요한 이유는 전통미술문화의 올바른 계승, 역사와 문화의 정당한 규명과 복원, 새로운 미술의 창출에 있다.

이 중에서 전통미술을 바탕으로 한 새로운 미술의 창출은 앞으로 한국미술의 발전과 관련하여 특히 중요하다고 하겠다. 이와 연관하여 유념해야 할 것이 법고창신(法古創新)이다. 옛것을 본받아(法古), 새것을 창조한다(創新)는 뜻의 이 말은 현대미술에서도 적절하기 그지없다. '법고창신'이라는 이 말은 창작과 연관하여 옛것을 익히고(溫故) 새것을 깨우친다(知新)는 뜻의 '온고지신'보다도 더 적극적인 개념이라 할 수 있다. 온고지신은 온고하여 지신하는 것으로 끝날 수도 있지만 법고창신에서 창신은 지신에 그치지 않고 새로운 것을 창출하는 것, 혹은 새롭게 창출하는 것을 의미하기 때문이다. 즉 창작의 개념이 더 강하게 반영된 것으로 풀이된다. 물론 '법고창신'이라는 말이 본래 미술 창작을 주목적으로 하여 만들어진 개념은 아니지만 어느 분야보다도 미술을 위시한 예술과 문화에서 가장 참고할 만한 말로 채택할 만하다.

훌륭한 창작의 배경에는 옛것을 익히고 참고하는 온고(溫故知新)와 법고(法古)가 다소간을 막론하고 개재되어 있다. 이 세상의 모든 창작은 그것이 아무리 새로워도 반드시 옛것과 어떠한 형태로든 연계되어 있음이 확인된다. 새로운 정도가 얼마나 크냐의 문제일 뿐이다.

현대를 살면서 창작에 임하는 한국의 작가들은 무엇을 온고하고 법고할 것인지 심각하게 생각해 봐야 한다. '한국' 미술사에 편입될 작품은 창의성과 함께 한국성을 겸비해야 하므로 결국 한국의 옛 미술이 가장 중요한 대상이 될 수밖에 없다. 한국의 옛 미술을 위주로 하면서 외래의 미술도 아울러 온고하고 법고하는 것이 바람직할 것이다. 세계 제일의 한국 고미술은 최우선적인 대상이 되어 마땅하다.

동도서기(東道西器)

온고지신과 법고창신이 미술의 창작에서 더없이 중요하다는 점은 부인할 수 없을 것이다. 그러나 어떻게 온고지신하고 법고창신할 것인지는 더 많은 생각을 요한다. 이에 대한 답이 동도서기라고 할 수 있다. 학자 출신 정치가였던 김윤식(金允植, 1841~1920)이 1880년대에 발의한 이 동도서기론은 우리나라의 전통적인 사상과 제도(東道)는 지키면서 서양적인 기술(西器)은 필요에 따라 수용하자는 주장으로 중국의 중체서용론(中體西用論)이나 일본의 화혼양재론(和魂洋才論)과 대동소이하다고 하겠다. 이 동도서기론은 우리나라 현대미술의 창작과 관련하여 아직도 충분히 참고할 만하다고 생각한다. 우리의 전통미술을 중심으로 하면서 서양의 기법을 받아들이자는 뜻으로 풀이될 수 있기 때문이다.

이와 연관지어 우리나라 현대미술을 대표하는 박수근과 김환기는 많은 참고가 된다. 그들은 서양에서 받아들인 유화를 그렸으면서도, 그림의 주제와 내용 및 화풍은 한국적인 것을 표현하는 데 치중하였다. 그들의 작품에는 창의성과 한국성이 겸비되어 있다. 동도서기의 대표적, 전형적 구현체이다.

세계 제일(世界 第一)

현대의 문화인, 교양인, 미술인이라면 미술을 위시한 모든 예술을 관심의 대상으로 삼아야 마땅하다. 미술의 경우 원칙적으로 전 세계, 모든 나라와 민족, 모든 시대와 온갖 종류의 미술에 흥미를 가지고 임하는 것이 바람직하다. 그러나 현실적으로 그것이 언제나 가능한 것은 아니다. 그래서 한국의 미술인들은 당위적으로 한국의 전통미술(혹은 옛미술, 고대미술)과 현대미술을 우선 섭렵하고 시야를 넓혀서 우리의 미술과 역사적으로 밀접한 관계에 있던 중국과 일본, 인도와 중앙아시아의 미술을 살펴보고 나아가 서양미술을 폭넓게 이해하는 것이 현실적이고 바람직하다고 본다. 우리에게 우리의 미술이 가장 소중한 것은 당연한 일이지만 다른 나라나 민족의 미술도 마찬가지로 중요하다. 다른 나라들의 미술에는 우리 미술에서는 찾아보기 어려운 인간의 또 다른 지혜와 독특한 양식이 투영되어 있기 때문이다. 이것은 우리 고유의 미술과 함께 새로운 한국의 현대미술을 창출하는 데 많은 참고가 될 수 있어서 결코 가볍게 여길 수가 없다. 이러함에도 불구하고 최우선적으로 요구되는 것은 우리 자신의 미술에 대한 철저한 이해임을 부인하기 어렵다. 우리의 고대미술, 그중에서도 그 정수(精髓) 중의 정수인 '세계 제일'의 한국미술문화재들이 무엇보다도 중요시되어야 하는 이유가 거기에 있다.

이번 『월간미술』의 기획기사에서 다루어질 작품의 수는 20점에 불과하다. 최소한의 작품을 선정하여 집중적으로 조명함으로써 그 특징과 가치를 독자에게 보다 선명하게 전달하고자 하는 데에 의미를 두고 있다고 믿어진다. 이 작품들에 관해서는 전문가의 유익한 해설과 풍부한 양질의 도판을 통해 구체적으로 조명될 것이다. 그러므로 필자는 어떤 작품이 이 기획에 선정, 포함되었는지만 언급하고자 한다.

청동기 시대의 불가사의한 다뉴세문경(多紐細文鏡)을 제외하면 모두 삼국시대 이후의 작품들이 소개된다. 회화와 관련된 작품으로는 고구려의 5회분 4호묘를 비롯한 고분벽화, 백제의 산수화를 대변하는 산수문전(山水文塼), 고려의 수월관음도(水月觀音圖)를 비롯한 불교회화, 조선왕조 초기 최고의 사의산수화(寫意山水畵)인 안견의 〈몽유도원도〉와 후기 진경산수화의 대표작인 정선의 〈금강전도〉, 조선후기 초상화의 정수인 윤두서의 자화상, 풍속화의 대표작인 김홍도의 《풍속화첩》, 미인도 중의 미인도인 신윤복의 〈미인도〉 등이 포함되어 있다.

조각에는 국보 83호인 금동미륵보살반가사유상(金銅彌勒菩薩半跏思惟像)과 유네스코 지정 문화재인 석굴암의 석조상들이, 금속공예에는 백제의 금동대향로, 신라의 금관, 통일신라의 성덕대왕신종이, 도자기 분야에는 청자상감운학문매병(靑瓷象嵌雲鶴文梅甁), 백자철화포도문호(白瓷鐵畵葡萄文壺), 백자 달 항아리가, 건축에는 석조건축으로 불국사의 다보탑과 석가탑이, 목조건축으로는 유네스코 지정 문화재인 종묘의 정전(正殿)이 대표작으로 선정되어 조명을 받게 된다.

한결같이 세계 제일의 경지에 든 걸작이다. 이 극소수의 작품만으로도 우리나라 고미술의 특징과 우수성, 중요성과 의의 등이 충분히 확인되고 공감될 것으로 믿어진다. 이제는 이러한 고대의 작품들과 고대문화를 토대로 하여 우리 모두가 어떠한 세계 제일의 한국적 현대미술을 창출할 것인지에 대하여 고심하고 노력해야 할 것이다.

고미술계를 돌아보니*

안휘준
(서울대 고고미술사학과 교수, 문화재위원회 부위원장)

고미술품은 문화재로서 학계, 박물관과 미술관, 개인소장가, 고미술업계 등과 불가분의 관계에 있다. 특히 고미술품의 유통과 관련해서는 고미술업계의 역할이 절대적이다. 주로 고미술업자들을 통하여 민간에 깊이 사장되어 있는 고미술품을 위시한 문화재들이 모습을 드러내고, 박물관이나 개인소장가들의 손에 들어가게 되며, 학자들의 연구에 학술자료서 활용되게 된다. 그들의 노력 없이는 새로운 작품을 접하는 일이 거의 불가능하게 된다. 고고학자들이 지하에서 발굴해 내는 고고학적 자료들 이외에 전세품(傳世品)으로서의 고미술품은 대부분 오로지 고미술업자들의 손에 힘입어 빛을 볼 수가 있다고 해도 과언이 아니다. 즉 고미술품을 비롯한 각종 문화재와 새로운 학술자료들이 맨 먼저 얼굴을 내미는 곳이 바로 고미술업계인

* 『동산문화재』 5(2004. 1), pp. 6-8.

것이다. 각급 박물관 관계자들과 학계의 전문가들이 항시 고미술업계를 주시하는 이유도 바로 이 때문이다. 이처럼 고미술업계는 문화재 분야의 모든 사람들에게 더 없이 중요한 대상이며 끊임없는 관심의 표적이다. 많은 전문가들이 고미술업계가 건전하게 발전을 거듭하기를 간절히 바라는 것은 따라서 당연하다고 하겠다.

그럼에도 불구하고 해를 거듭할수록 고미술업계가 침체되어 가고 있는 것은 안타까운 일이 아닐 수 없다. 이러한 침체의 배경에는 경제 여건의 어려움, 정부 시책의 미흡, 수준 높은 고미술품의 부족이 주된 원인으로 작용하고 있음을 부인할 수 없다. 이 밖의 원인으로 고미술업계가 안고 있는 제반 문제점들도 무시하기 어렵다. 절대 다수의 성실한 업자들의 뜻을 거스르고 일부 극소수의 업자들이 이따금씩 저지르는 각종 불법행위는 고미술업계의 이미지를 실추시키고 관심 있는 국민들의 외면을 초래함을 부인할 수 없다.

현재 고미술업계가 당면하고 있는 어려움을 극복하고 새로운 발전의 계기를 마련하기 위해서 무엇을 어떻게 할 것인가를 생각해 보는 것이 필요하다고 여겨진다. 이를 위해 사업 여건의 개선, 정부와의 협의를 통한 각종 제도의 개혁, 자체 정화(淨化)제도의 확립 등을 생각해 볼 수 있을 것이다. 이와 함께 고미술업계의 구성원들이 어떠한 마음가짐과 몸가짐을 지닐 것인지도 매우 중요하다고 본다. 바로 이 점과 관련하여 필자가 평소에 생각해 온 이상적인 고미술업자에 관하여 몇 가지 졸견을 적어볼까 한다. 고미술업계를 아끼고 발전을 진심으로 바라는 충정에서 적어 보는 순수한 의견임을 독자 여러분이 이해해 주시면 고맙겠다. 이상적인 고미술업자는 다음과 같은 인물이라 하겠다.

① 신사도(紳士道)를 갖춘 인물

고미술업은 선진국들의 예에서 보듯이 신사들의 사업이라고 생각한다. 문화재를 다루는 만큼 자신이 하는 일에 남다른 자부심과 긍지를 가지고 사업에 임하며 격조 높은 고미술품에 걸맞는 교양과 실력을 갖춘 인물, 신사적으로 일하고 행동하는 인물, 그가 바로 첫째로 꼽히는 모범적 고미술업자이다. 그는 신사이기에 도굴, 절도, 위조, 밀매, 밀반출, 사기 등의 불법행위는 일체 저지르지 않으며 오로지 정당한 거래만을 솔직하게 한다. 타의 모범이 됨은 물론이다.

② 신용 제일의 인물

사업에 신용이 제일이라는 것은 너무나 잘 알려져 있는 상식이다. 고미술업도 일종의 사업이므로 신용이 무엇보다도 중요함에 이론의 여지가 없다. 언제나 믿을 수 있는 인물, 절대로 남을 의도적으로 속이거나 손해를 끼치지 않는 인물, 본의 아니게 실수를 범했을 때는 반드시 책임을 지고 해결함으로써 자신의 명성을 지키고 상대를 난처하게 하지 않는 인물, 그는 단순한 신사가 아니다. 그는 만인이 우러러보는 업자 중의 업자이다.

③ 전문성을 존중하는 인물

자신의 지식과 경험을 토대로 하면서 자신의 전문성을 더욱 높이기 위해 끊임없이 공부를 계속하는 인물, 선배 동업자나 전문가들의 의견을 경청할 줄 아는 인물, 안목이 높고 식견이 넓은 인물, 오판을 예방하고 사업상의 손실을 미리 피할 줄 아는 인물, 그는 지도적인 업자로 성공할 뿐만 아니라 동업자들과 전문가들의 존경을 받게 될 것이다. 전문성이 높기에 그의 판단은 언제나 정확하고 신뢰성이 크다.

④ 국제성을 갖춘 인물

시야를 국내에 한정하지 않고 외국에도 돌려 밀반출된 우리의 문화재를 되찾아 올 뿐만 아니라 우리에게 필요한 수준 높은 외국의 문화재도 유통시켜서 우리의 박물관과 소장가들을 이롭게 함으로써 국가의 문화발전에 기여하는 인물, 외국어로 의사소통이 가능하도록 자신의 어학 능력을 꾸준히 키우고 외국의 업자들과 사업상의 교류를 활발히 하는 인물, 그는 우리의 고미술업계가 겪고 있는 경제적 불황, 작품의 부족, 정부의 이해 부족, 수집가의 외면 등의 어려움을 극복하고 업계를 활성화하는 데에 크게 기여할 것이다. 국가의 경제가 발전할수록 국제성은 더욱 더 커질 것이므로 고미술업계도 이에 눈을 돌리고 합리적으로 대처해야 하리라고 본다. 국제성을 갖춘 업자들의 등장과 그들의 역할은 특히 절실하게 요구된다.

⑤ 유능한 후진을 양성하는 인물

업계의 흥성은 유능한 후진의 양성에 달려 있음을 절감하고 실천에 옮기는 인물, 그는 자신의 사업을 튼튼하게 다지고 계속해서 번창하게 할 뿐만 아니라 업계의 발전에도 크게 기여할 것이다.

대학에서 미술사나 인접 분야를 전공한 인재들이 고미술업계에도 현대미술의 경우와 마찬가지로 대거 진출하여 새로운 풍토를 조성하게 될 것으로 믿는다. 오직 시간문제일 뿐이라고 본다. 업계와 업자들은 이를 촉진시켜야 할 것이다.

끝으로 업계가 여성들을 위한 활동공간도 마련하였으면 좋겠다. 이를 위해서는 현대미술을 다루는 화랑계에 유능한 여성들이 다수 포진하여 크게 기여하고 있는 점을 참고할 만하다.

이상 언급한 몇 가지 이외에도 더 많은 것들을 지적할 수 있겠으나 가장 기본이 되고 또 제일 절실한 것들은 역시 위에서 열거한 사항들이 아닐까 생각된다. 물론 우리나라의 고미술업계에는 위에서 얘기한 요건들을 갖춘 훌륭한 분들이 있음을 잘 알고 있다. 다만 고미술업계가 그러한 요건들을 고루 갖춘 인물들로 넘쳐날 때 더욱 빠르고 크게 발전할 것이 확실하다는 점만은 거듭 강조해 두고 싶다. 이 점은 비단 고미술업계만이 아니라 우리나라의 모든 분야에 해당됨을 부인하기 어려운 것도 사실이다.

한국현대미술의 정체성을 찾자*

우리나라의 현대미술계는 수많은 미술인구, 왕성한 활동, 활발한 외국과의 교류 등 여러 가지 면에서 무한한 가능성을 지니고 있다. 이러한 가능성을 활짝 꽃피우기 위하여 요구되는 것은 무엇일까? 이와 관련하여 여러 가지를 생각하여 볼 수 있을 것이다. 전통의 올바른 계승, 외래미술의 현명한 수용, 작가들의 사상 및 창의력 고양, 지나친 상업주의의 지양, 비평의 정당한 역할, 미술교육의 합리적 개선 등은 그 대표적인 것들이다. 이 밖에 또 한 가지 매우 중요하게 생각되는 것은 우리나라 현대미술의 정체성(正體性)에 대한 미술계의 인식의 제고(提高)이다.

우리나라의 현대미술을 총괄하여 보면 일반적으로 외래미술의 영향에 많이 경도되어 있는 이른바 국제적 보통성을 강하게 띠고 있는 반면에 한

---

* 『(創立 20週年 紀念) 新墨會展』(韓國新墨會 編), 2003. 5.

국적 특성을 구현하는 데에는 상대적으로 다소 부족한 듯한 감이 있다. 이 점은 미술의 각 분야가 드러내는 양식에서 흔히 간취된다. 작가의 이름이 밝혀져 있지 않다면 어느 나라의 작품인지 단정하기 어려운 경우도 종종 눈에 띈다.

이러한 작품들이 앞으로 한국미술사에 대표작으로 편입되기는 어려울 것이다. 왜냐하면 한국미술사에 편입될 작품은 모든 면에서 한국 작가의 작품임에 이론의 여지가 없는 작품, 즉 정체성이 뚜렷한 작품으로서 창의성이 뛰어난 작품이어야 하고 한 시대나 유파를 대표하는 작품이어야 한다는 조건을 고루 갖추고 있어야만 하기 때문이다. 이러한 관점에서 보아도 일차적으로 정체성이 가장 먼저 문제가 됨을 알 수 있다.

현대의 우리나라 미술계가 우리 미술의 정체성에 대하여 소홀히 인식하고 있다는 증거는 비단 양식에 있어서만이 아니라 현재 사용되고 있는 미술용어에서도 나타난다. 분명히 우리나라의 작가가 그린 그림인데도 불구하고 마치 동양이나 서양의 다른 나라 화가가 그린 그림인양 '동양화'나 '서양화'라고 아직도 태연하게 지칭하고 있는 것이 그 전형적인 예이다. 우리 미술의 정체성에 대한 인식이 투철하게 되어 있다면 이러한 잘못은 벌써 시정되었을 것이다. 어쨌든 이러한 사례들은 결국 우리나라의 현대미술계가 아직도 정체성에 대한 인식을 충분히 하고 있지 않음을 드러내는 것이라 하겠다.

작가가 자신이 태어나고 몸담아 살고 있는 조국의 미술이나 문화의 정체성에 대한 인식을 올바로 하고 있느냐의 여부는 국적 있는 창작에 심대한 영향을 미치게 된다. 이 점은 동서고금의 수많은 세계적 대가들의 작품에서 쉽게 확인된다. 그러므로 우리나라의 작가들이 정신적으로나 조형적으로 우리 미술의 정체성에 대하여 진지하게 임하는 일은 현대적, 국제적이면서도 한국적인 미술을 창작함에 있어서 무엇보다도 긴요한 것이라 하겠다. 한국의 작가임을 부단히 인식하면서 자아의식을 발현하고, 한국인의 정서, 미의식, 지혜, 창의력을 창작에 구현하는 것이 요구된다.

정체성의 문제는 창작, 비평, 교육 등 미술의 제반 영역은 물론, 우리나라의 예술이나 문화의 모든 분야에서 가장 심각하게 고려되어야 할 사항인 것이다.

안휘준

(서울대학교 인문대학 고고미술사학과 교수)

‘정치구상화(政治具象畵)’만 허용*

안휘준(서울대 교수 · 고고미술사학)

문화적 이질(異質)이 정치보다 더 걱정

미술은 미를 추구하고, 창의력을 발휘하며, 심성을 수양하고, 정서를 순화하는 순수예술의 한 분야로서 다른 예술과 함께 문화의 핵심을 이룬다. 그러므로 미술의 발달은 문화의 발전을 촉진하며 그것의 쇠퇴는 궁극적으로 문화를 시들게 만든다. 바로 이 때문에 우리는 미술의 발달 여부를 대단히 중요하게 생각하는 것이다. 또한 이러한 연유로 우리는 미술을 그 자체만으로 동떨어진 것처럼 떼어서 보기보다는 문화의 실상을 있는 그대로 투영하는 일종의 거울과 같은 것으로 볼 필요가 있다. 북한의 미술도 이러한 입장에서 보아야 할 것으로 생각한다.

---

* 『月刊朝鮮』 61(朝鮮日報社, 1985. 4), pp. 355-362.

북한의 미술은 앞으로 살펴보듯이 이제까지의 40년 동안 줄곧 그곳의 통치체제와 이념에 의해 철저하게 통제되어 왔으며, 이러한 엄격한 틀 때문에 창작활동이 뚜렷한 한계성을 넘어설 수 없게 되어 있다. 그곳의 미술은 아름다움의 추구나 자유로운 창의력의 발휘, 정서순화나 교양과 같은 예술 본연의 순수성을 잃고 있을 뿐만 아니라 그 반대의 방향으로 치달아 왔다. 이 때문의 우리의 자유분방한 성격의 미술과 현저한 차이를 드러내고 있고, 이것은 결국 남·북 간 문화의 이질화를 촉진하는 결과를 낳고 있다.

그런데 미술을 비롯한 예술과 문화의 이질화는 누구나 심각하게 생각하는 영토적 분단이나 정치적 분단보다도 사실상 훨씬 더 염려스러운 것이다. 왜냐하면 문화적 분단은 결코 문화 그 자체의 분단만으로 끝나지 않기 때문이다. 그것은 인간의 가치기준, 미의식, 사고방식 등에 영향을 끼쳐 앞으로 언젠가는 달성될 것으로 추측되는 영토적, 정치적, 군사적 통일을 불안한 상태로 몰고 갈 가능성이 대단히 크다. 문화적 동질감이 남북의 우리 민족에게 형성되지 않으면, 비록 외형적인 통일이 이루어진다고 해도 진정한 의미에서의 내면적 통일을 이룩하는 데에는 상당한 갈등을 경험하게 될 것으로 보인다. 그 갈등은 분단의 기간이 길면 길수록, 문화적 이질화의 정도가 크면 클수록, 더욱 심해질 것으로 믿어진다. 그러므로 외형적 통일 후에 야기될 문화적 갈등과 그 부작용을 어떻게 하면 극소화할 수 있을지에 대한 진지한 연구와 세심한 대책의 마련이 절실하다고 본다.

이러한 의미에서 남북분단에 따른 문화적 이질화의 현상을 미술을 통해서 살펴보고 비교해 보는 것은 현시점에서 우선 나름대로 충분한 의미를 지닌다고 하겠다. 누구나 대체적인 동향을 잘 알고 있는 우리의미술보다는 아직껏 널리 소개되지 않은 북한의 미술을 살펴보는 데 치중하고자 한다. 그러나 북한의 미술에 나타나는 현상은 결코 그 한 분야에 국한된 것이 아니라 그곳의 예술과 문화 전반의 실태를 말해 주는 것으로 이해되어야 할 것으로 본다.

통치 수단으로 이용된 북의 예술

북한의 미술은 그 초기부터 철저하게 통치자의 의도에 따라 그 방향과 성격이 결정되었으며 지금까지 계속해서 그 궤도만을 맴돌고 있다. 그 방향과 성격은, 이미 1946년 5월 24일 김일성(金日成)이 북한의 각도인민위원회, 정당, 사회단체선전원, 문화인, 예술인대회에서 행한 「문화인들은 문화전선의 투사로 되어야 한다」라는 제목의 연설(『金日成著作選集』 1권, pp. 96~101: 북한문제연구소, 『북한문화론』에서 인용)에서 분명해지기 시작하였다. 즉 미술을 포함한 예술과 문화를 순수하게 창작과 아름다움을 추구하는 본연의 세계에 놓아두지 않고 통치를 효율화하기 위한 종속적이고 부수적인 방조 수단으로 이용하기 시작한 것이다.

이러한 경향은 50년대에 더욱 강력하게 추진되었다. 예를 들면 김일성이 50년 12월 24일(크리스머스 날)에 작가·예술인·과학자들에게 행한 「우리의 예술은 전쟁승리를 앞당기는 데 이바지하여야 한다」는 제목의 담화(조선로동출판사, 1976)에서 "작가, 예술인들은 문학·예술활동을 통하여 싸우는 우리 인민군대와 인민을 전쟁승리에로 힘있게 고무하여야 합니다"(p. 4)라고 전제한 후에, "작가, 예술인들은 소설, 연극, 영화, 수필, 만화를 비롯한 여러 가지 형식을 다 동원하여 미제국주의자들은 사람의 탈을 쓴 승냥이이며 조선인민의 철천지 원쑤이라는 것을 철저히 폭로하여야 하겠습니다"(pp. 8~9)라고 언급한 데에서도 엿볼 수 있다. 이러한 그의 주장을 통해서 우리는 그가 6·25사변을 일으키고 나서 더더욱 미술을 포함한 모든 예술과 문화영역을 철두철미 통치와 전쟁수행을 위한 도구로 삼았으며, 아울러 상대에 대한 증오심을 키우기 위한 수단으로 이용했음을 알 수 있다. 보는 이에 따라서는 그것은 전시하였기 때문에 그럴 수도 있었지 않겠는가 생각할지 모르지만 그것은 그렇지가 않다. 그러한 경향은 이미 앞에서도 언급했듯이 처음부터 나타나기 시작하여 현재까지 한결같이 계속되고 있는 것이다.

그러나 그러한 추세가 6·25사변을 일으키고 전쟁을 수행해야 했던 50년대에 더욱 강하게 대두되었던 것만은 사실인 듯하다. 이 점은 그가 51년 6월 30일에 작가·예술가들에게 행한 「우리 문학예술의 몇가지 문제에 대하여」라는 담화나, 51년 12월 12일에 세계청년학생 예술축전에 참가했던 예술인들에게 「우리 혁명에서의 문학예술의 임무」를 강조하기 위해서 행한 「우리 예술을 높은 수준에로 발전시키기 위하여」라는 연설(『북한문화론』 참고문헌 목록) 등을 통해 확인할 수 있다.

김일성이 50년대에 미술을 비롯한 예술을 그의 의도대로 통치적 목적하에 강력한 통제를 계속했음은 그가 59년 7월 1일에 「사회주의 예술의 우월성을 온 세상에 널리 시위하자」라는 제목으로 「제7차 세계청년학생 축전에 참가할 예술인들과 한 담화」(조선로동출판사, 1976)에서 뚜렷이 나타난다. 그는 '자본주의 사회는 사회발전달계로 볼 때 사회주의 사회보다 한 단계 뒤떨어진 사회'라고 억지의 단정을 내리면서(p. 4) '동무들은 우리 당의 방침을 높이 받들'어야 한다고 주장하였다(p. 3). 이어서 그는 '예술활동을 잘하는 것은 우리 당과 정부의 대외활동을 위한 유리한 조건을 마련하는 데서 큰 의의가 있습니다'(p. 9)라고 분명히 못박았다. 또한 '우리의 예술은 남반부인민들에게도 커다란 영향을 끼치고 있습니다'(p. 10)라고 거짓말까지 하였다.

이러한 그의 주장이나 언급을 통해서 우리는 절대자로서의 김일성의 뜻이 미술을 포함한 모든 예술을 당과 정치를 위한 수단과 기만을 위한 방법으로 동원되게 하였음을 알게 된다. 그의 주장들에서 우리는 미술과 예술이 비정치적이며 순수한 예술 그 자체로서의 의미가 크다고 하는 점을 그가 전혀 인식하지 못했거나 회피했음을 엿볼 수 있다. 절대권자의 예술에 대한 이러한 무지나 왜곡된 인식은 순수성과 창의성을 생명으로 하는 예술에 대한 치명타가 아닐 수 없다.

창의성 말살된 '혁명적 미술'

이처럼 무단통치를 효율화하기 위한 목적과 수단으로서의 미술과 예술에 대한 김일성의 통제는 60년대에도 계속 강조되었다. 이 점은 그가 60년 11월 27일에 행한 「천리마시대에 맞는 문학예술을 창조하자」, 64년 11월 7일에 한 「혁명적 문학예술을 창작할데 대하여」, 66년 10월 16일에 행한 「우리의 미술을 민족적 형식에 사회주의적 내용을 담은 혁명적인 미술로 발전시키자」 등의 연설들을 보아도 알 수 있다. 미술을 포함한 예술이 철저하게 통치도구화되고 있음을 분명히 엿볼 수 있다. 이러한 현상은 현재까지 계속되고 있으며 앞으로도 계속될 것으로 전망된다.

최근에는 김정일(金正日)의 권력세습을 합리화하거나 미화하기 위한 취지가 미술을 포함한 예술의 각 분야에도 나타나고 있어 주목된다. 『조선예술』 84년 7월호에 김정일을 찬양하기 위해 실린 「예술의 위대한 천재, 비범한 수완」이라는 글이나 「문학예술운동과 빛나는 령도」라는 기사는 이를 잘 말해준다. 또한 『조선예술』 84년 10월호에 실린 「우리식의 미술건설 리론과 그 빛나는 구현」이라는 글에 보이는 '당의 향도 따라 창작에서 새로운 앙양을 일으키자'라는 주장이나 '로동계급의 당이 새로운 문학 예술을 건설하기 위해서는 위대한 주체사상을 유일한 지도적 지침으로 삼고 모든 문제를 주체의 요구에 맞게 풀어나가야 한다'라는 언급을 통해서도 예술을 김정일의 권력계승을 합리화하는 데로 몰고 가고 있음을 엿볼 수 있다.

이와 같이 미술과 예술을 통치의 종속적 보조 수단으로 이용하는 경향은 장래의 작가와 미술교육자를 양성하는 미술교육에도 그대로 일관되게 반영되고 있다. 이 점은 평양미술대학 창립 35주년 기념전을 다룬 기사에서도 단적으로 간취할 수 있다. 즉 84년 10월부터 열린 이 전신회를 다룬 「주체적 미술교육의 자랑찬 면모—평양미술대학 창립35돐기념 미술전람회를 보고—」(『조선예술』 84년 12월호, pp. 66~68)라는 기사에서 "평양미술대학전람회는 위대한 수령 김일성 동지께서 제시하신 「사회주의 교육에 대한 테제」와 그 구현인 우리 당의 독창적인 예술교육정책을 높이 받들고 지난 시기 이 대학 교원들이 창작한 미술작품들과 함께 학생들의 졸업작품 등을 전시했다"고 전하고 있다. 이처럼 기왕에 형성된 정치도구로서의 미술 및 예술의 강력한 목표가 기성세대는 물론 새 세대에게까지 그대로 반영되어 강요되고 있음을 확실하게 알 수가 있다. 이러한 상황이 지금까지 40년간 지속되어 왔고 앞으로도 새 세대에 아무런 개선 없이 계속되리라는 점에 문제의 심각성은 더욱 크고 깊은 것이다.

이제까지 대충 소개한 일부의 사례들을 통해서만 보아도 북한의 미술과 예술이 참으로 암담한 상태에 놓여 있음을 분명히 엿볼 수 있다. 이러한 상황하에서는 미술이나 그밖의 예술이 자유롭게 미의 세계를 추구하고 창의성을 마음껏 발휘할 수가 없다. 오직 절대권자와 당이 마련한 틀에 안주하거나 살아남기 위한 타협만을 작가들은 추구할 수밖에 없다. 이것은 창작의 자유를 만끽해야 할 작가나 예술가들에게는 참으로 비극이 아닐 수 없다. 그러나 보다 문제가 되는 것은 그것이 궁극적으로는 민족문화를 억압하고 꽃피지 못하게 하는 결과를 결국 초래하게 된다는 사실이다. 민족의 장래에 이처럼 큰 죄악이 어디에 또 있겠는가.

김일성 우상화가 주요 소재

앞에서 북한의 통지자와 공산당이 미술을 비롯한 예술을 어떠한 방향으로 통제하며 끌고 왔는지를 대충 알아보았다. 그러면 그 영향이 북한의 미술에서 실제로 어떠한 양상을 띠며 나타나고 있는가, 이 문제를 간단히 살펴보고자 한다. 우선 북한의 미술은 정치적인 틀에 묶여 있어서 미술 자체의, 창의성에 의한 순수한 어떤 양식적 변천을 보여주기보다는 오히려 정치적 변화(김일성의 집권, 6·25전쟁의 도발, 김정일의 권력세습 등등)를 엿보게 한다. 또한 북한의 미술은 그 소재가 한정되어 있고 양식이 관례적이며 구태의연함을 지적하지 않을 수 없다. 먼저 소재는 분양에 큰 관계없이 김일성·김정일 부자의 우상화, 전의 고취, 민주주의와 대한민국 및 미국에 대한 적개심 유발, 증산획책 등에 대체로 집중되어 있다. 이 때문에 작품의 제목들이 한결같이 어색하고 삭막하며 때로는 살벌하기까지 하다. 그 제목들을 예로서 몇 가지 들어보면 이러한 것들이다. 「수령님의 전사」, 「수령님 이 밤 또 어데 가시옵니까」, 「나어린 수재를 찾아주시고」 등 김일성을 우상화하기 위하여 그의 어린시절, 그의 가상적인 독립운동, 그의 행적과 치적 등을 과장하거나 위장한 것, 「항쟁투사」, 「속도전의 나날에」, 「피는 피로써」, 「인민유격대」, 「소년단지도원」 등의 전의를 유발시키면서 적개심이나 증오심을 증대시키는 것, 「당을 따라 천만리」 등 공산당을 미화하는 것 등이 특히 섬뜩한 느낌을 주는 제목들이다. 이밖에 「탄전의 주인들」과 같이 농업, 공업, 광업 등 분야의 생산이나 증산을 독려하는 것, 「남반부의 어린이」 등과 같이 북한주민들을 기만하고 우리의 형편을 거짓 선전하기 위한 그림들도 두드러지게 눈길을 끄는 것들이다. 이 중에서 평양미술대학35주년기념전에 출품되었던 「남반부의 어린이」라는 작품에 대한 해설은 우리 어린이들의 「굶주리고 헐벗은 처참한 모습」과 그것을 슬픈 얼굴로 바라보고 있는 역시 비참한 꼴의 어머니를 묘사하였다고 설명하고 있다. 이처럼 사실의 왜곡 선전에도 미술이 단단히 한몫을 하고 있는 것이다. 또한 이러한 거짓된 그림들을 우수작으로 소개하고 있어서 우리의 충격이 클 수밖에 없다.

어쨌든 이처럼 미술작품들의 제목과 그 내용이 한결같이 험악하고, 살벌하며, 도전적이고, 선동적이어서 미술이 본래 지향해야 할 예술적, 미적, 청의적, 정서순화적, 교양적 세계와는 전혀 정반대의 경향을 띠고 있다.

회화(繪畵)는 선전포스터를 연상

이러한 작품들을 보면 즐겁고 감격적이 되기보다는 오히려 삭막하고 거칠어지게 되어 있다. 말하자면 인간의 착하고 부드러운 심성을 독살맞고 매몰지게 만드는 것이다. 또한 호전적이고 저돌적인 인간이 되게 한다. 이것은 참으로 끔찍한 일이 아닐 수 없다. 그것은 순수한 의미에서의 미술이나 예술이라고 간주할 수가 없는 것이다. 이러한 미술이나 예술은 결국 독재자의 무단통치를 돕는 데는 기여할지 몰라도 민족문화의 창달이나 정서순화에는 치명적 해를 끼치게 된다. 이것은 민족과 민족문화의 장래를 위해서 참으로 한탄스러운 일이 아닐 수 없다.

북한의 미술이 그러한 소재나 제목들을 주로 다루기 때문인지 회화의 대부분이 마치 선전포스터를 연상시켜줄 뿐 순수회화로서의 느낌을 결여하고 있다. 그러한 그림에 구호만 적어 넣으면 그대로 선동적인 포스터가 될 수 있는 것이다.

그곳의 미술이 이러한 방향으로 일관되고 있기 때문에 거기에서는 현대 서방세계의 자유롭고 다양한 국제적 미술조류를 엿볼 수가 없다. 미술에 있어서도 철의 장막 특유의 폐쇄성이 두드러져 있는 것이다.

북한의 미술가들이 구사하는 양식도 일제시대에 자리를 굳힌 수묵화와 채색화, 인상파계를 비롯한 서양화풍 등을 토대로 한 것이 주를 이룬다. 일제시대 미술의 영향을 떨어버리려는 의식은 이곳저곳에 글로써 표현되어 있지만, 아직 세련된 국제적 수준의 독특한 양식을 이룩했다고 보기는 어렵다. 현대의 자유세계를 풍미하는 비구상화 또는 추상화 같은 것은 찾아볼 수 없다. 오직 기록화적인 성격의 과장된 사실주의적 경향이 지배하고 있을 뿐이다. 순수한 창작을 위한 창작, 감상만을 위한 솔직한 내면세계의 표출 같은 것은 찾아보기 어렵다. 그러한 것은 부르좌적인 것으로 매도되기 때문일 것이다. 이 때문인지 미술의 경향이 천편일률적이며 다양성의 추구가 결여되어 있다.

이러한 경향은 미술평이나 미술기사에서도 똑같이 드러난다. 항상 김일성의 교시나 주체사상을 인용하고 미술을 그것에 억지로 갖다 붙이는 경향을 띠고 있을 뿐 글 쓰는 사람의 솔직한 견해를 자유롭게 표현하지 못하고 있다. 또한 작품의 양식을 분석하고 그것의 특징을 찾아보거나 종횡의 관계를 규명하는 현대식 평론이나 기술도 없어서 진정한 의미에서의 비평이 존재한다고 볼 수 없다. 그리고 그 글들의 내용이나 수준이 한결같이 미술작품의 실태와 마찬가지로 답답한 상황에 있다. 북한미술의 이러한 상황은 결국 그곳 주민들의 사고의 폭을 좁히고, 창의력을 경직되게 하며, 외래문화에 대한 적응력을 부족하게 하는 결과를 낳게 될 것이다.

장벽에 부딪친 북의 미술

이제까지 북한의 미술에 관해서 간략하게 살펴보았거니와 그 상태가 지극히 걱정스러운 처지에 있음을 알 수 있다. 그곳의 미술과 예술은 통치적 목적과 공산당의 이념에 의해 철저하게 통제되고 있으며 질곡의 상태에 놓여 있는 것이다. 우리나라 역사상 예술가들이 이처럼 암담한 상황에 놓일 때는 일제시대를 제외하고는 없었다. 이것은 민족과 민족문화의 장래를 위해 더 없이 서글픈 일이라 하겠다. 북한의 예술은 같은 공산주의 국가들의 그것에 비해서도 너무 지나치다는 데에 문제가 있다. 예를 들면 중공이나 소련 또는 동구권 국가들의 그것도 그처럼 심하지는 않다.

앞에서 살펴본 북한 미술의 실태는 여러 가지 면에서 우리와 현저한 차이를 드러내고 있다. 그것을 굳이 비교한다면 대략 다음과 같다 하겠다.

① 우리의 미술이 순수하게 미술 그 자체의 세계를 추구하고 있는 데 반하여 북한에서는 미술이 다른 예술과 마찬가지로 철두철미 통치의 도구와 수단으로 종속되어 있다.

② 우리의 미술이 창의성과 다양성을 지향하고 있는 데 비하여 북한의 미술은 정치적 목적의 한정된 소재만을 제한된 범위 내에서 획일적으로 다루고 있다.

③ 우리의 미술이 개방적인 입장에서 외국미술과의 교섭을 활발히 하고 그 조류를 적극적으로 수요하고 있음에 반하여 북한의 미술은 폐쇄된 상태에서 세계의 미술 동향에 전혀 어둡고 무감각하다.

④ 우리의 미술은 끊임없이 실험적 성격을 띠고 있으나, 북한의 미술은 기존의 틀에 박힌 관례적 양식에서 맴돌고 있다.

⑤ 우리의 미술이 밝은 장래 속에서 새로운 문화창조의 가능성을 많이

지니고 있는 반면에 북한의 미술은 참신한 창작의 전망을 충분히 보여주지 못하고 있다.

이밖에도 더욱 많은 차이점을 열거할 수 있겠으나 중요한 점들은 위에 지적한 몇 가지로 집약될 수 있다. 이러한 비교는 자칫하면 우리의 미술은 아무런 문제도 없고 완벽하며 북한의 미술만 지나치게 어둡게 평가한 것으로 오해를 불러일으킬 소지를 띠기 쉬운 것이 사실이다. 그러나 필자는 북한의 미술과 예술을 결코 지나치게 불공평하게 보거나 과장되게 평가했다고 보지는 않는다. 앞에 든 예들이 그것을 입증해 주기 때문이다.

우리의 미술도 개선을 요하는 점들을 많이 지니고 있다. 전통미술에 대한 철저한 이해의 부족, 일본미술 영향의 잔재, 외래미술의 소신 없는 무비판적 수용, 미술교육이 안고 있는 제반 문제 등이 그 대표적 예들이다. 그러나 우리가 지니고 있는 이러한 문제들은 작가들과 교육자들 스스로의 역량과 노력에 의해 점차 해결될 수 있는 것들이다. 이에 비하여 북한의 미술이 안고 있는 문제들은 작가들과 교육자들 스스로가 해결할 수 없는 절대적인 장벽을 이루고 있다는 데 차이가 있다. 그들의 문제는 일차적으로는 미술과 예술을 통제해 온 절대권자의 생각과 공산당의 이념에 달려 있고, 그것이 변화하지 않는 한 어떠한 개선도 기대하기 어렵다는 데에 있다.

남북대화로 동질성 넓혀야

이러한 남북 간의 상황의 차이는 미술을 포함한 예술과 문화에 현저한 격차를 초래하였다. 사실상 남·북한 미술이 보여주는 차이는 그 성격이나 동향, 또는 양식에 있어서 너무나 현저하여 지난 40년간 지속된 문화적 이질화의 심각성을 새삼 놀라운 마음으로 깨닫게 된다. 이 수준의 차이나 이질화현상은 북한이 개방되거나 우리의 주도하에 통일이 이룩되지 않는 한 앞으로도 기약없이 계속될 것이다. 그러므로 상당 기간 이러한 이질화의 현상을 근본적으로 해결할 방법을 찾기는 어려울 것이다. 그러나 그것을 어느 정도 최소화할 길은 남북 간의 대화가 이루어질 경우 모색될 수 있을지도 모른다.

남북 간의 대화를 시도함에 있어서 양측의 실력이 한꺼번에 드러나는 경제 면이나 상호간의 경쟁심을 극단적으로 유발시키는 스포츠 분야보다는, 그러한 측면들이 비교적 덜하면서 상호 보완을 꾀할 수 있는 고고학이나 고미술 분야로부터 문제를 풀어가고 그 다음 단계에 가서 현대의 미술과 음악 등의 예술 분야로 교류를 확대해 가도록 꾀하는 것이 바람직하리라고 믿어진다. 이러한 문화적 대화와 교류가 장기간에 걸쳐 이루어져 미술을 포함한 문화면의 이질화가 어느 정도 완화되어야 비로소 진정한 의미에서의 통일에의 길에 보다 가까이 접근하게 될 것으로 본다. 그러나 근본적으로는 남북한이 모두 이 문화적 이질화의 심각성을 민족적 차원에서 철저하게 인식하고 그에 대한 진지한 대책을 마련하며 그 완화를 위해 차근차근 접근해 가는 것이 필요하다고 생각된다. 이것의 관건은 물론 개방적인 우리 쪽보다는 폐쇄적인 북한 쪽이 언제 어떻게 철의 장막을 약간이라도 걷느냐에 달려 있다고 하겠다. 바로 이 때문에 우리 민족문화의 이질화에 대한 완화나 해결의 전망이 더욱 암울하게 느껴지는 것이다.

북한에서의 미술 및 예술을 살펴보면서 우리는 다음과 같은 몇 가지 평범하면서도 중요한 교훈을 얻게 된다.

첫째, 예술이나 문화는 정치적 목적에 의해 그 자율성을 통제당해서는 안 된다.

둘째, 개방된 체제하에서의 표현의 자유가 창의성을 꽃피우는 데 결정적인 역할을 한다.

셋째, 예술과 학술 등 문화는 외부와의 건전한 교섭을 통해서 독단적 폐쇄성을 벗어나 세련되게 발전할 수 있다.

넷째, 같은 민족이 이룩한 동질성의 문화도 분단된 상이한 정치체제하에세는 이질화되며 그 분단의 기간이 길수록 심화된다.

다섯째, 문화적 교섭은 지리적 거리보다는 정치체제, 사상의 동이, 관련된 쌍방의 교섭의지 등에 의해 좌우된다.

대학미술교육의 문제점-누적된 불균형의 전문교육*

안휘준(서울대 인문대 고고미술학과 교수)

우리나라 대학에서의 미술교육은 양적으로나 질적으로 많은 발전을 해온 것이 사실이다. 또한 미대나 미술계 학과들을 위해 수많은 작가들과 유능한 미술교사들을 배출하여 현대의 미술문화 발전에 기여한 바가 지극히 크다고 하겠다. 그러나 타 분야의 대학교육과 마찬가지로 미술교육 분야에도 아직 개선을 요하는 점들이 적지 않는 것이 또한 사실이다. 대학에서의 미술교육이 안고 있는 문제들은 그 자체로서 끝나지 않고 미술계와 각급 학교의 미술교육에 직접 영향을 미치기 때문에 미술교육과 관련하여 중요하게 생각한다. 각급 학교의 미술교육이 안고 있는 제반 문제들을 개선, 또는 해결하는 일도, 결국은 대학에서의 미술교육의 질적 개선을 도모하고, 그것을 토대로 그 성과가 초·중·고교의 교육에 효율적으로 반영되도록 하

* 『美術世界』 통권 13호(1985. 10), pp. 54-61.

는 데 있다. 대학미술교육을 통해서 작가만이 아니라 각급 학교의 미술교사가 배출되기 때문이다. 그러므로 학교에서의 미술교육과 관련하여, 우선 대학과정의 미술교육을 살펴보는 것이 필요하다.

1. 전통미술과 서양미술의 균형문제

먼저 전통미술과 서양미술의 균형이 제대로 이루어지지 못하고 지나칠 정도로 서양미술 쪽에 치우쳐 있음은 학과의 설치 및 정원의 책정, 교육과정의 운영 등에서 한결같이 엿볼 수 있다. 적어도 외면적으로는 전통미술을 계승하고 발전시키는 데 직접 연관이 있다고 일반적으로 믿어지는 한국화과나 동양화과를 설치한 대학은 미술계학과를 설치한 63개 대학 가운데 11개 대학에 불과하다. 그 입학 인원도 1985년도의 경우, 서울대 22명, 군산대 12명, 계명대 39명, 성신여대 37명, 영남대 26명, 원광대 38명, 이화여대 60명, 홍익대 38명, 효성여대 50명, 덕성여대 38명, 전주우석대 39명 등 도합 399명에 불과하다. 이 인원은 1985년도 미술계 신입생모집 총 인원인 6,996명의 5.7%에 해당된다.

전통미술과 불가분의 관계에 있는 또 하나의 미술계학과로서 도예과(또는 요업공예과)를 들 수 있다. 이 학과들을 개설한 대학으로는 경희대, 단국대, 원광대, 이화여대로서 1985년도 신입생 모집인원은 도합 200명이다. 앞서의 동양화과 모집인원 399명과 합치면 599명으로, 이 숫자는 1985년도 미술계 신입생모집 총 인원인 6,996명의 8.6%에 불과하다.

물론 이러한 비교가 타당하다고는 볼 수 없다. 한국화과나 동양화과를 따로 설치하지 않고 그냥 회화과 미술교육과에서 한국화나 동양화를 교육할 수도 있고, 공예과에서 도예를 교육할 수도 있을 것이기 때문이다. 또한 동양화과나 도예과를 설치했다고 실제의 교육내용이 전통미술의 계승과 발전에 미흡한 경향을 띠고 있는 경우도 없지 않을 것이다.

그러나 앞의 수량적 비교는 우리나라 대학에서의 미술교육의 두드러진 경향을 말해 준다는 점에서는 충분히 시사성을 지닌다.

실제로 미술대학들에 설치되어 있는 회화과, 조소과, 공예과, 디자인과 등등의 대부분이 학과들이 서양미술을 위주로 교육하고 있는 것이 사실이다. 이 점은 실기만이 아니라 뒤에 보듯이 이론의 교육에 있어서도 마찬가지로 나타난다.

전통미술과 서양미술의 교육이 학생의 모집과 배출에서 심한 불균형을 이루고 있는 점은 교육의 내용에서는 물론 몇몇 대학들의 모집인원만 보아도 쉽게 알 수 있다. 1985학년도 신입생 모집인원만 보더라도 서울대는 동양화 22명에 서양화 32명, 홍익대는 동양화 33명에 서양화는 그 3배에 가까운 101명, 이화여대는 동양화 60명에 서양화 72명으로 되어 있다. 일부 지방대학들은 동양화와 서양화의 모집인원을 대체로 대등하게 배정하고 있어 다행이나 보다 많은 대학들은 동양화에 비해 서양화에 훨씬 비중을 크게 두고 또 훨씬 많은 인원을 배출하고 있다. 이와 같은 경향은 최근에 일어난 일이 결코 아니며 해방 이후 계속되어 온 현상이다. 그러므로 그 누적된 불균형은 대단히 크다고 하겠다. 그밖의 조소나 디자인 등의 다른 분야들이 서양미술에 치중하고 있는 것을 고려하면 서양미술의 불균형은 더없이 크다고 할 수 있다.

이러한 누적된 불균형이 미술교육의 현장에서 어떠한 결과를 초래할 것인지는 자명하다. 즉 미술대학 출신의 각급 학교 미술교사들의 대다수가 서양미술을 전공한 사람으로 메꾸어지고, 따라서 그들이 실시하는 미술교육의 내용도 자연히 서양미술 위주로 이루어질 수밖에 없다. 또 이러한 교사들로부터 교육을 받은 청소년들의 미의식이나 미적 가치기준이 서양적인 것으로 자리 잡게 될 것이 분명하다. 미술대학 입시에서 동양화과보다 서양화과가 항상 훨씬 높은 경쟁률을 보이고, 우수한 학생들이 서양화과에 주로 몰리고 있는 경향도 이러한 여파의 하나라고 생각된다. 그리고 이러한 교육을 받으며 성장한 세 세대가 어떠한 영향을 후대에 미치게 될 것인지도 쉽게 짐작할 수 있다. 이와 같은 경향이 바로 잡히지 않은 채 계속된다면 전통미술은 점점 약화되고 서양미술은 더욱 더 강화되어, 미술문화상의 국적 또는 한국적 특성이 희미해질 수밖에 없을 것이다.

미술대학의 실기교육에서 이러나 문제를 어느 정도 완화해 보려는 노력이 전혀 없는 것은 아니다. 즉 각 대학들이 1~2학년 과정에서 학생들로 하여금 타과의 기초실기들을 이수케 하고 있는 것이 그것이다. 예를 들면 한국화(또는 동양화) 전공의 학생들에게 기초서양화 기법과 기초조소를 이수케 한다든지, 서양화 전공자에게 기초동양화 기법을 수강케 하여 타 전공 분야의 실기를 이해토록 시도하고 있다. 이처럼 학생들에게 다른 분야들을 접하게 하는 것은 졸업 후의 창작활동이나 교육활동을 위해서 대단히 바람직한 일이다. 그러나 그것이 충분한 교육적 효과를 거둘 수 있기 위해서는 현재와 같은 소극적인 상태에서 좀더 적극적인 방향으로 확대되어야 할 것이다. 이와 아울러 이론교육에서도 전통미술과 외래미술이 균형을 이루도록 계속 개선해 나가는 것이 요구된다.

2. 논리교육의 실태와 문제점

대학의 미술교육에서 두드러지게 나타나는 경향의 또 다른 하나는 앞에서도 언급했던 것처럼 실기교육과 이론교육이 그 내용이나 비중 면에서 균형이나 조화를 충분히 이루고 있지 못하다는 사실이다.

우리나라의 미술대학들은 한결같이 실기교육에 절대적인 비중을 두고 있고, 이론교육은 전체 교과목의 20% 이하의 범위 내에서 소극적으로 실시하고 있다. 그나마 대다수의 대학들이 이론교육을 전공교수의 확보 없이 형상적으로만 시행하고 있다. 이 점은 미술계 학과를 지닌 전국 63개의 대학 중에서 1명 이상의 이론교수를 기용한 대학이 불과 21개교뿐이며, 나머지 42개 대학은 단 한 명의 이론교수조차도 고용하지 않고 있는 사실에서도 단적으로 드러난다.

우리나라 미술대학들에서 이루어지고 있는 이론교육의 실태를 알아보기 위해서 대표적 미술대학들이라 할 수 있는 서울대학교 미술대학과 홍익대학교 미술대학, 그리고 여성미술인력의 대표적 양성기관의 하나라고 볼 수 있는 이화여자대학교 미술대학의 교과과정을 중심으로 해서 살펴보자. 이 3개 대학만을 중심으로 살펴보는 것은 다소 무리가 있겠으나, 우리나라 미술대학 교육의 대체적인 실태를 이해하는 데에는 충분히 참고가 되리라 본다.

이 대학들의 교과과정을 전체적으로 통관해 보면 대체로 다음과 같은 사실들이 확인된다.

① 대학마다 그리고 동일대학 내에서도 학과마다 차이가 있기는 하지만 대개 전체 교과과목의 20% 이하의 범위 내에서 이론과목들이 개설 운영되고 있으며, 학점이나 시간배정에서는 그보다도 더욱 낮은 수준을 보여준다.

② 순수미술계 학과들보다 일부의 예외를 빼고는 공예계 학과들이 일반적으로 이론교육을 보다 등한히 하는 경향을 띠고 있다.

③ 이론교육에 있어서도 전통미술보다는 서양미술에 관한 교육이 더

큰 비중을 차지하고 있다.

④ 한국의 미술대학생 누구나 이수해야 할 기초이론과목들(한국미술사, 동양사, 서양미술사 등)과 전공별 이수과목들(예: 동양화과의 한국회화사와 동양회화사, 도예과의 한국도자사와 동양도자사 등)에 대한 교육이 제대로 실시되지 않고 있다.

이 밖에도 더 많은 지적이 가능하겠으나 크게 문제가 되는 것은 대체로 위에 든 네 가지로 집약될 수 있다고 본다. 그러면 대학별로 이론교육의 실태를 교과과정에 의거하여 대충 살펴보기로 하겠다.

이론교육을 그래도 강하게 시키고 있다고 볼 수 있는 서울대학교 미술대학의 경우에는 공동교과목으로 미술사 I부터 IV까지의 4과목을 개설하여 2~3학년 과정에서 전공의 구별 없이 재학생 누구나 필수적으로 이수케 하고 있다. 이 밖에 순수미술계 학과들은 이론선택과목으로 6과목을 3~4학년 과정에 별도로 더 개설하고 있다. 즉 동양화과의 경우 조형론(동양) I과 II, 동양미술사 I과 II, 현대회화론(동양) I과 II를, 서양화과에서는 현대미술론 I과 II, 조형론(서양) I과 II, 현대회화론(서양) I과 II를, 그리고 조소과에서는 해부학 I과 II, 조각론 I과 II, 현대조각론 I과 II를 개설하고 있다.

한편 이 대학의 공예 및 디자인계 학과들은 대체로 순수미술계 학과들에 비해 이론교육이 훨씬 소홀한 편이다. 공예과의 도자공예전공의 경우 공예론 I과 II, 현대도자론의 3과목만을, 공예과 금속공예전공의 경우에는 오직 현대금속공예론 한 과목만을 개설하고 있어서 철저하게 실기 위주의 교육적 경향을 보여준다. 산업미술과 시각디자인 전공의 경우 색채학 I과 II, 시각디자인론, 현대디자인론의 4과목을, 산업미술과 공업디자인 전공의 경우에는 디자인론 I과 II, 인간공학 I과 II, 디자인 방법론, 제품기획론의 6과목을 개설하고 있다.

서울대학교 미술대학은 이상 살펴본 바와 같이 순수미술계 학과들이 논문교육에 비교적 관심을 지닌 반면에 공예계 학과는 철저하게 실기 위주의 경향을 보여주고 있다. 디자인계 학과들이 공예계 학과들보다는 훨씬 나은 편이나 이 경우에도 색채학이나 인간공학, 디자인론 등에 이론과목을 국한시키고 있는 것이 주목된다.

서울대학교 미술대학은 대체로 타 대학들에 비하면 그래도 상대적으로 이론교육을 강조하고 있는 편이라 할 수 있다. 그러나 보다 개선을 요하는 점들이 없지 않다.

첫째로 이론교육의 가장 큰 사명 중의 하나라고 볼 수 있는 전통미술에 관한 이론과목들의 개설이 아직도 미흡하고, 둘째 서양화나 조소, 공예, 디자인계 학생들이 한국이나 동양의 미술을 알 기회가 제대로 주어져 있지 않으며, 셋째 공예계 학과들의 이론교육이 지나치게 소홀한 점이라 하겠다.

위의 개선을 위해서 서양미술사의 경우와 마찬가지로 한국미술사는 전공에 상관없이 재학생은 누구나 들어야만 하도록 하는 것이 우선 필요하다고 본다. 그리고 가능하다면 동양미술사도 모든 학생들이 들을 수 있도록 배려할 필요가 있다고 본다. 왜냐하면 무엇을 전공하든 한국인이면 누구든 마땅히 우리나라의 미술 문화전통과 인접지역의 문화전통을 이러한 이론과목들의 교육을 통해 알아야 하며, 또 이를 토대로 현대적이면서도 한국적인 미술을 창작해야 할 책임을 지고 있기 때문이다. 즉 서양화를 전공하든 공예를 전공하든 졸업생들이 궁극적으로 이루어야 할 것은 결국 '한국적 현대미술문화'이기 때문이다. 특히 서양미술과 서양문화의 영향이 압도적으로 우세하고, 전통미술이나 문화가 우리의 무지 속에 위축되어 있는 상황에서는 이러한 교과과정의 보완이나 개선은 장래의 한국문화 발달을 위해서 가장 절실한 것이라 하겠다.

이러한 의미에서 또한 개설을 요하는 몇몇 과목들을 생각하지 않을 수 없다. 그 대표적인 것이 동양화과의 경우 한국회화사와 동양회화사, 조소과의 경우에 한국조각사(史)와 동양조각사, 공예과의 도자기 전공에 한국도자기사와 동양(또는 중국)도자사, 공예과의 금속공예 전공과 산업미술과에 한국공예사와 동양공예사 등의 과목들이라 하겠다. 이러한 과목들이 다루는 내용의 일부가 상기 학과들의 대학원 과정의 과목들에서 어느 정도 다루어질 가능성이 있으나, 이 과목들은 학생의 수가 극히 제한되어 있는 대학원 과정보다는 대학과정에서 교육하는 것이 효과 면에서 바람직하다고 본다.

홍익대학교 미술대학에서는 2학년 학생 누구나 전공에 상관없이 한국미술사와 서양미술사를 전공필수과목으로 이수하지 않으면 안 되게 되어 있다. 그리고 동양미술사를 비롯한 기타의 이론과목들을 전공선택으로 개설하고 있다. 한국미술사와 서양미술사를 2학년 때 누구나 전공이 무엇이든 필수로 수강케 하고 있는 점에서 일단은 타 대학의 귀감이 됨직하다고 볼 수 있다. 그러나 이것 이외에는 홍익대학교 미술대학에도 이론교육에 보강을 요하는 점들이 많음을 지적하지 않을 수 없다. 이 점은 학과에 따라 많은 차이점을 지니고 있다.

우선 동양화과의 경우 2학년 과정에서 한국미술사, 서양미술사, 미술해부학의 세 과목을 전공필수로, 그리고 3학년 과정에서 동양미술사를 전공선택으로 한 학기 듣게 되어 있다.

이 대학의 서양화과는 타 대학의 서양화과와는 달리 서양미술사, 미술해부학과 더불어 한국미술사를 전공필수로 개설하고 있다. 이 점은 현재로서는 특히 높이 평가할 만한 일이라 하겠다. 이 밖에 3학년 과정에서 근대미술사와 미학개론, 4학년 과정에서 현대미술론을 개설하고 있다.

조소과는 2학년 과정은 타과와 마찬가지로 한국미술사, 동양미술사,

미술해부학을 전공필수로 하고, 3학년 과정에서 조형예술론과 4학년 과정에서 미술비평론을 전공선택으로 개설하고 있다.

공예과는 2학년 과정에서 한국미술사와 동양미술사를 필수로, 3학년 과정에서 현대공예론과 동양미술사를 선택으로, 그리고 4학년 과정에서 민속공예론을 선택과목으로 개설하였다. 산업도안과의 경우는 공업디자인 전공과 시각디자인 전공으로 나뉘어 있는데 어느 전공을 하든 2학년 과정에서 한국미술사와 동양미술사를 전공필수로 이수케 되어 있고, 그 밖에 공업디자인 전공자는 공업디자인론과 인간공학을, 그리고 시각디자인 전공자는 광고론과 시각디자인론을 역시 필수로 듣게 되어 있다. 그리고 3학년 과정에서 인쇄학, 서양미술사, 디자인사를 선택할 수 있게 되어 있다. 이 과에서 한국미술사와 동양미술사를 필수로 설정한 반면에 서양미술사를 선택과목으로 개설한 것은 타 대학의 예로 보면 의외에 속하는 일이라 하겠다. 아마도 서양미술사는 선택과목으로 설정해도 의례껏 학생들이 수강하리라 믿고, 동양미술사는 필수로 하지 않으면 별로 수강하지 않을 것을 예견한 배려라고 추측된다. 아무튼 이렇게 배려해서 학생들로 하여금 결국 한국, 동양, 서양의 미술사를 고루 공부하도록 조처한 것은 대단히 평가할 만한 일이라 하겠다.

홍익대학교 미술대학은 앞에서도 지적했듯이 한국미술사를 모든 학생들에게 필수과목으로 이수케 하고 있는 점이 가장 두드러지고 평가받을 만하다. 또한 이 과목 이외에 분야에 따라서 동양미술사나 서양미술사를 필수로 하고 있는 점도 주목된다. 그러나 앞에서 언급한 서울대학교 미술대학의 경우와 마찬가지로 동양화과에 한국회화사와 동양회화사를, 공예과에 한국도자사와 동양도자사 등의 전공과 직결되는 과목들을 학과별로 좀더 보강하는 것이 필요하다고 본다. 물론 이러한 강좌들이 대학원 과정에 개설되어 있는 것이 사실이나 그것들을 미술대학의 고급학년 과정으로 끌어내려서 보다 많은 학생들이 그 혜택을 받도록 배려하는 것이 대단히 필요하다고 하겠다.

이화여자대학교 미술대학은 전체 공동전공과목으로 미술해부학, 미술사, 색채론의 3과목 중에서 학과에 따라 2과목을 개설하게 되어 있다. 먼저 동양화과의 경우에는 2학년 과정에서 미술사와 색채론을, 그리고 3학년 과정에서 동양화론을 개설한 것이 고작이다. 한국미술사나 동양미술사와 같은 기초적이고 지극히 필요한 과목들조차 개설되어 있지 않다. 그러나 다행스러운 것은 이화여자대학교 전체의 교양과목으로서 한국미술사가 개설되어 미술대학교 학생들이 이 혜택을 약간 받을 수 있다는 사실이다.

이론교육의 이러한 부실한 상황은 이 대학의 서양화과나 조소과는 물론 기타 학과들의 경우에 있어서도 대동소이하다. 예를 들면 서양화과의 경우 공통 전공과목 2개 과목 이외에 현대회화론을, 조소과는 현대조각론을 개설하고 있을 뿐이다. 미술 분야들 중에서 우리나라나 중국 등 동양의 전통미술과 가장 긴말하게 연관이 되어 있는 도예과의 경우 한국미술사나 동양미술사는 물론 한국도자사나 동양도자사 등의 전통을 올바로 이해시켜줄 이론과목이 전혀 개설되어 있지 않다.

이화여자대학교 미술대학의 경우 순수미술계 학과들보다는 도예과를 제외한 공예나 디자인계 학과들이 오히려 조금은 더 이론교육에 관심을 나타내고 있다. 이러한 현상은 결국 학과를 이끌어 가는 교수들의 이론 및 예술에 대한 인식의 차이에서 오는 것으로 믿어진다. 전반적으로 볼 때 이화여자대학교는 이론교육을 어느 대학보다도 대폭 보강할 필요가 있다고 생각된다. 여자대학에 있어서는 미술사를 비롯한 이론과목들이 비단 전공을 위해서만이 요구됨을 고려하면 그 시정의 필요성은 더 더욱 크다고 하겠다.

이제까지 서울대학교, 홍익대학교, 이화여자대학교의 3개 미술대학들의 이론교육과정을 대강 검토해 보았다. 이를 통해서 보면 여러 가지 개선을 요하는 점들이 간취된다. 첫째로 이론교육이 너무나 소홀히 다루어지고 있으며, 둘째로 그나마 서양미술사 쪽에 치우쳐 있고, 한국이나 동양의 전통미술에 관한 교육이 지나치게 불충분하게 이루어지고 있다는 점이 가장 문제가 됨을 알 수 있다. 예를 들어서 한국미술사, 동양미술사, 서양미술사의 개설과목들은 대학과정의 미술대학생 누구나 필수로 수강토록 해야 함에도 불구하고 이것이 제대로 이루어지고 있지 못하고 있다. 특히 한국미술사는 그 중에서도 한국미의 이해와 창작을 위해 가장 중요한 과목임에 반론이 있을 수 없다. 그럼에도 불구하고 한국미술사를 전공필수로 개설하고 있는 대학은 오직 홍익대학교 미술대학뿐이다. 이러한 현상은 학생들로 하여금 한국의 전통미술을 접하고 또 이를 새로운 창작에 이용토록 할 기회를 결과적으로 박탈하는 것으로써 한시바삐 시정을 요하는 점이라 하겠다.

또한 미술대학의 학생 누구나 전공에 관계없이 들어야 할 과목들 이외에, 전공별로 대학과정에서 꼭 이수해야 할 필요가 있는 이론과목들이 있는데도 불구하고 이를 제대로 개설하지 않은 점들이 눈에 띈다. 예를 들면 동양화과의 경우에는 그 전공의 성격상 한국회화사와 동양회화사를 반드시 개설해서 학생들로 하여금 한국 및 동양의 회화전통에 접하게 하고 그 특성 및 변천을 이해케 해서 새로운 현대적 한국화의 창조에 도움이 되도록 해야만 하는 데도 불구하고, 이러한 과목들을 대학과정에서 개설한 대학이 한 군데도 없다. 또한 도자기과의 경우 한국과 중국이 세계사상 도양문화의 우대 종주국임에도 불구하고 한국도자사나 중국도자사를 대학과정에 개설한 대학이 역시 한 군데도 없다. 이러한 현상은 대학원 과정에서 약간은 시정이 된다고 볼 수는 있으나 아직까지 우리나라 대학교육에서 일반적으로 간취되는 심각한 취약점인 것이다. 이와 같은 상태가 지속될 때 어떻게 우리의 미술대학생들이 전통미술이나 문화 및 그 특성을 제대로 파악할 것이며, 또 그것이 정당하게 이루어지지 않을 때 어떻게 그들로부터 한국적 미의식이 흠뻑 밴 현대적 미술의 창작을 기대할 수 있겠는가 의문이다. 미술대학 교육에서 가장 시급하게 개선해야 할 점이 바로 이러한, 지금까지 지나치게 소홀히 대해 오고 따라서 우리 자신과 가장 긴밀하면서도 너무나 모르고 있는 미술전통을 올바로 알려주고, 그것을 기반으로 외래의 미술을 건전하게 수용해서 새로운 한국의 미술문화를 창작케 하는 것이라 하겠다.

약간의 예외가 있기는 하지만 일반적으로 순수미술계의 학과들보다도 생활미술계의 학과들이 전통미술에 관한 이론교육을 더욱 등한히 하는 경향이 있고, 또 전통미술보다도 외래미술에 대한 교육에 더 치중하는 경향을 보여준다. 이에는 나름대로의 충분한 이유가 있을 것이다. 기법과 재료, 그리고 디자인에 관한 교육의 필요성이 크고 또한 대학과정의 수준에 알맞은 교재가 충분히 개발되지 못한 점 등이 그러한 이유들일 것이다. 그러나 최소한 한국미술사, 동양미술사, 서양미술사와 더불어 한국공예사, 한국도자사, 동양공예사, 동양도자사 등의 기초 이론과목들은 생활미술계 학생들에게 꼭 필요할 것으로 본다. 실제로 한국이나 중국의 공예나 생활미술 중에는 디자인이나 창의성에 있어서 놀라운 것들이 수없이 많다. 이를 찾아내서 교재를 계발하고 교육할 필요성이 더없이 크다. 그러므로 앞으로 이러한 관점에서 보다 효율적인 이론교육이 실기교육과 병행해서 개선될 필요가 있다고 믿어지며, 또한 한국 및 동양의 미술과 서양의 미술을 조화시켜서 교육하는 것이 바람직하다고 본다.

이상 살펴본 바와 같이 현재 우리나라 대표적인 대학들을 위시해서 대부분의 미술대학들이 실기와 이론 양면에서 전통미술과 서양미술에 대한 균형을 충분히 유지하지 못하고 있으며, 또한 실기와 이론교육에 있어서 심한 격차를 드러내고 있음을 알 수 있다. 즉 지나칠 정도로 서양미술 위주의 교육이 이루어지고 있고, 또 이론교육이 너무 심하게 경시되거나 형식적으로 이루어지는 사례조차 없지 않은 것이다. 이러한 사실은 각 대학의 교육과정과 이론교수의 확보상황에서 단적으로 엿볼 수 있다.

현재 4년제 미술계 학과나 대학을 지닌 60개가 넘는 대학에서 이론교수를 정식으로 채용한 예는 지극히 저조하여, 미술계 학과를 지닌 전국 63개 대학 중 21개교에서 31명에 불과하다. 즉 미술계 학과나 대학을 지닌 4년제 대학 40개교 이상이 단 한 명의 이론교수조차도 기용하지 않고 있는 것이다. 단 한 명의 이론교수도 기용하지 않은 상태에서 이론교육이 어떻게 이루어질 것인지는 뻔한 일이다. 한국 및 동양미술사, 서양미술사, 미학 등의 분야에 따른 이론교수를 고루 갖추고 있는 대학은 홍익대학교 미술대학 1개교뿐이며, 동양미술사와 서양미술사, 혹은 미술사와 미학 등의 분야별로 2~3명의 이론교수를 갖추고 있는 대학은 덕성여대, 동국대, 상명여대, 성신여대, 영남대, 전남대, 이화여대의 7개교에 불과하다. 단 한 명의 이론교수도 채용하지 않은 대학이 42개교로서 아직도 절대다수를 차지하고 있다. 이로써 우리나라 미술대학에서의 이론교육이 얼마나 푸대접을 받고 있으며, 또 얼마나 부실하게 이루어지고 있는가를 단적으로 엿볼 수 있다.

현재 각 미술계 학과나 대학들에는 여러 이론과목들이 개설되어 있으나 그러한 과목들을 실기전공의 교수나 강사들이 맡아서 시간 메꾸기식으로 부실하게 운영하고 있는 것은 다 알려져 있는 사실이다. 또 이러한 강의들을 맡았던 실기전공의 교강사가 그만둘 경우에는 이론교수를 쓸 생각은 않고 실기전공의 선후배끼리 주고받듯 하는 경우가 대부분인 것도 역시 공공연한 사실이다. 이러한 현상은 한시바삐 시정되어야 한다. 왜냐하면 미술사 등의 이론과목을, 그것을 깊이 연구하지 않은 실기 교강사가 담당할 경우 비전문가가 범할 수 있는 여러 가지 오류와 과오를 저지를 수 있고, 그것이 결국 미술교육에 끼치게 될 해독이 더없이 크기 때문이다. 이러한 무지하고 부당한 실태가 시정되지 않으면 아무리 교과과정이 제대로 되어 있어도 이론교육이 그 실효를 거둘 수 없음은 너무도 분명하다.

그러므로 앞으로 반드시 이론 분야를 전공한 교강사를 2, 3명(한국 및 동양미술사 1, 서양미술사 1, 미학 1명 등) 의무적으로 채용토록 정책을 입안할 필요가 있다고 본다. 그러나 이렇게 할 때에 그것을 일시에 시행하기보다는 잠정적 규정을 두어서 점진적으로 채용토록 의무화하되, 한국적 미술의 창작에 직접적으로 도움을 주는 한국미술사나 동양미술사 전공자를 우선토록 함이 바람직하다고 본다. 점진적으로 시행할 필요성은 이론교수의 양성이 한꺼번에 이루어지기 어렵기 때문이며, 한국미술사나 동양미술사 전공자 채용을 우선해야 함은 그것이 이론과목들 중에서 전통에 바탕을 둔 한국적 미술의 창작에 가장 큰 도움을 주기 때문이다.

이제까지 교과과정이나 이론교수의 확보실태를 통해서 보았듯이 미술대학에서의 이론교육이 실기교육에 비하여 지나치게 소홀하게 이루어짐을 알 수 있다. 이러한 이론교육의 부실은 결국 학생들에게 새로운 창작의 가능성을 제한할 뿐만 아니라, 한국적 미의 창작능력을 충분히 계발하지 못하게 하는 역기능을 초래하게 될 것이다. 또한 이러한 불충분한 이론교육은 사유하며 창작하는 훌륭한 '예술적 작가'보다는 손재주에 의존하는 '기능적 미술인'을 양산하게 될 것이며, 또 이러한 졸업생들이 교육에 임할 때 한국의 현대 미술교육의 방향을 구태의연한 성격에 머물게 할 가능성이 높다고 하겠다. 또한 이렇게 배출된 졸업생들은 전통미술에 대한 올바른 이해없이, 외래미술을 주체적이고 선별적이 아닌 무비판적 태도로 수용할 가능성이 높다고 하겠다. 여기에서 우리는 손재주만으로 대성한 세계적 작가는 동서고금에 없음을 다시 유념할 필요가 있다고 본다.

3. 기타 학사문제(학과증설 · 정원책정 · 입시방법)

미술대학의 교육과 관련하여 앞에 살펴본 문제들과 더불어 고려를 요하는 문제들 중에 미술계 학과나 대학의 학과설치 및 정원책정, 입시에서의 학생선발방법, 졸업생들의 취업문제 등이 중요하다고 하겠다. 왜냐하면 이러한 문제들이 결국 미술교육의 질에 직접 · 간접으로 영향을 미치기 때문이다.

1985학년도의 미술계 신입생 모집 정원인 6,996명은 같은 학년도 대학 신입생모집 총정원인 20만 3,502명(『중앙일보』, 1984.10.13일자 보도)의 3.43%에 해당한다. 즉 대학입학 예정자 1백 명 중에 3명 이상이 미술이나 미술교육을 전공하게 된다. 이것은 대단한 숫자이며 높은 비율이다.

또한 미술계 모집인원 6,996명 중에서 국립대학(서울시립대학 포함)이 수용할 인원은 불과 948명인 데 반하여 사립대학이 수용할 인원은 무려 6,048명에 달한다. 따라서 미술계 모집인원의 국립 대 사립의 비율은 13.6% : 84.6%가 된다. 즉 사립대학의 모집인원이 국립의 그것에 비해 6.4배가 많은 것이다. 이러한 국립과 사립 간의 비례상의 간격은 1984학년도에 비해 오히려 심화된 것이다. 즉 1984학년도의 경우에는 미술계 모집인원의 총수가 6,961명인데 그중 국립에 1,105명, 사립에 5,856명이 입학하도록 되어 국립 대 사립의 모집정원의 비례는 15.9% : 84.1%였다. 이것을 1985학년도와 비교하면 국립이 2.3%의 학생을 더 모집했고 사립대학이 그만치 덜해도 됐었던 것이다. 즉 1985학년도에는 미술교육도 국립보다 사립에 더욱 의존하게 됨을 말해 준다. 따라서 국립의 경우 이상으로 사립대학에서의 미술교육개선에 유념할 필요성이 크다고 하겠다.

각 대학이 다투어 미술계 학과를 설치함에 따라 학교마다 어떤 두드러진 특징이나 경향을 띠기보다는 대개 성격이 비슷비슷한 양상을 드러내고 있다. 이 때문에 서울은 말할 것도 없고 부산이나 대구, 대전 등의 대도시와 중소도시에도 미술대학이 몇 군데씩 설치되어 있다. 한 예로 대구의 경우 경북대학교를 비롯하여 영남대학교, 계명대학교, 대구대학교, 효성여자대학교 등 거의 모든 대학들이 미술계 학과들을 설치하고 있다. 그렇다고 이 대학들이 서로 다른 어떤 특성을 지니고 있는 것도 아니며 다른 대학에서는 할 수 없는 어떤 강점을 지니고 있는 것도 아니다. 그저 한결같이 비슷비슷할 뿐이다. 이러한 경향은 서울은 말할 것도 없고 다른 지역의 경우도 마찬가지이다. 그렇다면 굳이 모든 대학들이 한결같이 미술계 학과들을 증설하고 학생의 수를 증원할 필요성이 어디에 있겠는가. 보기에 따라서는 많은 졸업생이 배출되면 그만큼 미술 발전에 도움이 될 것으로 생각할 수도 있을 것이다. 그것은 어느 정도까지는 사실이다. 그러나 그러한 생각이 항상 옳은 것은 결코 아니다. 왜냐하면 미술을 포함한 예술의 발전은 항상 창의성이 뛰어난 일부 작가들에 의해 주도되고 나머지 다수는 그들을 추종하는 것이 지금까지의 미술사가 밝혀주는 사실이기 때문이다. 즉 작가의 수보다 수준이 문제인 것이다. 그러므로 미술인구의 증가만이 반드시 미술의 발전을 좌우하는 것은 아니다. 미술인구의 수적 증가는 미술발전의 토양을 마련하는 데 기여할 뿐이다. 그러나 그것의 과다한 증가는 오히려 부작용을 낳을 수도 있다.

그 한 예로, 미술전공자들이 과다하게 배출되어 취업난이 극심해지고 있다. 학생수가 크게 늘면 한정된 교수진과 시설로는 교육의 질적 향상을 기대하기 어렵게 된다. 뿐만 아니라 미술을 전공한 졸업생들이 반드시 작가나 미술교육자가 되는 것도 아니다. 그러므로 충분한 대책 없는 상태하에서의 미술대학생들의 단순한 수적 증가는 교육의 질을 떨어뜨리고 인력의 낭비를 초래하며 취업란을 가중시킬 가능성이 크다고 하겠다.

이러한 문제들이 더 심각해지지 않도록 하고 또 해결되도록 하기 위해서는 앞으로 미술인력의 수요에 대한 조사와 대책이 정책적 차원에서 고려되어야 할 것으로 본다. 그리고 우선은 각 대학들이 다투어 백화점식으로 각종학과들을 개설하거나 학생수를 증원하는 것을 막고, 대학별 또는 학과별 특성을 살려가도록 유도하는 것이 필요하다고 하겠다. 또한 과도하게 사립대학에 의존하고 있는 현실과 그에 따른 제반문제들에 관해서도 앞으로 고려를 요한다.

미술교육의 효과를 충분히 거두기 위해서는 재능 있는 우수한 학생을 선발해서 착실히 교육을 시키는 일이 필요함은 물론이다. 이러한 관점에서 우선 재능있고 우수한 학생을 어떻게 선별해서 뽑느냐 하는 것은 대단히 중요한 문제이다. 이와 관련해서 먼저 생각해 볼 것은 대학입시를 치룰 시기에 미술대학의 지원자들은 미술에 대한 재능이 뚜렷하게 나타날 정도로 충분한 미술교육을 받았겠느냐의 여부이다.

미술교육 정책의 개선책*

안휘준/서울대 인문대 고고미술학과 교수

현재 우리나라에서는 초·중·고등학교에 미술시간이 대체로 주당 2시간 정도 배정되어 실시되고 있는 것이 사실이다. 그러나 각급 학교의 고학년에 이를수록 국어, 영어, 수학 등의 입시에서의 주요과목들에 밀려 미술시간 배정이 줄고 그 교육도 소홀해지는 경향을 띤다. 말하자면 대학입학 전에 고등학교의 미술교육을 통해서 학생들의 재능이 충분히 발휘되지 못한다는 얘기이다. 그러므로 미술대 지망생들은 입시 전 몇 달 동안 사설학원 등에서 미술실기 공부를 하고 입시를 치루는 실정이다. 이러한 상황을 고려할 때 미술에 대한 잠재적인 재주를 지니고 있으면서도 아직 그것이 적극적으로 나타나지 않고 있으나 기회만 주어지면 그것이 꽃필 수 있는

* '創刊1周年 企劃特輯: 미술교육 진단-대학미술교육 2', 『美術世界』 통권 14호(1985. 11), pp. 128-135.

학생들은 입시에서 대단히 불리할 수밖에 없다고 볼 수 있다. 예를 들면 두뇌가 우수하고 학과성적도 두드러지며 미술에 많은 관심을 가지고 있으나 아직 미술대학의 우리나라식 입시에는 충분히 준비가 되어 있지 않은 학생들이 미술대학에 입학할 수 있는 제도적 장치가 되어 있는가 하는 점이다.

필자가 미술대학에 근무하는 동안 경험한 바로는 머리 좋고 학과 공부도 잘하는 학생이 미술작품도 훌륭하게 해내는 것을 확인할 수 있었다. 또한 지금까지 동서고금을 막론하고 풍요한 정신적 세계의 구축 없이 손재주만으로 대성한 참된 미술가는 없음도 유념된다.

이러한 관점에서 우리나라의 미술계 대학이나 학과들의 학생선발 방식을 살펴볼 필요가 있다. 지상에 발표된 1985학년도 미술계 대학입학 전환 시 성적반영 비율에 의하면 대부분의 대학들이 실기성적을 40% 이상으로 책정하고 있다. 즉 비율이 밝혀진 59개교 중에서 실기성적을 50%로 하는 대학이 17개교, 40% 이상 50% 미만으로 결정한 대학이 29개교, 30% 이상 40% 미만으로 하는 대학이 10개교 그리고 30% 이하로 결정한 대학이 3개교이다. 즉 59개교 중에서 78%에 달하는 절대 다수의 46개교가 실기 점수를 40% 이상으로 책정하고 있는 반면에 12%에 해당하는 13개교만이 실기성적 비율을 40% 이하로 정하고 있는 것이다. 실기성적을 50%로 할 경우 학력은 20%에 불과하며 나머지 30%는 내신 성적으로 메꾸어진다. 그리고 실기점수를 40% 비율로 반영할 때 학력과 내신의 비율은 각각 30% : 30%으로 된다.

실기성적의 비율을 40~50% 정도로 높이 책정하는 것이 반드시 미술 창착자로서 대성할 인재를 골라내는 가장 합리적인 방법인지의 여부를 현재로서는 과학적 조사 없이 단정할 수 없다. 그러나 앞에서도 언급했듯이 이러한 입시 선발 방식에서는 두뇌가 우수하고 학력성적이 뛰어나면서도 아직 실기에서 성적을 올릴만치 미술공부를 충분히 하지 못한 학생들보다는 두뇌나 학력이 떨어지더라도 입시에 적합한 손재주가 있고 거기에 훈련되어 있는 학생들에게 유리할 것임이 틀림없다. 이것이 또한 장기적인 안목에서 볼 때 대성할 소지를 지닌 학생들을 탈락시킬 가능성이 큼을 역시 부인할 수 없다. 특히 우리나라처럼 초·중·고등학교에서의 미술교육이 불충분하게 이루어지는 나라에서는 더욱 그러한 소지가 많을 가능성이 있다. 또한 사설학원을 이용할 수 있는 서울을 비롯한 대도시 출신의 경우보다는 그것이 어려운 중소도시나 지역의 출신들의 경우에 그 가능성이 더욱 높을 것이다. 그리고 실기점수의 배정비율이 높을수록 현재와 같은 채점방식으로는 엄밀한 공정을 기하기가 어려울 수도 있고, 또 해를 거듭할수록 입시생들이 현재의 실기시험 방식에 익숙해져서 특별히 뛰어나거나 특히 뒤지는 학생들의 소수를 제외하고는 대다수의 학생들 수준이 엇비슷해져 채점상의 어려움은 점점 커지고 있는 실정이다. 그러므로 이러한 점들을 고려하여 미술계 대학입시를 검토할 필요가 있다고 믿어진다.

이와 관련하여 실기성적 비율을 30% 이하로 책정한 강원대학교, 청주대학교, 한국교원대학교 등이 눈길을 끈다. 특히 한국교원대학교는 학력 50%, 내신 30%, 그리고 실기는 불과 20%만을 부여하고 있다. 이 대학들이 모두 지방소재의 대학들이며 서울의 학생보다는 지방의 학생들을 보다 많이 수용하고 있거나 할 것으로 믿어지는 점을 고려하면 무리 없는 방안일지도 모른다고 생각된다.

두뇌가 우수한 학생들이 미술대학에 많이 진학할 수 있도록 하고, 혹시라도 이 방면에 특출한 재능도 없으면서 타 분야에의 진학에 불안을 느껴 입시에 적합한 얼마간의 실기를 손에 익힌 후 미술대학 진학을 도모하는 학생들이 혹시라도 생기지 않도록 하는 제도적 장치도 필요하리라고 생각된다.

미술대학 입시와 관련하여 또 한 가지 고려해 볼 점은 현재와 같이 서양의 석고데생을 별다른 비판 없이 되풀이 해서 출제해야 하느냐 하는 점이다. 왜냐하면 이것이 되풀이될 경우 수험 준비생들은 석고데생을 외우듯 반복적으로 손에 익히게 되어 진정한 잠재적 창의성을 발휘하기 어렵고, 또 서양의 용모와 인체비례를 별다른 비판 없이 받아들임으로써 서양적 미의식을 존중하고 한국적 미술의 창조와 미의식을 존중하고 한국적 미술의 창조와 미의식을 은연중 경시하게 될 것이기 때문이다.

이를 시정하기 위해서 한국의 불상이나 석인, 석수 등의 복제품을 만들어서 출제하거나 모델을 세움으로써 현재의 석고데생을 대체하는 것이 좋을 것이라 생각된다. 이렇게 할 경우 새세대에게 전통미술의 중요성을 인식케 하고, 또한 틀에 박힌 듯 반복되어 온 석고데생에서와는 달리 참신한 잠재적 창의성을 발휘케 할 것으로 본다.

4. 학교미술교육의 개선 방안

앞부분에서는 주로 학교미술교육에 있어서의 제반의 주요 문제들을 대학에서의 미술교육을 중심으로 해서 대강 살펴보았다. 이곳에서는 그 개선 방안이나 대책을 생각해 보기로 하겠다. 그 개선 방안이나 대책은 결국 앞에 살펴본 문제들을 이해하고 좀더 낫게 고쳐보려는 것으로부터 시작되어야 할 것으로 보며, 따라서 그 대책의 목표와 윤곽은 어떤 의미에서는 자명해진다고 하겠다. 즉 ① 전통미술과 동양미술, 그리고 서양미술에 대한 교육이 균형을 이루도록 해서 한국적 특성이 분명한 세련되고 현대적인 새 미술문화를 창조토록 기반을 마련해야 하고 ② 지금까지 지나치게 실기에만 치우친 미술교육을 실기와 이론이 조화를 이루는 교육이 되도록 해서 진정한 의미에서의 사상성이 풍부한 '예술적 미술문화'의 창출에 토대가 되도록 함과 동시에 외래 미술문화를 선별적으로 참되게 수용토록 하며 ③ 입시위주의 틀에 박힌 교육을 창의성을 고양하고 정서순화에 도움이 되도록 하는 교육으로 바꾸는 방안을 생각해 보아야 한다는 점이다.

이것은 대단히 방대하고 지난하며 전반적인 교육 및 교육정책과 직접적으로 연관되는 문제로서 한 개인이 단기간 내에 체계적인 대처 방안을 세우기는 기대하기 어렵다. 또한 빈틈없고 합리적인 방안을 세우기 위해서는 사전에 문제가 되고 있는 현안들에 대한 치밀하고 조직적인 조사가 이루어져야 할 것이다. 그러나 그렇다고 모든 것을 실시되지도 않는 조사가 끝날 때까지 미룰 수만은 없다. 그러므로 앞에서 거론한 커다란 문제들에 대한 가장 기본적이고 보편적인 방안들만을 우선 생각해 보기로 하겠다. 이것들은 다시 학사상의 개선 방안과 제도상의 개선 방안으로 구분하여 생각해 볼 수 있을 것이다. 물론 이것들은 서로 연관이 되어 있어서 굳이 둘로 나누어 보는 것이 무리가 될 수도 있다. 그러나 문제의 성격이나 비중에 따라 우선 편의상 나누어서 생각해 보기로 하겠다.

1) 학사상의 개선 방안

여기에서 학사상의 개선 방안으로서 구분하여 다루어야 할 범주에 속하는 것들로는 다음과 같은 사항들이라 하겠다

① 우리나라의 전통미술에 관한 교육을 보강토록 해야 한다. 이를 위해 교과서와 교과과정을 이에 적합하도록 개선하는 것이 필요하다. 초·중·고등학교의 교과서는 내용의 비중 면에서는 많이 개선이 되어 있으나 그 서술방법이나 대표적 작품의 선정 등에는 아직도 개선의 여지가 많다.

또한 이 방면의 교육이 제대로 되도록 하기 위해 교사의 지침서를 훌륭하게 만드는 것이 필요하다고 본다.

대학교육에서 이것이 제대로 이루어지도록 하기 위해서는 앞에서도 언급했듯이 모든 학생들에게 서양미술사와 더불어 한국미술사와 동양미술사를 필수적으로 수강케 함이 필요하고, 이 밖에 한국화(동양화) 전공자에게는 한국회화사와 동양회화사를, 도예과 학생들에게는 한국도자사와 동양도자사 등의 강좌를 이수토록 하는 등의 장치가 마련되어야 한다고 본다. 이 점은 비단 한국화나 도예 전공자에게만 해당되는 것은 아니며 다른 분야에도 확대되어야 할 것으로 본다. 예를 들면 조소과 학생들에게는 서양조각사와 더불어 한국조각사와 동양조각사들, 공예과와 디자인과 학생들에게는 한국공예사와 동양공예사를 공부할 기회를 주어야 할 것이다. 이러한 방식으로 교육을 시킴으로써 전통에 대한 이해와 인식이 제대로 자리잡히고, 또 이를 토대로 새로운 한국적 문화의 창조가 가능할 것으로 본다.

② 이론교육을 강화해야 한다. 이 점도 앞에서 누누이 설명했다. 단지 한 가지 더 강조하고 싶은 것은 이론교육이 단순히 역사적 사실만을 주입시키는 데 주력하는 지식주의적 교육이 되면 곤란하다는 점이다. 그보다는 각 시대나 나라의 미술이 지닌 특성과 미적 창의성, 그것이 나타내는 철학이나 사상, 그리고 우리에게 참고가 될 만한 사항 등을 일깨워 주는 것이 절실히 요망된다. 말하자면 지식 위주의 암기를 강요하는 내용보다는 학생들의 심미적 잠재능력을 일깨워주고 창작을 위한 하나의 정신적 바탕을 이루도록 해주는 데에 치중해야 한다고 보다.

이 이론교육을 통해서 ①에서 언급한 전통미술에 대한 사항도 실효를 거두게 될 것으로 본다. 특히 대학에서의 미술교육에 있어서는 이론교육이 대폭 개선되어야 하며, 이를 위해 본고의 III장 2절과 이 장의 앞에서 언급한 과목 등의 개설을 포함한 교과과정의 개편이 절실히 요망된다.

③ 창의성 고양에 대한 대책이 세워져야 한다. 이 문제와 관련하여 일차적으로 교육현장에서의 교강사의 교육방법이 가장 중요하다고 볼 수 있다. 먼저 실기교육에 있어서 교강사는 학생이 지닌 잠재적 창의성이 다양하게 계발되도록 노력함이 필요하다고 본다. 이를 위해 교강사는 우선 자기의 작품경향을 절대로 학생에게 어떤 형태로든 강요해서는 안 된다고 본다. 예를 들어서 졸업작품을 제출하면서 하나는 A교수 스타일로, 다른 한 작품은 B교수 스타일로 제작하여 졸업을 꾀하는 학생들의 풍조가 없어질 수 있도록 교강사는 학생들에게 창작의 자율성을 부여해야 한다고 본다. 교강사는 학생들이 지닌 특장과 재능을 간파하고 그것이 학생 나름대로 발전되도록 조언과 자극을 주는 것에 중점을 두어야만 하고 그 이상의 맹복적 추종자를 만들어서는 안 된다고 본다.

창작의 다양성을 추구토록 하기 위해서 각 대학 당국은 교강사진의 구성을 한 유파에서만 택하기보다는 경향을 달리하는 교강사를 기용해서 학생들로 하여금 다양한 미술 양상을 직접 교육현장에서 접하고 자극을 받게 하는 것이 필요하다고 하겠다.

이 점은 초·중·고등학교의 경우에 있어서도 마찬가지이다. 미술교육이 확일화되거나 경색화되지 않도록 하고, 학생들의 잠재적 창의성이 계발되도록 교수과정에서 노력하는 것이 바람직하다.

창의성 고양을 위해 암기에 중점을 둔 현재까지의 입시에서의 미술 출제방식도 개편될 필요가 크다고 하겠다. 이에 관해서는 뒤에 '제도상의 개선 방안'에서 좀더 언급하기로 하겠다.

④ 미술교육의 실효를 거두고 전통미술을 올바르게 이해시키기 위해서 박물관과 미술관 탐방을 권장해야만 한다. 필자가 미술대학에서 한국미

술사 교육을 담당하면서 경험한 바에 의하면 미술대학생의 절대 다수가 한국미술사를 수강하기 이전에는 국립중앙박물관조차 한 번도 탐방하지 않았던 것으로 밝혀진다. 이를 시정하기 위해서 국립중앙박물관의 진열품 중에서 가장 좋아하는 작품을 선정하여 스케치하고 감상문을 써서 내도록 숙제를 내곤 했는데 이것이 학생들로 하여금 박물관을 찾게 하는 계기를 마련하였다. 이러한 경험은 미술대학생들 대다수가 박물관 탐방의 중요성을 교육을 통해서 깨우치기 전까지는 별로 인식하지 못하며, 따라서 모든 학생들이 자의적으로 그곳을 찾으리라고 낙관하기가 어려움을 말해 준다.

한국미를 창조해야 할 미술대학생이 박물관을 통해서 한국미술의 진수를 접하고 그것을 체득하지 못한다면 어떻게 한국의 미술문화가 발전할 수 있겠는가. 그러므로 박물관과 미술관, 그리고 화랑탐방을 미술교육에서 적극화할 필요가 있다. 또한 이를 대학만이 아니라 감수성이 예민한 초·중·고등학교의 교육에서 더욱 강조해야 할 것으로 본다. 이것은 학생들의 미적 창의력을 자극하고 전통미술을 이해케 하며 새로운 미술의 수용에도 크게 기여할 것으로 본다. 이런 뜻에서도 박물관과 미술관이 서울만이 아니라 지방에도 되도록 많이 건립될 필요가 크다고 하겠다.

⑤ 시각교육이 적극적으로 실시되어야 한다. 지금까지 대부분의 대학을 비롯한 각급 학교에서의 이론을 포함한 미술교육은 슬라이드나 비디오 등을 이용한 실질적이고 구체적인 것이 되지 못하고 추상적이고 비능률적인 경향이 짙었다. 예를 들면, 고려청자가 아름답고 독창적이라고 교육하면서도 그것이 구체적으로 어떻게 생겼으며 유약색조나 문양은 어떤지 왜 아름답고 독창적인지, 그리고 중국 것과는 어떻게 다른지 등등의 구체적인 것에 관해서는 거의 알려주지 못하고 있다. 이러한 문제의 시정은 정상적인 이론교육과 박물관 탐방 및 슬라이드를 이용한 시각교육을 통해서 이루어

질 수 있을 것이다.

⑥ 일본미술의 영향을 탈피해야 한다. 우리나라에서 현대적 미술교육이 본격적으로 자리를 잡기 시작할 것은 일제 강점기부터임은 물론이다. 이 시대에 미술교육이나 미술이 일본의 식민지 문화정책의 일환으로 이루어졌음도 부인할 수 없다. 이 때문에 조선왕조말기부터 쇠퇴하기 시작한 전통미술이 일제 강점기에 이르러 더욱 급격히 위축되게 되었으며, 그것이 해방이후 현재에 이르기까지도 완전히 회복되지 못하고 있는 것 역시 사실이다. 이러한 배경하에서 우리나라 미술계에 일본미술의 영향이 짙게 미치고 또 그것의 잔영이 현재의 우리 미술이나 미술교육에 아직도 끈덕지게 이어지고 있음도 인정하고 싶지 않은 사실이다.

일본미술의 영향은 미술의 제작방법, 교수방법, 양식, 설채법, 묵법 등에 다양하게 배어 있으나 가장 문제가 되는 것은 화풍을 위시한 양식과 정신 및 미의식의 문제라 할 수 있다. 이것을 포함한 일본미술의 영향에 관해서는 이미 몇 차례 거론된 바 있으므로, 이곳에서는 더 이상의 언급을 피하고자 한다. 다만 이미 해방이 된 지 40년이 지난 현재의 시점에서, 다분히 일본인의 장식적 취향의 미감이나 미의식을 구현한 일본미술의 영향을 벗어나 우리 미술 본래의 특색을 재조명하고, 그것을 새세대를 위한 교육에 반영해서 순수한 우리 것을 창출토록 해야 한다는 점만 강조해 두고 싶다.

⑦ 국가교육과의 연계성을 고려해야 된다. 이 사항은 뒤에 논할 '제도상의 개선'과도 관계가 깊다고 하겠다. 이 문제는 아직까지 별로 심각하게 고려되지 않고 있으나 앞으로의 교육에 있어서 아주 중요하다고 생각된다. 예를 들어서 국사과목에서 통일신라시대의 문화를 공부할 때 미술과목에서 석굴암과 불국사를 슬라이드를 통해 공부할 수 있고, 국사에서 조선왕조초기의 문화를 공부할 즈음에 미술에서 안견, 강희안 등의 화가들과 분청사

기와 같은 도자문화를 공부할 수 있다면 그 교육적 효과는 양쪽 과목에서 함께 높아질 것이 분명하다. 이처럼 상이한 과목들의 과정을 조절하기는 쉽지 않을 것이나 그 교육적 효과가 클 것임을 감안하여 고려해 볼 필요가 크다고 하겠다.

2) 제도상의 개선 방안

이 제도상의 개선 방안은 교육정책적 차원에서 고려될 필요가 있는 사항들이다.

① 대학에서의 미술교육을 정상화하고 이론교육을 개선하기 위해서 미술사를 전공하고 문학석사 이후의 학위를 획득한 이론교수의 채용을 의무화해야 한다. 앞에서 누누이 언급한 바대로 비전공자인 실기전공의 교강사가 이를 담당하여 부실하게 교육하는 일이 없도록 해야만 한다. 이것의 정상적인 실시 부여가 미술교육의 발전에 중요한 요인이 됨은 물론이다. 미술은 혼과 정신의 창조세계이며, 그러한 측면을 다루는 것이 이론교육이기 때문이다. 이론과목들이라고 미술사를 전공한 사람에게 미학을 맡긴다든지, 미학을 전공한 사람에게 미술사강좌를 맡기는 일도 앞의 경우와 대동소이한 과오와 비능률을 초래할 수가 있다. 따라서 각 대학마다 전공을 달리하는 이론교수를 최소한 2~3명 정도 기용하는 것이 바람직하다고 본다.

② 초등학교에서의 미술교육을 제대로 하기 위해서 전공자를 교사로 채용하는 전담교수제를 채택해야 한다. 지금처럼 담임교사가 모든 과목을 맡아서 교육하는 제도하에서는 미술교육이 지닌 여러 가지 특수한 측면을 제대로 살리고 반영하기 어렵다. 그러므로 대학에서 미술이나 미술교육을 전공한 사람을 미술전담교사로 임명하여 정상적인 교육을 실시해야만 한다. 이것은 또한 미술대학 출신 인력의 수급에도 큰 도움을 줄 것으로 본다.

말하자면 일거양득의 효과가 있다고 하겠다.

③ 각급 학교 미술교사의 양성을 효율화하고 재교육을 체계적으로 실시해야 한다. 다른 교육에서와 마찬가지로 미술교육에 있어서도 가장 중요한 것은 훌륭한 미술교사의 확보이다. 훌륭한 미술교사 없이는 교과서나 교과과정, 그리고 시설과 제도 등이 아무리 잘 되어 있어도 미술교육의 실효를 거둘 수 없다. 그러므로 훌륭한 교사를 양성하고, 그 교사들이 주기적으로 재교육을 통해 새로운 교육방법과 이론을 터득하고 최신의 미술동향을 이해케 해야만 한다.

미술교사를 지망하는 사람은 대학 재학 중에 되도록 여러 분야의 실기와 이론을 익히도록 해서 미술교육자로서의 자질을 갖추게 해야 한다. 예를 들어서 서양학과에서 서양화만 전공한 미술대학 졸업생이 교사가 되어 동양화 교육을 외면하거나 소홀히 하는 등의 경향이 없어야 하겠다. 이런 관점에서 몇 군데 대학의 미술교육과를 시범학교로 지정하여 교육의 효율화를 도모해 보는 것이 바람직하다고 생각된다.

또한 교사의 재교육을 효율화하기 위한 방안들이 세워져야 한다. 현재는 교사의 승진을 위한 강습 등이 무더운 여름방학이나 추운 겨울방학 동안을 이용하여 실시되고 있으나 그것이 별로 효과적이라 할 수 없다. 학기 중에 쌓인 피로와 더위나 추위가 겹치기 때문이다. 그러므로 해당교사들이 학기중에 재교육을 받을 수 있는 제도적 장치가 필요하다고 본다. 물론 이에는 예산문제를 포함한 많은 어려움이 있겠으나 꼭 실시할 필요가 있다고 본다.

대학에서의 미술교육이 대폭 개선되고, 이러한 개선된 교육을 받고 배출된 인재들이 창작과 교육에 임하기까지에는 많은 시일이 걸리게 될 것이다. 우선 교육의 내용이 이상적인 차원으로 개선되는 것부터가 장기간을 요할 것이기 때문이다. 대학에서의 미술교육이 일제히 개선된다고 해도 개선된 미술교육을 받은 인재들이 미술의 창작과 교육에서 주역을 차지하기까지에는 더 많은 세월을 필요로 할 것이다. 그렇다고 그때까지 초·중·고등학교의 미술교사들이 미술교육상의 제반문제들을 제대로 인식하고 미술교육 현장에서 시정을 시도하지 않으면 그 개선이 이루어질 수 없을 것이다.

④ 예술대학의 독립설치 운영이 필요하다. 지금처럼 미술대학들이나 학과들이 꼭 종합대학 내에 들어가 있어야 하는 데에 대한 재고가 필요하다. 서구나 일본의 경우처럼 미술, 음악 등을 포함한 예술대학의 독립설치의 필요성이 크다고 본다. 종합대학 안에 들어가 있는 경우 타 분야와의 유대관계 등에서 이점이 있다고 볼 수도 있으나, 그 밖에는 하나도 유리한 점이 없다고 본다. 우선 예산, 시설, 교수의 보호, 예술교육 특유의 제 측면의 활성화 등의 모든 면에서 불리할 뿐이라고 본다. 또한 타 분야와의 유대관계 면에서도 현재 별달리 이루어지는 것도 없는 것이 사실이며, 또 독립할 경우 특별히 불리할 것도 없다고 본다. 예술대학 안에 교양학부를 두어서 운영하면 그 문제를 쉽게 해결할 수 있기 때문이다. 예술대학의 독립 운영과 관련하여 이웃 나라인 일본의 동경국립예술대학이 이룩한 교육적 성공과 예술적 권위는 우리에게 많은 것을 시사해 준다.

예술대학을 독립 운영할 경우 그곳에 부속 초·중·고등학교를 세워서 조기교육 문제를 합리적으로 해결할 수도 있으리라고 본다. 이 문제에 관해서는 뒤에 좀더 언급하기로 하겠다.

예술대학의 독립은 이처럼 예술의 발전과 교육적 효과를 위해 대단히 바람직하다고 보며, 따라서 서울은 물론 각 시도에 국·공립이나 사립으로 하나 이상 세울 것을 정책적 차원에서 고려해 볼 필요가 있다고 본다. 이를 위해서 가능한 한 기존의 미술대학과 음악대학을 흡수하여 세우는 방안과 그것이 불가능할 경우 별도로 세우는 방안이 고려될 수 있을 것이다. 독립된 예술대학을 세울 경우, 거기에는 미술과 음악은 물론 문예창작, 무용, 연극, 영화 등 일체의 예술관계 학과를 두고 그 밖에 교양학부를 두어 미술사와 미학을 비롯한 전공관계 이론과목들과 각종 어학 등 최소한의 기초교양과목들을 개설할 수 있으리라고 본다. 물론 이론과목들은 이론 분야의 전공자를 양성하기 위해서가 아니라 창작을 위해 도움이 될 수 있는 범위 내에서 개설하는 것이 바람직할 것으로 본다.

예술대학의 독립문제와 병행해서 서울은 물론 각 지방에 산재해 있는 백화점식으로 신설된 미술대학 및 학과들에 대한 배려도 충분히 주어져야 할 것이다. 즉 각 시도별로 독립적인 예술대학을 설립하거나 또는 기존의 미술대학이나 학과의 통폐합이 불가능할 경우에, 차선책으로 국가적 차원에서의 교육적 효과와 인재양성을 위해 그것들을 효율적으로 운영하게 하는 것이 바람직하다고 본다. 각 대학의 학과 설치나 정원의 책정, 그리고 시설 등은 교육의 실효를 거둘 수 있게 조정하고, 우선 같은 지역 내의 대학끼리 학교마다의 특성을 특정한 학과나 전공을 중심으로 하여 키워 나가도록 하는 방안도 매우 중요하다고 생각된다.

⑤ 조기교육 문제를 해결해야 한다.

예술에 있어서는 그 재능을 일찍 발견하고 어려서부터 키워주는 것이 주지되어 있듯이 대단히 필요하다. 이것의 필요성은 누구나 인정하면서도 여러 가지 교육정책상의 어려움이나 여건의 불비 때문에 그 실시를 미루고 있다. 그러나 언젠가는 이 문제를 합리적으로 해결하지 않으면 안 될 것이다.

물론 지금도 유치원에서 미술을 가르치고 있고 초·중·고등학교에서도 비록 소극적이기는 하지만 미술교육을 실시하고 있다. 또 서울예술고등학교나 선화예술중고등학교 등이 세워져 있으며, 그 밖에도 교외의 사설학원들이 있어서 이 문제를 어느 정도까지는 완화시켜 주고 있는 것이 사실이다.

그러나 조기교육 문제가 지금처럼 산발적이고 비체계적으로 이루어져서는 별로 큰 성과를 기대하기가 어렵다. 또한 우수한 예능계 대학교수들이 조기교육에 합리적으로 참여할 수 있는 기회가 제약되고 있다. 물론 대학교수는 대학에서의 교육에 전념해야 되고, 조기교육을 위한 전담교사가 별도로 있어야만 하는 것이 사실이다. 그러나 우수한 대학교수들의 부분적인 참여와 대학교육과의 유기적인 연관은 조기교육에서 꼭 필요한 일이라고 본다.

이 문제를 현재의 여건이나 상황에서 가장 합리적으로 해결하는 방안은 앞에서도 잠깐 언급한 바와 같이 국·공립이든 사립이든 각 시도별로 예술대학을 독립설치하고, 거기에 소규모 부속 초·중·고등학교를 세워서 진실로 재주 있는 어린이들을 엄선하여 체계적으로 교육하는 것이라 하겠다. 이를 위해서는 물론 많은 예산을 필요로 할 것이다. 그러나 예산 문제는, 기존의 국·공립이나 사립대학의 미술대학 중에서 예술대학으로 독립하기를 희망하는 대학에 기회를 부여하고 가능한 한 기존의 시설을 잠정적으로 활용토록 함으로써 어느 정도 완화실킬 수 있을 것으로 본다.

어쨌든 유치원 → 초 → 중 → 고등학교를 거쳐 궁극적으로는 대학으로 이어지게 하는 조기교육 문제를 예술대학의 독립문제와 함께 정책적 차원에서 신중하게 검토할 단계에 와 있다고 생각한다.

⑥ 입시제도의 개선 방안을 수립해야 한다. 앞에서도 논급한 바대로 현재까지 실시해 온 미술대학의 입시제도가 뛰어난 잠재적 창의성을 지닌 우수한 지망생을 가려내는 데에 있어서 최선의 방법이라고는 볼 수 없다.

또한 시험방법에 있어서도 서양의 석고데생을 위주로 하는 것도 지양할 필요성이 크다고 하겠다. 그러한 시험방법은 결국 수험생들이 반복적으로 연습해서 얻는 숙달된 손재주를 엿보게 해줄 뿐 수험생들이 지닌 진정한 창의성을 파헤쳐 볼 수 없게 하고, 또한 한국미술의 특성이나 미의식을 외면하거나 경시하는 풍조를 촉진시킬 뿐이기 때문이다.

그러므로 대학을 포함한 각급 학교의 미술시험은 창의성을 측정하고 전통미술의 중요성을 고양시킨다는 원칙들을 고려하여 개선을 모색하는 것이 필요하다고 생각한다.

⑦ 미술인력 수급계획을 세워야 한다. 이미 살펴본 바와 같이 매년 7,000명에 가까운 수의 학생들이 미술대학이나 학과에 진학하고 있으며, 이와 거의 비슷한 숫자의 학생들이 졸업을 하고 사회에 진출하고 있다. 이러한 미술인구의 증가는 결국 인력수급의 과잉현상을 초래하여 취직난을 부채질할 수밖에 없게 된다. 이와 같은 현상의 피해는 회화나 조각 등의 순수미술계 졸업생들의 경우에 더욱 심각하다고 하겠다. 수요가 훨씬 많은 공예나 디자인 계통에도 앞으로는 이 문제가 심각하게 대두될 것으로 보인다.

그러므로 미술대학을 나온 졸업생들이 종사할 수 있는 직종과 일자리수, 앞으로 개척될 소지가 있는 분야와 증가될 자리수 등을 조사하여 대책을 세우고, 그 대책에 의거하여 미술대학의 정원을 책정토록 해야 할 것으로 본다. 이 문제는 비단 미술계통만이 아니라 모든 분야에 걸쳐서 마찬가지로 요망되고 있는 사항이라 할 수 있다. 그러나 모든 분야에 걸쳐 이러한 작업이 이루어지고 완료되기를 기대하기는 현재로서는 어려울 것으로 보이며, 따라서 미술 분야만이라도 우선 실행토록 앞으로 연구해 보는 것이 꼭 필요하다고 믿어진다. 이를 위해서는 미술 각 분야의 협력이 이루어져야 할 것으로 보며, 따라서 각 분야를 꿰뚫어 보는 전문가들로 연구팀이 구성되어야 하리라 생각된다.

아무튼 이 문제는 앞으로도 날이 갈수록 더 심화될 가능성이 높으므로 이제 그대로 놓아둘 수 없는 문제인 것이다. 주도면밀한 대책을 세워야 할 시점에 우리는 서 있는 것이다.

5. 결어

지금까지 학교에서 실시하고 있는 미술교육과 관련된 제반문제들과 그 개선 방안들을 대학에서의 교육을 중심으로 해서 대충 생각해 보았다. 이를 통해서 우리는 우리나라의 미술교육이 그동안 많은 발전을 거듭해 왔음에도 불구하고 아직까지도 크고 많은 문제들을 안고 있음을 알 수 있다. 그 중에서도 전통미술 교육의 부족과 서양미술에 대한 지나친 경도, 실기교육과 이론교육의 부조화, 창의성 고양의 미흡 등이 근본문제로 지적된다. 이 밖에도 학사 운영 면이나 제도상에 있어서도 개선을 요하는 점들이 적지 않음을 알 수 있다.

이 문제들에 대한 개선 방안들을 생각해 보았으나 사실상 필자가 제시한 방안들은 실질적인 면에서의 구체성을 띤 해결방안이기보다는 오히려 해결을 위해서 생각해야 할 기본방향에 가까운 것들이라 하겠다. 그럴 수밖에 없는 이유는, 우선 미술교육상의 많은 문제점들에 대한 치밀한 통계적 자료를 비롯한 기본적 조사가 충분히 이루어져 있지 않고, 그러한 상황하에서의 세밀한 방안이란 세워지기도 어렵지만 세워진다고 해도 오류를 범할 가능성이 크기 때문이다. 게다가 필자가 제시한 방안 하나하나가 실은 그 자체로서 연구 테마가 될 수 있을 정도로 방대하고 중요한 것들이기 때문이기도 하다.

그러나 본고에서 필자가 제기하고 다룬 문제들은 우리나라 미술교육의 개선과 관련하여 가장 기본적이고 중요한 것임에는 틀림이 없다고 본다. 문제의 해결이라고 하는 면에서보다는 그것을 제기했다는 점에서 의의를 찾고 싶다. 앞으로 우리나라의 미술교육이 재조명되고 더욱 개선되기를 기대해 마지않는다.

사회교육으로서의 미술교육*

I. 머리말

미술을 포함한 사회교육 또는 평생교육은, 학교를 졸업하여 교육현장을 떠난 지 오래되었거나 또는 학교를 다니지 못한 사람들에게 교육받을 기회를 다시 부여해 주고 재발전의 계기를 마련해 준다는 의미에서 대단히 중요하다고 하겠다. 특히 우리나라의 경우 과거에 전란(戰亂)이나 경제적 어려움 때문에 학교교육을 충실히 받지 못한 사람들이나, 비록 학교교육을 받았어도 적성이나 전공을 십분 살리지 못한 사람들이 많이 있어서 균등한 교육기회의 부여와 재교육체제로서의 사회교육의 필요성은 더 없이 크다

---

* '企劃特輯: 대학미술교육 7', 『美術世界』 통권 30호(1987. 3), pp. 63-68.

고 하겠다.

대체로 사회교육 또는 평생교육은 그 내용과 목적에 따라 크게 두 가지 부류로 나누어 볼 수 있다. 그 하나는 교양교육 또는 문화교육의 성격을 띤 것이고 다른 하나는 생활수단교육, 직업교육의 특성을 지닌 것이다. 지금까지의 우리나라의 사회교육은 직업으로서의 사회교육보다 교양교육으로서의 사회교육이 지배적인 경향을 띠고 있다.

우리나라의 사회교육은 1970년대부터 활성화되기 시작하였는데 1977년에 국립중앙박물관의 특설강좌가 '박물관대학'이라는 명칭으로 실시되어 많은 호응을 얻으면서 점점 폭을 넓혀가게 되었고 그후 국립광주박물관, 국립현대미술관, 국립극장, 문예진흥원, 문화재보호협회 등에서도 유사한 성격의 교육 프로그램을 하게 되었다.

이러한 강좌들은 대체로 네 가지 부류의 기관에 의해 이루어지고 있다. 첫째는 국공립기관, 둘째는 대학교의 평생교육기관, 셋째는 언론기관들의 문화센터, 넷째는 미술관이나 화랑 및 백화점의 문화교실들로 구분해 볼 수 있다. 이 네 부류의 기관이나 단체들은 제각기 설립 목적이 상이하며 그에 따라 사회교육의 내용과 성향에도 자연 차이를 드러낸다. 그러므로 이 네 가지 부류를 대표하는 기관들에서 실시하는 사회교육의 내용과 성격을 구체적으로 살펴보는 것이 필요하다고 본다.

II. 국공립기관 주관의 사회미술교육

국공립기관과 그 산하 단체들 중에서 미술교육에 특히 역점을 두고 있는 곳은 역시 국립중앙박물관과 국립현대미술관이다.

국립중앙박물관의 특설강좌는 1977년 개설되었으며 1985년까지 총 4,154명의 이수자를 배출하였다. 이 강좌 중에서 미술관계의 과목은 19개에 달하고 시간은 50시간이 배정되어 있어 가장 큰 비중을 차지하고 있고 과목도 한국의 회화, 조각(불상), 도자기를 비롯한 공예·건축은 물론 중국의 회화·조각·도자, 일본미술사, 인도불교미술 등이 다양하게 개설되어 있다. 개설과목의 다양성과 강사진의 수준으로 보아 이 강좌는 국내 최고의 사회교육 프로그램임에는 틀림없으나 다음과 같은 몇 가지 개선을 요하는 점이 없지 않다.

첫째, 너무 많은 분야를 개설하다 보니 시간 수가 상대적으로 줄어 깊이 있는 강의가 불가능하다는 점이고 둘째, 주간에 강의되다 보니 남성들의 참가가 제한되어 유한(有閑)여성을 위한 강좌처럼 되어가고 있다. 셋째, 수강자들에게 경제적으로나 시험 등 수강생 부담이 없어 안이하고 부실한 수업 태도를 유발시키고 있으며 넷째, 이로 인해 수강자들의 수준을 가늠하기 어렵고 수강자들을 문화예술 분야에 활용할 수 있는 길이 막혀 있다는 점이다.

이러한 점을 개선하기 위해서는 일반을 위한 교양과정과 문화기관 종사자들을 위한 특별반 또는 전문반을 구분, 모집할 필요가 있고 교과과정도 이에 따라 조정해야 한다. 즉 문화기관 종사자들은 고고학, 미술사, 인류학 및 민속학 전공반 등으로 구분하여 더욱 깊이 있는 강의와 엄격한 시험과 과제를 부과하고 이에 상응하는 수료증을 발부하는 것도 고려해봄 직하다. 또한 적당한 수강료를 징수하여 수업 태도를 개선케 하고 강사 대우 개선 및 설비에 만전을 기하여야 하리라고 생각된다. 그리고 문교부와 협의하여 역사교사와 미술교사를 위한 교사반을 설치하는 것도 긴요하다고 하겠다.

1981년에 시작되어 1987년 현재 제7기를 시작하는 국립현대미술관의 현대미술 아카데미 강좌는 한국·동양·서양의 미술을 회화·조각·공예·디자인·건축·사진 등의 분야로 세분하여 강좌를 실시하고 있으며 이 강좌들은 매주 1일 3시간씩 1년과정(3월~12월)으로 되어 있다.

가장 기초과정에 해당하는 '현대미술 아카데미'는 현대미술의 바탕을 이룬 영역별 특성과 흐름을 살펴보는 이론강좌로서 자격 제한은 없으며, 다음 단계인 '현대미술 아카데미 연구반'은 '현대미술 아카데미' 수료자를 대상으로 좀 더 깊이 있고 구체적인 강의를 실시한다. 상급에 속하는 '현대미술 아카데미 특강과정'에서는 '미술과 사회', '미술과 종교', '미술비평' 등의 한 가지 주제를 어느 정도 깊이 있게 다루도록 하고 있다. 그리고 실기반은 문인화와 서예의 2개반으로 구분, 교양인을 위한 교육을 하고 있으며 이밖에 영구회원을 위한 정기미술강좌를 월 1회씩 실시하고 있다.

이처럼 현대미술 아카데미 강좌는 이론교육과 실기교육을 병행하여 실시하고 있으며 3단계 진급 과정을 두고 있는 것이 특색이다. 현대미술 아카데미의 경우도 국립중앙박물관의 특설강좌가 안고 있는 것과 비슷한 문제를 지니고 있다고 보며 특히 철저하게 서양미술 위주로 되어 있어 자칫하면 현대미술은 으레 서양미술을 뜻하는 듯한 인상을 줄 뿐 아니라 현대미술의 양대 조류의 균형발전을 저해할 소지마저 없지 않다 할 것이다.

III. 대학부설기관의 사회미술교육

미술 분야를 포함한 사회교육 또는 평생교육 프로그램을 실시하고 있는 대학은 이화여대·숙명여대·덕성여대·홍익대 등의 4개교이다. 이 중에서 미술 분야에 특히 역점을 두고 있는 것은 숙명여대의 박물관특설교육원 강좌와 홍익대학교의 특설미술교육원의 강좌이다.

숙명여대의 미술관계 강좌는 한국의 도자기, 한국회화사, 한국의 불상, 한국의 공예, 한국석조미술 등으로 한국의 전통미술에 중점을 두고 있으나 과목당 3시간 정도밖에는 할애되어 있지 않아 깊이 있는 강의는 불가능하게 되어 있다. 이 밖에 1986년부터 연구과정을 두어 1일 3시간씩 연간 90시간의 강의를 실시하고 있다. 미술관계 강좌는 동양미술의 이해, 도자기 제작, 인도불교미술, 염색공예의 4과목으로 각기 6~9시간이 배정되어 일반과정에 비하여 보강되어 있다.

덕성여자대학 평생교육원의 미술강좌인 동양미술감상과 서양미술감상은 '대학종합 교양과정 I·II'에 각각 들어가 있는데 주간과 야간 2개반으로 나뉘어 1주일 1회에 80분씩 한 학기 16주 동안 계속된다. 따라서 수강자는 한 학기 동안 조직적인 강의로 체계적인 이해를 도모할 수 있게 되어 있어 한 과목에 3~4시간 정도로 끝내는 다른 교육프로그램에 비해 과목 수는 적어도 아주 합리적이고 바람직하다고 하겠다.

1986년 9월에는 홍익대학교가 특설미술교육원을 열어 사회미술교육을 역점적으로 실시하게 됨으로써 이 방면에 새로운 계기를 마련하였다. 1986년에는 미술이론에 중점을 둔 '미술일반과정' 270명을 모집하여 1주1일 3시간씩 연간 96시간을 교육시키고 있는데 1987년부터는 '미술실기과정'도 설치하여 별도 수강생을 모집할 계획으로 있다.

'미술일반과정'의 경우 일반교양, 한국미술사, 현장교육, 서양화개론, 조각개론, 판화개론, 미학개론, 공예개론, 현대회화론, 공예사, 현대조각, 세미나 특강으로 짜여져 있는데 일반교양을 제외하고 모든 과목이 오직 3시간만 배정되어 있어 교양적 차원을 벗어날 수 없는 점이 아쉽다고 하겠다.

앞으로 분야별, 지역별, 시대별로 좀서 구체적인 강의가 실시되어야 할 것이다.

이상의 대학에서 실시하고 있는 사회미술교육은 좀 더 많은 대학들에 파급되어 확대실시되는 것이 필요하다고 본다. 또한 단순히 교양프로그램에 한정할 것이 아니라 미국의 Extenion Course처럼 학점제를 도입하여 일정한 수의 학점을 취득케 하고 준학사 학위제를 실시하여 사회에서의 활동에 도움을 주도록 하는 제도적 장치의 마련도 필요하리라고 생각된다.

IV. 언론기관 주관의 사회미술교육

1980년대 초부터는 언론기관들도 평생교육에 관심을 갖기 시작하여 각종 교양강좌들을 열게 되었다. 동아일보사가 1981년 10월 1일 국내 처음으로 개설한 동아문화센터가 그 효시로 한국일보(1982년 3월)와 중앙일보(1982년 6월)도 비슷한 강좌들을 개설하게 되었다. 이들 언론사의 문화센터들은 회원제를 채택하여 1년을 3개월씩 4기로 나누어 반복적으로 개설하고 있는 것이 특징이다. 그리고 회원의 자격에도 성별, 연령, 학력에 제한을 두지 않은 점도 일부 국공립문화기관들이 실시하는 교육프로그램과 다른 점이다. 또한 이 언론기관들의 문화센터들은 1970년대 개설하여 성공을 거둔 국립중앙박물관의 특설강좌에 영향을 받아 경쟁적으로 생겼다고 생각되며 한편으로 일본의 문화센터들의 성공을 보고 자극을 받았을 가능성도 없지 않다.

동아문화센터와 한국일보문화센터, 중앙문화센터에서 개설하는 미술관계 강좌는 거의 대동소이한데, 동아문화센터의 경우 미술 분야에는 데생,

수채화, 유화, 누드화 등의 서양화 강좌, 조소 그리고 사군자와 산수화를 비롯한 한국화 관계의 강좌가 포함되어 있고 공예에는 지공예와 인형공예가 있다. 이 밖에 서예, 도예도 실시하고 있다.

이들 3개 언론사의 문화강좌들은 모두 망라식이며 경쟁적으로 이루어지고 있어서 각사마다 특성을 찾아보기 어렵다. 이러한 백화점식 강좌보다는 몇 개 분야에 역점을 둔 개성 있는 프로그램을 설정하여 실시하는 것이 바람직하고 또 실기 위주로만 실시하기보다는 이론과목들도 가능한 한 개설하는 것이 필요하다고 하겠다. 이 밖에도 3개월 단위의 강좌만 아니라 6개월 또는 1년 단위의 장기 강좌제의 운영도 필요할 것이라 본다.

V. 사설기관 주관의 사회미술교육

1980년대에 들어와서는 사설미술관, 백화점 등의 사설기관이나 사설단체들 중에도 문화나 교양관계의 사회교육 프로그램을 활발하게 실시하는 경향이 나타나게 되었다. 이 중 사회미술교육에 역점을 두고 있는 한국미술관의 미술강좌를 살펴보기로 한다.

한국미술관의 미술강좌는 1982년 3월 부속기구인 한국미술문화연구원에서 실시하는 것으로 '이론강좌'와 '실기강좌'로 나뉘어 이론은 1일 2시간씩 1년(3월~12월), 그리고 실기는 1일 3시간씩 1년간 계속된다. 실시강좌는 문인화, 서예, 도자기, 유화, 사진반으로 나뉘어진다. 최근 2년간의 강좌명을 보면 1985년도에 한국미술사(건축), 동양미술사상(화론), 서양미술사, 현대미술사조, 1986년도에는 도자기감상, 20세기작가론, 고가옥답사, 환경과 풍수지리로 되어 있다.

이 교육프로그램의 경우도 여성만으로 되어 있고 수강자의 자격을 소정의 회비를 납부한 소수의 회원에 한정시키고 있어 심도 있는 교육의 실시가 가능한 반면 일반에게 기회를 확대하기 어렵다는 점이 문제가 될 수도 있을 듯하다

VI. 사회미술교육의 문제점과 개선 방안

이제까지 대강 살펴본 바와같이 사회미술교육은 국공립기관, 대학부설기구, 언론기관, 사설기관 등에 의해 실시되고 있으며 각기 활발하게 기여를 하고 있음을 알 수 있다. 그러나 여기에는 개선을 요하는 점들도 적지 않다고 생각된다. 가장 기본적인 문제는 우리나라의 사회미술교육이 거의 전적으로 교양교육 또는 문화교육의 성격을 띠고 있을 뿐, 직업교육적 측면을 거의 도외시하고 있다는 점일 것이다. 이것은 장기적인 교육프로그램이 설정되어 체계적인 교육이 이루어지지 않는 한 미술의 직업교육적 측면은 사실상 기대하기 어렵기 때문일 것이다. 그러므로 우선은 교양교육적 측면에서의 사회미술교육이 지닌 문제점만을 정리해보면 다음과 같다.

① 대부분 강좌들이 백화점식의 개설로 폭은 넓으나 깊이가 부족한 점, ② 교과과정과 내용이 종횡으로 충분한 체계성을 갖추지 못한 점, ③ 각급 학교교육과의 연계성 부족, ④ 우수한 강사진의 확보가 미흡한 점, ⑤ 교육의 내용이 문화·교양적이고 프로그램마다의 특성이 부족하여 생산적 결실을 맺기가 어려운 점, ⑥ 대체로 시간운영이 주간에 이루어져 직장인의 참여가 어려운 점, ⑦ 지나치게 여성들에 편중되어 있고 남성들의 참여가

지극히 미흡한 점, ⑧ 지방에서의 강좌가 소극적인 점, ⑨ 이론교육의 경우 전통미술과 현대미술, 한국미술과 외래미술에 대한 조화가 미흡한 점, ⑩ 실기교육의 경우 이론교육과의 조화가 결여되어 있고 창의성 고양이 부족한 점, ⑪ 공예 등의 분야에서 일본의 영향이 난무하는 등 외래미술의 무비판적 수용이 이루어지고 있는 점, ⑫ 경우에 따라 비용이 약간 과다하고 시설이 부족한 점 등을 들 수 있다.

사회미술교육의 개선 방안이 결국 이러한 문제점을 어떻게 해결할 것인가 하는 관점에서 찾아볼 수 있다. 필자의 견해로는 대체로 다음과 같은 방안을 추출해 볼 수 있지 않을까 생각된다.

첫째, 교육프로그램은 여가선용 중심의 단기적인 것과 아울러 전문적이며 장기적인 것을 함께 실시하는 것이 요구된다. 특히 국립박물관의 박물관특설강좌의 경우 각급 학교 역사교사와 미술교사를 위한 연수프로그램의 설정은 꼭 필요하리라고 본다. 또한 고고학반, 미술사반, 인류반 및 민속학반 등으로 전공에 따라 반을 구분하고 각급 박물관요원들의 재교육에 활용하는 방안도 꼭 필요하지 않을까 생각된다. 그 기간도 1년 또는 필요한 경우 2~3년 지속해서 수강케 하여 전문성을 높이는 것이 필요하리라고 본다.

대학부설기관에서 실시하는 사회미술교육의 경우에 있어도 장기적이고 더 전문적인 교육프로그램의 설정이 요망된다.

둘째, 현재의 백화점식·나열식의 교과과정 운영을 좀더 체계화·구체화시킬 필요가 있다. 현재 대부분의 경우처럼 많은 과목을 나열하고 과목당 배정시간을 적게 하는 것보다는 과목을 다소 줄이더라도 충분한 시간을 할애하여 교육의 실효를 거두는 것이 바람직하다고 할 수 있다.

셋째, 대학과 좀 더 밀접한 연관을 맺는 것이 필요하다고 생각된다. 그것은 대학의 교육내용이나 교과과정 운영이 사회교육에 직접 참고가 될 뿐 아니라 우수한 강사진의 확보를 위해서도 바람직하기 때문이다. 사회교육의 목표도 결국은 대학 수준을 염두에 두고 추구되어야 하며, 따라서 강사진도 그에 따라 고려되어야 한다고 본다.

넷째, 강좌를 야간에도 개설하여 현재의 여성편중적인 현상에서 벗어나 남성들에게 더 많은 기회를 제공하여야 할 것이다.

다섯째, 현재 서울에 편중되어 실시되고 있는 사회미술교육을 지방에서도 실시토록 해야 한다. 문화의 지방확산이나 문화향유의 동등한 기회부여를 염두에 둘 때 현재의 상황은 반드시 극복되어야 한다고 생각한다. 따라서 지방에서도 사회교육을 받을 수 있도록 제도적 장치의 마련과 여건조성의 필요성이 더 없이 크다고 하겠다.

여섯째, 사회미술교육에 있어서도 우리나라의 전통미술에 대한 교육을 주축으로 하면서 서양미술이나 현대미술을 강의하는 것이 필요하다. 우리의 전통미술에 대한 이해가 결여되어 있을 때 미래미술이나 현대미술에 대한 올바른 주체적 의식을 갖기가 어렵고, 자칫하면 '미적 사대주의(美的事大主義)'를 낳을 가능성마저 없지 않기 때문이다.

일곱째, 실기교육에 있어서도 이론교육의 경우와 마찬가지로 전통미술에 대한 이해를 갖도록 하고, 또한 피교육자들의 창의성이 발현되도록 하여 참신한 아마추어의 세계를 추구토록 하는 것이 필요하리라고 본다.

여덟째, 지나치게 상업적으로 실시되는 사회미술 강좌의 난립을 단속하고, 저급한 외래미술의 무비판적인 주입식 교육을 지양해야 한다. 사회교육 강좌 중에는 일본식 꽃꽂이와 다도(茶道)는 물론, 일본 공예를 무비판적으로 교육하는 사례가 빈번해지고 있는데 이러한 교육은 가뜩이나 불식되지 않고 있는 일본미술과 문화의 영향을 더욱 확산시키고 고조시키는 것으로서 앞으로 철저한 단속이 필요하다고 본다.

아홉째, 지금까지의 사회교육이 주로 생활에 여유가 있는 사람들을 대상으로 실시되어 왔는바, 앞으로는 불우한 환경의 근로청소년 등 가난한 사람들에게도 사회교육의 기회가 확대되도록 해야 한다고 본다. 이것은 지나치게 이상적인 것으로 생각되기 쉬우나 그러한 환경의 사람들이야말로 정서순화가 필요하며 꿈을 갖게 하고 창의적인 것에 뜻을 두게 할 필요가 있다고 생각한다.

열째, 미술을 포함한 사회교육도 학교교육과 마찬가지도 국가적 차원에서 문교정책의 일환으로 고려되고 다루어져야 한다. 또한 사회교육의 많은 문제점들도 폭 넓은 정책적 배려 없이는 제대로 해결하기 어렵게 되어 있다. 그러므로 이제부터는 사회교육의 문제도 학교교육 못지않게 중요한 것임을 인식하고 이에 대한 체계적인 정책입안이 절실하다고 하겠다.

VII. 맺음말

이제까지 국공립기관, 대학부설기관, 언론기관, 그리고 사설기관들에서 실시하고 있는 사회미술교육의 현황을 대표적인 예들을 중심으로 개관해 보고 그 문제점과 개선 방안을 대충 생각해 보았다. 보다 구체적이고 기술적인 방안들은 위에 언급한 것들을 토대로 모색될 수 있으리라고 본다.

앞으로 사회미술교육이 학교미술교육 못지않게 중요하다는 사실이 보다 넓고 깊게 인식되어 계속해서 개선되고 발전되기를 바랄 뿐이다. 이를 위해서는 무엇보다도 정부가 그 중요성을 살리는 정책적 배려에 대한 노력을 계속 기울여야 할 것이다. 그러나 교육의 대상이 되는 우리 국민 모두가 사회교육의 의의를 깊이 깨닫고 현명하게 활용하는 지혜를 발휘하는 것이 우선 중요하다고 하겠다.

『정신문화연구』 1986 겨울호에서

III

회화

고구려 벽화 1*

안휘준
(서울대학교 명예교수·전 문화재위원장)

고구려는 동양에서 가장 풍부하고 다양한 고분벽화를 남겼다. 벽화는 토총(土塚)이라고 불리는 일부가 석실봉토분(石室封土墳)의 내부 벽면에 그려졌고, 광개토대왕릉이나 장군총 등으로 대표되는 피라밋형의 석총(石塚)에서는 발견되지 않는다. 벽화가 있는 토총은 고구려의 정치적 중심지였던 현재의 지안[集安, 옛날의 통구(通溝)]과 평양지역에서 발견되는데 지금까지 밝혀진 것이 80여 기에 이르는 것으로 알려져 있다. 이들 중 절반 정도만이 우리 학계에 소개되어 있는 실정이다.

벽화는 큰 벽돌처럼 다듬어진 돌들을 쌓아서 만든 석실(石室)의 내부 벽면에 회칠을 한 후에 먹과 채색을 사용하여 그려진 것이 보편적이나 벽돌 모양의 돌 대신에 넓적한 대형의 판석(板石)을 짜맞춘 벽면에 회를 칠하

....

* 『世界日報』 제2044호, 1995. 3. 25, 11면.

지 않고 직접 표현한 것들도 있다.

벽화는 묘실의 벽면과 천장에 모두 그리는 것이 상례였는데 대체로 초기(4~5세기)와 중기(5~6세기)의 경우 벽면에는 무덤의 주인공 초상화 및 주인공과 관계가 깊었던 현실세계의 일들을 기록적, 서사적으로 표현하는 인물풍속이 주를 이루었으나 후기(6~7세기)에는 무덤을 지켜주는 사신(四神, 동쪽의 청룡, 서쪽의 백호, 남쪽의 주작, 북쪽의 현무)을 그려넣는 것으로 바뀌었다. 그리고 천장에는 죽은 묘주의 영혼이 향하게 되는 내세, 즉 천상의 세계를 표현하였다. 곧 일월성신(日月星辰), 신선(神仙), 신수(神獸), 서조(瑞鳥), 영초(靈草), 비운(飛雲) 등을 그려넣어 하늘을 나타냈다. 그러므로 무덤의 내부는 현실을 나타낸 벽면과 내세 혹은 천상의 세계를 표현한 천장이 어우러져 일종의 소우주적인 공간을 형성하고 있다.

고구려의 고분벽화는 안악3호분의 예에서 확인되듯이 아무리 늦어도 서기 357년부터는 제작되기 시작한 것이 분명하며 그 이전으로 거슬러 올라갈 가능성도 매우 높다고 믿어진다. 무덤의 벽면에 벽화를 그려넣는 풍조는 고구려가 668년 멸망할 때까지 계속되었다. 이처럼 적극적으로 벽화를 그렸던 이유는 아마도 현세(現世)에서의 권세와 부귀영화가 내세에서도 계속된다고 믿었던 계세사상(繼世思想)과 관계가 깊었으리라고 추측된다.

고분벽화는 시대의 변천에 따라 무덤의 구조, 벽화의 내용, 화풍, 종교, 외국과의 관계 등에서 변화를 반영하고 있다. 구조 면에서 보면 다실(多室)→이실[二室, 전실(前室)과 현실(玄室)]→단실(單室)로 시대의 흐름에 따라 점차 단순화되었던 것으로 판단된다. 그러나 이러한 계보와는 달리 초, 중, 후기를 일관하여 단실묘의 전통이 유지되었다고 믿어진다. 다실묘의 경우 안악3호분처럼 전실의 좌우(혹은 동서)에 측실이 붙어 있어서 전체적으로 보면 현실과 더불어 品자형, 혹은 T자형을 이루는 것이 전형적이다. 그러나 측실이 없어지고 그 대신에 전실의 동, 서벽에 움푹 들어가게 만든 감(龕)으로 변하여 형식적으로 측실의 자취를 보여주는 예들도 있다.

이러한 단계를 거쳐 5세기경에는 전실과 현실만으로 이루어지는 이실묘의 呂자형 구조가 자리를 잡게 되었다. 후기에 이르면 전실마저 없어지고 현실과 연도(羨道)만이 남게 되는 口자형 구조가 지배적인 경향을 띠게 되었다.

벽화의 내용이나 주제 면에서도 변화의 양상이 밝혀진다. 357년의 연기(年記)를 지닌 안악3호분, 408년의 묵서명(墨書銘)을 지닌 덕흥리(德興里)벽화고분의 예에서 전형적으로 볼 수 있듯이 4~5세기에는 무덤의 주인공의 초상화가 가장 중요한 주제였다. 조금 시대가 흐르면 약수리(藥水里)벽화고분, 쌍영총이나 각저총 등의 예들에서 보듯이 부부병좌상(夫婦並坐像)이 유행하게 되었다. 이러한 초상화와 더불어 초기나 중기의 벽화들에서 특히 관심을 끄는 것은 주인공과 관계가 깊은 인물풍속이다. 주인공의 생활상을 보여주는 내용이 주를 이루는데 처음에는 초상화와 더불어 표현되다가 점차 초상화는 없어지고 생활풍속이 주를 이루는 경향으로 바뀌게 되었다. 이러한 벽화들은 따라서 서사적, 기록적, 풍속화적 성격을 강하게 띤다. 유명한 무용총의 벽화는 이러한 유형의 전형적인 예다.

이 시기에 인물풍속과 함께 나타나기 시작한 것이 사신(四神)이다. 사신은 천장부에 나타나기 시작하였으나 차차 벽면으로 내려오다가 후기에 이르러서는 아예 벽면 전체를 차지하게 되었다. 이러한 변화의 배경에는 초-중기에 지배적이던 불교의 영향이 감소하고 그대신 도교(혹은 도가사상)가 득세하게 되었던 것이 결정적인 계기가 되었다고 판단된다. 실제로 연개소문이 전권을 휘두르던 보장왕 때에 국가적 차원에서 도교가 적극적으로 권장되었던 것이 분명한 사실인데 이러한 시대적 풍조가 벽화에서도 확인된다. 따라서 벽화를 통하여 초-중기의 불교강세적 경향이 후기의 도교득세의 풍조로 종교적 측면에서 큰 변화가 이루어졌음을 확인하게 된다.

사신은 청룡, 백호, 주작, 현무의 네 가지를 의미하지만 현무의 경우 거북이와 뱀이 서로 뒤엉킨 모습을 하고 있어서 전부 다섯 종류의 동물이 관련되어 있음을 알 수 있다. 이는 곧 중국으로부터 전래된 음양오행사상을 반영한 것으로서 주목된다.

어쨌든 고구려의 고분벽화는 주제 면에서 인물풍속 → 인물풍속과 사신 → 사신으로 변천했음이 확인된다. 많은 인물들이 등장하는 행렬도나 수렵도도 5세기 이후에는 사라지게 된 점도 괄목할 만하다. 이러한 사실들에 의거하여 보면 고구려의 고분벽화는 주제나 내용 면에서도 점차 번거로운 것을 피하고 단순화되어 갔다고 볼 수 있다. 그러나 표현방법이나 화풍은 초기의 고졸(古拙)한 것으로부터 점차 세련되고 능숙한 것으로 발전되어 갔으며 이와 함께 힘차고 동적(動的)이며 긴장감이 감도는 고구려적인 특성도 더욱 두드러지고 강해지게 되었다. 그리고 채색도 시대의 흐름에 따라 더욱 선명하고 화려한 것으로 발전하게 되었다. 특히 채색이 천수백 년의 세월이 흐른 오늘날에도 그 선명성을 유지할 뿐만 아니라 벽면으로부터 탈락되지 않는 것은 특수안료와 접착제의 개발 등 고구려의 과학기술을 말해주는 것으로서 각별히 주목을 요한다.

그리고 제작과 관련하여 관심을 끄는 것은 하나의 고분 내부에 그려진 벽화가 반드시 한 사람의 화가에 의하여 이루어진 것은 아니라는 점이다. 일례로 안악3호분의 주인공의 초상화와 부인의 초상화는 분명히 솜씨가 달라 동일인의 작품으로 볼 수 없다. 또한 무용총 현실 동벽에 그려진 무용도와 서벽에 표현된 수렵도도 명백하게 다른 솜씨를 보여준다. 이밖에도 고구려의 고분벽화를 총괄하여 보면 한대(漢代)로부터 육조시대(六朝時代)에 이르는 중국의 문화 및 서역문화와의 교류가 엿보이고, 아울러 백제, 신라, 가야, 일본에 미친 영향도 확인된다.

벽화를 지닌 고분들은 말할 것도 없이 왕공유족(王公遺族)들을 위하여 축조된 것이며 그 내부에 그려진 벽화들도 비교적 솜씨가 뛰어난 화공들에 의하여 그려진 것이므로 고구려미술의 시대적 특성과 변천을 이해하는 데 훌륭한 자료가 되어 준다.

일반회화가 남아 있지 않은 현실에서 이 벽화들은 고구려 회화의 기법, 경향, 수준 등을 이해하는 데 직접 참고가 된다.

이들 고분벽화를 통하여 우리는 고구려인들의 기질과 기상, 미의식과 색채감각, 인물, 산수, 동물, 식물 기타의 주제들을 다룬 회화의 특징과 변천, 생활과 풍속, 복식과 관모, 건축과 내부장식, 가구와 집물 등은 물론 묘제와 우주관, 종교와 사상, 음악과 무용, 외국과의 교류 등 수많은 다양한 문화적 양상을 살펴볼 수 있다. 이 고분벽화들이 없었다면 고구려 문화의 특성과 다양한 측면을 우리는 제대로 알지 못했을 것이다. 이처럼 고구려 고분벽화가 지닌 의의는 아무리 강조해도 지나칠 수가 없다고 생각된다.

백제의 회화와 산수문전(山水文塼)*

백제도 고구려 못지않게 회화활동을 활발히 전개하였던 나라이다. 백제는 불상이나 공예에서와 마찬가지로 회화에 있어서도 고구려 및 남조(南朝) 양(梁)나라 회화의 영향을 바탕으로 그 나라 특유의 온유한 양식을 형성하였던 것으로 믿어진다.

공주 송산리 6호분과 부여 능산리고분에 그려진 사신도(四神圖)나 연화(蓮花), 운문(雲文) 등의 그림들이 보여주는 양식이 고구려와 밀접한 관계를 가지고 발전된 것임은 선학들의 연구에 의해 이미 밝혀져 있다.

백제와 양과의 회화교섭도 『三國史記』 및 『梁書』의 단편적인 기록을 통해서나마 짐작해볼 수 있다. 즉 『梁書』 劵五十四, 列傳第四十八, 諸夷의 백제에 관한 기록을 보면 "中大通6年(西紀534年)과 大同七年(西紀541年)에 누누이

---

* '韓國 繪畵의 鑑賞 3', 『박물관 신문』 79(국립중앙박물관, 1978. 3. 1), 3면.

使臣을 보내 方物을 바치고, 아울러 涅槃 등의 經義와 毛詩博士 및 工匠, 畵師 등을 청하므로 勅書를 내려 모두 주도록 했다"는 내용이 적혀 있는데, 이는 다시 『三國史記』 券二十條에서도 확인이 된다. 그러나 양조(梁朝)의 회화가 구체적으로 백제의 회화에 어떠한 영향을 어느 정도로 미쳤는지는 남아 있는 작품이 없어 단정할 수 없다.

백제의 회화는, 고구려나 양과의 교섭 이외에도 일본에 건너가 그곳 회화 발전에 크게 공헌하였던 것으로 믿어진다. 백제의 회화가 일본에 영향을 미치게 되었던 것은 주로 백제에서 일본으로 건너가 활동하였던 화공들에 연유한 것이라 하겠다. 서기 587년에는 백제의 화공 白加가 일본에 건너갔고 그후 10년 뒤엔 백제의 왕자 阿佐太子가 도일(渡日)하였던 것이다.

그런데 아좌태자는 화기(畵技)에도 뛰어났던 모양으로, 〈聖德太子御影〉을 그렸다고 전해지고 있다. 이밖에도 훨씬 앞서 5세기 중엽에 일본에서 활약하였던 화공 因斯羅我도 백제계의 인물로 간주되고 있다. 신라에 의해 백제가 멸망된 뒤에도 일본에서는 백제의 혈통을 이은 화공들이 활동하고 있었던 듯하다. 인물과 초목을 잘 그렸던 百濟河成은 그 대표적인 예일 것이다. 이러한 일련의 사실들은 백제의 회화가 외국과의 활발한 교섭을 통해서 꽃피고 또 영향을 미치고 있었음을 시사한다고 하겠다.

그러나 백제시대의 화적(畵跡)은 남아 있는 것이 거의 없다. 오직, 앞에서 잠시 언급한 부여 능산리와 공주 송산리의 고분벽화, 그리고 무령왕릉에서 출토된 왕과 왕비의 두침(頭枕) 등에 그려진 그림이 알려져 있을 뿐이다.

이밖에 백제시대 회화의 발달 정도를 이해하는 데 크게 도움을 주는 것으로 부여의 규암면 외리에서 출토된 산수문전(山水文塼)은 크기가 대략 사방 30cm 정도의 것으로, 함께 출토된 다른 문양전들의 양식으로 보아도 대체로 7세기 전반기의 것이 아닌가 추정된다. 이전에 나타나 있는 산수의 모습은 지금까지 밝혀진 삼국시대의 것으로는 고구려 고분벽화를 포함하여 가장 발달된 것이다.

근경을 나타내는 하단에는 수면(水面)을, 상단에는 하늘을 상징하는 구름을, 그리고 나머지 대부분의 면에는 산악과 수목을 묘사하고 있다. 구도는 좌우가 대칭을 이루고 있어 매우 안정된 느낌을 준다. 산들은 삼산형(三山形)의 둥근 토산이 주를 이루고 있으나 그 주변에는 울퉁불퉁하고 뾰족한 암산들이 늘어서 있다. 토산들의 등성이에는 소나무들이 우거져 있으나, 암산들에는 풀만이 자라나 있어, 관찰에 의한 사실적 표현을 말해주고 있다. 이들 산들은 근경으로부터 원경으로 물러가면서 높아지고 있으며, 그 사이사이에는 어느정도의 공간과 거리가 나타나 있다. 또 이 산들은 고구려의 고분벽화에 나타나는 산들보다도 훨씬 산다운 분위기를 지니고 있다. 그리고 우측하단부에는 승려인듯한 인물이 산속의 절(중경, 중앙부의 주산에 위치)을 향해 걸어가는 모습이 보여 산경(山景)을 연상케 한다. 따라서 이 산수문양은 고구려 후기의 것으로 추정되는 우현리대묘, 진파리 1호분, 내리 1호분에 나타나는 산수보다도 한층 더 발전된 것임을 알 수 있다.

또 이 산수문전의 산들이 매우 부드럽고 온화한 백제미술의 전형적인 인상을 풍겨주는 것도 괄목할 만하다.

다만 산들이 곡선진 삼산형으로 도식화된 것은 이것이 순수회화가 아니라 일종의 공예작품이기 때문에 생겨난 결과로 보인다. 하나의 전(塼)에 와장(瓦匠)에 의해 표현된 문양이 이렇듯 우수한 것을 보면 회사(繪事)를 전문으로 하던 당시 화공의 작품은 한층 더 뛰어났을 것으로 생각된다.

또 이로 미루어 보면 7세기경에는 백제에서 이미 감상을 위한 산수가 제작되기 시작했던 것이 아닐까 추측된다.

신라의 회화와 천마도(天馬圖)*

신라에서도 고구려나 백제의 경우와 마찬가지로 회화가 활발히 제작되었고, 그러한 전통은 통일신라시대로 이어졌으리라 추측되지만 그 구체적인 내용은 알려져 있지 않다.

『三國史記』(券38, 雜志第7, 職官上)에 채전(彩典)이라는 기구의 이름이 공장부(工匠府) 다음에 보이는데, 이것이 바로 회사(繪事)를 관장하던 일종의 화원(畵院)과 같은 것이 아닌가 추측되고 있다. 채전은 통일신라의 경덕왕(742~764) 때에 전채서(典彩署)로 명칭이 바뀌었다가 후에 다시 옛날 이름을 되찾게 되었던 것이다. 채전은 감(監) 1인, 주서(主書) 2인, 사(史) 3인(혹은 4인)으로 구성이 되었던 모양인데, 이 중에서 주서 2인은 진덕여왕 5년(서기 651)에 설치되었던 것으로 보아 채전의 설립은 그 이전으로 거슬러

---

* '韓國 繪畵의 鑑賞 4', 『박물관 신문』 80(국립중앙박물관, 1978. 4. 1), 3면.

올라감을 알 수 있다.

어쨌든 채전을 일종의 화원이었다고 본다면, 신라인들이 회화의 수요에 조직적으로 대처하고 있었음을 짐작할 수 있다.

신라의 회화는 통일기에 이르러 더욱 발전하였던 것으로 믿어진다. 황룡사의 벽에 그 유명한 노송도를 그리고 경주 분황사에는 〈관음보살상〉을, 또 진주 단속사에는 〈유마상(維摩像)〉을 남겼던 솔거(率居)는 신라의 대표적 화가로 전해지고 있다. 그는, 8세기 중엽에 건립된 단속사에 〈유마상〉을 그렸었다는 『삼국사기』의 기록으로 미루어 통일기에 활동하였던 화공으로 생각된다.

황룡사 벽에 그린 그의 노송을 보고 까마귀, 솔개, 제비, 참새 등의 새들이 정말 소나무인줄 잘못 알고 날아들다 떨어지곤 하였다는 전설적 기록을 그대로 믿는다면, 그의 그림은 채색을 써서 사실적으로 그려진 것이며 기운생동(氣韻生動)하였던 것이라고 추측해볼 수 있을 것이다. 실지로 이 당시에 중국에서는 청록산수(靑錄山水)가 유행하였고 일본에서는 중국 청록산수의 영향을 받아서 9세기경에 大和會가 성립되었던 것이다.

통일신라시대에는 또 불화를 잘 그린 정화(靖和), 홍계(弘繼) 등의 화승(畵僧)이 활약하였다. 그들은 경명왕 때(917~923)에 흥륜사 벽에 보현보살상을 그렸던 것으로 『三國遺事』에 전한다.

또한 통일신라는 당과의 회화교섭을 활발히 하여 당조(唐朝)에서 유행하는 화풍을 열심히 받아들였던 모양이다. 그 일례로 송대 곽약허(郭若虛)의 『圖畵見聞誌』 卷五 「周昉」條에 보면, 당대(唐代)의 유명한 인물화가 주방(周坊)의 작품을 "貞元間(785~804)에 신라인들이 후한 값으로 수십권 사가지고 본국으로 돌아갔다"고 되어 있다. 한편 당조(唐朝)에 건너가 활약한 신라의 화가들도 있었던 듯하니 장언원(張彦遠)의 『歷代名畵記』 劵九, 「吳道子」

條에 보이는 장군 김충의(金忠義)가 그 대표적 인물이다. 그는 당의 덕종조(779~805)에 활동하였던 사람으로 그의 그림은 정묘하나 격은 매우 높은 편이 아니었다고 한다.

이러한 단편적인 기록들 이외에 통일신라시대의 화적(畵跡)은 전혀 알려져 있지 않다. 고신라시대의 화적도 1970년대에 이르러 비로소 약간 밝혀지게 되었다.

지금까지 알려진 고신라시대의 그림은 모두 고분에서 출토된 것들이다. 영주 순흥의 고분에 그려진 인물도와 연화도, 경주 황남동 155호분(천마총) 출토의 백화피제(白樺皮製) 마구장비(馬具裝備)에 그려진 천마도(天馬圖)와 '도넛'형의 수피판(樹皮板)에 그려진 기마인물도 및 서조도(瑞鳥圖), 그리고 경주98호분 등 고분출토의 칠기편(漆器片)에 그려진 그림 등이 지금까지 밝혀진 화적의 전부이다. 이 그림들 대부분이 고구려회화의 영향을 받았음은 이미 진홍섭(秦弘燮) 박사의 구체적인 연구를 통해 규명되었다.

그런데 이 그림들 대부분은 고구려의 고분벽화에 비하면 그다지 훌륭한 것이 못된다. 이것은 신라의 회화수준이 고구려에 뒤져 있었기 때문이라기보다는 공장에 의해 공예품에 그려진 그림이기 때문인 것으로 생각된다.

따라서 이 그림들이 신라의 회화수준을 반드시 대표해준다고는 보기 어렵다. 회화를 전문으로 하던 화사(畵師)들의 그림은 보다 뛰어났을 것으로 추정된다.

지금까지 밝혀진 신라의 그림들 중에서 가장 주목되는 것은 역시 155호분 출토의 〈천마도〉이다. 직사각형의 자작나무 껍질에 채색을 써서 그린 것으로 백색의 천마(天馬)를 가운데 두고 그 사방을 인동당초문(忍冬唐草文)으로 테둘렀다. 천마는 백색으로 그려져 있는데 공중에 떠서 달리는 자세를 보여준다. 따라서 갈기와 꼬리의 털이 수평으로 날카롭게 갈래져 날고 있다. 입은 혀를 내민 듯 혹은 서기(瑞氣)를 내뿜는 듯한 형상을 하고 있다. 몸에는 군데군데 반달형의 무늬가 보이는데 이것은 최순우(崔淳雨) 선생이 지적한 대로 고대 스키타이문화와 유관하다고 풀이된다. 또한 다리의 앞뒤에는 고리 모양의 돌기가 나와 있다. 이런 모든 특색들은 이 백마(白馬)가 신수(神獸)임을 말해준다. 인동은 세련된 조화미를 보여주고, 네 귀퉁이에 하나씩 그려진 식물문양은 고구려 무용총의 천정받침 등에 보이는 연화문(蓮花文)의 변모된 모습이 아닌가 생각된다. 아무튼 6세기경으로 추정되는 이 〈천마도〉는 고신라시대 회화의 한 양상을 잘 엿보여준다.

조선시대 초상화는 어떻게 발달했을까*

우리나라의 미술문화재들 중에는 우리에게 많은 영향을 끼친 중국미술보다 높은 수준으로 발전한 분야나 특정 작품들이 허다합니다. 이른바 '청출어람(靑出於藍)'의 경지를 이룩한 것들입니다. 이러한 경지에 이른 대표적 분야로 고구려의 고분벽화, 백제의 산수문전을 위시한 문양전들, 금동대향로와 부여 왕흥사 목탑터에서 최근에 새로 발견된 사리기 등을 비롯한 불교공예, 신라의 금관을 위시한 금속공예, 통일신라의 석굴암과 성덕대왕신종과 다보탑 등으로 대표되는 불교미술, 고려의 불교회화와 청자와 금속공예와 칠공예, 조선왕조의 분청사기와 백자와 목칠공예와 건축과 조경 등을 들 수 있습니다. 이와 함께 도저히 빼놓을 수 없는 분야 가운데 하나가 조선왕조시대의 초상화입니다. 조선시대의 초상화는 동아시아 지역에서

* 문화재청 編, 『한국의 초상화: 역사 속의 인물과 조우하다』(눌와, 2007), pp. 6-7.

단연 최고의 경지를 이룩하였습니다.

조선시대의 초상화가 이처럼 높은 수준으로 발전하게 된 데에는 몇 가지 배경이 되는 요인들이 있었다고 생각합니다. 갑자기 저절로 그런 경지에 이르게 된 것은 아닙니다.

첫째로, 우리나라에서는 초상화의 역사가 매우 유구하며 이러한 전통이 탄탄한 바탕이 되었다는 점을 들 수 있습니다. 고구려의 안악3호분(357년 이전)의 주인공상 및 부인상과 덕흥리벽화고분(408년)의 주인공상 등은 늦어도 이미 4~5세기에 우리나라 초상화의 역사가 시작되었음을 말해줍니다. 비록 조선시대의 초상화처럼 피사(被寫) 인물의 개성이 뚜렷하게 표현된 것은 아니지만, 그 의미는 지극히 크다 하겠습니다. 이러한 초상화의 전통이 고려시대에 이르러 비약적인 진전을 이루었고 그 업적이 조선시대로 계승되어 최고의 경지와 수준으로 발전하게 된 것입니다.

둘째로, 각별한 조상 숭배 사상이 대단히 큰 역할을 했음이 주목됩니다. 조상을 경건하게 숭앙하고, 초상화를 그 조상의 현신처럼 여기는 나라에서 초상화가 발달하지 않을 수는 없을 것입니다.

셋째로, 조선시대 초상화의 제작을 담당했던 화가들은 대부분의 경우 화원들이었는데, 유교를 통치 이념과 도덕적 규범으로 삼았던 조선왕조는 우수한 화원들을 많이 배출함으로써 초상화의 발전에도 크게 기여하였음을 간과할 수 없습니다. 뛰어난 화원을 양성하는 데만 그치지 않고 끊임없이 어진을 비롯한 초상화의 제작과 포상에 기회와 동기를 제도적으로 부여함으로써 화원들의 실력을 제고하고 초상화의 발전을 촉진했음이 주목됩니다.

이렇게 발달한 조선시대의 초상화가 어떤 특징을 지니고 있는지 주목하지 않을 수 없습니다.

첫째는 철저한 사실주의적 표현이 눈길을 끕니다. 털오리 하나라도 소홀히 하지 않았으며 정확하게 표현하였습니다.

둘째는 정직한 표현이 높이 평가됩니다. 실물보다 낫게 꾸며서 그리려 하지 않았습니다. 화가의 눈에 비치는 대로, 있는 그대로 표현하였습니다. 심지어 마마 자국이나 피부병조차도 숨기지 않고 드러냈습니다. 그 결과 초상화에 의거하여 각종 피부병 연구까지도 가능할 정도입니다. 이처럼 진솔한 초상화를 남긴 나라는 세상에 조선시대 우리나라밖에 없습니다.

셋째는 피사 인물의 성격, 교양, 인품 등 내면적 정신세계를 기운생동(氣韻生動)하게 묘사하였다는 점이 괄목할 만합니다. 눈동자에는 기를 불어넣었습니다. 전신사조(傳神寫照)의 높은 경지를 보여줍니다.

넷째로 대부분의 경우 몸과 얼굴을 약간 옆으로 튼 모습을 잡아서 자연스럽게 입체성을 살린 점이 특징적입니다. 정면관을 고집한 중국 초상화와 큰 차이를 자세에서도 드러냅니다.

다섯째로 표현 기법도 괄목할 만합니다. 얼굴은 섬세한 붓질로 살결을 따라 묘사하되 배채법을 써서 은은한 피부색을 나타냈으며, 몸의 의습 선은 대부분 가늘고 힘찬 철선묘(鐵線描)로 표현하였습니다. 굵고 유연한 선을 많이 구사한 일본의 초상화와는 본질적으로 다릅니다.

여섯째로 피사 인물의 묘사에 집중할 뿐 배경을 거의 설정하지 않았습니다. 중국 명·청대의 문인 초상화의 경우처럼 산수나 기타 비중이 큰 배경을 설정하여 표현하는 일은 18~19세기 이전에는 별로 없었습니다. 배경이 아닌 초상화 자체를 무엇보다도 중시하였습니다.

이처럼 특색이 두드러지고 우수한 조선시대의 대표적 각종 초상화들을 조사·연구하고 그중에서 특히 뛰어난 작품들을 선정하여 국가문화재로 지정받음과 아울러, 그 과정에서 연구된 내용을 정리하여 이렇듯 책자로 발간하게 된 것은 여간 다행한 일이 아닙니다. 또한, 초상화 특별전시회를 열고 관련 학술토론회를 개최하는 것도 조선시대 초상화에 관한 좀더 심층적인 연구를 위해 매우 중요한 계기가 될 것으로 믿습니다. 이를 진심으로 축하하며, 이에 기여한 모든 전문가들과 문화재청 관계자들의 노고에 사의를 표합니다.

문화재위원장
안휘준

문답(問答)으로 풀어보는 화원*

진부한 이야기지만 “아는 만큼 보인다”고 했다. 보이기 시작하면 애정이 생기는 법이다.

화원은 우리의 역사 속에 정밀한 체계로 존재했다. 따라서 화가 이름, 제목, 연대 정도를 암기하고 있다고 해서 화원을 다 안다고 할 순 없을 것이다. 이에 화원 전반에 대한 독자 여러분이 궁금할 법한 사항을 안휘준 서울대 명예교수와 함께 문답식으로 풀었다. 부디 독자 여러분의 화원에 대한 이해가 그들과 작품에 대한 애정으로 이어지길 바란다.

조선시대 도화원(圖畵院), 도화서(圖畵署)와 같은 화원제도는 언제부터 존재했습니까?

* 『월간미술』 322호(2011. 11), pp. 128-135.

기록상 확인되는 최초의 화원(畵院)은 신라의 "채전(彩典)"이다. 『삼국사기』 권(卷)38, 잡지(雜志)7, 직관(職官) 상(上)을 보면 "경덕왕이 채전을 전채서(典彩署)로 바꾸었다. 후에 다시 예전대로 되돌렸다. 신문왕 2년(682)에는 감(監)이라는 직책을 설치하고 한 사람을 두었는데 직급은 나마(奈麻)와 대나마(大奈麻) 사이로 하였다. 진덕왕 5년(651)에는 주서(注書) 2인을 두었는데 직위는 사지(舍知)로부터 나마의 사이로 하였다. 사(史)는 3인(혹은 4인)이었다"라는 기록이 나온다. 당시에는 신라만이 아니라 중국과 일본도 화원제도를 운영하였다. 이를 고려하면 회화를 중시하던 고구려, 백제에도 화원제도가 있었을 것으로 보인다. 또 신라의 채전이 과연 회화를 전담하던 기구였느냐에 대해서도 이의가 있을 수 있다. 그러나 기구의 명칭에 '채(彩)'가 들어가 있고, 조선시대 회화를 관장하던 도화원, 도화서의 별칭이 채전이었던 사실로 미루어 보면 신라의 채전도 같은 성격의 기구였다고 생각된다. 역사적으로 대개 조정(朝廷) 내 기구의 이름을 함부로 바꾸지 않고 또 바꿀 때에는 그만한 이유가 있는 법이었다. 앞서 언급한 채전이 경덕왕 때 전채서로 바뀐 것은 직급을 올리고 기구의 확장을 목적으로 했었을 가능성이 크다. 경덕왕 때는 통일신라의 문화가 가장 발달했던 시기로 석굴암과 불국사의 축조만이 아니라 《신라백지묵서대방광불화엄경(新羅白紙墨書大方廣佛華嚴經)》(754)이 제작되기도 했다. 어쨌든 신라에서는 채전이 국가의 회화 수요를 담당했다고 볼 수 있다. 채전이 처음 설치된 것은 삼국시대 고신라 말기였으며 경덕왕 때 더욱 활성화되었던 것으로 생각된다.

솔거(率居)도 경덕왕 때 활동한 대표적인 화원(畵員)으로 믿어진다.

고려시대에도 도화원이 분명히 있었다. 『고려사(高麗史)』 권77, 지(志) 권31, 백관(百官) 2의 「서경유수(西京留守)」 조(條)에 서경에 세워졌던 직관(職官)의 하나로 도화원이 포함되어 있다. 서경은 평양이고 그곳의 기구들은 개경의 조정에 준해 설치되었던 것이 원칙이었음으로 중앙에도 도화원이 설치되었을 것으로 보는 것이 합리적이다.

고려시대에는 이녕(李寧)과 그의 아들 광필(李光弼) 등 유명한 회원들이 배출되었다.

이전 시대의 화원제도와 비교하여 조선시대 화원제도의 뚜렷한 특징은 무엇입니까?

고려시대와 조선 초기에 회사(繪事)를 관장하던 기구는 둘 다 도화원이라고 명칭이 같았다. 이는 조선 초기 화원이 고려의 것을 계승하고 참고했을 가능성을 시사한다. 그러나 고려시대와 조선 초기 도화원(圖畵院)의 조직과 구성이 어떤 면에서 같았고 또 어떤 측면에서 차이를 지녔었는지는 고려시대의 기록이 남아 있지 않아서 비교하기가 어렵다. 다만 조선시대 도화원과 도화서가 이전보다 훨씬 체계화되었고 조직적이며 기능적이었다고 믿어진다.

도화원에서 도화서로 기구명이 바뀐 이유는 무엇인가요?

조선 건국 후 도화원은 예조(禮曹)에 소속된 기관이었다. 도화서로 명칭이 바뀐 것은 성종(成宗, 1457~1494) 재위 중인 1463년부터 1469년 사이였다. 성종 때 완성된 『경국대전(經國大典)』에 도화서 조직의 구체적인 사항들이 기록되어 있다. 그런데 '원(院)'에서 '서(署)'로 명칭이 바뀐 것은 화원의 격이 떨어졌었음을 의미한다. 성종은 문화예술을 아끼던 왕이었으나 당시 집권세력인 성리학자들의 주장을 꺾을 수 없었던 것으로 보인다.

숙종이 인현왕후의 초상화를 그리려고 했으나 신하들의 반대로 결국 포기했다고 합니다. 왕이 마음대로 화원을 시켜 그림을 그리게 할 수 없었던 이유는 무엇입니까?

결론부터 이야기하자면 도덕규범 때문이었던 것으로 믿어진다. 그 이전에는 분명히 왕비상도 그려졌다. 그러나 숙종 때에는 도덕규범이 더욱 엄격해졌다. 낮은 신분의 남자인 화원이 존귀한 왕비의 얼굴을 치켜보면서 초상화를 그리는 것은 불가능했다. 신하들의 반대도 심했을 것이다. 조선시대 성리학의 엄격함과 경직성을 엿볼 수 있다. 아무튼 당시 왕이 초상을 그리도록 지목한 이는 문인화가 김진규였는데 그 자신도 끝까지 인현왕후의 초상 그리기를 사양했다. 여인을 그린 초상으로는 남편과 같이 그려진 예가 약간 남아 있다. 조선시대 〈조반 부부초상〉이 대표적 예이다. 이보다 앞선 시기에는 고려시대 〈공민왕과 왕후초상〉이 있다. 유교적 엄격성 때문에 젊은 사대부 여인의 초상을 그린 예는 후대에도 찾아보기 힘들다.

조선의 화원제도와 중국·일본의 화원제도의 공통점과 차이점은 무엇이며 이들은 서로 어떻게 영향을 주고받았는지요?

조선시대의 화원이 반드시 중국의 영향을 받았다고 할 수는 없다. 성종 때 완성된 『경국대전』에 나와 있듯이 도화서의 책임자는 제조(提調) 1명으로 예조판서(禮曹判書)가 겸직하도록 되어 있었으며, 실무 책임자인 별제(別提) 2명, 종6품(從六品)인 선회(善繪) 1명, 종8품 화사(畵史) 2명, 잉사자(仍仕者) 무반직 서반체아(西班遞兒) 6, 7, 8품 각 1명 등 화원(畵員) 20명, 생도(生徒, 수련생) 15명, 배첩장(褙貼匠, 표구사) 2명, 차비노(差備奴) 5명, 근수노

(跟隨奴) 2명이 소속되어 있었다. 『경국대전』에서 확인되는 도화서의 직제나 화원 및 생도의 인원수 등은 시대의 흐름에 따라 약간씩 변하였다. 화원으로 채용되기 위해서는 '취재(取才)'라는 과정을 거쳐야 했다. 1등 과목인 대나무(竹), 2등 과목인 산수(山水), 3등 과목인 인물(人物)과 영모(翎毛, 새나 짐승), 4등 과목인 화초(花草)의 네 과목 중에서 2과목을 선택해 그리는 시험이었다. 채점 방식도 독특하였다. 4등 과목인 화초에서 통(通 우수함)에 2분(分), 약(略, 합격권에 든 그림)에 1분을 주는 것을 기준으로 하여 과목의 등수가 높아질수록 1분씩 높여주었다(안휘준, 『한국회화사』, pp. 122~123참조).

1등_竹_通5分 略4分	2등_山水_通4分 略3分	3등_人物·영모 通3分 略2分	4등_花草_通2分 略1分

조선시대 도화서의 위치는 현재 어디쯤 해당합니까?

도화서의 위치에 대한 기록은, 『신증동국여지승람(新增東國輿地勝覽)』(1530); 『대동지지(大東地志)』(1863); 『증보문헌비고(增補文獻備考)』(1908); 『동국여지비고(東國輿地備考)』 등에 나오는데 처음에는 중부(中部) 견평방(堅平坊, 현재 서울 조계사 부근)에 있다가 조선 후기에 남부(南部) 태평방(太平坊, 현 을지로 입구 수하동 50번지 일대)으로 옮겨졌다.

조선시대에는 숭유억불 정책이 시행됐는데 어떻게 화원이 불화를 그릴 수 있었나요?

조선시대의 화원이 불화를 그리는 것은 원칙적으로 금지되어 있었다. 그러나 조선시대 화원이 불화를 그린 예는 종종 찾아볼 수 있다. 16세기의 이상좌(李上佐)가 그린 〈나한도〉나 〈관음32응신도〈觀音三十二應身圖〉 등이 그 예들이다. 또 15세기의 이장손(李長孫)은 얼마 전 불에 타 없어진 낙산사 범종(1470년대)의 보살상을 그린 것으로 알려져 있다. 인물화를 잘 그렸던 김명국(金明國)은 1636, 1643년 두 차례 통신사를 따라 일본에 갔을 때 그림 주문이 쇄도해 밤잠을 자기가 어려울 정도였는데 그때 밀려드는 주문을 감당하기 위해 감필법에 바탕한 선종화를 많이 그렸다. 아마 정사, 부사 등의 양해와 묵인이 없었으면 선종화를 그리기가 어려웠을 것이다. 당시는 전통 성리학을 벗어나면 사문난적으로 몰리던 시기였다. 앞에 언급한 전남 영광의 도갑사 〈관음32응신도〉(1550)에는 작가의 이름이 이자실(李自實)이라고 금색으로 명기되어 있는데 이자실과 이상좌는 동일인이라고 믿어진다. 본래 '상좌'는 절에서 심부름하며 정진하는 이를 일컫는 보통명사였고, 그의 아버지도 보통명사인 '소불(小佛)'로 불렸다. 이자실은 이상좌의 세속명이었다고 믿어진다.

화원이 되기 위해서는 어떤 과정을 거쳐야 했습니까?

화원은 중인(中人) 출신이 대부분으로 일반적으로 어릴 때 도화서에 생도로 들어가 여러 해 혹독한 견습 과정을 거친 후에 취재라는 시험을 통해 정식 화원이 되었다. 하지만 왕손의 후예가 화원화가가 된 예도 있다. 이징은 왕실의 후손으로 만 37세에 도화서 화원이 되었고, 정6품의 비교적 높은 직급으로 화원 생활을 시작했다. 이상좌나 장승업 등과 같이 노비나 천한 신분에서 화원이 된 경우로 미루어 보아 일부 예외적인 상황도 있었던 것으로 보인다. 또한 김명국은 한때 도화서 교수였다. 교수는 생도 및 화원을 가르쳤던 직책이라고 믿어진다. 교육도 도화서의 기능 중 하나였음을 짐작할 수 있다.

조선시대 화원에 대한 사회적 대우, 인식은 어떠했나요?

『고려사』 제122권, 열전 제35 방기(方技)에는 "대개 한 가지 기예(技藝)로써 이름을 얻는 것은 비록 군자(君子)에게는 수치스러운 일이나 국가에는 없어서는 안 된다(盖以一藝名雖君子所恥 然亦有國者 不可無也)"라고 적혀 있다. 이 사서는 조선 초기에 쓰인 것으로 당대 정통 사대부의 생각을 반영하고 있다고 믿어진다. 화원은 대부분 중인 출신이었으며, 사대부에 비하여 현저하게 차별적인 대우를 받았다. 성종 당시 화원이었던 최경은 인물화에 능했으며 안견에 비견될 정도였는데 왕이 어진을 그린 공로로 그를 당상관(堂上官)에 제수하자 신하들이 화공(畵工)은 마의(馬醫)나 목공과 다를 바가 없다며 격렬하게 반대하고 나섰었다. 당시 사대부의 화원에 대한 인식을 엿볼 수 있는 사건이다. 조선시대 사대부들은 그림은 좋아하면서도 그림을 그려서 먹고사는 화원은 멸시했다고 여겨진다.

김명국 등의 그림은 일본에서도 인기였다고 하던데 화원들의 국외 활동은 어떻게 이루어졌나요?

삼국시대부터 조선말기에 이르기까지 화원들은 사절단의 일원으로 중국과 일본에 건너가 외교활동을 돕고 문화교류에 지대한 기여를 했다. 북송 휘종 때에 고려의 화원 이녕(李寧)이 중국에 파견되었는데, 휘종은 그의 실력을 높이 사 자국의 화원들이 이녕에게 그림을 배우도록 지시했다고 한다. 조선시대에도 사절단의 일원으로 중국이나 일본에 다녀온 화원의 수가 적지 않았다. 그 중에서 17세기 김명국이나 한시각(韓時覺) 등 일본에 건너갔던 화원들에 대한 기록은 일부 남아 있다. 자세한 내용은 나의 저서 『한국회화사』(일지사, 2000)와 『한국회화사 연구』(시공사, 2000)에서 중국이나 일본 회화와의 교류 부분을 참고해주면 고맙겠다.

화원은 임금을 어떻게 받았습니까? 또 부업을 할 수 있었습니까?

자(차)비대령화원의 응행절목(應行節目)에는 "화원은 본디 원래의 급료가 없고, 단지 6개월마다 돌아가며 받는 녹봉이 있을 뿐, 별도의 체아직으로 녹봉을 받는 화원과 지방관으로 나가 있는 화원 외에는 단지 윤번으로 돌아가며 식료를 받는다"고 기록되어 있다(강관식, 『조선후기 궁중화원 연구』, 돌베개, 2001). 이를 보면 넉넉한 경제생활을 영위하기가 어려웠을 것으로 보인다. 다만 어진이나 의궤의 제작 같은 국가적 사업에 참여한 화원들은 공적에 따라 보상을 받았다. 어진관계 도감의궤(都監儀軌)에 적힌 각종 기능직의 급여관계를 보면 "1688년 화원은 쌀 12말, 포 1필을 받았다. 의궤의 제작에 참여하고 받는 화원의 급여였다. 1784년 반차도를 그린 화원은 쌀 6말에 목련 2필을 받았다. 1837년 예를 보면 화원과 장황인은 쌀 12말에 목련 1필을 받았다. 다른 공장들에 비해 2배 정도를 받았다"고 되어 있다(이성미 · 유송옥 · 강신항, 『조선시대 어진관계 도감의궤 연구』, 한국정신문화연구원, 1997). 이를 보면 정규 봉급은 많지 않았으나 국가적 사업에 참여하여 공을 세우면 생활여건이 나아졌을 것으로 추측할 수 있다. 그리고 의궤의 제작에 동참했던 다른 직종에 비하여 후한 대접을 받았음을 알 수 있다. 또한 화원들은 사대부의 요청으로 여가에 그들이 원하는 그림을 그려주고 대가를 받기도 했다.

궁중회화는 오직 화원만이 그릴 수 있었나요?

국가에서는 사대부 출신 중에서 그림에 뛰어난 사람을 때때로 어진을 그리는 데 참여시키고자 했지만 사대부들 스스로 사양하곤 했다. 화원과 같은 자리에 앉아서 그림을 그리는 것 자체를 신분상 용납할 수 없었기 때문이다. 이러한 이유로 문인화가들은 궁중회화에 직접 실무자로 참여하지 않았다. 그러나 화원들을 지도하고 감독하는 일에는 참여했다.

정조가 자(차)비대령화원(差備待令畵員) 제도를 만든 이유는 무엇인가요?

자(차)비대령화원은 이미 연산군과 영조 때 비슷한 제도가 임시적으로 운영된 바 있는데 정조대에 이르러 규장각의 정식 직제로 확립되었다(강관식, 『조선후기 궁중화원 연구』, 돌베개, 2001). 이를 통해 왕은 관료를 통하지 않고 대궐 안에서 화원들을 직접 부릴 수 있게 된 것이다. 이의 필요성은 사대부들도 인정했던 것으로 보인다. 자(차)비대령화원은 정기적으로 어진을 그리고 중요한 왕실행사를 담은 기록화를 남기는 등 국왕이나 왕실과 연관된 중요한 일을 도맡아 했다. 이로써 자(차)비대령화원이라는 궁중화원 제도는 영조의 왕권통치의 한 방편이 되었다고 볼 수도 있다.

화원이 사대부 화가, 중인 화가와 다른 점은 무엇인가요?

화원들은 주로 왕실과 조정에 필요한 실용적인 도화활동을 많이 했기 때문에 그들의 그림은 자연히 실용적, 보수적, 사실적, 장식적 성격이 두드러진 측면이 있다. 꼼꼼하게 그리는 공필화(工筆畵)의 성격이 강하고 문자향(文字香)과 서권기(書券氣)가 결여된 경우가 많다. 화원들의 화풍을 흔히 '원체화(院體畵)' 혹은 '원화(院畵)'라고 지칭하기도 한다. 중국에서는 화원들의 그림을 문인들의 남종화와 구분지어 북종화라고 부르기도 한다. 그러나 한국에서는 화원은 북종화, 문인화가는 남종화 이렇게 구분하여 화풍을 정의하기는 어렵다. 김홍도와 장승업 같은 최상급 화가들은 도화서 화원으로서 부여받은 직업을 수행할 때는 전형적인 원체화풍을 구사했지만 사대부들의 감상을 위해서는 남종화풍의 그림도 잘 그렸다(안휘준, 『한국 회화의 전통』, 문예출판사, 1997) 중 「한국 남종산수화의 변천」 참조).

신윤복이 정말 도화서 화원이었나요? 최근 '신윤복은 여자였다'는 도발적인 상상력을 바탕으로 한 소설이 나왔고 이를 각색한 드라마와 영화가 제작되었습니다. 그가 여자라는 추측은 허구일 뿐인가요?

신윤복은 섬세한 표현과 아름다운 색체를 바탕으로 독자적 화풍을 창출한 화원이지만 그의 신상을 밝혀주는 기록이 거의 없다. 다만 오세창이 저술한 조선시대 서화가 약보(略譜)인 『화사양가보록(畵寫兩家譜錄)』과 『근역서화징(槿域書畵徵)』에는 도화서 화원으로 자(차)비대령화원이기도 했던 신한평의 아들로 명시되어 있어 신윤복 역시 도화서 화원이었던 것으로 확인된다. 신한평은 김홍도보다 나이가 19살 많은 선배 화가로 신윤복의 초기작에는 아버지와 김홍도의 영향이 짙게 엿보인다. 다만 다른 대표적 화원들과 달리 신윤복이 화원으로 활동한 기록은 확인할 수 없다.

이러한 이유로 일찍이 언론인 겸 역사학자 문일평은 신윤복이 춘화와 같은 비속한 그림을 그려 화원의 품위를 떨어뜨렸다는 이유로 도화서에서

쫓겨났을 가능성이 있음을 언급한 바 있다. 조선 후기 풍속화에서 단원 김홍도 이상의 기량을 발휘한 뛰어난 화가인 신윤복을 여자로 바꾸는 것은 잘못된 일이다. 소설, 드라마, 영화라고 해도 역사적 인물을 다룰 때에는 지켜야 할 최소한의 원칙이 있다. 모호한 사실은 픽션화할 수 있지만 신윤복이 남자라는 명백한 사실을 뒤집어 여자로 바꾸는 것은 역사 왜곡으로 국민에게 잘못된 역사인식을 심어줄 가능성이 크다. 18세기는 작가와 역사와 문화에 대한 조금만 공부하면 무궁무진한 소재를 찾아낼 수 있는 시대이다. 많은 작가가 역사와 문화를 충실하게 연구하고 소개하면 좋겠다.

겸재 정선도 한때 화원이었나요?

정선은 양반 가문 출신이지만 삼대에 걸쳐 과거를 통하여 현관을 배출하지 못한 한미한 집안에서 장남으로 태어났기 때문에 가족들을 위해 호구지책으로 한때 화원으로 활동했던 것으로 믿어진다. 그는 뛰어난 화가로 진경산수화를 창출한 인물이다. 그에 대한 평가는 신분이 아니라 업적을 기준으로 해야 마땅하다. 나는 그를 초기의 안견과 함께 조선 산수화의 2대가로 꼽는다.

임금의 용안을 함부로 볼 수 없었다고 하던데 어진은 어떤 방식으로 그려졌나요?

어진 제작에는 왕이 생존했을 때 직접 보고 그리는 도사(圖寫), 기존 어진이 훼손되거나 새로운 진전에 봉안이 필요할 경우 원본을 옮겨 그리는 모사(模寫), 왕이 승하한 이후 생전의 근신이나 종친 등의 조언을 받아 그리는 추사(追寫)가 있다. 어진 제작을 체계적으로 관리 감독하기 위하여 도감이 임시로 설치되었고 6명에서 13명가량의 어용화사가 천거나 시험을 통해 선발됐다. 주관화사(主管畵師)는 초본을 그리고 용안을 담당했고, 동참화사(同參畵師)는 주관회사를 보좌했으며, 수종화사(隨從畵師)는 채색을 돕는 등 보조 역할을 수행했다. 먼저 초본을 그린 다음 초본을 준비된 비단 밑에 놓고 목필로 윤관선을 그리고 그 다음 채색을 설채(設彩)하였다. 이때 신하, 왕자, 종친 등이 초본과 정본을 살피고 의견을 내는 봉심 절차를 거치곤 했다. 배첩과 장황을 한 후에 완성된 어진은 길일 길시에 진전에 봉안하였다. 어진 제작에 관해서는 조선미 교수의 『한국의 초상화』(열화당, 1983)가 크게 참고 될 것이다.

조선의 국왕은 모두 어진이 그려졌나요? 오늘날 남아 있는 어진이 많지 않은 까닭은 무엇인가요?

왕의 초상인 어진은 조선시대 개국 초부터 그려졌다. 고려시대부터 왕과 왕비의 어진을 그리고 왕릉 옆에 세운 원찰(願刹)이나 궁궐 안 진전에 모시던 전통이 이어진 것이다. 양난을 거친 후인 숙종(1675~1720) 때에는 다시 태조 어진을 모사하여 봉안하고, 자신의 어진도 그리도록 했으며, 영조부터 10년마다 정기적으로 어진을 그리도록 했다. 경복궁 선원전에는 역대 왕의 어진이 보관되었는데 임진왜란 때 선원전이 소실됐다. 그나마 남아 있던 어진도 6·25전쟁으로 대부분 사라졌다. 현재는 태조 어진, 영조 어진, 고종 어진만 완본으로 남아 있고, 철종 어진, 익종 어진은 불에 탄 채 일부만 남아 있다.

화원 전시가 이렇게 대규모로 열린 적은 없었던 것 같습니다.

그렇다. 김홍도 등 대표적인 화원에 대한 개별적인 전시는 있었지만 화원들을 포괄적으로 묶어서 고찰한 적도 거의 없다. 시대별, 장르별, 주제별로 고찰하는 것이 학계의 보편적인 경향이었고 신분에 따른 접근은 거의 없었다. 그런 점에서 이번 전시는 학문적으로도 의의가 크다. 화원과 그들의 업적을 총체적으로 정리하는 계기가 마련됐다는 점에서 이번 전시는 매우 중요하다. 조선시대 화원의 업적이 대단하고 높은 수준임을 절감하게 된다.

이번 전시의 개최를 위해 애쓴 삼성미술관 리움의 관계자 모두에게 이 분야 종사자의 한 사람으로서 매우 고맙게 생각한다. 국립중앙박물관의 〈초상화의 비밀전〉, 간송미술관의 〈풍속인물화대전〉도 화원들의 업적을 확인할 수 있는 전시로 주목된다.

정리 · 황석권, 이슬비 기자

안견(安堅)*

조선 초기에 활동한 도화서 화원이다. 자를 가도(可度) 혹은 득수(得守)라 하였고, 호는 현동자(玄洞子) 또는 주경(朱耕)이라 하였다. 현동자는 안견의 특장(特長)인 산수화와 관계가 깊은 도가사상(道家思想)을 반영한 것으로, 주경은 인주농사, 즉 화업(畵業)을 의미하는 것으로 믿어진다.

안견의 출신지와 관련하여 주목되는 것은 지곡(池谷; 地谷; 智谷)이라는 지명이다. 지곡이라는 지명은 안견의 유일한 진작인 〈몽유도원도(夢遊桃源圖)〉의 오른쪽에 "지곡 가도(池谷 可度)"라고 쓰여진 서명과 신숙주의 『보한재집(保閑齋集)』 권14에 실려 있는 「화기(畵記)」의 "안견은 본래 지곡사람이다[本池谷人也]."라는 기록 등에서 보인다. 그런데 이 지곡은 곧 충청남도 서산의 지곡일 것이라는 의견이 고유섭 선생에 의해 제기된 바 있는데 이는

* 『한국 역대 서화가 사전』(국립문화재연구소, 2011), pp. 1129-1134.

몇 가지 이유에서 타당한 것으로 판단된다.

첫째는 지곡이라는 지명에서 지(地)는 지(知), 지(智)는 지(池) 등과 동일하게 발음을 적은 것에 불과하여 절대적인 것이 아니라는 것이다. 『신증동국여지승람』에 의하면 지곡의 백제시대 옛 이름은 지육현(知育縣), 통일신라시대의 지명은 지육(地育)이라 하였던 사실에서도 쉽게 확인된다. 여기서 지(知)가 지(地)로 바뀌었음이 주목된다. 17세기의 기록인 『죽계사적(竹溪事蹟)』에서는 지곡을 지곡(智谷)으로 적었음이 눈길을 끈다. 이러한 사례들은 지곡의 지명에서 "지"자는 地·知·智·池 등으로 발음만 살려서 다양하게 적혔음을 말해 준다.

둘째, 서산 출신인 한여현(韓汝賢)이 1619년에 펴낸 『호산록(湖山錄)』 곤권(坤卷)에서 안견을 "본읍지곡인(本邑地谷人)"이라고 단정하여 적은 사실과 봉림대군의 사부였던 안응창(安應昌)이 안향(安珦) 및 순흥안씨 인물들에 관한 기록들을 모아서 엮은 『죽계사적』에서도 "본읍지곡인(本邑智谷人)"이라고 지적한 점이 주목된다. 즉 이 기록들도 한결같이 안견은 충청남도 서산의 지곡 출신임을 못박고 있음이 괄목할 만하다.

셋째, 『신증동국여지승람』의 서산군에 관한 기록 중에서 성씨(姓氏)에 관한 부분에 "지곡(地谷) 안(安)·이(李)·문(文)"이라고 적혀 있어서 안씨가 이씨 및 문씨와 더불어 지곡의 대표적인 성씨의 하나였음을 밝혀준다. 이 점도 안견이 현재의 충청남도 서산군 지곡면을 근거지로 했었을 가능성을 높여준다. 이와 관련하여 순흥안씨(順興安氏) 관계의 저술인 『죽계사적』에 안견이 게재되어 있어서 크게 주목된다. 전체적인 내용은 신숙주의 『보한재집』 권14 「화기」의 것과 대동소이하지만 안견을 순흥안씨로 기록하였다는 점이 특이할 만하다. 이로 미루어 보면 현재 남아 있지 않은 지곡안씨는 결국 순흥안씨의 한 지파였거나 순흥안씨에 흡수되었던 것이 아닐까 여겨진다. 어쨌든 안견의 본관은 이처럼 순흥(順興)이었을 가능성이 매우 높다.

안견의 생졸년은 알려져 있지 않다. 다만 여러 가지 기록들과 1423년에 일본의 사절단을 따라 우리나라에 왔다가 다음 해에 돌아간 교토(京都) 쇼코쿠지(相國寺)의 화승인 슈우분(周文)의 화풍에 미친 영향 등을 함께 고려하면 안견이 태어난 시기는 대략 1400년 이전일 것으로 추측된다. 그리고 『진휘속고』, 『세조실록』과 『성종실록』, 『국조문과방목』, 윤휴의 『백호전서(白湖全書)』 등의 기록들을 종합하여 보면 안견은 그의 후원자였던 안평대군이 권력 투쟁에서 형인 수양대군에 패하여 사사된 후에도 생명을 부지하고 여전히 화원으로 활동하였으며, 아들 안소희(安紹禧)가 승사(承仕)에 의거하여 성종9년(1478)에 문과에 급제한 후 성균관의 전적이 되게 하는 데 기여하기도 했음이 확인된다. 이러한 정황들로 미루어 보면 안견은 1460년대나 1470년대까지도 생존하였을 가능성이 높음을 배제할 수 없다. 따라서 안견은 세종조는 말할 것도 없고 문종·단종·세조·예종·성종의 초년에 이르기까지 누대에 걸쳐 화원으로 봉사하였다고 볼 수 있다.

안견의 스승이나 제자는 아무도 알려진 사람이 없어서 사승 관계는 전혀 불명인 상태이다. 그러나 안견이 안평대군 및 그의 측근들과 각별히 가까운 관계에 있었으며 수많은 화가들에게 강한 영향을 미쳤었다는 사실은 여러 기록들과 작품들에 의해 분명하게 밝혀져 있다. 안견은 안평대군을 오랫동안 배유하면서 집현전 학사들을 비롯한 대군의 측근들과 특히 밀접한 관계에 있었다고 믿어진다. 안견의 「몽유도원도」에 찬문을 쓴 문사들은 모두 안평대군 및 안견과 긴밀한 인간관계를 지니고 있었다고 보아도 무방할 듯 하다. 안견에 관해서 가장 요점적으로 알려주는 기록은 아무래도 신숙주의 『보한재집』 권14에 실려 있는 「화기」라 하겠다. 그 앞부분을 보면 다음과 같다.

"우리 조정에는 유명한 화가 한 사람이 있다. 자는 가도(可度), 소자(小字)는 득수(得守)이며 본래 지곡(池谷) 사람이다. 지금은 호군(護軍)이 되었다. 성이 총민하고 정박(精博)하며 옛 그림을 많이 보아 그 요체를 모두 얻고 여러 대가들의 좋은 점을 모아 총합하고 절충하였다. 못 그리는 것이 없었지만 산수화가 특히 그가 잘 그리는 분야였다. 옛것으로부터 빌었지만 그와 필적할 만한 사람은 얻기 어렵다. 비해당 안평대군을 배유(陪遊)한 지 이미 오래되었으므로 안평대군 소장에 안견의 그림이 가장 많다."

이 「화기」의 끝에는 '정통을축맹추상한유일(正統乙丑孟秋上澣有日)'의 연기가 적혀 있어서 〈몽유도원도〉가 제작되기 2년 전인 1445년에 쓰였음을 알 수 있는데 이 기록에서 다음과 같은 매우 중요한 사실들이 확인된다.

① 1445년 당시에 이미 정4품인 호군이 되어 있었다.
② 사람됨이 총민하고 정박했다.
③ 옛 그림들을 많이 보고 공부해서 좋은 점을 취하고 절충하여 자기 화풍을 이루었다.
④ 당시에 필적할 만한 사람이 없는 산수화의 일인자였다.
⑤ 안평대군을 배유한 지가 오래되었다.
⑥ 산수화를 주로 그렸지만 못 그리는 것이 없었다.
⑦ 「화기」에 실려 있는 작품목록을 보면 산수화 이외에 묵죽·묵매·장송(長松)·노안도(蘆鴈圖) 등도 그렸음이 확인된다.

안견은 그의 후원자였던 안평대군을 오랫동안 배유하면서 안평대군 및 그의 측근 문사들을 통해 높은 안목과 넓은 식견을 갖추고, 대군 소장의 고대 명작들을 접하면서 자신의 화풍 및 화격(畵格) 형성에 큰 도움을 받았을 것임을 쉽게 유추해 볼 수 있다. 안견의 화풍은 그의 유일한 진작인 〈몽유도원도〉와 전칭 작품인 〈사시팔경도〉 등을 통하여 잘 엿볼 수 있다. 〈몽유도원도〉는 안평대군이 1447년 음력 4월 20일 밤에 꿈속에서 도원(桃源)을 거닐고 깨어난 후에 안견에게 설명하여 그리게 한 작품으로 삼일 만에 완성이 되었다. 이 작품에는 안견의 그림 이외에 안평대군의 제첨과 3년 후인 1450년 정월 초하룻날에 쓴 시문 및 그림을 제작하게 된 경위를 적은 제기(題記) 등 3편의 글씨를 비롯하여, ① 신숙주 ② 이개 ③ 하연 ④ 송처관 ⑤ 김담 ⑥ 고득종 ⑦ 강석덕 ⑧ 정인지 ⑨ 박연 ⑩ 김종서 ⑪ 이적 ⑫ 최항 ⑬ 박팽년 ⑭ 윤자운 ⑮ 이예 ⑯ 이현로 ⑰ 서거정 ⑱ 성삼문 ⑲ 김수온 ⑳ 천봉 만우 ㉑ 최수 등 당대 최고의 문사들 21명의 찬시가 곁들여져 있다. 이 중에서 21명의 시문들은 본래는 ⑥ 고득종~⑫ 최항의 시문이 ① 신숙주~⑤ 김담의 시문보다 앞에 있었던 것인데, 일본에서 다시 표구를 하면서 그 순서를 현재처럼 뒤바꾸어 놓은것이다. ⑬ 박팽년부터 ㉑ 최수까지의 순서는 변동이 없이 원래대로이다. 1~12까지의 순서가 위에 언급한 것처럼 서로 뒤바뀐 것은 신숙주가 『해동제국기(海東諸國記)』의 저자로서 찬시자 21명 중에서 일본인들에게 가장 널리 알려져 있었기 때문으로 믿어진다.

이처럼 〈몽유도원도〉는 안견의 그림, 안평대군과 21명 문사들, 승려인 천봉 만우의 글씨와 시문이 어우러진 종합적 성격의 기념비적인 삼절 작품이라 하겠다. 세종조 문화의 성격과 그림·글씨·시문에서 세계의 최고 격조를 보여준다는 의미에서 그 문화사적 의의가 더없이 크다고 하겠다. 세종조의 빛나는 고전주의적 문치, 안평대군을 중심으로 한 지배계층의 지극한 예술 애호정신과 후원 및 드높은 안목, 안견을 비롯한 당대 예술인들의 빼어난 기량과 창의성 중 어느 한 가지라도 결핍되었다면 창출될 수가 없었을 것이다. 그 후로는 두 번 다시 비교할 만한 작품이 창출되지 못했음을 보아도 그 드문 성사(盛事)의 절대적인 가치를 절감하게 된다. 그 가치는 〈몽유도원도〉가 도원을 주제로 한 그림들 중에서 동양 최고의 작품이라는 점에서 배증된다.

〈몽유도원도〉는 사상사적인 측면에서도 주목된다. 도연명(陶淵明), 즉 도잠(陶潛)의 「도화원기(桃花源記)」를 바탕으로 하고 있어 도가사상과 불가분의 관계가 있다고 보지 않을 수 없다. 억불숭유 정책을 표방하고 있던 조선 초기의 사상적 배경과 연관하여 주목된다. 국가의 통치이념이자 백성들의 도덕적 규범이었던 유교 또는 성리학의 표면적 지배의 기저에는 그와 상반되는 도가사상이 만만치 않게 도사리고 있었음이 엿보이기 때문이다. 이 밖에도 동양적 유토피아 혹은 이상향에 대한 소망이 간취되는 점도 가볍게 볼 수 없다.

〈몽유도원도〉를 무엇보다도 돋보이게 하는 것은 화풍임을 부인하기 어렵다. 이 작품의 화풍이 북송대 최고의 화원이었던 곽희(郭熙) 또는 이곽파[李郭派: 李成·郭熙派]의 것을 토대로 하고 있는 것은 사실이나 이야기의 전개 방법, 구도와 구성, 공간개념, 필묵법 등 여러 가지 점에서 독보적이다.

먼저 이야기의 전개는 그림의 왼쪽 하단부에서 시작하여 보이지 않는 대각선 또는 사선을 따라 오른쪽 상단부로 이어진다는 점에서 특이하다. 동양의 통상적인 이야기 전개는 오른편에서 시작하여 왼편으로 진행되는 것이 상례인데 〈몽유도원도〉에서는 전혀 반대로, 그것도 수평이 아닌 사선을 따라 이루어진다. 이러한 예는 동양의 어떤 산수화에서도 찾아볼 수가 없다.

다음으로 전체의 경관은 왼쪽에서 오른쪽을 향하여 현실세계의 나지

막한 야산군(野山群) I군, 도원의 바깥 입구 II군, 도원의 안쪽 입구 III군, 도원 IV군 등 네 무리의 산군들로 짜여져 있는 점이 특이하다. 현실세계의 산들은 우리가 중부지방에서 흔히 볼 수 있는 나지막한 토산들인 데 반하여 나머지 도원과 연관된 산들은 한결같이 환상적인 형태를 지닌 암산들인 점이 극적인 대조를 이룬다. 이 바위산들의 모습은 우리나라에서 찾아보기 어려운 지극히 기이한 형태를 지니고 있다. 꿈속의 환상적인 정경을 표현한 결과라고 여겨진다.

오른쪽 도원의 모습은 이 작품의 핵심이라할 수 있는데 몇 가지 점에서 더욱 눈길을 끈다. 산으로 둘러싸여 있으면서도 넓은 지역임을 나타내기 위하여 위에서 내려다본 것처럼 부감법을 채택한 점과 감상자의 눈이 우선적으로 미치는 제일 가까운 산의 높이를 대폭 낮추어 표현한 방법이 돋보인다. 그리고 오른쪽 상단부에 고드름처럼 매달린 산은 도원이 방호(方壺)임을 드러내며, 도원의 아래쪽에 표현된 아주 작은 편주(片舟)는 「도화원기」에 등장하는 어부를 상징한다는 점에서 주목된다. 도원에는 모옥(茅屋)들만 그려져 있을 뿐 인물을 전혀 그려 넣지 않은 점도 특이하다. 한·중·일 3국의 다른 도원도들에는 거의 예외없이 인물을 그려 넣어 등장시키는데 이 〈몽유도원도〉의 경우만은 인적을 드러내지 않았다. 안평대군의 제기에 의하면 안견은 박팽년·최항·신숙주 등과 도원에 같이 가거나 함께 어울려 놀았음을 알 수 있는데 이로 보면 이들의 모습을 상정해볼 수 있다. 그럼에도 불구하고 이들의 모습은 물론 도원의 농부들이나 계견(鷄犬)의 모습조차도 전혀 그려 넣지 않았다. 인물이나 동물의 모습을 담지 않은 거의 유일한 도원도인 셈이다. 아마도 세상의 속진(俗塵)을 철저히 배제하는 데 뜻을 두었던 때문이 아닌가 여겨진다.

〈몽유도원도〉에는 고원·평원·심원의 삼원법이 갖추어져 있다. 그리고 이 작품에는 복숭아나무 이외에는 소나무나 어떤 일체의 다른 나무들이 그려져 있지 않은 점도 괄목할 만하다. 도원의 경지를 드러내는 데에만 집중한 의도가 엿보인다. 〈몽유도원도〉의 아름다움을 가장 돋보이게 하는 것은 바로 복숭아나무들이라 하겠다. 나무들은 가늘고 힘찬 선들로 표현되어 있다. 꽃들은 분홍색·빨강색·금분꽃술에 가해져 있었으나 현재는 거의 사라지고 없다. 잎사귀들은 초록색과 파랑색으로 정교하게 표현되어 있어서 영롱함의 극치를 이루고 있다. 필묵법이 수묵화의 정수를 보여주는 것과 더불어 꽃들의 아름다운 묘사는 채색화의 진수를 드러내면서 대조를 이룬다.

이처럼 〈몽유도원도〉는 전체적으로 보나 세부적으로 살펴보면 조선 초기 그림의 최고의 경지를 드러낸다. 신라의 솔거·고려의 이녕(李寧)과 더불어 우리나라 회화사상 3대가로 지칭되는 안견의 화풍이 지닌 여러 가지 특징들을 유감없이 보여준다고 할 수 있다.

안견 화풍의 또 다른 측면은 전칭작품인 〈사시팔경도〉를 비롯한 산수화들에서도 잘 드러난다. 한쪽에 치우친 편파구도와 확대지향적인 공간개념 등은 두드러진 특징이다.

안견의 화풍은 조선 초기는 물론 조선 중기까지도 여러 화가들에 의해 폭넓게 추종되었으며 일본 무로마치(室町) 시대의 가장 대표적 수묵화가였던 슈우분(周文)과 그의 추종자들에게까지도 영향을 미쳤다. 이런 점에서 안견은 한국회화사에서만이 아니라 동아시아 회화사에서 큰 몫을 차지하는 거장이라 할 만하다.

안휘준

주요작품 | 匪懈堂二十五歲眞(1442) | 瀟湘八景圖(1442) | 李司馬山水圖(1443) | 八景圖 | 江天晩色圖 | 絶岸雙淸圖 | 奔流宗海圖 | 江天一色圖 | 雪霽天寒圖 | 黃鶴樓 |

滕王閣｜雨後新晴圖｜雪霽餘寒圖｜輕嵐匹練圖｜一水國輕嵐圖｜江鄉遠翠圖｜起粟生花圖｜春雲出谷圖｜幽雲滿壑圖｜狂風急雨圖｜虬龍反走圖｜長林細路圖｜銀河倒掛圖 |絶壁圖｜墨梅竹｜水墨白雲圖｜山水圖｜蘆鴈圖| 花木圖｜長松圖｜八駿圖(1446)｜臨江翫月圖｜八駿圖(1447)｜夢遊桃源圖(1447)｜大小駕儀仗圖(1448)｜東宮儀仗圖(1448)｜墨竹圖(1464)｜青山白雲圖｜山水圖｜山水圖(冬景)｜萬壑爭流圖｜木圖｜秋壑蒼烟圖｜水墨三昧簇｜山水圖帖｜十幅短屏｜山水圖(小幅)｜山水圖(四時八景)｜山水圖｜雪景圖｜山水圖｜海青圖｜耕作圖

북한 소재 조선시대 및 근대의 회화*

안휘준
(문화재위원장, 명지대 석좌교수)

남북 분단으로 인하여 우리가 겪는 어려움은 한두 가지가 아닙니다. 그중에 문화재 분야도 포함됨은 말할 것도 없습니다. 요즘은 냉전시대에 비하면 훨씬 나아진 것이 사실이나 아직도 남북간 문화재 분야의 교류는 지지부진하고 미미한 상태를 벗어나지 못하고 있습니다. 북한에 우리 선조의 문화재가 분야별로 얼마나 남아 있으며, 관리체제는 구체적으로 어떻게 갖추어져 있는지조차 제대로 알지 못한 상황입니다. 특히 회화 분야가 그렇습니다.

남한의 경우에는 각 박물관과 개인 소장의 회화 작품들이 각종 도록과 여러 가지 출판물들을 통하여 대략 공개되고 있기 때문에 상태 파악이 가능하며 새로운 작품들이 계속 발견되고 있으나, 북한의 경우에는 고구려

* 『사진으로 보는 북한 회화: 조선미술박물관』(국립문화재연구소, 2007. 12. 26), pp. 7-9.

의 고분벽화를 제외한 일반 회화와 불교 회화에 관하여 소개된 바가 없어서 막막한 상태입니다. 회화는 다른 분야와 다르게 건물 내에 비장되고 전세(傳世)되어 전쟁이나 화재로 인한 소실 및 관리 부실에 따른 손상을 입기 쉬워서 전하는 작품이 희소할 수밖에 없습니다. 관리 측면에서도 여러 가지 어려움이 따릅니다. 이 점은 남한보다도 북한이 훨씬 심각한 상황에 놓여 있다고 생각됩니다.

이를 보완하기 위하여 북한은 오래 전부터 회화 수집에 관심을 기울이기 시작하였고, 이에 부응하여 일본에 있는 조총련계 단체나 개인들이 조선시대의 그림들을 열심히 구입하여 북한에 선물로 계속하여 보낸 것으로 알려져 있습니다. 이렇게 일본으로부터 북한에 전해진 일반회화에는 옥석이 섞여 있는데, 이는 일본의 어느 박물관이 확보하고 있는 사진 자료를 통하여 확인이 가능합니다. 북한에 전해진 작품은 수백 점의 많은 양이어서 그 중에는 일급의 중요 작품들도 적지 않게 끼어 있음이 주목됩니다. 예로 이암(李巖, 1499~?)의 강아지 그림이나 김두량(金斗樑, 1696~1763)의 〈목동오수도(牧童午睡圖)〉 등을 들 수 있습니다. 특히 김두량의 〈목동오수도〉는 서울에 있다가 일본으로 건너간 후 다시 북한에 전해진 것이어서 눈길을 끕니다. 이는 지금 북한에 있는 상당수 그림들의 소종래(所從來)를 이해하는데 참고가 되는 예라 할 수 있습니다.

모아진 사연이 어떠하든 국립문화재연구소가 2006년부터 수집한 원판 필름 자료들에 의하면, 현재 북한에는 조선미술박물관 소장 그림 511점이 보존되어 있음이 확인되었습니다. 이는 어쨌든 처음으로 확인된 이 그림들은 산수, 인물, 풍속, 영모(翎毛), 화조, 화훼(花卉), 사군자, 어해(魚蟹), 기명절지(器皿折枝) 등 다양한 주제를 품고 있어서 흥미롭습니다. 아울러 양이 많고 주제가 다양하여 그림에 대한 전문적 검토가 필요하다고 여겨져 회화사 전공자들로 자문위원회를 구성하여 적극적으로 학술적 검토를 하였습니다.

자문위원회는 안휘준(명지대 석좌교수), 조선미(성균관대 교수), 홍선표(이화여대 교수), 이태호(명지대 교수), 박은순(덕성여대 교수) 다섯 명의 전문가들로 구성되었고, 필자가 위원장으로서 자문위원회를 이끌었습니다. 2007년 3월 30일에 출발한 자문위원회는 몇 차례의 모임과 진지한 논의를 통하여 여러 가지 중요한 사안을 결정하였습니다.

2007년 4월 11일 회의에서는 필름 전체의 상태를 살펴보고 도록을 발간 여부를 검토하였으며, 다음 달인 5월 10일에는 도록 발간을 전제로 수록할 대상 자료들을 신중하게 살펴보았습니다. 이에 따라 모든 자문위원들은 필름 인화본 및 드럼 스캔 파일을 제공받아 진위 여부 및 내용 검토를 실시하였습니다. 이어서 7월 30일에는 자문위원 각자의 검토 결과를 수집하여 안휘준, 조선미, 홍선표 위원이 종합적으로 논의하여 도록에 수록할 대상 작품들을 확정하였습니다. 작품성이 낮거나 위작이 분명한 작품을 제외하고 진작으로서 작품성이 두드러진 것들만 선정하였습니다. 게재도 원칙을 정하였는데, 작품성이 뛰어나고 중요한 작품들을 중심으로 게재하되 필요에 따라 세부 도판들도 곁들이기로 하였으며, 작품성이나 중요도는 다소 떨어지더라도 비교 자료로서 학술적 가치가 있다고 판단되는 작품들과 우리에게 이름이 생소한 북한 작가들의 작품들은 참고 도판으로 싣기로 하였습니다. 이러한 원칙에 따라 대략 300여 점의 작품들이 수록 대상으로 선정되었습니다. 이 작품들에 대한 간략한 설명은 학계의 관례에 따라 제목, 작가 이름(생몰연대), 제작 연대, 크기(세로×가로)의 순서에 따라서 달기로 하였으며, 작품 설명은 자문위원인 홍선표 교수가 한 달 동안(8월 24일~9월 24일) 종합적으로 재검토하였습니다. 이러한 과정을 거쳐서 최종적으로 확정된 작품은 281건으로 분야별 작품 수는 다음과 같습니다. ●표는 중요하다고 판단되는 작품을 나타내며 ▲표는 참고 작품을 의미합니다.

산수화 82점 ● 58점 ▲ 24점

인물화 38점 ● 12점 ▲ 26점

풍속화 16점 ● 16점 ▲ 없음

화조화 56점 ● 33점 ▲ 23점

화훼화 17점 ● 10점 ▲ 07점

사군자화 10점 ● 6점 ▲ 4점

영모화 42점 ● 18점 ▲ 24점

어해화 7점 ● 2점 ▲ 5점

기명절지화 13점 ● 11점 ▲ 02점

281점의 작품 중에서 중요 작품으로 판단되는 것(●표) 166점, 참고 작품으로 분류되는 것(▲표)이 115점임을 알 수 있습니다. 또한 산수화와 화조화가 제일 많은 수를 차지하고 있습니다. 인물화는 숫자가 많지 않으나 초상화, 산수인물화, 도석인물화 등 다양합니다.

북한이 소유하고 있는 회화 작품들의 사진 자료를 검토하고 책으로 발간하여 배포하게 된 것에는 몇 가지 점에서 큰 의미가 있다고 생각합니다.

첫째로 조선시대 회화 사료(혹은 자료)가 좀더 풍부해졌다는 것입니다. 우리가 보유하고 있는 회화 작품에 북한의 작품이 더해짐으로써 회화사 연구에 큰 보탬과 보완이 되는 것이 무엇보다도 다행스럽게 여겨집니다.

둘째로 조선시대의 작품들 이외에도 근대의 작품이 여럿 파악됨으로써 한국 근대회화사 연구에 큰 도움을 받게 된 점이 괄목할 만합니다. 자료의 확인이 부족하고 연구가 부진한 이 분야의 연구에 많은 자극이 되고 참고가 될 것으로 기대됩니다.

셋째로 지금까지 베일에 싸여 있던 북한 소유의 회화 자료들에 대한 파악이 이루어졌다는 점도 주목할 만합니다. 어느 분야에 어떤 그림들이 얼마나 있으며 학술적 가치는 어떠한지를 알게 됨으로써 앞으로의 남북 간 학술 교류에 참고할 수 있게 되었습니다.

이번에 출간하는 『사진으로 보는 북한 회화-조선미술박물관』은 원작을 확인하지 못한 채 사진 자료에만 의존한 것이어서 여러 가지 면에서 제한을 받을 수밖에 없었습니다. 미술사 연구에 있어서 마땅히 피해야 할 일임에도 불구하고 남북 분단과 그에 따른 제약 때문에 불가피한 상황이었음을 양해 바랍니다. 직접 실견하고 현지 조사를 할 수 없다는 한계성을 이유로 북한이 보유하고 있는 회화 사료들에 대한 귀중한 정보들을 그냥 묵살하고 묻어둘 수는 없는 일이기에, 우선 아쉬운 대로 현 시점에서 최선의 방법을 찾을 수밖에 없었습니다. 그것은 곧 사진 자료만이라도 진작이라고 판단되는 좋은 작품들을 골라내어 학계에 공개하는 일일 것입니다. 이러한 작업은 학계의 연구에 참고가 될 뿐만 아니라 앞으로 남북 간 학술교류가 원활해져서 북한에서의 현지 확인 조사가 가능하게 될 때를 대비하는 준비 작업이기도 합니다.

『사진으로 보는 북한 회화-조선미술박물관』 출간을 위해 애쓴 자문위원들과 국립문화재연구소의 관계자 제위의 협조와 노력에 대해 참가자의 한 사람으로서 깊은 감사의 말씀을 표합니다.

선문대학교 박물관 소장 민화의 의의*

우리나라의 민화가 조선왕조 후기(약 1700~약 1850)와 말기(약 1850~1910)의 미술과 문화를 밝히는 데 있어서 지극히 중요하다는 사실은 너무도 자명하다. 이렇듯 중요한 민화는 그동안 일부 열성적인 연구자들과 애호가들에 의해 산발적으로 수집되곤 하였으나 그나마 이합집산이 심하였다. 어떤 체계성을 가지고 민화를 집중적으로 수집한 곳은 호암미술관이 거의 유일하지 않나 생각된다.

이렇듯 민화가 양적으로는 꽤 남아 있는 편임에도 불구하고 여러 곳에 산재되어 있어서 그 구체적인 양상을 한자리에서 일목요연하게 파악하는 일이 쉽지 않은 실정이다. 이러한 의미에서도 이번에 선문대학교 박물관이 이제까지 비장하고 있던 민화 소장품을 세상에 공개하는 것은 그 의의가

---

* 『鮮文大學校 博物館 名品圖錄 III, IV』(鮮文大學校 出版部, 2003. 1), pp. 13-15.

너무도 크다는 점을 지적하지 않을 수 없다. 그 의의는 대체로

1) 방대한 수량

2) 수준 높은 작품성

3) 주제의 다양성

4) 변화 양상의 구체성

등을 확인할 수 있다는 점에서 찾아볼 수 있을 것이다.

선문대학교 박물관은 약 1,500점에 달하는 방대한 양의 민화를 소장하고 있는데 이는 재단 측이 1970년대에 일본의 아타카 컬렉션(安宅 Collection)으로부터 거금을 들여 구입한 것이라고 한다. 아타카의 한국 도자기 컬렉션은 오사카 동양도자 미술관으로 넘어갔고 민화는 선문대학교로 넘어 오게 되었다는 것이다. 이번에 선문대학교 박물관이 도록을 통하여 공개하는 민화들은 이렇게 아타카로부터 구입한 민화 컬렉션의 일부인 것이다. 이는 외국에 있는 문화재의 국내 환수라는 점에서도 더 없이 중요한 의미를 지닌다.

아무튼 선문대학교가 확보한 1,500여 점의 민화 소장품은 이제 호암미술관의 컬렉션과 함께 쌍벽을 이루게 되었다고 할 수 있다. 앞으로 선문대학교가 제대로 된 널찍한 박물관을 새로 지어서 대학박물관이 수장고에 비장하고 있는 일반회화나 도자기와 함께 이들 민화들을 상설전시를 통하여 일반에 공개함과 동시에 연구와 교육에 십분 활용될 수 있게 기대해 마지않는다. 그렇게 될 때에 선문대학교의 이 민화 컬렉션은 더욱 큰 빛을 발하게 될 것이다.

선문대학교 박물관이 소장하고 있는 민화 컬렉션은 비단 양적인 면에

서만 놀라는 것이 아니라 질적인 면에서도 탁월하다는 점에서 더욱 관심을 끈다. 민화의 서민적 성격에도 불구하고 소장 작품들의 대부분이 깔끔하고 격조가 있어서 서민 출신의 떠돌이 화가들이 아닌 제대로 훈련된 화원이나 직업 화가들이 그린 것이 아닌가 하는 생각이 들 정도이다. 비단 깔끔할 뿐만 아니라 우리나라 민화의 한국적 특성과 창의성을 남김없이 보여준다. 분명히 누군가 안목이 있는 전문가의 엄격한 눈을 거치면서 수집되었기 때문일 것으로 믿어진다. 방대한 수량과 함께 이러한 깔끔한 격조가 이 선문대학교 민화 컬렉션을 더욱 값지고 돋보이게 하는 점이다.

이 민화 컬렉션이 중요시되는 또 다른 이유는 주제와 분야가 어느 한두 가지에 치우치거나 국한되지 않고 대단히 다양하고 포괄적이라는 점이다. 진경산수화의 저변화(底邊化)를 반영한 금강산 그림들과 소상팔경(瀟湘八景)을 그린 관념적 성격의 산수화, 고사인물(故事人物)이나 화조, 영모(翎毛), 어해(魚蟹) 등을 결합한 산수화 등 산수화만 보아도 그 다양성을 엿볼 수 있다. 불교와 무교 관계의 인물화, 동자도(童子圖), 수렵도, 각종 화조화와 어해도, 여러 형태의 책거리 그림들과 문자도, 지도 등은 선문대학교 민화 컬렉션의 다양성을 잘 드러내 보여 준다. 다양성은 비단 주제에서만 드러나는 것이 아니고 작품들의 구성, 디자인, 색채, 표현 방법 등에서도 확연하게 나타난다.

이러한 다양성과 함께 주목하게 되는 것은 민화의 발달이나 변천 과정을 어느 정도 규명하는 것이 이 컬렉션을 통하여 가능해 보인다는 점이다. 문자도는 그 대표적인 예가 된다. '효제충신예의염치(孝悌忠信禮義廉恥)'의 여덟 글자들로 이루어진 문자도는 장식성(裝飾性)이 '글자 안에 한정되어 있어서 글자의 형태에 아무런 지장을 주지 않는 단계, 장식성이 밖으로 튀어 나오면서 글자의 일부를 이루는 단계, 장식성이 지나칠 정도로 심하여 글자를 알아보기 어려워진 단계 등 크게 3단계의 변천을 거치면서 변화하였음을 더욱 분명하게 확인할 수가 있다. 이러한 변화에 대한 규명은 앞으로 다른 분야나 주제의 민화들의 경우에도 가능해질 것으로 보이며 선문대학교의 소장품들은 그 뒷받침이 되어 줄 것으로 생각된다. 이처럼 선문대학교 박물관의 민화 컬렉션은 양이나 질, 그리고 다양성의 측면에서 대단히 중요하다고 아니할 수 없다.

회화: 삼국시대 이식(移植)*

이번의 일본교과서 왜곡사건은 우리로 하여금 그들의 복고적인 군국식민주의의 망상과 악폐를 뼈저리게 깨닫게 하고 그동안 안이하고 방심한 상태로 지내온 우리 자신을 냉철하게 성찰케 하는 계기를 마련하여 주었다.

일제식민통치와 그들의 어용학자들이 심어놓은 식민사관의 피해는 물론 수많은 각도에서 관찰해 볼 수 있을 것이다. 그러나 그중에서도 우리에게 가장 모욕적이고 또 가장 오래도록 끈덕진 피해를 주어 온 것은 우리의 문화와 우리 민족의 문화창조능력에 대한 편견을 온세계에 심어 놓은 사실이라 하겠다.

말할 것도 없이 문화란 인간의 얼과 슬기로 엮어지는 것이므로 그것이야말로 한 민족이나 국가의 역량을 가늠하는 척도인 동시에 긍지의 표상인

---

* '自尊教室: 다시보는 韓日史 2', 『서울신문』 제11600호, 1982. 9. 1, 5면.

것이다. 바로 이것을 우리는 가장 심하게 왜곡당했고 그러면서도 그 피해를 비교적 덜 심각하게 느끼며 살아왔다. 그러나 이제는 이번 사태를 교훈 삼아 이 왜곡의 피해에서 한시바삐 벗어나기 위해 모든 노력을 경주해야만 하겠다.

이러한 의미에서 우리의 문화가 중국이나 일본 등 외국과 어떠한 관계를 지니며 발전해 왔는지를 앞으로 보다 역점을 두어 연구하고 교육할 필요가 크다고 본다. 특히 우리나라의 문화가 일본문화 발달에 구체적으로 어떠한 영향을 미쳤고 어떠한 기여를 하였는지를 보다 적극적으로 파헤쳐 보아야 할 것이다.

일본의 고대문화 형성에 있어서 우리의 문화가 절대적인 기여를 했다고 하는 사실은 적어도 피상적으로는 잘 알려져 있다. 그중에서도 회화·조각·공예·건축 등 각종 미술 분야의 공헌은 특히 현저한 것이었다.

이러한 여러 미술 분야 중에서도 오늘날 우리가 순수미술의 근간으로 간주하고 있는 회화의 경우는 삼국시대부터 일본에 본격적인 영향을 미치게 되었었다.

『日本書記』 등의 일본 측 기록들에 의하면 고구려, 백제, 신라의 삼국이 여러 분야의 공장(工匠)들과 더불어 많은 화가들을 그곳에 보내어 일본회화 발달에 기여케 했음을 알 수 있다. 고구려에서 그곳에 건너가 활약한 담징(曇徵), 가서일(加西溢), 자마려(子麻呂), 그리고 黃文畵師나 山背畵師 등의 고구려계 화가 씨족 집단, 백제에서 파견된 白加, 阿佐太子, 또 백제계의 화가인 因斯羅我와 河成 그리고 신라계로 믿어지는 簀秦畵師 등 그들의 사서(史書)에 나오는 이러한 화가의 이름들만으로도 그 영향의 폭을 쉽게 짐작해볼 수 있다.

일본에 건너가 활약한 우리나라 삼국시대의 화가들 중에서도 특히 담징은 610년에 도일하여 그곳에 채색, 종이와 먹·벼루 등을 만드는 방법을 전해주었다. 그는 또 일본 法隆寺의 벽화를 그렸던 것으로도 전해진다. 또한 가서일은 한국문화를 적극적으로 받아들여 일본불교문화를 꽃피운 성덕태자의 명복을 빌기 위해 제작된 〈천수국만다라수장(天壽國曼茶羅繡帳)〉의 밑그림을 그리는 데 참여하기도 하였다.

한편 579년에 일본에 갔던 아좌태자는 〈聖德太子像〉을 그렸던 것으로 전해지는데, 현재 일본에 남아 있는 것은 후대의 중모(重摹)된 작품으로 믿어진다. 그리고 河成은 신라에 의해 삼국이 통일된 후에 9세기에 본성인 '餘'씨를 '百濟'로 고치고 활동하였는데 인물과 산수초목을 잘 그려 그곳 화단에 크게 기여하였다.

일본에 건너가 활약한 이 시대 우리나라의 화가들이 수다한 작품들을 남겼을 것임은 물론이나 그들의 원작들은 대개 전하지 않거나 후대의 중모작들을 통해 대강의 면모를 엿볼 수 있을 뿐이다. 이러한 관점에서 우리가 특히 관심을 가지고 연구를 할 필요가 있는 대표적인 예로는 앞에 언급한 法隆寺벽화, 성덕태자상, 천수국만다라수장, 그리고 法隆寺 소장의 유명한 옥충주자(玉虫厨子)에 그려진 그림들과 10년 전에 발굴된 高松塚의 벽화 등이다.

삼국시대의 회화가 일본 고대문화 발달에 지대한 공헌을 했을 것임은 앞에 든 화가들이나 작품들의 단편적인 이름들만으로도 쉽게 확신할 수 있다. 이 점은 통일신라시대에도 불상이나 대방광불화엄경사경과 변상도(變相圖, 호암미술관소장)의 예를 통해서 보더라도 대체로 마찬가지였을 것으로 짐작된다.

그러나 삼국시대와 마찬가지로 일본의 화단에 결정적인 영향을 미쳤던 것은 말할 것도 없이 조선왕조시대이다. 특히 세종조를 중심으로 한 조선초기의 회화는 일본 室町時代(1333~1573)의 수묵화 발전에 더없이 큰 영향을 미쳤다.

이러한 영향은 사신을 따라 오고 간 양국의 화가들에 의해서 그곳에 심어졌다. 1423년에 우리나라에 왔다가 다음해에 돌아간 周文은 그 대표적인 예이다. 周文은 京都의 相國寺에서 활약한 15세기 일본 최고의 선승(禪僧)화가로 한국의 산수화를 받아들여 일본수묵산수화를 꽃피운 개조(開祖)로 추앙되는 인물이다. 그가 우리나라를 다녀간 이후에 제작되었다고 믿어지는 작품들에는 더욱 조선초기 산수화의 영향이 짙게 나타나 있다. 그의 작품들이 보여주는 특징들, 이를테면 흩어진 경물들로 짜여진 구성이며, 수면과 안개를 따라 전개되는 넓고 퍼스펙티브한 공간 개념이며 그밖의 여러 요소들이 조선초기 산수화의 강한 영향을 반영하고 있다.

이러한 周文의 화풍은 岳翁을 비롯한 그의 추종자들에 의해 하나의 뚜렷한 맥 또는 전통을 형성하였던 것이다. 따라서 脇本十九郎 같은 양심적인 학자가 이미 1930년대에 "日本에서 무로마찌(室町) 시대에 水墨산수화가 유행하게 되었던 사실 자체부터가 조선회화의 영향에서 비롯된 것이다"라고 주장했던 것은 참으로 지당한 견해라고 볼 수가 있다.

周文 못지않게 室町시대의 일본회화에 지대한 영향을 미쳤던 화가는 우리나라에서 그곳에 건너가 활약했다고 믿어지는 秀文과 文淸이다.

秀文은 李秀文으로도 알려져 있는데 周文과 일본어에서는 다같이 '슈우분'으로 발음되나 서로 다른 인물이다. 秀文은 명대(明代)의 중국인으로 오전(誤傳)되기도 했고 한국적 취향이 강한 曾我派의 비조(鼻祖)로 믿어지기도 했다. 그러나 그의 작품인 〈黑墨畵冊〉이 발견됨으로써 1424년에 도일했던 우리나라 화가임이 분명하게 되었다. 그의 작품들은 산수화와 대나무가 대표적인데 특히 대나무는 잎이 크고 줄기가 가는 조선초기 묵죽화의 전통을 그대로 보여준다.

文淸은 인물과 산수에 모두 뛰어났는데 일본에서 1450년대와 1460년에 크게 활약하였다. 그도 화풍으로 보면 우리나라에서 일본에 건너가 그곳 화단에 적응하며 활약했던 인물로 믿어진다.

이러한 대표적 화가들의 예를 논외로 하더라도 室町시대 일본의 회화에는 우리의 조선초기 화풍의 영향이 다각도로 엿보이고 있는데 이에는 우리나라에서 건너간 수많은 화적(畵跡)들이 또한 큰 역할을 했다고 믿어진다.

조선시대 회화의 영향은 임진왜란 이후 국교가 다시 정상화되었던 17~18세기의 일본화단에도 통신사를 따라간 우리나라의 화원들을 통해 여전히 강하게 미쳤던 것이다.

이제 우리는 이러한 과거의 역사적 사실들에 입각해서 현재의 우리를 반성해보아야만 할 것이다. 일제시대 이후 현재의 우리나라 화단에 아직도 강하게 잔존하고 있는 일본화풍, 우리 자신의 문화에 대한 무지와 편견, 외래문화의 무분별한 수용과 모방, 이런 것들은 한시바삐 시정하고 추방해야 할 매우 부끄러운 대표적 사례들이다. 우리는 이제 우리 자신의 전통문화를 보다 철저하게 연구하고 교육하여 문화적 긍지와 주체성을 되찾고, 이것을 새 문화창조의 활력소로 삼는 지혜를 발휘해야 하겠다.

『(창덕궁 소장)일본회화 조사보고서』 개설(槪說)*

I. 조사 경위

창덕궁에는 수십 점의 일본유물들이 소장되어 있으며 그 중에서도 회화가 가장 큰 몫을 차지하고 있다. 조선왕조와 대한제국의 궁궐이었던 창덕궁에 일본회화류가 소장되어 있다는 것은 한·일 간의 관계 등 역사적 의의를 지니고 있을 뿐만 아니라, 이 작품들 자체에 대한 가치평가를 확인해 볼 필요성이 인정되어 학술적 조사가 이루어지게 되었다. 더구나 이 작품들 중에는 조선왕조후기의 통신사와 관계된 것들이 3점 포함되어 있음을 확인함으로써 더욱 큰 관심의 대상이 되었고, 또한 조사의 필요성도 이에 수반하여 커질 수밖에 없었다.

---

* 『(昌德宮 所藏)日本繪畵 調査報告書』(文化財管理局, 1987. 4. 25), pp. 9-13.

이에 문화재관리국은 서울대학교 인문대학 고고미술사학과 안휘준 교수로 하여금 조사단을 구성케 하고 학술연구조사를 위한 용역계약을 맺게 되었던 것이다. 이 조사를 위해 일본으로부터 일본회화의 전문가인 大阪大學 武田恒夫 교수와 통신사연구가인 이원식(李元植) 씨를 초청하고 국내의 관계학자 2명을 포함하여 조사연구진을 구성하게 되었다.

조사연구진의 구성은 다음과 같다.

책임연구원 : 안 휘 준(서울대학교 교수)
연구 위원 : 武田恒夫(日本大阪大學校 教授)
이 원 식(日本京都大學校 講師)
연 구 원 : 김 정 교(경희대학교 강사)
홍 선 표(홍익대학교 강사)

조사연구진은 창덕궁소장의 일본유물들 중에서 회화를 집중적으로 조사키로 하고 1986년 11월 15일부터 동년 12월 14일까지의 30일 동안 예비조사를 실시하였으며, 12월 15일부터 이틀 동안은 작품들에 대한 직접적인 공동조사를 실시하였다. 武田恒夫, 이원식 두 연구위원들의 해박한 전문지식이 이번 조사에 특별히 도움이 되었으며, 그 내용은 이 보고서에 포괄적으로 수용되었다. 그리고 조사기간 동안 문화재관리국 문화재 2과 및 창덕궁 관리사무소 관계자 여러분들의 협조와 노고가 큰 도움이 되었음을 밝혀둔다. 조사보고서의 집필은 다음과 같이 분담하였다.

I. 조 사 경 위 : 안 휘 준

II. 조사의 내용 : 안휘준

III. 조사의 성과 : 안휘준

IV. 유 물 해 설 : 김정교·홍선표

II. 조사의 내용

창덕궁소장의 회화를 비롯한 일본유물들은 江戶時代의 것으로 믿어지는 일부의 작품들을 제외하고는 대부분 19세기말~20세기초의 근대의 유물들로 확인된다. 江戶時代의 것들로 믿어지는 작품들은 뒤에 보듯이 德川幕府가 조선왕조에 선물로 보낸 통신사관계의 것으로 확인되거나 추정된다. 소장 유물의 대다수를 차지하는 근대의 작품들은 그 성격으로 보아 일제강점기에 량국 왕실 간의 관계를 통해 전해진 것으로 믿어진다. 그러나 이것들 중에서 상당수는 당시의 특수한 상황에 따라 우리나라 왕실이 일본에 대한 외교적 '제스츄어'로 거금을 들여 사들였던 작품들일 가능성이 높다고 추측된다. 따라서 창덕궁소장의 유물들은 江戶時代의 것이든 근대의 것이든 한일 양국 간의 외교와 문화관계를 반영하고 있다고 보아야 할 것이다.

임진왜란 이후 조선왕조와 德川幕府 간에 외교관계가 재개되고 이에 따라 통신사가 파일(派日)되는 등 양국의 사절단이 종종 교류되었다. 통신사가 파일될 때나 일본의 사절단이 내조(來朝)할 때에는 금병풍을 비롯한 많은 일본의 회화가 우리에게 보내졌음이 『通航一覽』이나 『古畫備考』 등의 저술들을 통하여 확인된다. 일본 측으로부터 받았던 회화를 비롯한 대부분의 작품들은 궁궐에 소장되었었을 것으로 믿어지지만 현재로서는 창덕궁 소장품 중에서 오직 3점만이 통신사관계의 것으로 확인될 뿐 그밖의 기록에 보이는 작품들은 행방이 묘연한 실정이다. 아마도 6.25사변 등의 격동을 겪으면서 문화재보호정책의 미비로 흩어졌던 것이 아닐까 추측된다. 창덕궁소장 유물에 관해서는 우리나라의 기록이나 대장(臺帳)이 아무것도 남아 있지 않다. 이 점은 앞으로 우리나라의 문화재는 물론 중국, 일본 등 외국의 문화재들에 관해서도 보다 적극적인 보존책이 마련되어야 함을 시사해 준다고 볼 수 있다.

창덕궁소장의 일본회화들은 금박 등의 금지(金地)바탕에 청록(青綠) 등의 농채를 사용한 장식성이 높은 그림들이거나 일본 특유의 수묵화로서 절충적인 화풍을 지닌 것들이 상당수를 차지하고 있다. 대부분의 작품들이 궁정취향에 맞는 장식성을 강하게 띠고 있는 반면에 보편적으로 격조가 특별히 높은 편은 아니다.

또한 이 작품들의 대부분이 병풍이나 가리개, 문짝그림 등으로 되어 있어서 창덕궁소장 한국회화의 경우와 마찬가지로 궁중에서의 일상생활에 사용되었던 실용적 기능의 유물들임을 말해 준다. 표구도 대부분은 일본식으로 되어 있으나 美州의 〈사계산수도(四季山水圖)〉의 경우와 같은 일부의 작품들은 한국식으로 되어 있어 일제시대에 체한(滯韓)했던 일본화가들의 작품도 끼어 있을 가능성이 높다고 믿어진다.

III. 조사의 성과

이번 조사를 통하여 얻은 성과를 요약하면 대체로 다음과 같다.

첫째로, 앞에서 언급한 통신사관계의 작품의 유물번호 135번과 136번의 〈芙蓉雁圖〉 병풍 1쌍이 분명하게 확인되었으며, 이밖에 유물번호 130번의 梅笑師信筆〈牡丹圖〉 병풍과 27번의 '光信' 인(印)이 있는 〈源氏物語團扇〉 병풍도 통신사와 관계가 깊은 작품들로 믿어진다.

유물번호 135번과 136번의 작품은 1쌍이며, 각기 6첩의 병풍으로서 모두 12면을 이루고 있으며, 다같이 금박지에 농채를 써서 제작되었다. 이 작품들은 대장에 올라 있는 것과는 달리 鵝鳥圖가 아니라 蘆雁圖임이 그림의 내용을 통하여 분명하게 밝혀진다. 이 작품들의 화풍과 『古畫備考』 卷45 '宮殿筆者'의 기록, 그리고 작품 위에 쓰여진 어제필(御製筆)의 찬문(贊文) 등에 의거하여 이 병풍화는 1748년에 우리나라 왕(영조)에게 기증하기 위하여 그려진 그림들이며 당시의 대표적인 狩野派 화가였던 狩野祐甫의 작품들로 확인된다.

狩野祐甫의 작품은 일본에도 전해지는 것이 매우 드물므로 이 작품들의 가치는 한일교섭사의 측면에서나 작품의 희소성에 있어서 대단히 크다고 하겠다.

참고로 『古畫備考』 卷45, '宮殿筆者'의 기록에는 寬廷元年(1748) 同断條(2002頁)에 "葪田雁秋草 一双 狩野友甫"라 되어 있고, 『通航一覽』 卷101, 191~192 頁, "寬延元年, 公方樣より 朝鮮國王へ"라 하여 영조에게 보낸 병풍 20쌍 중에 "田に雁秋草 狩野祐甫"의 구절이 보인다. 이들 일본기록에 보이는 '田雁秋草'는 蘆雁圖를 의미한다.

그리고 유물번호 135번의 작품에는 "御製筆 殿(?)中二障子 乃自昔年來如今展于此 豈曰偶然哉 辛未春"의 묵서명(墨書銘)이, 유물번호 136번의 병풍에는 "御製筆 此障何時得(?) 即予受昔年 元孫殿裏(?) 殿 今覽興懷先 辛未春"이라는 찬문이 적혀 있다. 이로써 보면 이 한쌍의 병풍들은 예부터 궁중에 전래되어 원손전(元孫殿) 중에 있었던 것임을 알 수 있다.

이 찬문에서 궁금한 것은 ① 신미년(辛未年)이 어느 해인가, ② 원손은 누구인가, ③ 이 찬문을 쓴 것은 영조인가 아니면 다른 후대의 왕인가 하는 문제들이라 하겠다. 이러한 문제들과 관련하여 『增補文獻備考』(上), 卷42, 帝系考三에 보이는 "英祖二十七年辛未 冊封元孫 懿昭世孫 爲王世孫"의 기록이 주목된다. 원손인 의소세손(懿昭世孫)은 장조(사도세자)의 맏아들로 휘(諱)는 정(琔)이었으며, 1751년에 왕세손에 책봉되었으나 다음해에 사망하였다. 따라서 『增補文獻備考』의 기록과 〈芙蓉雁圖〉 병풍에 적힌 찬문과는 잘 부합이 된다. 그러므로 이 병풍의 찬문은, 영조가 재위27년째인 신미년(1751)에 원손 정을 왕세손으로 책봉하면서 축하하기 위하여 이 병풍을 하사한 후 친람(親覽)하면서 썼던 것이라고 판단된다. 즉 1748년(영조24) 통신사가 파일되었을 때 일본막부의 장군 德川家重이 영조에게 증정해온 병풍을 1751년 신미년 봄(5월) 원손 정을 왕세손으로 책봉하면서 원손전 중에서 펴보고 찬을 썼다고 볼 수 있다(이원식 연구위원).

통신사관계의 작품으로 간주되는 또다른 예는 유물번호 130번의 〈牡丹圖〉 병풍이다. 이 작품은 금박지에 농채로 그려진 6첩병풍인데 '梅笑圖'라는 관서(款署)와 '榮信'이라는 주문방인(朱文方印)이 찍혀 있다. 榮信은 梅笑師信의 개명 전의 이름이다. 그가 1764년에 우리나라에 병풍을 그려 바쳤다는 사실이 일본 측 기록에 보이므로 이 작품은 바로 당시의 그의 진작으로 판단된다. 이러한 판단은 『古畫備考』 劵45, 宮殿筆者(2002頁)의 "明和元年(1764) 一雙梅笑師信"의 기록과 同書 卷39, 狩野譜(13頁)의 "梅笑師信 始興信又榮信 明和元年 朝鮮へ被下御屛風相勤"이라는 기록에 의거한 것이다. 따라서 이 〈牡丹圖〉 병풍도 1764년의 통신사와 직접 관련이 된다고 볼 수 있다.

이밖에 유물번호 27번의 〈源氏物語團扇〉 병풍의 선년화도 미상의 光信筆임을 도인(圖印)을 통해 알 수 있는데, 이 작품은 일본의 유명한 源氏物語를 그린 것으로서 江戶時代 중기경의 것으로 판단된다. 즉 다른 대부분의 근대 작품들과는 달리 연대가 올라갈 뿐만 아니라 궁정취향이 강한 작품이어서 통신사관계의 유물일 가능성이 높다. 그러나 이 작품에 관한 기록은 『古畫備考』나 『通航一覽』 등의 일본 측 기록에 보이지 않고 있어서 좀더 조사를 필요로 한다.

둘째, 종래에 분명치 않던 몇몇 화가들에 대한 확인이 이루어진 점이 하나의 괄목할 만한 성과라 하겠다. 유물번호 135, 136번의 작품을 1748년에 그린 狩野祐甫, 유물번호 130번의 〈牡丹圖〉 병풍을 1764년에 그린 梅笑師信(1728~1807), 유물번호 76의 〈琴棋圖〉 병풍과 유물번호 131번의 〈樹下雙鹿圖〉 병풍을 그린 佐久間鐵園(1850~1921) 등이 확인되고 유물번호 132번의 〈檜白鷺圖〉 병풍을 그린 平正雄이 下條桂谷(1842~1920)이라고 밝혀진 점 등은 그 대표적 예들이다.

이밖에도 134번의 〈桃雙鶴圖〉 병풍의 필자 峻南尙志(1851~1916)가 유명한 남화(南畫)작가였음이 판명되었고, 그의 생졸년(生卒年)이 확인됨으로써 그림 위에 적힌 "壬子夏日 峻南尙志 敬寫"의 관기(款記)에 의해 이 작품은 1912년에 그려졌으며, 우리나라의 왕실을 위해 그려졌을 가능성이 높음을 짐작하게 되었다. 이 작품의 제작연대는 또한 다른 근대 작품들의 연대를 추정하는 데에 좋은 참고가 된다.

셋째, 작품들의 제목이 과거에 잘못 붙여진 경우가 적지 않으며 적당한 기회에 시정이 요구됨을 확인하게 되었다. 유물번호 26번의 〈武士繡 2幅 가리개〉에서 무사는 日本能에 등장하는 인물로서 蘭陵王일 가능성이 높으나 확인을 요하는 상황에 있다. 유물번호 27번의 〈日本武家風俗圖〉는 源氏物語의 내용을 그린 그림임이 분명해졌으며 유물번호 135, 136번의 〈金箔鵝鳥圖〉 병풍의 경우도 앞에서 이미 지적했듯이 鵝鳥가 아닌 蘆雁을 그린 것임이 확실해졌다.

넷째, 본래 하나의 셋트를 이루었던 작품인데도 불구하고 별개의 다른 작품으로 간주되었거나 별개의 번호를 부여받았던 경우, 그리고 순서가 잘못되어 있는 경우가 확인되어 바로잡게 된 점도 중요하다고 생각된다. 몇 가지 예를 들면 다음과 같다.

① 유물번호 24번 〈雪中鷹圖〉 병풍(우폭)과 유물번호 25번 〈雪中熊圖〉 병풍(좌폭)은 분명하게 본래 하나의 셋트였음.
② 유물번호 28번 美州 필 〈四季山水圖〉 병풍(좌)와 美州 필 유물번호 129번 〈四季山水圖〉 병풍(우)은 본래 12폭 병풍이었는데, 현재는 별개의 작품으로 되어 있음. (129번은 춘하(春夏)를, 128번은 추동(秋冬)을 그린 것이므로 129번이 우측에, 128번이 좌측에 놓이던 병풍임.)
③ 유물번호 132번 〈檜白鷺圖〉 병풍(우)과 유물번호 133번 〈松鶴圖〉 병풍(좌)은 본래 12첩의 쌍폭병풍임.
④ 유물번호 207~210번의 〈山水, 蘆雁圖〉 병풍의 배열순서는 우로부터 210번, 207번, 208번, 209번 순으로 연결되는 병풍임.

이밖에 내력이 분명치 않은 화가들에 대한 연구는 앞으로 해결해야 할 과제로 남아 있다.

끝으로 창덕궁소장의 일본유물 중에는 서양화나 서양수(西洋繡) 등의 영향을 수용한 회화와 수들이 여러 점 포함되어 있어 일본 및 한국에 있어서의 근대 서양문물의 수용에 대한 양상을 엿보게 해주고 있는 점도 앞으로 유의해야 할 사항이라고 생각된다.

IV

박물관·미술관

그래도 박물관은 지어야-용산 국립박물관 문제의 해법-*

현재 용산에 짓고 있는 국립중앙박물관에 대해 여러 논란이 일고 있다. 심지어 골조 공사를 거의 마친 상태인 현재의 건물을 포기하고 처음부터 다시 시작하라는 다소 과격한 견해까지 나오고 있다.

3대 정권 이은 민족의 역사(役事)

새 용산 국립박물관과 관련해 현재까지 제기된 문제점들을 대충 정리하면 ① 부지의 적합성 여부 ② 설계상의 문제 ③ 전시계획의 문제 ④ 학예직원의 부족 ⑤ 전시품 부족 ⑥ 건축비 및 운영비 등 예산 부족 ⑦ 미군 헬기장 주변 환경의 정리 문제 ⑧ 공기(工期) 및 개관의 지연 ⑨ 부실 공사 논

* 『조선일보』 제25091호, 2001. 8. 30, 6면.

란 등을 꼽을 수 있다. 결론부터 얘기한다면 '그래도 박물관은 지어야 한다'는 것이다.

물론 문제는 산적해 있다. 이들 여러 가지 현안들은 어느 하나 가볍게 볼 수 있는 것이 없고, 국립박물관 자력으로만은 쉽게 풀 수 있는 것들이 없다는 데 문제의 심각성이 있다. 국립박물관이 속해 있는 문화관광부를 비롯한 정부 각 부처와 서울시 등의 적극적인 개입과 도움 없이는 해결될 수 없는 것들이 대부분이다.

예를 들어, 학예직원의 증원을 위해서는 기획예산처와 행정자치부, 평당 800만 원에 불과한 건축비와 태부족인 예산의 증액을 위해서는 기획예산처, 미군 헬기장 이전을 위해서는 국방부와 외교통상부, 전문인력의 양성과 수급을 위해서는 교육인적자원부, 주변 환경 개선과 도로망 정비를 위해서는 건설교통부 및 서울시의 적극적인 협조가 없이는 해결이나 개선을 기대할 수 없다. 이처럼 문제들이 여러 군데로 얽혀 있는 것이다.

이러한 문제들은 그러나 범정부 차원의 노력이 경주되면 해결될 수 있다고 본다.

이를 위해 주무 부서인 문화관광부와 국립박물관이 발벗고 나서야 함은 물론, 연관이 되는 정부의 다른 부서들도 '강 건너 불 보듯' 할 일이 아니라 문제들을 풀기 위한 지원을 하는 데 적극 나서야만 한다.

정부 여러 부서들 간의 원활한 협력체제를 구축하고 효율적으로 기능토록 하기 위하여 청와대나 국무총리실이 앞장서는 것도 생각해 볼 일이다.

국립박물관은 우리 민족의 뛰어난 지혜와 창의력, 기호(嗜好)와 미(美)의식, 그것들이 일구어 낸 혁혁한 업적과 시대별 변천을 일목요연하게 보여주는 우리 국가와 민족의 보고이다. 그것이 아니면 우리의 역사와 문화를 제대로 알기가 어렵다.

그러므로 훌륭한 국립박물관의 건설은 무엇보다도 중요한 일이다. 예산, 공기(工期), 개관 일자 등에 얽매여서 혹시라도 부실을 초래하는 일이 없도록 최선을 다해야 하겠다.

새 용산 국립중앙박물관의 건립과 관련하여 부지의 마련은 지난 정부가, 건설은 현 정부가, 마무리 작업과 개관은 다음 정부가 맡게 되는 등 3대에 걸친 정부가 일구는, 유례가 드문, 더없이 중요하고도 큰 역사(役事)라는 점도 주목된다.

관련 부처 함께 해결을

핵심적인 역할은 현 정부의 몫임을 부인할 수 없다. 따라서 현 정부의 문화적 업적을 평가함에 있어서 새 국립박물관의 성공적 건립은 가장 큰 기준이 될 것이다. 차제에 정부는 앞에 열거한 문제들을 해결하기 위한 합리적 방안의 수립, 범정부적 위원회의 설치, 박물관의 발전적 직제 개편 등을 폭 넓고 심각하게 고려해야 마땅하다.

이를 시행함에 있어서 이미 이루어진 여러 가지 일들이 충분히 고려돼야 하리라고 본다. 이를테면 신중한 검토 끝에 선정되고 충분히 보완된 용산 부지의 문제, 거의 골격이 완성된 건물의 설계 등은 현재의 실정에서 근본적인 변경이 어렵다고 생각한다. 불필요한 논란만을 야기할 것이다. 다만 부실공사로 제기되는 문제들은 철저히 파헤치고 충분히 바로잡아야 하겠다. 전시 설계상의 문제점도 개선을 위한 계속적인 노력이 요망된다.

서울대 교수 고고미술사학

사립(私立)박물관을 생각한다*

I. 머리말

선진국을 가늠하는 데에는 정치의 민주화, 자본주의 경제의 발달, 교육제도와 인재양성의 합리화, 문화의 발전, 과학의 발달, 민도(民度), 즉 국민의 문화수준 등 여러 가지 잣대가 있다고 본다. 여기에 필자는 박물관문화도 선진국 여부를 가리는 척도로 제시하고 싶다. 박물관의 숫자가 많을 뿐만 아니라 도서관처럼 곳곳에 골고루 퍼져 있고 내용이 한결같이 충실하면 틀림없이 선진국이고 그렇지 못하면 진정한 의미에서의 선진국이라고 보기는 어렵다고 생각한다.

이를 잘 입증해 주는 나라가 서양에서는 미국이고 동양에서는 일본임

---

* 『강좌 미술사』 37호(2011. 12), pp. 13-21; 『박물관학보』 21(2011), pp. 203-211.

을 부인할 수 없다. 이 나라들에는 수천 개의 박물관들이 곳곳에 세워져 있고 대부분의 박물관들이 시설, 소장품의 내용, 전시의 수준, 사회교육의 질, 구성원들의 전문성, 주변환경 등 모든 면에서 대단히 알차다. 미국과 일본은 참으로 전문가의 나라들일 뿐만 아니라 박물관의 나라들이라고 볼 수 있다. 비단 미국과 일본만이 아니라 영국, 프랑스, 독일 등 대표적인 선진국들은 미국이나 일본과 큰 차이가 없다고 보아도 좋다. 이 선진국들의 경우에 비추어 보면 박물관이 많으면 많을수록, 내용이 충실하면 충실할수록 국가와 국민들에게 도움이 된다는 사실이 분명해진다.

그런데 수천 개에 이르는 이 나라들의 박물관들은 대표적인 국공립박물관과 함께 대부분의 사립박물관들로 구성되어 있고, 대규모의 종합박물관들과 더불어 수다한 소규모의 특성화된 전문 박물관들로 이루어져 있음을 알 수 있다. 이는 앞으로 우리나라 박물관이 발전을 위하여 어떻게 하는 것이 바람직한지를 보여준다고 하겠다. 즉 대규모의 종합적 성격을 지닌 국공립박물관과 함께 소규모의 특성화되고 전문화된 사립박물관들이 많이 출현하는 것이 요구된다.

우리나라의 박물관은 국력이나 경제 수준에 비하면 양과 질 양면에서 아직도 대단히 미흡한 수준에 머물러 있다고 보지 않을 수 없다. 우선 수적인 측면에서도 아직 미흡하다. 국립중앙박물관과 한국박물관협회가 한국박물관 개관 100주년을 기념하여 2009년에 펴낸 『전국 박물관 미술관 지도』에 의하면 2009년 현재 우리나라에는 총 783개의 박물관과 미술관이 세워져 있음이 확인된다.[1] 이어령 초대 문화부 장관이 공언했던 1000개의

1 지역별 숫자를 보면 서울 143, 부산광역시 17, 대구광역시 15, 인천광역시 18, 광주광역시 15, 대전광역시 21, 울산광역시 4, 경기도 154, 강원도 70, 충청북도 45, 충청남도 45, 전라북도 32, 전라남도 41, 경상북도 73, 경상남도 50, 제주도 50개이다.

박물관 세우기가 숫자의 면에서는 얼추 이루어져 가고 있는 느낌이 든다. 그러나 수적인 문제보다도 더 아쉬운 것은 많은 경우 내용이 충분히 충실하지 못하다는 점이다. 이러한 상황을 벗어나 장족의 발전을 도모하기 위해서 요구되는 것은 무엇보다도 특성화된 사립박물관들이 많이 세워지고 내실을 기하게 하는 일이라고 생각된다. 즉 사립박물관이 국공립박물관과 마찬가지로 똑같이 중요함을 인식하고 그 육성에 다같이 진력해야 하겠다. 이러한 관점에서 사립박물관에 관하여 이런저런 문제들을 고려해 볼 필요가 있다고 생각한다.

II. 왜 사립박물관인가

사립박물관을 가장 쉽게 이해하는 방법은 사립학교와 대비하여 보는 것이라고 생각한다. 서로 공통되는 점들이 많기 때문이다.

첫째로 사립학교와 사립박물관은 뜻이 있는 개인이나 사설기관 혹은 단체가 주체가 되어 세워진다는 점이다. 사립학교의 설립자들이 대부분 교육을 통하여 국민을 깨우치고 나라를 발전시키고 싶어 하는 데 비하여 사립박물관 설립자들은 문화예술을 통하여 그것들을 실현하고자 한다는 점에서 약간의 차이가 있을 뿐 그 큰 뜻은 마찬가지라고 할 수 있다.

교육을 사립학교들 없이 국공립학교만으로 충실하게 이룰 수 없듯이 문화예술도 사립박물관 없이 국공립박물관만으로 제대로 키워가기 어렵다. 사립박물관들 없이 문화예술의 보존, 계승, 연구, 조사, 전시, 사회교육, 홍보를 만족스럽게 해낼 수는 없다. 국공립학교와 사립학교가 교육이라는 수레의 양쪽 바퀴 역할을 하듯 국공립박물관과 사립박물관도 문화예술의 양쪽 바퀴의 기능을 발휘한다. 이는 결국 국공립학교와 사립학교들이 없다면 교육에 심각한 문제가 발생할 것이 뻔하듯이 박물관의 경우에도 다양한 사립박물관들이 없다면 문화예술의 계승·발전에 이런저런 어려움이 생겨나게 될 것이 분명하다.

둘째로 사립학교나 사립박물관들은 개인의 재산과 재물을 쾌척하여 세워진다는 사실이다. 개인이 부동산 투기나 재산 증식을 외면하면서 사립학교나 사립박물관 설립에 거금을 쾌척한다는 것은 사실상 큰 결심과 희생을 전제로 하지 않고는 불가능한 일이다. 사립학교의 설립자나 운영자들 중에는 부정을 저질러 문제를 일으키는 경우도 종종 있는 게 사실이지만 대부분의 선량한 설립자들은 희생정신의 구현자들이라고 볼 수 있다. 사립박물관의 설립자들은 희생정신만이 아니라 문화예술에 대한 짙은 애정으로 평생 모은 자료들까지 쾌척하는 것이어서 더 대단하다고 볼 수 있다. 많은 소장품들은 고가의 금전적 가치나 자료적 가치를 지닌 것들이어서 단순히 금전의 쾌척만이 아니라 평생 동안 소장품 하나하나에 대한 애정까지도 함께 넘기는 것이어서 보통 사람들은 할 수 없는 일이라 하겠다. 물론 대부분의 경우 자신이 설립한 박물관에 기증하는 것이고 기증한 후에도 소장품과는 관계가 완전히 끊어지는 것은 아니지만 순수한 개인 소유로 지니고 있는 것과는 엄연히 다를 수밖에 없는 것이어서 높게 평가하지 않을 수 없다. 또한 사립학교들은 수업료의 징수를 통해 비교적 용이하게 재정적 문제를 해결할 수 있으나 박물관들은 그렇지 못하여 희생이 훨씬 크다고 하겠다. 소액의 입장료는 운영에 큰 도움이 못된다.

셋째로 사립박물관의 설립은 결국 공익성을 추구하는 것임을 부인할 수 없다. 개인의 돈을 들여서 장기간에 걸쳐 유물들을 사들이고 이것들을 사재를 털어서 세운 박물관에 기증하고 이를 일반에게 전시를 통하여 공개함으로써 공익에 기여하는 것이다. 이는 국가가 할 일을 대신하는 것으로서 국민들에게는 문화 향유의 기회를 제공하는 것이고 국가에는 문화발전에 기여하는 것이라고 할 수 있다. 마땅히 치하하고 현창할 일이라 하겠다.

III. 사립박물관을 어떻게 할 것인가

사립박물관들이 차지하는 비중이 워낙 크기 때문에 그 발전을 위하여 무엇을 어떻게 할 것인지에 대하여 다각적인 측면에서 생각해 볼 필요가 있다. 사립박물관들 스스로가 자체적으로 할 일들과 국가 혹은 정부나 지방자치단체들이 할 일들이 있다고 볼 수 있다.

1. 자체적으로 할 일

한국의 사립박물관들은 대부분 열악한 상태에 놓여 있다고 보아도 무방할 것이다. 대개의 경우 재정 형편이 어려워서 하드웨어(hardware)에 속하는 건물과 시설은 물론 소프트웨어(software)에 해당되는 소장품의 내용과 질, 학예직의 전문성과 인적 구성, 전시의 방법과 수준 등 구석구석에 허술하고 미흡한 측면들이 많이 눈에 띈다. 모든 것이 돈이 드는 일들이어서 예산 등 재정 문제의 해결 없이는 개선이 어려워 보인다. 그러나 그렇다고 박물관을 열어놓고 방치할 수만은 없는 노릇 아닌가. 주어진 예산 범위 안에서나마 박물관의 발전을 기하는 데 최선을 다하여야 한다고 본다.

그러기 위해서는 우선 목표를 설정하는 것이 필요하다고 본다. 먼저 큰 목표로서 필자는 ① 내실화, ② 특성화, ③ 전문화를 꼽아야 한다고 본다. 이것들에 관하여 약간의 언급을 해두고 싶다.

1) 내실화(內實化)

개인, 단체, 기관을 막론하고 발전을 도모함에 있어서 가장 긴요한 것은 내실을 기하는 일이라 하겠다. 건물의 안정성 유지와 효율성 제고, 보안시설과 도난 방지시설의 설치와 보완, 소장품의 계속적인 수집과 체계적인 관리, 도서실의 기본 장서의 확보와 지속적인 보충, 소장품과 도서의 전산화, 학예직을 비롯한 관리 인력의 전문성 제고, 자원봉사자(docent)의 확보와 적절한 활용, 사회교육 프로그램의 실시와 교육 효과의 조사측정 등등 내실을 기할 부분은 한없이 많다. 사실상 박물관의 모든 것이 내실화의 대상이 아닐 수 없다. 그러나 이것들을 모두 한꺼번에 실시한다는 것은 재정형편상 어려울 수밖에 없다. 따라서 우선순위를 정하여 실시하는 것이 바람직하다고 본다. 돈이 비교적 덜 들고 손쉬운 것들로부터 시작하여 돈이 많이 들고 어려운 일들로 확대해 나가도록 순차를 정하여 시행하는 것이 합리적일 것이다. 그러나 건물의 관리, 보안시설과 화재방지 시설의 운영에 관해서는 돈이 들더라도 최우선적으로 실시할 수밖에 없다.

비교적 돈을 적게 들이고 할 수 있는 일들 중에 장서의 확보와 자원봉사자의 활용을 들고 싶다.

이제는 고고학, 미술사학, 민속학 등 박물관과 관계가 깊은 분야들에 직장으로부터 정년퇴임하는 학자들이 꽤 있고 그들 중에는 평생 모은 장서를 어떻게 할지 고민하는 경우도 더러 있다. 이들의 장서를 박물관에 문고를 설치하는 조건으로 기증받거나 유치하는 방법도 생각해볼 만하다. 비교적 적은 비용으로 박물관에 꼭 필요한 도서를 갖출 수 있고 모두에게 도움이 되는 일이라서 추진해 봄이 마땅하다. 기타 자료들의 경우에도 마찬가지이다. 봉사자들의 확보와 도움도 매우 긴요하다. 박물관과 밀접하게 연관되어 있는 고고학, 미술사학, 민속학 등의 분야들에서 배출되는 인력이 전에 비하여 풍부하고 각급 박물관들의 특설강좌들에서 열심히 공부한 사람들이 많아졌을 뿐만 아니라 이들 중에는 봉사정신이 투철한 인물들도 많다. 이들 중에서 자신의 전공을 살려서 자원봉사자로 일하기를 원하는 사람들에게 자료의 전산화, 전시 안내, 사회교육 보조 등에서 기여할 수 있도록 하여 경험과 경력을 쌓도록 해주는 것도 피차에 도움이 되고 박물관의 내실화에 보탬이 될 것으로 본다.

이러한 사례는 박물관의 내실화와 연관된 수많은 일들 중에서 아주 적은 일부분에 지나지 않는다. 내실화에 도움이 될 일들을 찾아보면 얼마든지 있을 것이다. 또한 이러한 일들을 추진하는 과정에서는 이런저런 보이지 않는, 또는 예기치 못한 장애나 어려움이 생길 수도 있을 것이다. 그러나 여건이 허락하는 범위 내에서라도 내실을 위해 끊임없이 노력해야 하는 것이 박물관인들이 도맡아야 할 사명 중의 하나라고 생각한다.

2) 특성화(特性化)

사립박물관의 발전은 특성화에 있다고 해도 과언이 아니다. 한정된 재원과 예산으로 종합적 성격의 국공립박물관들과 겨루는 것이 대부분의 경우 처음부터 무리이다. 오히려 특성을 살려서 차별화하는 것이 바람직하다. 특성화야말로 대다수 사립박물관들이 기여하는 방법이고 스스로 돋보이게 하는 방편이다. 그런데 사실은 대부분의 사립박물관들은 출범할 때부터 특성화를 기본으로 하고 있다. 사립박물관의 설립자나 설립주체가 사업상의 업종과 직접 관계가 있는 물품들을 모으거나 특정한 분야에 취미와 관심을 가지고 수집한 물건들이 축적되면서 박물관을 시작하는 경우가 대부분이기 때문이다. 이렇듯 애초부터 자리 잡힌 이 특성화를 어떻게 키워가고 내실화하느냐가 결국 발전을 좌우하게 된다고 볼 수 있다.

우리나라 사립박물관들이 얼마나 다양하게 특성화되고 있는지를 한국박물관 100주년 기념에 적극 참여하고 있는 26개 전문 사립박물관들이 다루고 있는 분야만 보아도 쉽게 알 수 있다. 자연염색, 한복, 자수, 보자기, 화장, 장신구, 다도, 옹기, 도자기, 한옥, 목가구, 등잔과 등화, 쇳대, 금속 공예, 한지, 민화, 탱화 및 괘불, 불교공예, 목인, 석공예, 탈, 한방, 무신도, 짚풀공예, 상업과 화폐, 고인쇄, 농경 등 실로 다양하다. 여기에 포함되지 않은 보다 많은 사립박물관들의 경우까지 범위를 넓혀서 본다면 그 다양함은 더욱 괄목할 만할 것이다. 이처럼 다양한 특성화를 사립박물관들이 아니면 어디에서 찾아볼 수 있겠는가. 국공립의 종합박물관들에서는 이처럼 똑떨어지는 특성화와 다양화를 절감할 수가 없다. 바로 이러한 특성화와 다양화야말로 사립박물관들만이 이루어낼 수 있는 특징이라 할 수 있다. 사립박물관들의 이러한 특성은 무엇보다도 수집품, 즉 수집품의 내용이 어떤 종류이고 그 수준이 어느 정도인지에 따라서 박물관의 특성화와 격조가 결정되게 마련이다. 그러므로 특성화에 필요한 소장품과 보조자료나 도서 등 참고자료들을 지속적으로 늘려나가고 보강하는 일이 요구된다. 전시도 이를 드러내야 하고 이를 통해 사회와 문화발전에 이바지하는 방향으로 추진됨이 마땅하다고 본다. 그 박물관에 가면 그 분야의 유물은 물론 그 분야의 모든 시청각 자료까지도 접하고, 구하고, 누릴 수 있어야 특성화된 전문박물관이라 일컬을 수 있을 것이다.

3) 전문화(專門化)

박물관은 특성화와 함께 전문화가 요구된다. 특성화가 소장품을 비롯한 박물관의 내용과 관계가 깊다고 한다면 전문화는 특성화된 내용을 어떻게 키워갈 것인지에 관한 운영이나 방법에 관한 문제라고 보아도 좋을 것이다. 넓은 의미에서 전문화는 내실화와 특성화의 한 방편이기도 하다. 그러므로 전문화 없이는 진정한 의미에서의 특성화나 내실화도 이루어지기 어렵다. 이렇게 보면 전문화야말로 박물관과 관련하여 무엇보다도 중요하다고 볼 수 있다.

박물관의 전문화는 구성원들의 전문성에 의해 좌우된다. 구성원들 중에서도 학예직의 전문성이 특히 중요함은 말할 것도 없다. 그러므로 특성화를 성공적으로 이루어내기에 적합한 전문성을 갖춘 학예직의 확보와 활용이 필수적이라 하겠다. 그러나 전문성이 뛰어난 학예원을 영세한 사립박물관이 고용하여 활용한다는 것은 쉬운 일이 아니다. 특히 가족단위로 운영되는 박물관의 경우에는 더 말할 것도 없다. 그렇지만 박물관의 전문성과 전문화는 어떠한 경우에도 가장 중시되고 철저히 시행되어야만 한다. 전문성을 갖춘 제대로 된 인재를 고용할 여건이 안 될 경우에는 박물관에 관여하는 가족들이 교육을 통하여 국가가 정한 자격을 갖추게 하는 방법을 택해야 할 것이다.

전문화를 위하여 전문 인력과 함께 중요한 것은 전문 도서와 자료의 확보라 하겠다. 이에 관해서는 이미 내실화를 논하면서 언급한 바 있어서 이곳에서는 생략하기로 하겠다.

이처럼 사립박물관들이 자체적으로 할 일들이 많고 중요함을 알 수 있다. 박물관들이 스스로 내실화, 특성화, 전문화를 위하여 부단히 노력을 경주하는 것이 요구된다.

이를 제대로 해내기 위해서는 전문가들로 구성된 자문위원회를 설치하고 운영하는 것이 바람직하다고 본다. 자문위원들의 전문적 식견과 고견은 크게 참고가 될 것이다. 많은 사립박물관들은 비용을 염려하여 자문위원회를 설치하는 것을 꺼리지만 대다수의 전문가들은 회의비만을 받고도 자신들의 고견을 제공하는 데 인색하지 않다. 박물관에 도움이 된다면 그들은 기꺼이 전문적인 지혜를 제공할 것이다. 박물관 측의 진실성과 진지함이 이들의 지혜를 모으는 관건이 될 뿐이다.

우리나라 사립박물관의 발전을 위해서 선진국들의 대표적 사립박물관들이 어떻게 성공하였는지에 대한 사례들을 수집하고 참고하는 것도 대단히 유익할 것이라고 본다. 외국의 이러한 사례들은 불필요한 실패를 사전에 막아주고 성공의 길로 인도할 것이다.

2. 국가와 지방자치단체가 할 일

사립박물관들이 자체적으로 내실화, 특성화, 전문화를 위해 노력해도 예산, 시설, 인력, 운영 등 여러 가지 면에서 부족하기 쉽다. 이 때문에 국가나 지방자치단체로부터의 지원이 요구된다. 마치 각급 사립학교들이 정부나 지방자치단체의 재정적, 행정적 도움을 필요로 하는 것과 마찬가지이다.

사립박물관들은 설립 주체는 개인이나 사설단체이지만 설립 목적은 공익을 위한 것이므로 국가의 보호와 지원을 받는 것이 당연하다고 본다. 특히 국가가 할 일을 사재를 털어서 대신 하는 것이므로 국가나 정부는 당연히 사립박물관들을 소중하게 여기고 육성에 힘써줘야 한다.

정부나 지방자치단체들이 사립박물관들을 돕는 방법에는 여러 가지가 있을 수 있지만 그것들을 크게 묶어서 본다면 재정적 지원과 제도적 지원으로 구분될 수 있을 것이다. 이것들 모두가 사립박물관들의 발전에 도움이 됨은 물론이다.

1) 재정적 지원

열악한 상황의 사립박물관들에게 제일 절박한 것은 재정적 지원일 것이다. 그러나 이는 쉬운 일이 아니다. 정부나 지방자치단체들도 항상 예산은 제한되어 있고 지원해야 할 곳은 많기 때문에 고충이 클 수밖에 없는 것이 사실이다. 또한 국공립박물관들을 우선적으로 지원해야 할 책무도 있어서 사립박물관들까지 돕기가 어려운 입장이다. 그렇지만 사립박물관들도 공익을 위하여 세워진 기관들이어서 주체만 다를 뿐 역할은 국공립박물관들과 크게 다를 바가 없다. 각급 사립학교들이 국공립학교들과 마찬가지로 국가의 교육을 나누어 하고 있고 그 때문에 국가의 재정적, 행정적 지원 및 지휘감독을 받고 있는 것과 진배없다고 하겠다. 이러한 관점에서 정부나 지방자치단체들은 사립박물관들을 재정적으로 도울 수 있는 체제를 구축해야 마땅하다.

예산지원은 사립대학들의 예를 참고하여 책정할 수 있을 것이다. 물론 정부 예산을 투입할 경우 엉뚱하게 쓰이지 않도록 제도적 조치를 취하고 철저하게 감시·감독해야 할 것이다. 수혜를 받는 사립박물관들은 알토란 같은 공금을 100% 박물관 사업에 값지게 활용해야 함은 말할 것도 없다.

직접적인 재정적 지원과 함께 각종 세제상의 혜택을 제공함으로써 지원 효과를 배증시키는 것이 바람직하다. 물론 현재도 이미 이런저런 세제상의 혜택을 주고 있는 것이 사실이지만 그 정도가 미미하여 큰 효과를 내고 있다고 여기기 어렵다. 이를 대폭 확대하여 실질적인 도움이 되도록 할 필요가 있다고 생각한다. 이런 세제상의 혜택 부여는 사립박물관들에게 지대한 도움이 될 것이다.

2) 제도적 지원

사립박물관들을 돕는 방법에는 앞에서 얘기한 재정 지원과 세제상의 혜택 제공 이외에도 제도적인 측면에서 도움이 되는 길도 있다. 사립박물관들은 설립 과정에서부터 관리와 운영에 이르기까지 여러 가지 많은 어려움을 겪는다. 이러한 어려움들을 최소화하고 헤쳐나갈 수 있도록 지도해주는 제도적 장치를 정부와 지방자치단체들이 마련해 운영한다면 사립박물관들에게 얼마나 크고 믿음직한 도움이 될는지 불문가지(不問可知)이다.

이를 위하여 정부와 지방자치단체들에 박물관 지원팀 같은 일종의 태스크 포스(task force)를 정식 기구나 조직으로 설치하는 것이 바람직하다고 생각한다. 이런 박물관 지원팀은 수시로 사립박물관들의 고충을 듣거나 자문에 응하고 필요한 도움을 제공할 수 있을 것이다. 그렇게 하려면 이러한 지원팀은 박물관 전문가들과 법이나 제도에 밝은 행정전문가들로 짜여져야 할 것이다.

이와 함께 사립박물관 발전에 특별히 괄목할 만한 기여를 한 인물들을 현창하는 것도 대단히 바람직하다고 본다. 현재는 한국박물관협회가 '자랑스러운 박물관인상'을 재정하여 시행하고 있지만 격을 높여서 정부 차원에서 포상하고 격려하는 것이 요구된다고 하겠다.

지방자치단체들이 해당 지역의 발전과 연계하여 그 지역의 사립박물관들을 키우고 홍보해서 상호 도움이 되도록 하는 방안도 바람직하다고 본다. 자기네 지역이나 구역에 규모는 작아도 알차고 자랑할 만한 사립박물관들이 있는데도 키워 줄 생각도, 홍보할 의사도 가지고 있지 않은 지방자치단체들을 보면 여간 안타까운 일이 아니다. 그들은 이러한 박물관들을 키우고 활용하는 것이 문화의 발전에 기여하고 결과적으로는 지역의 발달에도 도움이 된다는 사실을 깨우쳐야 할 것이다.

관내의 초·중·고등학교 학생들이 학급 단위로 사립박물관들을 탐방하도록 권장하는 것도 박물관과 학생들 상호간에 큰 자극이 될 것으로 믿는다. 이미 국공립박물관들의 탐방은 이루어지고 있으므로 이를 사립박물관으로까지 확대시키면 그 의미는 더욱 커질 것이다. 다만 한꺼번에 많은 인원을 수용하는 것은 무리이므로 학급 단위로 탐방을 실시함이 좋으리라 생각된다. 이를 통해 박물관의 교육적 기능과 기여가 확대될 것이다.

IV. 맺음말

이제까지 우리나라의 사립박물관들과 관련된 사항들을 이것저것 간략하게 적어 보았다. 그 주요 내용들을 토대로 하여 지향할 바를 다시 한번 정리해 보면 다음과 같다.

첫째로 사립박물관들은 개인이나 사설 단체 등에 의해 세워졌지만 공익을 위한 것이므로 국공립박물관들과 똑같이 중요하다. 사립학교들이 국공립학교들과 똑같이 중요한 것과 같은 이치이다.

둘째로 사립박물관들의 설립자들은 개인의 재산과 평생 모은 문화재를 기증하여 박물관을 세움으로써 국가가 할 일을 대신하는 것이므로 이들의 숭고한 정신은 현창할 만하다. 사립학교의 설립자들 이상의 공헌을 하는 것으로 보아 마땅하다.

셋째로 사립박물관의 설립자들과 관계자들은 박물관을 세우는 것만으로 안주하지 말고 내실화, 특성화, 전문화를 통하여 지속적으로 발전을 도모하고 국가와 사회에 크게 이바지해야만 한다.

넷째로 국가와 지방자치단체들은 사립박물관의 공익성을 인정하고 존중하여 국공립박물관들과 동등하게 여기고 재정적 지원, 세제상의 혜택 제공, 여러 가지 제도적 지원을 베풀어서 지속적인 발전을 돕고 전통문화의 계승과 발전에 이바지하도록 해야만 한다. 사립박물관들의 발전은 곧 전통문화의 올바른 계승과 새로운 진전을 의미하며 국운의 상승을 표징하는 것임을 우리 모두가 항상 유념해야 하겠다.

'한국 대학박물관 발전을 위한 협의회' 개최에 즈음하여*

〈취지문〉

오늘날 우리나라의 대학박물관들은 잘 인식되고 있듯이 두 가지 큰 사명을 띠고 있다고 믿어진다. 그 하나는 대학교육 내지는 사회교육에 적극적으로 이바지하는 것이고 다른 하나는 우리의 역사와 문화를 연구하는 데 필요한 각종 문화재를 모집, 보존, 전시, 조사, 연구하는 문화기관으로서의 기능을 발휘하는 일이라 하겠다. 즉 국가발전에 긴요한 교육적 기능과 문화적 기능을 함께 발휘해야 할 입장에 놓여 있는 것이다. 우리나라에서 대학박물관이 발전하게 된 연유도, 또 앞으로 더욱 발전해야만 할 당위성도 바로 이러한 사명에서 찾아볼 수가 있다.

....

* 『古文化』 21(韓國大學博物館協會, 1982. 12. 31), pp. 3-4.

1930년대에 싹이 돋아나기 시작한 우리나라의 대학박물관은 반세기가 지난 오늘에 이르기까지 적어도 외적으로는 많은 성장을 해왔다. 1961년 5월 5일에 결성된 한국대학박물관협회의 회원교수가 당시의 18개교에서 금년 6월 총회 때를 기하여 52개교로 늘어난 한 가지 사실만으로도 이를 쉽게 짐작해 볼 수가 있다. 그러나 이러한 외적인 성장과 더불어 내적인 발전이 과연 알차게 이루어져 왔는지, 그리고 주어진 사명을 충분히 수행해 왔는지에 대해서는 반드시 긍정적으로만 보기는 어려운 게 사실이다.

아직도 많은 대학들이 대학박물관의 설립을 보지 못하고 있으며, 이미 설립된 박물관들조차 박물관다운 인적 구성이나 시설, 그리고 재정적 여건을 갖추고 있지 못하고 있는 경우가 많다. 즉 실질적으로 대학박물관으로서의 역할을 제대로 수행하지 못하고 있는 대학들이 많은 것이다. 이러한 상태의 개선이 없이는 대학박물관의 진정한 발전을 기대하기는 어렵다.

현재 대부분의 대학박물관들이 안고 있는 많은 문제들은 인재난, 재정난, 시설난의 소위 삼난(三難)으로 집약된다. 말하자면 거의 모든 대학박물관들이 다소간을 막론하고 이 삼난을 겪고 있는 것이다. 이러한 삼난은 비단 대학박물관만이 겪고 있는 것은 물론 아니다. 우리나라의 많은 교육기관과 문화기관들이 겪고 있는 보편적인 현상이라고도 볼 수 있다. 그러나 그것이 대학박물관의 경우에는 더욱 심각한 상태에 있는 것이다. 이 삼난을 어떻게 극복하느냐에 대학박물관 발전의 관건이 달려 있다고 볼 수 있다. 전문인력의 확보와 기용, 대학박물관 사업을 펴고 이끌어가기에 적정한 재정적 지원, 그리고 소기의 역할과 기능을 충분히 발휘할 수 있는 제반시설의 확보가 이루어질 때 각 대학박물관은 비로소 제대로의 궤도에 오르게 될 것이다.

오늘 한국대학박물관협회가 이러한 모임을 갖게 된 것도 결국 상기(上

記)한 문제들을 어떻게 해결할 것인지를 함께 모색해 보자는 데 가장 큰 뜻이 있다고 볼 수 있다. 이러한 관점에서 대학박물관의 발자취를 더듬어 보고, 현재의 우리가 안고 있는 제반문제들을 파헤쳐 보며, 그 개선방안을 함께 탐색해 보는 것은 매우 큰 의미를 지니고 있다고 하겠다.

우리 대학박물관 관계자들의 이러한 노력이 앞으로 어느 땐가는 결실을 맺게 될 것으로 본다. 또한 이러한 노력이 각 대학의 경영자들은 물론, 대학박물관과 관계가 깊은 문교부나 문화공보부 당국의 이해를 넓히고 따뜻한 배려를 얻게 되는 계기가 되었으면 하는 마음 간절하다. 대학박물관의 기능과 역할이 국가적으로 매우 중요하기 때문이다.

이번에 이러한 의의 깊은 모임을 가질 수 있도록 장소를 마련해 주시고 아낌없는 성원을 해주신 제주대학교 총장 현평효(玄平孝) 박사님, 이 모임이 가능하도록 모든 실무적인 어려움을 감내하고 도와 주신 동교박물관장 현용준(玄容駿) 교수님과 관계직원 여러분, 그리고 바쁘신 중에도 옥고(玉稿)를 내주시고 발표를 맡아주신 진홍섭(秦弘燮), 안승주(安承周), 윤세영(尹世英) 세 분 선생님께 한국대학박물관협회의 회원 여러분과 함께 충심으로 감사의 말씀을 드린다.

1982년 11월

한국대학박물관협회장 안휘준

본태박물관의 개관을 반기며*

어느 특정한 나라가 선진국인지의 여부를 판단하는 데는 여러 가지 기준이나 잣대가 있지만 그 중의 한 가지로 박물관의 숫자와 견실성도 빼놓을 수 없다고 봅니다. 이러한 선진국에는 다양한 박물관들이 도서관처럼 곳곳에 설립되어 있으며, 그 내용 역시 충실하여 자국의 국민들에게는 물론 세계인들에게 문화적 서비스를 성실하게 해내고 있습니다. 우리나라는 약 8백 개에도 미치지 못하는 박물관들이 세워져 있고, 그 내용 역시 수준의 편차가 심한 편입니다. 과거에 비하면 질량 면에서 많이 나아졌지만 아직 선진국 수준에는 이르지 못하고 있습니다. 이러한 상황에서 본태박물관의 개관을 맞게 되어 여간 기쁘지 않습니다.

본태박물관의 개관이 유난히 반가운 이유는 단순히 우리나라에 박물

---

* 『본태박물관 개관 기념전』(본태박물관, 2012. 6. 11), p. 9.

관의 숫자가 하나 더 늘어난다는 데만 있지 않습니다. 설립취지, 전시의 목적, 위치, 건물의 특징 등 본태박물관이 드러내는 여러 가지 특성들이 여타의 박물관들에 비하여 차별성이 두드러져 보이기 때문입니다. '전통과 현대를 아우르고', '인류 본연의 아름다움을', '아름다운 예술 작품을 통해', '탐구하고 연구하는 것을 목적으로'하고 있다는 취지에서 이 박물관이 지향하는 바를 분명히 알 수 있습니다. 시대로는 고금(古今)을 아우르되 예술 작품들을 통하여 아름다움의 원형과 본질을 밝히고 대중에게 올바르게 알리겠다는 굳은 의지와 선한 취지가 또렷이 드러납니다.

두 동의 전시관에서 한 동은 고미술, 다른 한 동은 현대미술에 배정한 이유도 당연한 일로 이해됩니다. 전통미술, 즉 고미술을 담는 전시관1은 5개의 전시실에 궁, 안방, 사랑방의 용품들, 장신구, 목기, 보자기, 부엌용품 등의 생활 미술품들이 전시되어 '생활 속의 미술'을 보여주는데, 이는 생활과 미술이 서로 유리된 것이 아니라 불가분의 밀착된 것이었음을 밝혀준다는 점에서 현대의 우리에게 큰 교훈이 아닐 수 없습니다.

본태박물관이 자리잡은 곳이 제주도 서귀포시인 점도 관심을 끕니다. 누구나 알 듯이 제주도는 풍광이 아름답고 기후가 온화한 섬이어서 우리 국민 모두가 자주 가고 싶어 하는 곳일 뿐만 아니라 외국의 관광객들이 제일 많이 몰리는 지역입니다. 우리 미술 문화의 아름다움과 특성, 즉 본태(本態)를 알리는 데 있어서 서울 이상으로 중요하고 적합한 곳이라 하겠습니다. 제주도에 이미 세워져 있는 50여 개의 박물관들과 함께 본태박물관의 역할이 더욱 크게 기대되는 이유이기도 합니다.

세계적인 건축가 안도 타다오가 설계한 건물도 본태박물관을 더욱 돋보이게 합니다. 주변의 자연 경관과 잘 어울리는 형태, 건물의 본태를 숨김없이 드러내는 날콘크리트의 재질, 전시의 효율성을 높여주는 공간 배정 등이 모두 두드러져 보입니다.

본태박물관의 창립과 개관이 이행자 설립자 님의 헌신과 미술사를 전공한 김선희 관장님의 전문성 덕분임을 간과할 수 없습니다. 관장님과 직원들의 노고에 문화재 분야 종사자의 한 사람으로서 고마움을 느낍니다. 본태박물관의 개관을 마음으로부터 거듭 축하하면서 우리 미술 문화의 '본태'만이 아니라 박물관 운영의 '본때'도 계속 보여주고 탐구하기를 기대합니다.

안휘준
서울대학교 고고미술사학과 명예교수

함평군립미술관 〈오당 안동숙관〉 개관을 축하함*

안휘준(安輝濬)
(서울대학교 인문대학 고고미술사학과 명예교수
문화체육관광부 동상·영정심의위원회 위원장)

우리나라는 삼국시대부터 현대에 이르기까지 수많은 화가들을 배출하였고 그들이 남긴 작품은 부지기수이다. 그럼에도 불구하고 그들 중 극히 일부만이 오늘날 작품이 온전하게 전해지고 있다. 전란, 화재, 수해, 인재 등으로 대부분의 작품들이 멸실되었기 때문이다.

우리나라 회화사상(繪畵史上) 삼대가로 꼽히는 신라의 솔거(率居), 고려의 이녕(李寧), 조선왕조 초기의 안견(安堅)조차도 사정은 별반 다를 바 없다. 이들 중 오직 안견만이 걸작 〈몽유도원도(夢遊桃源圖)〉 한 점을 남기고 있을 뿐이다. 만약 〈몽유도원도〉마저 남아 있지 않다면 안견도 솔거나 이녕처럼 이름만 남은 화가가 되었을 것이다. 이는 고대의 화가들만이 아니라 근·현대 화가들의 경우에도 마찬가지이다. 이러한 사실은 화가나 작가들

* 『함평군립미술관 吾堂 安東淑 기증 작품 도록』(함평군립미술관, 2011), p. 9.

에게 자신의 작품을 온전하게 남겨서 후세에 전하는 것이 얼마나 중요한지를 절감케 한다.

이와 같은 관점에서 우리나라의 대표적 현대 화가의 한 분인 오당(吾堂) 안동숙(安東淑) 교수의 소중한 작품 120점이 함평군립미술관에 항구적으로 소장되게 된 것은 여간 반갑고 다행한 일이 아니다. 오당선생에게는 분신과도 같은 귀한 작품들이 한 곳에서 안전하게 보관될 뿐만 아니라 전시를 통하여 널리 소개되어 다행이고, 함평군은 일거에 대표 작가의 작품들을 확보하고 군민들을 위한 문화 사업을 적극적으로 펼칠 수 있는 기회를 포착하게 되었기 때문이다. 이는 양측 모두에게 행운이 아닐 수 없다. 요새 말로 양쪽이 모두 윈윈(win win)하는 계기가 마련된 것이다. 이 어찌 경하할 일이 아니겠는가. 양측 모두에게 충심으로 경하하는 바이다. 특히 이 일을 주도한 함평군 안병호 군수의 지혜로운 용단과 현명한 대처에 대하여 치하한다.

앞으로도 계속 함평군립미술관은 전문성을 갖춘 학예사의 채용, 활발한 전시와 교육을 통하여 오당 작품들을 십분 활용하고 함평의 미술문화를 진작시키는 계기로 삼아주기를 기대해 마지않는다.

오당 안동숙 선생의 건강과 함평군 및 함평군립미술관의 무궁한 발전을 마음으로부터 기원하는 바이다.

2011. 10.

재단 사업 방향 재정립이 필요한 때*

삼성미술문화재단 창립 30주년을 진심으로 축하하면서 보다 큰 발전을 바라는 의미에서 몇 가지 일반적이고 기본적인 졸견들을 사업 면과 인력 면으로 나누어 적어보기로 하겠다.

먼저 사업 면에서는 첫째, 30주년을 기해서 재단이 지금까지 해온 일들을 냉철하게 되돌아보고, 앞으로 나아가야 할 방향을 설정하고 전망해 보는 것이 필요하다. 이와 함께 투자효과를 점검해 보는 것도 긴요하다.

둘째, 지금까지 해온 사업들을 검토하여 계속할 것과 중단할 것을 결정해야겠다. 다른 기관이나 단체들이 많이 하고 있는 사업은 굳이 삼성미술문화재단이 계속할 필요가 없다고 본다.

셋째, 미술문화 진흥을 위해 앞으로 무엇을 어떻게 하는 것이 보다 바

* 『삼성문화』 23(三星文化財團, 1995. 3. 30), pp. 38-39.

람직한지 정책적 차원의 연구와 진단을 담당할 기구를 설치해야 할 필요가 있다.

넷째, 재단이 30년 동안 실시해온 미술문화 사업에 관하여 체계적으로 홍보하는 것이 요망된다. 이것은 삼성그룹이나 재단을 선전하기 위해서라기보다는 정부와 국민이 그 업적을 올바르게 이해하고 앞으로의 사업에 협조토록 하는 데 더 큰 의미와 목적이 있다.

또한 이렇게 홍보함으로써 다른 기업들도 미술문화 진흥에 적극 동참토록 하는 부수적 효과도 낼 것이다.

다음으로 인력 면에서 요망되는 점들을 적어보겠다.

첫째, 재단의 간부들은 물론 직원들을 임용단계에서부터 좀더 엘리트화 하고 전문성을 더욱 제고시켜야 한다고 본다. 이를 위해 대학이나 학계의 협조를 구하기 바란다.

둘째, 미술문화 분야의 인력양성과 활용을 위해 장학제도의 확립, 외국유학 등의 지원이 필요하다. 그리고 우리 문화의 올바른 해외 소개를 위해 외국학생들과 학자들을 국내에 유치하여 연수시키거나 지원하는 것도 바람직하다.

셋째, 외국의 유수한 대학과 박물관들에 삼성교수직과 삼성학예직을 확립하는 것도 생각해 볼 만하다.

넷째, 미술문화 분야의 직원들이 자유로운 분위기에서 연구에 전념하고 창의성을 마음껏 발휘할 수 있도록 배려해야 한다고 생각한다. 기업체나 회사원과는 다른 배려가 요구된다.

보스턴 미술박물관*

미국에서 가장 유서 깊은 문화의 도시를 들자면 대서양 연안의 보스턴을 꼽게 된다. 뉴잉글랜드지방이라고 불려지는 미국 동부의 매사추세츠 주의 수도인 보스턴은 미국의 역사와 때를 같이 해온 문화와 학술의 중심지인 것이다. 하버드, MIT 등을 비롯한 미국의 전통 있는 1급 남녀대학들의 태반이 보스턴 근교에 몰려 있는 것만 보아도 이 도시의 성격이나 위치를 대강 짐작해볼 수 있다.

보스턴의 이러한 지위를 유서 깊은 대학들보다도 오히려 더 잘 그리고 보다 효과적으로 대변해주고 있는 곳이 바로 보스턴미술박물관이라고 하겠다.

이 박물관은 1869년에 설립 취지가 공표된 후 보스턴문고의 회화, 조

---

* 『月刊 三星文化文庫』 44(三星美術文化財團, 1977. 4. 20), 4면.

각, 공예 등의 수집품과 하버드대학의 판화수집품, 그리고 MIT의 건축모형 등을 기증 받아 1876년에 개관함으로써 그 역사가 시작되었다. 보스턴미술박물관은 시나 주정부에 의존하지 않고 시민들의 증여나 헌금에 의해 운영되는 순수한 사립박물관이다.

박물관 운영상의 중요한 결정은 보스턴문고, 하버드대학, MIT, 보스턴시 그리고 매사추세츠 주에서 선임한 대표들로 구성된 이사회의 의결을 거쳐 이루어진다.

소장품의 범위나 양, 그리고 질적인 면에서 세계 굴지의 종합박물관으로 꼽히는 보스턴미술박물관은 그 웅대한 소장품을 효율적으로 보존·전시·연구·교육하기 위하여 여러 가지 부서를 갖추고 있다. 우선 학술연구부문의 구성을 보면 동양미술부·고전미술부·장식미술 및 조각부·이집트미술부·회화부·판화 및 드로잉부·직물부 등의 8개 전문분야로 나누어져 있다. 이들 부서들에는 사계(斯界)의 권위 있는 학자들이 큐레이터로 활동하고 있음은 물론이다.

이밖에 박물관의 운영에 따르는 사무와 관리를 맡아보는 행정과 각 분야의 전문도서들을 고루 갖춘 도서실·사진도서실·출판부·홍보과·판매부·보존과학실 등이 고루 갖추어져 활발히 움직이고 있다. 또 박물관 미술학교가 설치되어 있어 인근의 대학과 협조하여 학사·석사·더프로마 과정의 미술학도들을 길러내고 있는 것도 하나의 특색이다.

그러나 무엇보다도 이 박물관을 세계적으로 유명하게 하고 있는 것은 중국·일본·인도·메소포타미아·이집트·그리스·로마·유럽·미국 등의 동서고금의 미술문화를 적나라하게 보여주는 심대한 양의 훌륭한 소장품이라 하겠다.

먼저 중국·일본·인도 등의 동양미술 소장품은 특히 괄목할 만한 것이어서 동양미술사를 전공하거나 관심이 있는 사람이면 누구나 들르지 않으면 안 되는 곳이다. 전(傳) 염립본(閻立本) 필(筆)의 〈역대십삼제왕도(歷代十三帝王圖)〉, 송(宋) 휘종(徽宗) 필(筆)의 〈오색앵무도(五色鸚鵡圖)〉 등의 중국 고대회화를 비롯한 동양의 회화·조각·공예의 걸작들이 수없이 많다.

이 동양미술 소장은 대규모의 개인소장품들을 증여 받은 것이 기초가 되었던 것인데, 이를 키우고 연구하는 데에는 동양미술사 연구의 초기 단계에 큰 공적을 세웠던 훼노로사·岡倉天心·쿠마라수와미 등의 학자들의 공헌이 컸다.

지금은 이 박물관의 관장서리를 맡고 있는 네덜란드 출신의 얀·폰타인 박사가 동양미술부 부장으로 취임한 이후로는 우리나라 미술에 관한 관심도 비교적 높아져서 어둠침침한 곳에나마 따로 조그마한 방을 마련하여 고려자기를 비롯한 공예품들을 전시하고, 층계의 벽에 약간의 불교회화도 걸어놓고 있다.

중국이나 일본미술이 받고 있는 대접에 비하면 초라한 것이지만 그나마 서양에서 우리나라의 미술을 전시하기 위해 방을 따로 마련한 곳은 이 곳이 거의 유일하지 않나 생각된다. 구미의 개인소장들에 사장(私藏)되어 있는 우리나라의 미술품들이 이러한 중요한 박물관들에 모여져서 우리 미술의 진면목을 보여줄 때가 오기를 차제에 기대하는 마음 간절하다.

동양미술품 소장 이외에도 메소포타미아문명을 이해하는 데 빼놓을 수 없는 유프라테스 출토의 유물들도 지중(至重)한 것이다. 그리고 1882년에 창설된 이 박물관의 이집트미술부는 대영박물관의 그것과 더불어 특히 유명하다.

1905년부터 1947년까지 40여 년간에 걸친 하버드대학과 이 박물관의 합동발굴로 이루어진 수확으로 인해 더욱 알찬 내용을 갖추게 되었다. 그 소장품의 내용은 기원전 4천년께의 전 왕조시대 것으로부터 기원전 1세기 전후의 로마시대 것까지가 위주로 되어 있다.

이밖에도 그리스와 로마의 미술품, 19세기의 미국의 회화와 구라파의 인상파 회화 등도 막중한 비중을 차지하고 있다.

시민들의 힘과 협조에 의해 세워지고 움직여온 보스턴미술박물관은 그러한 성격을 잘 반영이라도 하듯이 전시와 교육활동을 통해 시민들에 대한 봉사를 철저히 하고 있다. 양반이라고 스스로 일컫는 보스턴의 문화인들의 대부분이 직접·간접으로 이 박물관과 유대를 가지고 협조하고 있다.

근래에 더욱 치열해지고 있는 미국 내 대도시들 간의 문화적 경쟁에서 보스턴이 뒤지지 않고 종래에 지니고 있던 미국의 最古·最高의 문화 도시로서의 이미지를 유지하기 위해서는 더욱 적극적인 시민들의 협조가 요망되는 듯하다.

미술사를 공부하기 위해 하버드대 대학원에 유학하던 6년 반 동안 나는 이 박물관을 수없이 드나들었다. 이 박물관의 큐레이터들이 이끄는 세미나에 참석하기 위해, 학교에서 내주는 숙제를 하기 위해, 종종 열리는 특별전을 관람하기 위해, 그리고 때로는 고독한 휴일을 보내기 위해 빈번하게 찾곤 하였다.

학교 담장 바로 밖에 있는 정거장에서 지하철을 타고 보스턴박물관을 오가며 보고 느끼고 배우던 일은 나에게 가장 잊을 수 없는 추억의 하나가 되었다. 이 박물관은 또한 내가 미술사학도로 성장하는 과정에서 하버드의 포그미술박물관과 함께 가장 큰 영향을 끼쳤던 곳이기도 하여 늘 기억에 새롭다.

안휘준 〈홍대 교수·미술사〉

유럽 '문화 인프라'를 보고: 전통-현대 조화로 풍부한 관광자원 활용*

안휘준
〈서울大교수·박물관장〉

중앙일보사가 구성한 선진국 문화·예술 시찰단의 일원으로 초청을 받아 영국의 런던, 프랑스의 파리, 이탈리아의 로마와 밀라노를 돌아보고 왔다.

개인적으로는 1969년과 73년 두 차례에 걸쳐 서유럽의 여러 나라들을 집중적으로 여행한 이후 22년 만에 유럽을 다시 찾게 된 것이다.

10년이면 강산이 변한다고 하는 옛말이 있건만 20여 년이 지났는데도 이 도시들은 별로 변한 것이 없어 보였다. 적어도 도심지의 모습만은 고색창연한 옛 모양 그대로였다. 하루가 다르게 변하는 서울의 모습과는 너무나 대조적이었다.

그렇지만 그 고도들도 주변 외곽지대에서는 현대식 건물들이 들어차

---

* 『中央日報』 제9387호, 1995. 7. 10, 47면.

있어 도심지의 고풍스러움과 큰 대조를 보여준다. 도심지는 변하지 않아도 외곽지대는 한껏 달라지고 있는 것이다. 특히 파리 근교에 세워진 라데팡스는 다양하고 창의적인 현대식 건물들로 이루어진 신도시의 범본이라할 만하다. 변함 없는 도심의 옛스러운 모습과 외곽의 현대적인 모양은 곧 옛 것은 그대로 고수하면서 동시에 새로운 것을 창조해가는 유럽 대표국들의 현명한 문화정책과 도시계획을 드러내는 것임에 틀림없다. 이러한 현상을 지켜보면서 그와는 정반대로 치닫고 있는 우리의 현실이 가슴아프게 느껴졌다. 이미 심하게 훼손된 서울·경주·공주·부여 등 우리의 역사적 고도들을 지금부터라도 어떻게 가꾸어갈 것인지와 관련해 꼭 참조할 필요가 있다고 생각한다.

런던의 대영박물관을 위시한 대부분의 박물관과 미술관에는 10~20여 명씩 단체로 입장하여 선생으로부터 강의를 듣는 어린 학생들의 진지한 모습이 자주 눈에 띄었다. 20여 년 전보다도 훨씬 두드러진 현상으로 관심이 끌렸다. 이따금 뒤에 서서 잠깐씩 들어보니 선생의 설명과 학생들의 질문 내용이 상당히 구체적인 것들이어서 놀랍고 부러웠다. 그러한 교육이 활성화되어 있고 또 그러한 교육을 받은 어린 학생들이 많은 나라의 장래와 문화가 밝을 수밖에 없는 것은 당연한 일이 아니겠는가.

유럽의 유서 깊은 도시들에서 느낀 것으로 결코 빼놓을 수 없는 것은 관광사업에 관한 것이다. 선조로부터 물려받은 유적·박물관·미술관·오페라 하우스 등은 물론, 밤무대를 활용하여 밀려드는 수 많은 관광객들이 즐거운 마음으로 돈을 떨구게 한다. 우선 주목되는 것은 전통을 고수함으로써 보전된 풍부한 관광자원으로서의 문화유산과 현대에 새롭게 개발된 상업적 오락물들이다. 이것들은 관광객의 관심과 호기심을 끌기에 족한 것들이다. 이것들이야말로 외국의 관광객들이 변함없이 줄지어 찾아오게 하는 요소들이다.

런던대학에서 미술사를 가르치고 있는 박영숙(朴英淑) 박사의 안내로 우리나라 전시실이 있는 박물관들과 고미술상점들을 둘러본 것도 기억에 남을 것이다. 우리나라 미술품 전시실들은 예나 지금이나 부적합한 위치, 협소한 공간, 안목 없는 전시, 전문가 없는 운영, 빈약한 소장품 등을 드러내고 있어 안타까웠다. 이와는 대조적으로 중국이나 일본의 경우 박물관에 전시돼 있는 것은 말할 것도 없고 고미술상점들에 진열돼 있는 것들조차 작품의 격, 전시효과 등에서 숨을 죽이게 하여 경탄과 함께 부러움에 한숨을 쉴 수밖에 없었다.

박물관의 전시내용과 방법이 그 나라의 문화와 역사를 알리는 데 결정적임을 고려할 때 우리 국민 모두가 관심을 가져야 하리라 본다.

20여 년 전 미국 유학중의 대학원생으로 유럽을 여행할 당시에 무엇보다도 부러운 눈으로 바라본 것은 안내원의 깃발을 따라 무리지어 다니는 일본의 평범한 단체여행객들이었다. 그러나 20여 년이 지난 이제는 여기저기에서 우리나라 단체관광객들을 허다하게 볼 수 있다. 또한 유럽의 공항들에는 으레 우리나라 대기업의 마크가 새겨진 짐 운반용 손수레가 놓여 있다. 한국음식점도 많이 늘어났다. 유럽을 오고갈 때 우리나라 비행기를 타고 우리 음식을 먹으며 여행할 수 있었다. 20여 년 전과는 대조적인 현상들이다. 이처럼 우리는 분명 발전해 왔으며 국력도 현저하게 신장됐음을 알 수 있다.

이제 앞으로의 보다 큰 비약을 위해서는 그 토대가 될 문화의 발전에 중지를 모아야 하겠다. 이번에 돌아본 유럽의 선진국들은 이를 위한 훌륭한 모델들을 우리에게 제시해준다.

V

문화인들

내가 아는 일랑 이종상*

안휘준(서울대학교 교수)

전공이 미술사인 덕택에 미술사 전공자는 물론, 문화재 전문가들, 박물관 관계자들, 역사학자들, 미술평론가들, 작가들 등 많은 사람들과 폭넓게 교분을 쌓게 된다. 별로 사교적이지 못한 성격이어서 내가 먼저 교제에 적극 나서는 편이 아니지만 업무상 자연스럽게 훌륭한 분들과 사귀게 되니 나로서는 여간 다행스럽고 고마운 일이 아닐 수 없다.

이러한 인연으로 만나게 된 인사들 중의 한 분이 일랑 이종상 화백이다. 현재 서울대학교 미술대학 동양화과 교수인 일랑을 처음 만난 것은 20년 전인 1978년 11월이었다. 당시 나는 홍익대학교 미술대학 미술사 담당 교수로서 그해 6월에 막 개원한 한국정신문화연구원에 차출되어 초대 예술연구실장을 맡고 있었던 관계로 매우 분주한 생활을 하고 있었다. 개원한

---

* 『한그림 40년: 일랑 이종상의 삶과 예술』(한길아트, 1999. 5. 5), pp. 185-188.

지 6개월도 안 되었던 때라 외국 출장을 갈 입장이 아니었으나 일본 나라의 야마토분카간(大和文華館)에서 처음으로 개최된 〈고려불화전〉은 모든 면에서 도저히 놓칠 수가 없어 열일 제치고 참관을 결심하게 되었다. 이때 문화재관리국의 협조하에 황수영 박사(전 동국대 총장), 일랑, 필자 등 세 사람이 함께 여행을 하게 되었다. 황수영 박사는 불교미술 전문가로서, 일랑은 불교회화기법의 전문가로서, 그리고 필자는 한국회화사 연구자로서 함께 참관을 하였던 것인데, 이때의 전시는 일본에 있는 대표적 고려불화를 최초로 한자리에 모아 개최한 종합적이고 체계적인 대규모 전람회였던 관계로 우리 모두는 큰 보람을 느꼈다. 이때 일랑은 어느 틈에 공부를 했는지 고려불화의 기법적 측면에 관해서 진지한 열변을 토하곤 하였다. 그때까지만 해도 고려불화를 직접 조사할 기회가 별로 없었던 나로서는 그의 해박함에 내심 놀라움을 금할 수 없었다. 이때부터 나는 그가 실기와 이론을 겸장한 비범한 작가임을 알게 되었다.

우리 일행은 일본에 도착하여 오사카의 한 호텔에 여장을 풀었는데 일랑은 여행용 가방에서 지필묵을 꺼내더니 일필휘지하여 잠깐 사이에 달빛을 받으며 물에 잠긴 매화가지를 그려내고 시구와 함께 관서하여 나에게 넘겨 주었다. 이 작품은 지금까지 늘 집에 걸어 놓고 일랑을 보듯 지켜보고 있다. 이 그림은 일랑과 나의 첫 인연, 잊을 수 없는 고려불화전, 함께한 즐거운 일본 여행을 늘 상기시켜 주는 귀중한 징표가 되었다.

이렇게 시작된 일랑과의 좋은 인연은 지금까지 20년째 계속되고 있다. 비록 소속 단과대학은 달라도 같은 대학의 동료 교수로, 대학박물관의 동료로, 문화재단의 자문위원이나 이사로, 일간지들이 주관하는 미술제의 운영위원이나 심사위원으로 우리는 종종 반갑게 마주치곤 했다. 앞으로도 이런 저런 이유로 자주 만나게 되리라 믿어 의심치 않는다.

이러한 만남들을 통하여 나는 일랑에 관하여 여러 가지를 보고 느꼈다. 우선 그는 건강한 체구에 걸맞게 의욕과 정열이 넘치는 인물이다. 그는 작품 창작이나 학생들 교육은 말할 것도 없고 그밖에 그가 관여하는 모든 일에 예외 없이 열심이다. 한번도 어떤 일에 뜨뜻미지근하게 소극적으로 임하는 것을 본 적이 없다. 언제나 마치 먹이를 본 굶주린 사자가 덤벼들 듯 열정과 지대한 관심을 가지고 달려든다. 비단 전공과 관계된 일만이 아니라 일상생활도 비슷하게 살아가고 있는 모양이다. 그가 누구보다도 헌신적으로 성당을 위해서 일하고 독실한 신앙생활을 하고 있는 점은 그 좋은 예일 것이다. 자동차 속의 전화를 포함하여 몇 대의 전화로 통신하고, 이곳저곳의 화실로 옮겨가며 작업하며, 강의와 회의로 쉴새 없이 바삐 내왕하면서도 지치거나 피로한 기색을 보인 적이 없다. 언제나 활력이 넘치고 일 욕심으로 가득 차 있는 듯하다. 어쩌면 타고난 체력과 긍정적인 그의 사고가 그를 그렇게 유지시켜 주는지도 모르겠다. 이밖에 사모님의 세심한 건강 관리도 한몫을 하고 있을 거라는 생각도 든다. 어쨌든 나에게는 그가 늘 경이롭게 느껴진다.

다음으로 생각나는 것은 일랑은 그야말로 다재다능한 인물이라는 점이다. 그가 본업인 그림에 뛰어나다는 것은 모두가 아는 일이다. 그림 이외에 글솜씨도 대단한 것도 아는 사람은 다 안다. 술자리에서 보니 술과 가무에도 탁월한 실력을 지니고 있음을 확인하게 되었다. 뿐만 아니라 자동차를 비롯한 기계에도 상당히 밝은 것으로 알고 있다. 행정을 위시한 일처리도 치밀하고 추진력이 뛰어나다. 그밖에 구수한 충청도 사투리와는 달리 사교에도 매끄럽다. 도대체 그가 잘하지 못하는 것이 무엇 하나 있기나 한지 모르겠다. 이 또한 내가 그를 매우 경이롭게 생각하는 소이이다.

그러나 무엇보다도 내가 그를 주시하는 이유는 그가 작가로서나 교육자로서 남다른 데가 많기 때문이다. 그는 25세 때인 1962년 제11회 '국전'에서 〈작업〉이라는 작품을 출품하여 내각수반상을 수상한 이래 승승장구하여 오늘날 대표적 작가가 되어 있다. 그는 왕성한 실험 정신과 남다른 노력을 기울여 새로운 화풍 창출에 성공해왔다. 그가 50대에 심혈을 다하여 동유화로 제작해온 원형상 시리즈는 그가 전통을 바탕으로 얼마나 다양하고 새롭게 자기 세계를 펼쳐왔는가를 잘 보여준다. 이 시리즈의 그림들은 조선시대의 지도나 명당도에서처럼 산들이 사방으로 젖혀진 모습을 하고 있는 이른바 사방전도식 혹은 개화식 구도를 기본으로 하고 있으면서 구성, 형태, 색채에서 부단한 변화를 빚어내고 있다. 그야말로 '전통을 바탕으로 한 새로운 창출'의 전형적이고도 대표적인 사례를 제시해 준다. 많은 작가와 학생들에게 훌륭한 범본이 될 것으로 믿는다. 이러한 일랑의 작업은 그가 오랫동안 다져온 벽화에 관한 연구와 결합되면서 벽화화(壁畵化), 대형화(大形化), 내구화(耐久化)되기도 하였다.

일랑의 화풍은 파리의 화단에까지도 전시를 통하여 널리 알려지게 되어 이제 그의 화명은 국내외를 막론하고 자자하게 되었다. 그가 지금까지 쏟아부은 부단한 노력의 대가가 이제 본격적으로 나타나는 셈이다.

또한 화가로서의 일랑이 남다른 점은 그가 미술이론에 각별한 관심을 지니고 있다는 사실이다. 그가 창작을 하는 작가이면서도 「동양의 기사상과 기운론 연구」라는 논문으로 철학박사 학위를 받은 사실 하나만으로도 그가 이론에 얼마나 많은 관심을 가지고 있는지를 쉽게 알 수 있다. 비단 학위논문으로 그치지 않고 기회 있을 때마다 미술이론과 관계 깊은 주제들에 관하여 꾸준히 적지 않은 글들을 써왔던 점은 그의 이 방면에 대한 관심이 일시적인 것이 아님을 잘 말해준다. 그가 미술이론의 필요성을 얼마나 중시하고 있는지는 무엇보다도 『월간미술』에 1억 원을 쾌척하여 미술이론 분야의 상을 제정한 데에서 잘 드러난다. 현대 우리나라의 미술계가 실기와 창작은 중시하면서도 이론의 중요성을 경시하는 경향을 현저하게 드러내고 있는 현실을 감안하면 일랑은 참으로 예외적인 식견과 안목의 인물이라고 간주하지 않을 수 없다. 그는 실기와 이론을 겸장한 대표적 인물인 것이다.

일랑과 관련하여 작가로서의 그 못지않게, 혹은 그 이상으로 중요한 것은 미술교육자로서의 면모라 하겠다. 그가 제자들을 유별나게 아끼고 훈련에 유난히 철저하다는 것은 널리 알려져 있다. 그는 재직하고 있는 서울대학교 미술대학 동양화과를 중심으로 제자 양성에 힘쓰되 타교 출신의 후배들도 너그럽게 받아들여 열성적으로 키워왔다. 이들이 출신 학교에 상관없이 한결같이 일랑을 존경하는 스승으로 모시고 있음을 본다. 일랑의 호를 따서 지은 낭우회는 그의 애제자들이 뜻을 모아 만든 것으로 알려져 있다. 스승인 일랑과 그가 아끼는 제자들인 낭우회 회원들 사이를 이어주는 끈끈한 사제간의 정은 가르침과 배움을 나누는 사람이면 누구나 부러워할 일이다.

이들의 관계가 이처럼 돈독한 것은 아마도 일랑이 실기와 이론 양면에서 제자들을 지극한 정성으로 가르치고 또 그 제자들이 스승의 뜻을 참되게 이해하고 있기 때문일 것이다. 그렇다면 일랑은 성공한 작가일 뿐만 아니라 교육자로서도 훌륭한 사표가 되고 있다고 하겠다.

왕성한 혈기와 정열로 창작과 교육에 임하고 있는 일랑이 금년에 화갑을 맞이하게 되었다니 잘 믿기지 않는다. 외모나 건강 상태는 마치 40대처럼 보이기 때문이다. 그를 존경하는 80여 명의 제자들이 모여 『한국미술의 자생성』이라는 제하의 기념 논총과 에세이집을 펴내기로 하고 필자에게도 졸문을 요청하기에 몇 자 적어 보았다. 작가 교수가 화갑을 기념하여 연구논총을 내는 것은 필자가 과문한 탓인지는 몰라도 국내에서는 처음 있는 일이 아닌가 생각된다. 역시 창작을 하는 작가이면서도 미술사와 미술이론에 남달리 크고 깊은 관심을 지닌 일랑다운 면모를 드러내는 일이라고 하겠다. 화갑을 맞이하여 일랑이 더욱 건강한 몸과 치열한 창작 의욕을 굳건히 지켜가면서 창작과 교육에 변함없이 기여해 주기를 빈다. 일랑의 화갑을 충심으로 축하하는 바이다.

지순임 교수의 정년을 축하하며*

안휘준(서울대학교 명예교수)

필자가 지순임 교수를 처음 만난 것은 33년 전인 1978년, 홍익대학교 대학원 미학·미술사학과에서였다. 필자가 미국 유학을 마치고 우리나라 최초의 공채교수로 홍익대학교 미술대학에서 가르치기 시작한 1974년으로부터 4년 뒤의 일이다. 이때부터 지순임 학생은 미학 강의들과 함께 필자가 담당했던 한국회화사를 비롯한 미술사 과목들을 열심히 수강하였다. 비단 필자가 담당했던 과목들이만이 아니라 다른 미술사 과목들도 폭넓게 공부한 것으로 알고 있다. 이는 미학 전공의 다른 학생들과는 현저하게 다른 점이라 하겠다. 대부분의 다른 미학 전공의 학생들은 굳이 미술사 과목들을 들으려 하지 않았으나 지순임 학생만은 미학과 대등하게 미술사를 중시하였다. 이때부터 지순임 교수는 미술사를 아는 극히 드문 미학자로 자리매김

* 『智와 사랑』(미술문화, 2012), pp. 15-20.

할 토대를 마련했다고 볼 수 있다. 오늘날 지순임 교수가 동양미학에 일가를 이루게 된 배경에는 지교수가 학생시절부터 이처럼 현명하게 스스로 학문적으로 넓게 보고 단단하게 바탕을 다졌던 일이 큰 몫을 하게 된 것으로 믿어진다.

당시의 지순임 학생은 넓게 보는 눈만 지녔던 것이 아니라 누구보다도 열심히 공부하고 노력하는 모범생이었다. 수강, 과제, 발표 등 무엇 하나 소홀히 하는 일이 없었다. 언제나 성실하게 최선을 다하는 학생이었다.

이러한 근면성실함은 세월이 흘러도 변하지 않았다. 지교수를 처음 만난 지 10년이 흐른 뒤에 지교수의 제의로 정재량 장학사와 함께 셋이서 중학교 1, 2, 3학년 미술교과서와 미술교사용 지도서 3권을 함께 쓰고 만들게 되었는데 이때 그의 성실함, 착실하고 능숙한 일처리, 넓은 식견, 높은 안목 등을 다시 한 번 분명하게 엿보게 되었었다. 1989년부터 7년간 사용된 이 미술교과서 3권과 교사용지도서 3권은 실기와 이론, 한국미술과 서양미술, 고미술과 현대미술, 회화·조소·공예·디자인 등의 분야가 모두 잘 짜여진 틀에서 합리적으로 균형을 이루고 있어서 지금 보아도 훌륭하다고 생각된다. 도판의 효과가 다소 떨어지는 것이 유일한 단점이었는데 이는 출판사의 책임이다. 이처럼 좋은 책들이 만들어질 수 있었던 것은 지교수와 정장학사의 노력 덕분이다. 저자들이 여러 번 만나고 숙의를 거듭하면서 많은 시간과 공력을 쏟아야만 했기 때문에 지교수의 진면목을 거듭 엿볼 수 있었던 것이다. 그때의 지교수의 모습은 지금도 모든 면에서 변함이 없음을 자연스럽게 확인하게 된다.

지순임 교수의 따뜻하고 반듯한 인품은 평생 지교수의 학문 연구를 물심양면으로 지원해온 부군 김병만 사장의 두터운 사랑과 한결같은 후원과도 깊은 연관이 있음을 가볍게 볼 수 없을 것이다. 이들 부부의 남다른 금슬과 인품이 자녀인 남매에게도 그대로 전해졌음은 그들의 밝고 사랑스러운 모습과 표정에서 고스란히 드러난다. 지교수는 이처럼 행복한 사람이다. 아니 행복을 스스로 일구고 키운 사람이라고 보아도 좋을 것이다.

지교수는 비단 가족들과 스승, 제자들로부터로만 사랑을 받는 사람이 아니다. 필자가 들은 바로는 그의 모교 설립자로부터 받은 기대와 사랑은 각별했다고 한다. 그가 남보다 앞서 일찍이 모교의 전임교수가 되었고 묵직한 보직들을 달고 지냈던 사실은 그런 소문이 조금도 틀린 것이 아니었음을 말해 준다. 그러나 이 밖에도 그 자신의 인격과 실력, 선배와 동료들의 신망이 없었다면 그것이 가능할 수 없었으리라는 점도 쉽게 짐작이 된다.

지순임 교수는 훌륭한 인격체일 뿐만 아니라 연구하는 학자이자 남을 가르치는 교수이다. 그러므로 인품이 아무리 훌륭해도 학자와 교수로서의 역량이 떨어진다면 공인으로서는 높이 평가하기가 어려울 것이다. 그런데 지교수는 학자로서도 교수로서도 너무나 훌륭하다. 인품 이외에 이 점 때문에도 필자는 지교수를 매우 아낀다.

지교수는 주지되어 있는 바와 같이 전공이 미학이다. 그 중에서도 우리나라 대부분의 미학자들이 추구하는 서양미학이 아니라 동양미학이다. 바로 이 점이 지순임 교수를 더욱 소중한 존재로 자리매김하게 한다. 아는 사람들은 알겠지만 우리나라에서는 동양미학을 전공하는 학자는 많지 않다. 그들 중에서 중요한 독자적 저술을 내는 학자는 더욱 희소하다. 지교수는 이 지극히 희소한 미학자들 중의 한 사람이다. 그러므로 그의 소중함을 미루어 짐작할 수 있을 것이다.

그간 펴낸 책과 논문들 중에서도 『산수화의 이해』(일지사, 1991)와 『중국화론으로 본 회화미학』(미술문화, 2005)은 단독 저서로서 돋보인다. 『산수화의 이해』는 책 제목대로 산수화의 전반적인 제반 문제들을 곽희를 중심으로 하여 짚어 본 저서인데 일지사에서 낸 데에는 이유가 있다. 즉 필자의 졸저 『한국회화서』를 발행한 출판사여서 자신도 같은 곳에서 내고 싶다고 하여 필자가 중간에 서서 저자와 출판사를 연결시켜 주었던 결과인 것이다. 또 다른 저서인 『중국화론으로 본 회화미학』은 중국의 고대 화론과 회화미학을 이해하는 데 널리 참고가 되고 있다.

이처럼 동양미학에 관한 저술 활동을 계속하면서 미학·예술학 연구회 회장으로 5년(1987.3~1992.2), 한국미학예술학회의 회장으로 8년(1992.3~2000.12)을 봉사하면서 미학과 예술학 발전에 누구보다도 많은 기여를 하였던 사실에서도 그의 왕성한 학문적 활동을 엿볼 수 있다.

교육자로서의 지순임 교수는 보나마나 그의 학생들에게 틀림없이 좋은 스승일 것으로 확신한다. 오랜 교수생활을 통해서 필자가 얻은 여러 가지 교훈적 경험 중의 하나가 "자신의 스승에게 좋은 제자가 될 수 없는 사람은 자신의 학생들에게도 훌륭한 스승이 될 수 없다"는 사실인데 지교수는 그의 모든 스승들에게도 변함없이 좋은 제자이기 때문이다. 그의 제자 됨을 보고 그의 스승 됨을 알 수가 있다.

지교수의 전문가로서의 활동은 그가 맡았던 교수직과 학생생활연구소 소장, 조형예술연구소 소장, 예체능 대학장, 기획입학처장, 기획처장, 박물관장 등의 여러 교내의 보직과 미국 하와이 주립대학 객원교수, 문화관광부 학예사 운영위원회 위원, 문화재청 문화재위원회 위원 등의 화려하고 다양한 이력에서도 잘 드러난다.

이제 정년을 코앞에 둔 지교수에게 선배로서 두 가지 무거운 부탁을 하고 싶다.

첫째는 정년을 한다고 해서 학문에서 손을 뗄 생각을 말라는 것이다. 잠시 휴식을 취한 후에 곧 한국미학의 기초를 놓고 다지는 일은 계속 해야 한다는 점을 강조하고 싶다. 모든 서양의 학문이 우리나라에 들어와 나름대로의 한국학을 발전시키는 데 기여해 왔음을 학자이면 누구나 알고 있다. 문학, 역사학, 철학, 종교학, 미술사학 등의 인문학 분야와 모든 사회과학 분야가 예외없이 그러함을 아무도 부인할 수 없다. 미학 분야에서도 누군가 그런 역할을 해야만 한다. 지교수는 앞에서도 밝혔듯이 대학원 시절부터 미학만이 아니라 미술사학, 특히 한국미술사와 동양미술사를 함께 공부한 극히 드문 학자여서 누구보다도 그럴 자격과 요건을 갖추고 있다고 하겠다. 정년을 맞이했다고 회피할 일이 아니다. 언젠가 한국미학개론, 한국미학사 같은 저서들이 나올 수 있으면 좋겠다.

둘째는 지교수 개인으로는, 더구나 정년을 바로 앞에 두고 있는 처지에서는 실현이 어려울 것이라고 믿지만 학생들에게는 너무나 중요한 일이어서 얘기 안 할 수가 없어서 하는데 꼭 한국미술사 전임교수를 학교가 채용하도록 건의하고 조치했으면 좋겠다는 것이다. 미술을 창작하거나 연구하는 미술대학의 모든 구성원들에게 가장 중요한 이론 분야가 한국미술사, 동양미술사, 서양미술사, 미학인 것은 미술대학 관계자이면 누구나 알고 있다. 그러함에도 불구하고 굴지의 명문 미술대학을 두고 있는 상명대학이 미술사 교수를 단 한 사람도 채용하지 않고 있는 것은 결과적으로 학생들과 학교에 손해를 끼치는 일이라고 생각한다.

지교수가 재직 중에 해결했더라면 더욱 좋았을 일이지만 늦게라도 노력을 경주해 준다면 그 학교와 학생들만이 아니라 나라에도 도움이 될 것이라고 확신한다. 단순히 한 사립대학만의 문제가 아닌 것이다. 나라 전체의 문제이다.

두 가지 다 지극히 어려운 과제들이고 또 필자가 얘기하기에는 주제넘는 일이라는 것을 알면서도 큰 짐 되는 고언을 하지 않을 수 없음을 헤아려

주면 고맙겠다. 정년은 열심히 연구하는 교수와 학자들에게는 홀가분하게 짐 벗는 절차가 아니라 공익을 위한 새로운 짐을 바꾸어 지는 계기라는 생각이 든다.

끝으로 건강한 몸과 마음으로 모두의 축복 속에 영예롭게 맞이하는 정년을 거듭 축하하며 앞으로도 계속 다복강녕하기를 빈다.

윤열수 관장의 고희를 축하하며*

우리나라는 요즘 민화(民畵)의 전성기를 누리고 있다. 15만 명이 넘는 민화 인구, 끊임없이 이어지는 수많은 전시회, 늘 만석을 이루는 민화 학술대회와 각종 강연회, 입도선매식의 디럭스판 고가 도록들의 매진, 날로 증가하는 『월간민화』 잡지의 애독자 숫자, 경향 각지의 우후죽순처럼 늘어나는 민화 단체들 등등만 보아도 전에 보지 못한 융성기임을 절감하게 된다. 그뿐만 아니라 연구의 측면에서도 옛날과는 현저하게 달리 수준이 날로 높아지고 있고 다변화되고 있어서 민화의 붐을 학술적으로 뒷받침하고 있다. 21세기에 접어든 이후 더욱 현저해지는 민화의 이런 발전상은 우리나라 예술문화계와 인문학 분야를 통틀어 볼 때 매우 이례적이고 경이롭기까지 하

* 한국민화학회 편, 『민화/어제와 오늘의 좌표, 윤열수 선생 칠순 기념 한국 민화 논총』(월간민화, 2016. 9. 1), pp. 10-11.

다고 느껴진다. 이는 '인문학의 위기'나 '미술계의 침체'와는 상반되는 일이어서 더욱 관심을 가지고 지켜보지 않을 수 없다.

이러한 '민화융성'의 배경에는 그것을 가능하게 한 여러 가지 요인들이 있을 것으로 믿어진다. 앞으로 철저한 연구를 요하는 관심사이자 주제라 하겠다.

우선 필자의 졸견으로는 ① 경제의 발전에 따른 생활의 안정과 여가의 확보, ② 국적불명의 서양적 미술에 대한 실망과 전통미술에 대한 관심의 증대, ③ 접근하기 쉬운 민화교육기관과 단체들의 증가, ④ 미술대학 졸업생들의 참여와 젊은 미술사가들의 동참, ⑤ 민화인들의 작품에 대한 넘치는 사랑 등이 어우러져 시너지 효과를 자아내고 있는 것이 아닐까 하는 생각이 든다.

이와 함께 절대로 간과할 수 없는 요인이 하나 더 있다. 바로 민화 융성의 견인차 역할을 한 인물들이다. 민화의 중요성을 깨달아 작품을 수집하고 박물관을 세우고 책자를 발간하고 매스컴을 통하여 홍보에 진력한 조자용(趙子庸, 1926~2000)을 비롯한 제1세대 민화전문가들과 그들을 이은 제2세대 후계자들이다. 여기서 이들 한 명 한 명에 대한 논의나 언급을 할 여유는 없다. 그러나 제2세대를 대표하는 윤열수(尹烈秀, 1947.8.10~현재) 한 사람만은 절대로 빼놓을 수가 없다. 조자용 밑에서 젊은 시절을 보내고 그를 이어서 민화의 세계를 넓히고 수준을 높이는 데 결정적인 역할을 한 사람이 바로 윤열수이기 때문이다. 그가 없었다면 현재의 민화 융성은 기대하기 어려웠을 것이라고 믿어진다. 그는 ① 넉넉하지 않은 경제적 여건 하에서 전국을 돌며 부인 최진옥 교수의 월급까지도 톡톡 털어서 눈에 띄는 대로 끊임없이 작품을 수집하였고, ② 웬만한 재력가들도 엄두를 못내는 박물관(가회민화박물관)을 세워 조사연구, 전시, 사회교육에 기여하였으며, ③ 지방자치단체들을 누비며 수도 없이 강연을 하면서 민화 홍보에 온몸으로 진력하였고, ④ 대학에서의 강의와 그가 조직한 가회민화아카데미에서의 교육프로그램을 통해 후진 양성에 최선을 다했으며, ⑤ 짬짬이 집필을 게을리 하지 않고 많은 저술들을 내었고, ⑥ 미술사 전공자들을 끌어들여 민화 연구의 수준을 높이고, 새로운 방법론을 추구해왔다. 모두 그가 아니면 해낼 수 없는 일들이다. 실로 대단한 일들을 그는 민화를 위해 헌신적으로 해왔다. 그를 높여보지 않을 수 없는 이유이다.

필자가 윤열수 관장을 높이 평가하는 이유는 이밖에도 더 있다. 바로 그가 조자용을 위해 대갈문화재단을 세우고 온갖 힘든 사업과 행사를 펼치고 있는 사실이다. 필자가 보기에 조자용-윤열수의 관계는 대학에서의 교수와 학생 사이에 맺어지는 사제관계가 아니라 조자용이 세운 에밀레박물관에서의 관장과 학예관의 관계에 지나지 않는다. 즉, 직장 상사와 부하직원의 관계에 불과하다. 또한 여러 가지 정황으로 보아 조자용이 윤열수에게 무슨 대단한 혜택을 베풀었거나 반대로 윤열수가 조자용에게 크나큰 신세를 졌거나 한 것으로 전혀 판단되지 않는다. 그저 한때의 관장과 학예관의 관계에 지나지 않는다. 설령 두 사람 사이에 사숙관계가 있었다 해도 그다지 대단한 것은 아니었을 것으로 추측된다. 그러므로 윤열수가 조자용을 위해 굳이 그렇게까지 힘든 일들을 하지 않아도 그만인 관계인 것이다. 그럼에도 불구하고 윤열수가 조자용을 위해 하는 일들을 보면 세상에 그렇게 돈독하고 모범적인 사제관계가 없다. 이 사례에서 필자는 윤열수가 세상에서 더 좋은 예를 찾기 어려운 '의리의 사나이'임을 분명하게 확인한다. 그는 단지 민화전문가로서만이 아니라 진실로 본받을 만한 모범적인 의리와 정직하고 근면성실한 인품의 표상이다. 그를 볼 때마다 필자의 가슴 속에 그에 대한 경의와 애정이 샘솟는 것은 오늘날 민화 융성이 가능토록 기반을 다진 그의 열정적이고 지혜로운 기여와 함께 변함없는 의리로 뭉쳐진 그의 참된 인간성 때문이다.

1947년생인 윤열수 관장이 한국 나이로 금년 8월 10일에 고희를 맞이한다고 한다. 큰 탈 없이 건강한 몸과 마음으로 고희를 맞이하는 그에게 아낌없는 축하를 보낸다. 앞으로도 지금까지처럼 변함없이 민화계의 발전에 계속 기여하시기를 기대한다. 그리고 평생 자신을 드러내지 않고 오로지 내조에만 힘쓴 민화계의 숨은 공로자 최진옥 교수와 함께 건강하고 행복하게 백년해로하시기를 빈다.

서울대학교 인문대학 고고미술사학과 명예교수

안휘준

이우복, 진솔한 삶과 넘치는 사랑*

안휘준 문화재위원장 · 미술사가

김우중 씨와 함께 대우 신화를 일구어낸 소운 이우복 회장. 그가 자서전이자 '미술 사랑 이야기'이기도 한 『옛 그림의 마음씨』를 상재(上梓)하면서 필자에게 후기를 요청하였다. 이 책은 소운이 평생 동안 남달리 사랑해왔던 그림과 화가들에 대한 내용으로 채워져 있다. 필자가 소운과 오랫동안 사귀면서 그의 사람됨과 미술에 대한 유별난 사랑을 누구보다도 잘 이해하고 있다고 믿었기 때문에 후기를 요청했다고 여겨진다.

돌이켜보면 소운을 알고 지낸 지가 어언 사반세기가 넘는 듯하다. 그동안 술잔을 앞에 놓고 많은 대화를 나누었는데, 때로는 형님 같기도 하고 선배 같기도 하였으며, 또 때로는 동호인이나 동지 같기도 하였다. 소운을

* 이우복 저, 『옛 그림의 마음씨: 애호가 이우복의 내 삶에 정든 미술』(학고재, 2006), pp. 309-312.

만날 때마다 나는 그가 여느 보통 사람들과는 다른 점을 지닌 특출한 인물이라는 사실을 거듭 확인하곤 하였다. 무엇보다도 소운은 남달리 강인한 의지와 끈덕진 집념을 지닌 분이다. 또 탁월한 능력을 바탕으로 두드러진 근면 성실과 특유의 친화력을 보여주었고, 본태적(本態的) 심미안을 갖추고 있다는 점도 빼놓을 수 없다. 그가 지닌 다른 어떤 특성들보다도 이 다섯 가지 장점들이 소운의 성공을 뒷받침하고 오늘날의 소운이 있게 한 근본 요인이라고 생각한다. 이러한 특장(特長)들을 지니고 또 발휘하였기에 대우의 신화를 창출하는 데 대들보 역할을 할 수 있었고, 우리 미술에 대한 애정도 남달리 돈독할 수 있었다고 믿는다.

그런데 소운이 이처럼 유난히 미술을 좋아하고 사랑하는 것은 그분의 출생과 성장, 교육과 생업 등의 배경을 고려하면 아무래도 특이한 일로 여기지 않을 수 없다. 소운은 충청남도 서천군의 한 농촌에서 태어나 어린 시절 상경하여 경기고등학교와 연세대학교 정치학과를 나온 엘리트이지만, 미술이나 문화를 체계적으로 이해할 만한 교육은 받지 못하였을 뿐만 아니라 평생을 국내 굴지의 대기업을 일으키는 데 바쳤다. 그러면서도 소운은 누구보다도 미술과 문화를 진정으로 사랑하고 올바르게 이해하는 지극히 드문 인물이다.

미술에 대한 강렬하고 부단한 사랑 때문에 그는 젊은 시절부터 박봉을 아낌없이 털어가며 우리 미술 작품들을 사들일 수 있었다. 그러면서 그는 옛날 그림에서 서예로, 현대미술로, 도자기와 민속품으로, 석물로 조금씩 자연스럽게 흥미의 영역을 넓혀왔다. 그렇게 관심이 커지면서 명작을 낳은 고금의 작가들에 대한 탐구심도 자연 깊어질 수밖에 없었고, 또한 그들이 산실을 찾는 일도 잦아질 수밖에 없었음이 분명하다. 그러면서 몇몇 미술사 전공자들과의 교분도 두터워지게 되었다. 이런저런 과정을 거치면서 소운의 타고난 미감과 미의식은 예리한 관찰력과 분석적 사고의 뒷받침을 받게 되었다. 이 책에 실린 우리 문화유산, 예술인의 삶과 열정, 회화 작품 등에 관한 글들이 이를 잘 말해준다. 작품을 뜯어보고 서술하는 양태가 단순한 미술 애호가나 수장가의 수준을 넘어서 있다. 그의 글들을 읽으면서 그의 진솔한 삶과 생각, 미술에 대한 넘치는 사랑, 많은 예술가나 학자들과의 교유 등을 보다 구체적으로 이해하게 된다. 소운의 본태적 심미안은 이처럼 오랜 관심과 애정, 드러내지 않는 공부를 통해 그 자신만의 세계로 다져진 듯하다.

소운은 '대우'라는 기업을 키우면서 고달픈 삶을 살았다. 일에 치이고 불면의 날들을 지새면서 여러 차례 가사상태에 빠지기도 하였다. 퇴직한 뒤에야 비로소 삼겹살을 처음으로 먹어보고 그 맛에 감격했다고 한다. 그만큼 소운의 과거는 고되고 여유가 없었다. 그런 고달픈 생활 속에서도 소운을 버티게 한 것은 무엇보다 그의 굳은 의지였겠지만, 그 못지않게 미술에서 인간과 인생을 터득하고 큰 위안을 받을 수 있었기 때문이 아닐까 싶다.

이제 소운은 자유롭다. 그를 짓누르던 과로와 불면과 스트레스가 사라졌다. 소운은 비로소 자신을 만나고 찾는 일을 할 수 있게 되었다. 미술에 대한 여전한 사랑과 더불어 소운의 나날이 행복으로 가득하기를 빌어 마지않는다.

고 이석우 관장을 애도함*

안휘준
(서울대학교 인문대학 고고미술사학과 명예교수)

이석우 관장은 고인이 되었으나 그는 내 뇌리와 가슴 속에 선명하게 각인된 채 도무지 지워지거나 잊혀지지 않는다. 참으로 이례적인 일이다. 그는 나와는 혈연은 물론 그 흔한 지연이나 학연조차도 없고, 그를 알게 된 것도 채 십 년이 안 되기 때문이다. 그와 내가 교유하게 된 것은 그가 겸재정선미술관 관장에 취임한 이후부터이다.

그럼에도 불구하고 나는 왜 아직도 그를 못 잊어하고 그리워하는 것일까. 이번 기회에 혼자서 따져본다. 대개 다음과 같은 이유들이 바로 떠오른다.

- 따뜻하고 너그러운 인품
- 겸손하고 다듬어진 신사도

* 『이석우, 읽고 · 쓰고 · 그리다』(겸재정선미술관, 2018. 2), p. 10.

- 전문성을 존중하고 활용하는 지혜
- 조직을 이해하고 소리 없이 이끄는 행정력
- 끊임없이 공부하는 학구열
- 여가에 그림까지 그린 예술 애호

이 여섯 가지를 '고(故) 이석우의 6덕(六德)'이라고 불러도 좋지 않을까 여겨진다. 그를 알았던 분들 모두는 굳이 하나하나 미주알고주알 토를 달며 부연 설명하지 않아도 바로 공감하게 될 것으로 생각한다.

그는 늘 온화한 얼굴, 부드러운 말씨, 넉넉하고 너그러운 마음, 신사다운 풍모와 자세로 사람들을 대하였다. 특히 나에게는 매번 마치 학계의 한 세대 위 대선배라도 대하듯 깍듯하게 맞아주어 황송한 느낌까지 들기도 하였다.

그는 전문성의 중요성을 누구보다도 잘 알고 적극적으로 활용하였다. 미술관 소장품 구입, 학술대회와 강연회의 주제 및 발표자의 선정 등과 관련해서도 한동안 열심히 자문을 구하였다. 나는 그에게 학술대회의 주제를 제시하기도 하고 미술사학계의 젊은 학자들을 적극 소개하기도 하였다.

그는 이러한 업무와 학술활동을 거듭하면서 스스로도 전문성을 키워 『겸재 정선, 붓으로 조선을 그리다』(북촌, 2016)라는 깔끔한 저서를 내기까지 하였다. 아주 알차고 유익한 저서여서 나도 읽으면서 매우 즐거웠다. 저자의 역사학자다운 면모가 잘 드러나는 역저이다. 이는 참으로 대단한 일이다. 그는 본래 서양사가 전공이어서 겸재 정선을 기념하는 미술관의 관장을 맡기 전에는 이 분야에 조예가 깊었다고 보기 어렵고 또 대학교수 정년을 한 노년이어서 새로운 분야를 공부한다는 것이 결코 쉬운 일이 아니기 때문이다.

이 과정에서 그는 나의 졸저들도 꽤 읽은 것이 분명하다. 내 책이 나올 때마다 읽고 난 후에 고맙다는 전화를 해왔고 또 김정 교수의 글에서도 확인이 되어 고맙기 그지없다. 김정 교수는 그의 글 「이석우, 겸재의 한강 탐사추적 연구 중 가슴 아픈 별세」(『서울아트가이드』 Vol. 193, 2018. 1, p. 94)에서 "특히 안휘준 교수의 저서를 좋아했고, 근래 저서인 『조선시대 산수화 특강』(사회평론아카데미, 2015)에 심취해 있었다."라고 적었다. 알려준 김 교수와 애독자 이석우 관장에게 재삼 고마움을 표한다.

아무튼 이석우 관장은 전문성을 살리고 뛰어난 행정력을 발휘하여 여러 가지로 어설프던 겸재정선미술관을 튼튼한 반석 위에 서 있는 당당한 미술관으로 자리매김하였다. 초대 관장으로서 그는 훌륭한 업적을 남겼다. 그의 중후한 인품과 뛰어난 업적에 경의를 표한다.

서양사가였던 이석우 교수를 엉뚱해보였던 겸재정선미술관장에 추천했던 김종규 한국박물관협회 명예회장과 그 추천을 그대로 믿고 과감하게 임용한 김병희 강서문화원장, 두 분의 사람 보는 안목과 지혜와 결단력에 찬사를 보낸다. 그분들은 나보다 훨씬 앞서서 이석우 선생의 남다른 인품과 잠재적인 능력을 갈파한 분들이어서 경의를 표하지 않을 수 없다. 이 관장의 명복을 빈다.

김윤순, 미인 수강생들과 정갈한 음식*

안휘준
(서울대학교 인문대학 고고미술사학과 명예교수)

한국미술관이 개관한 지 어언 20주년을 맞이하게 되었다고 한다.

아직도 문화에 대한 인식이 높지 않은 나라 풍토, 불안하게 널뛰기를 계속하는 경제, 부족한 재력 등 악조건들 속에서 용케도 잘도 버티어 왔다는 생각이 든다. 어려운 여건 속에 성장해 왔다는 생각에 축하하는 마음이 저절로 든다.

한국미술관이 이처럼 어려움을 극복하면서 오늘에 이르게 된 데에는 말할 것도 없이 김윤순 관장의 끈질긴 노력과 남다른 지혜가 뒷받침되었다. 또한 김 관장 주변의 우수한 여성 문화인들이 뜻을 같이하며 힘을 모아 온 것도 큰 버팀목이 되었을 것이다.

나는 한국미술관의 발전에 아무런 도움도 주지 못하여 미안한 심정이

* 김윤순 편, 『작은 미술관 이야기』(집문당, 2002), pp. 77-78.

다. 김윤순 관장의 간청을 받고 마지 못해 우리나라와 중국의 회화에 관하여 몇 차례 강연을 한 것이 고작이다.

종로구 가회동에 있던 이탈리아대사관 건물에 한국미술관이 들어 있던 시절의 오래 전 일이다. 고 김중업 씨가 설계한 이 건물은 외양이나 내부 구조 등이 독특해 아직도 인상 깊게 기억된다.

그러나 더욱 인상 깊었던 것은 나의 대수롭지 않은 강의를 열심히 들으며 학구열을 불태우던 미인 수강생들의 진지한 모습이다. 그들 대부분이 현재도 열심히 문화활동을 하고 있고, 전공분야로 진출한 분들도 적지 않다니 더할 나위 없이 기쁜 일이다. 한국미술관과 김윤순 관장의 노력 덕택임을 부인할 수 없다.

강의 후에는 점심을 대접받았던 일도 기억난다. 깨끗한 백자 그릇들과 그것들에 깔끔하게 담겼던 정갈한 음식들이 아직도 기억 속에서 지워지질 않는다.

이처럼 한국미술관은 내 기억 속에 생생하게 살아 있다. 앞으로도 장족의 발전이 거듭되기를 진심으로 빈다.

범하(梵河)스님의 환갑을 축하함*

안휘준(安輝濬)
서울대학교 명예교수, 문화재위원장

회갑은 누구에게나 큰 의미를 지닌다. 육십 평생 살아온 과거의 발자취를 되돌아보고, 현재를 관조하며, 앞으로 살아갈 여생과 미래를 생각하게 하는 계기가 되기 때문이다. 사회적으로 많은 일을 하면서 기여하는 인물들의 경우에는 그 의미가 더욱 클 수밖에 없다. 되돌아볼 일도 많고 앞으로 해야 할 일도 아직 적지 않기 때문이다. 금년에 회갑을 맞이한 범하스님의 경우가 특히 그러할 것이라 여겨진다. 워낙 많은 일을 하면서 평생을 살아왔으므로 감회가 남다를 수밖에 없을 것이다.

필자가 범하스님을 처음 만난 것은 20년 전이라고 생각된다. 어느 해인가 가을에 통도사를 찾아간 일이 있었는데, 그때 누군가가 젊은 스님 한 분을 필자에게 소개하면서 통도사성보박물관장에 임명된 분이고 박물관

* 『불교미술사학』, 梵河스님 華甲기념 특별논문집 5(2007. 11), pp. 12-15.

짓는 일의 책임을 맡았다고 말하는 것을 들은 기억이 난다. 이 일을 범하스님의 이력과 대조해 보니 그때가 1987년임이 확인된다. 그렇다면 스님은 그후 20년 동안 줄곧 통도사박물관장의 중책을 맡아왔고 필자와 알게 된 것도 20년이 되었음을 알겠다.

20년 전의 첫 만남 이후 필자는 범하스님을 이런저런 모임에서 마주치곤 하였으니, 특히 정기적으로 만나게 된 것은 스님이 1995년에 문화재위원회 동산문화재분과위원회의 위원이 되면서부터라고 볼 수 있다. 이때부터 범하스님의 성격, 인품, 공인으로서의 태도, 업적 등을 보다 분명하게 알아가게 되었다. 스님은 늘 조용하고 웬만한 것은 잔잔한 미소로 대응할 뿐 자신을 강하게 내세우는 법이 거의 없다. 다만 불교계를 위한 사안에 대해서만은 결연하고 단호한 태도를 보이는 경우가 간혹 있으나 그런 경우에도 합리성을 벗어나 무리한 주장을 펴는 일은 없다. 이처럼 스님은 원만하고 합리적인 성격의 소유자라고 볼 수 있다.

범하스님은 스승인 석정스님을 지극정성으로 모신다. 사제관계가 옛날 같지 않은 요즘에 모범이 아닐 수 없다. 위로는 스승과 큰스님들을 깍듯이 모실 뿐만 아니라 수하의 사람들에게도 따뜻한 마음과 넓은 도량으로 대하니 따르는 후배들이 불교계 밖에도 부지기수이다. 어려운 일들이 많아도 불평함이 없이 늘 긍정적으로 대하고 뜻을 세워 나가니 주변의 사람들이 편안한 마음으로 모여들게 마련이다.

스님의 따뜻하고 원만한 성격, 모나지 않는 인품, 돈독한 대인관계, 합리적이고 유능한 일솜씨, 불교문화재에 대한 지극한 애정 등이 만인의 인정을 받아 불교문화재계를 대표하는 인물로 우뚝 서게 되었다고 본다. 1995년 이후 불교계를 대표하여 줄곧 문화재위원에 위촉된 사실이나, 20년 경력의 통도사성보박물관장으로서 새로 출발한 불교중앙박물관의 관장까지 겸임하게 된 것은 그 좋은 증거라 할 수 있다. 지방에 위치한 대표적 사찰인 통도사의 성보박물관만이 아니라 서울 한복판의 조계종 본산에 처음으로 자리 잡은 불교중앙박물관의 관장까지 겸하게 된 것은 우리나라 불교사상 유례가 없는 일로서, 불교문화재계에서 범하스님이 차지하는 위상을 말해준다고 하겠다. 그러나 범하스님은 언제나처럼 덤덤하고 더없이 겸허한 모습이어서 세속인들과는 다름을 보여준다.

그런데 범하스님이 통도사성보박물관장으로서 불교중앙박물관장에 임명된 것은 불국사 석가탑 발견의 문화재들에 대한 보존 관리와 전시의 문제가 첨예한 사안으로 떠오른 시점이어서 그 난제를 풀 인물로 스님이 최적임자라는 종단의 판단이 내려진 결과라고도 믿어진다. 필자는 문화재위원장으로서 범하스님의 불교중앙박물관장 임명을 누구보다도 반갑게 여겼었다. 스님이 난제를 무난히 풀어낼 것을 확신하였기 때문이다. 과연 범하스님은 많은 전문가들이 기대하고 예상했던 대로 그 난제를 원만하고 합리성 있게 풀어냈다. 이 한 가지 예만 보아도 스님의 사람됨과 능력을 쉽게 알 수 있다. 범하스님의 장점들을 꿰뚫어 보시고 불교중앙박물관장에 임명하신 총무원장 지관 큰스님의 혜안은 역시 일대의 대표적 학승으로서의 남다른 면모를 잘 보여준다. 역시 그 수장에 그 맹장이 아닐 수 없다.

범하스님을 무엇보다도 돋보이게 하는 것은 불교문화재와 관련된 업적임을 아무도 부인할 수 없다. 스님이 불교문화재를 위해 해 온 일들은 한두 가지가 아니며 그 중요성 역시 쉽게 가름하기 어려우나 필자는 나름대로 몇 가지로 나누어 살펴볼 수 있다는 생각이다.

첫째는 총 40권의 『韓國의 佛畫』를 완간한 사실을 최우선적으로 꼽고 싶다. 전국의 사찰과 박물관 등 이곳저곳에 흩어져 있던 수많은 불교회화를 조사하고 촬영하여 최고 수준의 도서로 집성해 놓은 것은 우리나라 불교회화의 보존과 연구를 위한 최대의 업적임을 부인할 수 없다. 이 엄청난 일은 범하스님이 아니면 아무도 해낼 수 없었을 것이다. 그 조사와 촬영, 출간에 따른 온갖 어려움에 관해서는 이곳에서 굳이 재론할 필요가 없을 것이다. 다만 대형의 불화들을 고른 화면으로 담아내기 위한 특수장비의 고안과 방대한 사업을 성공적으로 완수하기 위한 막대한 자금의 조달 등은 범하스님의 뜨거운 불심과 정성이 빚어낸 성과임을 기억해 둘 필요가 있겠다. 이 방대하고 빛나는 업적 덕분에 불교회화 전공자들은 개인적으로 부닥치는 큰 어려움 없이 연구에 임할 수 있게 되었고 문화재계에서는 일목요연한 파악이 가능하게 되었다. 이 업적만으로도 범하스님의 공덕을 충분히 알 수 있다.

둘째는 통도사박물관의 건립을 성공적으로 완수하고 합리적인 운영의 기반을 다져놓음으로써 불교문화재의 보존, 연구, 전시, 교육에 새로운 지평을 연 점을 꼽을 수 있다. 박물관의 건물이 얼마나 튼실하고 과학적으로 잘 지어졌는지, 그 전시와 운영이 얼마나 합리적으로 이루어지고 있는지, 그 박물관의 사회교육이 얼마나 효율적으로 펼쳐지고 있는지 알 만한 사람은 다 알고 있다. 이처럼 통도사박물관을 건축과 운영, 양면에서 반듯하게 궤도에 올려놓아 불교문화재의 메카가 되게 한 것은 전적으로 범하스님의 슬기와 노력의 성과임을 인정해야 한다. 다른 불교 미술관들도 통도사박물관을 마땅히 참고하여 실수나 시행착오가 더 이상 발생하지 않도록 지혜를 발휘해 주면 좋겠다는 생각이 늘 뇌리에서 떠나지 않는다.

셋째로 문화재의 지정과 관리에 남다른 기여를 해 왔음도 주목된다. 통도사박물관장과 신설된 조계종 불교중앙박물관장의 중책을 겸임하며 기여하는 이외에도 문화재위원회의 위원, 경상남도 문화재위원회의 위원, 사단법인 한국박물관협회 이사 등의 직책에서 불교문화재의 지정 및 관리에 큰 공헌을 해 왔다.

넷째로 불교문화재에 대한 연구에 기여해온 공로가 지대함도 간과할 수 없다. 본인 스스로 불교문화재에 관한 글들을 써서 기여함은 물론, 사단법인 성보문화재 연구원의 이사장과 불교미술사학회 회장으로서 불교문화재에 대한 학술적 연구를 진작하고 후배 연구자들을 격려하여 그 분야의 학문 발전에 크게 공헌해 왔다. 이와 함께 재단법인 경봉장학회와 학교법인 원효학원의 감사로서 학교교육을 통한 불교문화의 소개에도 일조해 왔음이 주목된다.

다섯째로 통도사박물관의 박물관회와 기타 활동을 통하여 불교문화의 대중화에도 많은 활동을 해 왔다. 수천 명의 통도사박물관회 회원들과 천여 명의 자원봉사자들의 헌신적인 활동은 박물관의 사회교육에 좋은 본보기가 되고 있다.

이처럼 범하스님은 한 사람이 해내기 어려운 여러 가지 중차대한 일들을 무리없이 능숙하게 불교문화와 문화재 분야에서 해왔음을 알 수 있다. 스님은 자신의 분야에서 탁월한 공덕을 쌓으며 자신만의 독자적이고 독보적인 방법으로 부처님을 위한 공양을 정성껏 해 왔다고 볼 수 있다. 어느 나라를 막론하고 불교계에서 범하스님처럼 불교문화 및 문화재 분야를 위해서 헌신적으로 괄목할 만한 공덕을 쌓은 분은 찾아보기 어려울 것이다. 스님은 마치 문화로써 부처님에게 공양하기 위하여 세상에 태어난 인물 같은 느낌을 준다.

이러한 관점에서 범하스님의 회갑은 특별한 관심의 대상이 된다고 하겠다. 이제 고되었던 한 주갑의 생을 정리하고 새로운 제2의 주갑을 살아갈 시점에 스님이 서게 되었다. 이를 기념하기 위하여 후학들이 회갑기념논문집을 준비하고 있는 것으로 믿어진다. 스님이 마땅히 받을 만한 대접이라고 생각한다. 진심으로 축하드리고, 앞으로 더욱 건강하신 몸으로 불교문화재 분야에서 전과 다름없이 용맹정진하시기를 빌어 마지않는다.

친우 권이구 교수를 추모함*

내가 평생의 친구인 고 권이구(權彛九) 교수를 처음으로 만난 것은 1961년 4월 3일에 서울대학교 문리과대학 고고인류학과에 입학한 지 얼마 지나지 않은 어느 봄날이었다. 당시의 종로구 동숭동 캠퍼스에는 봄이 오면 개나리, 진달래, 라일락이 바톤 터치라도 하듯 시절을 이어가며 피어나서 아름답고 낭만적이었다. 그러나 나는 매우 울적한 첫 학기를 보내고 있었다. 입학한 지 이틀 만인 4월 5일에 어머니가 갑자기 세상을 떠나셨기 때문이다. 상황이 이러하여 신입생으로서의 나의 대학생활은 즐거울 수가 없었고 가뜩이나 사교적이지 못한 내가 나서서 새 친구를 사귈 입장이 아니었다. 이러한 때에 자신을 소개하며 나에게 다가온 첫 번째 학과 동기생이 바로 권이구였다.

....

* 『한국문화인류학』 제32권 1호(1999. 5. 31), pp. 12-16.

이렇게 내가 처음으로 인사를 나눈 그는 밝고 활달한 성격, 주저함이 없는 당당한 태도, 약간은 촌티가 나면서도 순박한 인간미, 꺼실꺼실한 머리와 불거진 듯한 큰 눈, 거무스름한 피부, 쉰 듯한 목소리, 특유의 팔자걸음 등 나에게 강한 인상을 심어 주었다. 이때부터 나는 그에게 끌려 절친한 친구가 되었고 그가 작년(1998년)에 세상을 떠날 때까지 37년이 넘게 두터운 우정을 나누었다. 그와의 첫만남은 40년 가까운 세월이 흐른 지금도 어제의 일처럼 생생하게 내 뇌리에 즐거운 추억으로 새겨져 있다.

그는 성격이 명랑 쾌활하고 밝고 긍정적이었으며 소탈하고 꾸밈이 없었다. 다정다감하고 감성적이며 낭만적이었다. 어머니에게 효성이 극진하였고 형제애가 두터웠으며 부인과 아들에 대한 애정은 각별하였다. 친구에 대한 우정은 변함이 없었고 스승에 대한 존경과 제자에 대한 사랑은 사제 관계에 대한 본보기가 될 만하였다. 그는 이처럼 정과 의리로 뭉쳐진 사람이었다. 그는 또한 대단히 부지런하였다. 매일 새벽에 부인과 함께 거르는 일 없이 수영을 하고서야 출근을 하였던 것은 그 단적인 예일 것이다.

그는 우리나라에서 몇 안 되는 형질인류학자였다. 대학 시절에는 고고학과 인류학을 공부하였는데 졸업 후에는 형질인류학으로 진로를 확정하고 미국 펜실베이니아 대학(University of Pennsylvania)으로 유학을 하기 위하여 떠났다. 그곳에서 성공적으로 학업을 마치고 박사학위를 받은 후 귀국하여 자신의 전공 분야를 대학에서 가르치고 소개하는 데 노력하였다. 그가 대표적인 형질인류학 분야의 외국 저서들을 국문으로 번역하여 국내에서 출판한 것은 이러한 그의 의지와 노력을 반영한 것이라 하겠다. 형질인류학을 미국에서 정통으로 공부한 사실상 첫 번째의 인물이라고 할 수 있는 그가 아직도 한참 일할 나이에 일찍 타계한 것은 우리 학계를 위해서도 여간 애통한 일이 아닐 수 없다. 그가 자신의 전공 학문과 관련하여 나에게 이따금 한 얘기 중에 기억나는 것은 형질인류학이 이제는 더 이상 사람의 뼈와 체질을 다루는 것에 한정하지 말고 더 나아가 환경이나 문화와 연계시켜 고찰해야 한다는 주장이었다. 형질인류학의 복합성과 새로운 추세를 짐작하게 하였다.

그는 맡은 일을 공평무사하게 처리하는 인물이었다. 무슨 일을 맡든 공명정대하게 다루고자 하였고 또 많은 사람의 얘기를 듣고 지혜를 모아 추진하였다. 여기에 봉사정신과 친절함이 곁들여지곤 하였다. 그는 영남대학교의 박물관장을 맡아 사회교육을 활성화시키고 우리나라의 문화를 널리 소개함으로써 대학박물관의 교육 기능 확대에 좋은 본보기가 되었다. 나도 몇 차례 끌려가 강의를 한 적이 있는데 그때마다 수강생들이 이구동성으로 그에게 보내는 찬사는 대단한 것이었다. 그들의 그에 대한 고마움과 경의를 너무나 뚜렷하게 엿볼 수 있었다. 이것이 그의 훌륭한 일처리에서 온 것임은 분명하다. 그가 박물관장직을 역임한 후에 교무처장과 부총장 서리까지 맡아서 영남대학교의 중차대한 일들을 관장하였던 것도 그가 매사를 사심없이 공평하게, 그리고 지혜를 모아 가장 바람직한 방안과 방향을 찾아 처리하는 인물이었기에 가능하였다고 생각한다. 그는 영남대학교와 대구 지역의 문화 발전에 분명하고도 큰 족적을 남겼다. 다만 한 가지 아쉬운 것은 이러한 그가 대구에 자리 잡았던 관계로 중앙인 서울에서 크게 능력을 발휘할 기회를 충분히 갖지 못했던 것이 아닌가 하는 점이다. 한국인류학회에 깊이 관여하였지만 지방대학에 매여 있는 그가 할 수 있는 일에는 한계가 있을 수밖에 없었을 것이다.

40년 가까운 권이구 박사와의 교유에서 기억되는 일들이 수없이 많으나 그중에서도 몇 가지가 특히 생각난다. 앞에서 얘기한 그와의 첫 번째 만남, 재학 중에 그의 초청으로 경기도 양주군 화천읍 덕정리의 본가를 두 차례 방문하고 부모님들을 뵈었던 일, 유난히 땀을 많이 흘리는 그가 삼불(三佛) 김원용(金元龍) 선생님의 강좌에서 발표를 하면서 큰 세수 수건으로 연방 땀을 닦던 모습, 아르바이트 자리를 서로 넘겨주고 넘겨받던 일, 그와 함께 했던 즐거운 술자리들, 내가 미국 유학을 떠나면서 대학 시절 애써 모았던 책들을 그에게 부탁했던 일 등이 그것들이다.

권 교수가 떠난 지금 나는 그에게 몇 가지 미안함을 느끼는 일들이 있다. 첫째는 내가 명색이 제일 친한 친구였음에도 불구하고 그의 건강 상태를 제대로 알지 못했다는 점이다. 그것을 미리 잘 알았더라면 적절한 충고도 해 주고 약이라도 사 주었을 것을…. 사실 그는 늘 혈색이 좋아 건강해 보였고, 수영 등 운동을 열심히 하였으며, 건강에 충분히 유의하고 또 자신 있는 듯 이야기하곤 하였다. 그러므로 그가 건강상 문제가 있으리라고는 전혀 생각해 본 적이 없다. 그가 심장 때문에 상당히 염려를 했었다는 사실은 그의 시신이 안치된 영남대 병원의 영안실에서 그의 동료였던 어느 영남대 교수와 대화를 나누다가 처음으로 듣게 되었다. 이 사실을 확인하고 나는 속으로 한없이 한탄하였다. 어째서 그것을 몰랐을까. 왜 그는 나에게 그것을 말해 주지 않았을까 스스로 물으며 자괴감을 많이 느꼈다. 그가 그것을 나에게 말해 줄 만한 시간과 분위기와 기회를 내가 마련하지 못한 측면이 있었다. 그가 몇 차례인가 자기가 일찍 죽더라도 그의 부인과 아들이 스스로 살아갈 수 있도록 보건학이나 의학을 하게 하고 싶다든가, 먼저 죽으면 아들을 부탁한다든가 하는 말들을 나에게 한 적이 있는데 나는 그때마다 "쓸데없는 소리 마라"라고 하면서 심각하게 듣지 않았었다. 나보다 나이도 더 젊고 또 늘 건강해 보였으니 무리도 아니었다. 지나고 보니 내가 너무 아둔하고 무심하였다고 생각된다. 이제야,

그가 부인을 수지침 공부를 위해 미국에 보내고 나서 아들만 데리고 몇 해 동안 고생을 홀로 감내했던 일과 아들을 의과대학에 진학시킨 일 등이 모두 언제 찾아올지 모를 죽음에 대비한 조치였음이 분명하게 이해된다. 그런데도 나는 흔히 있는 한 가장의 염려 정도로밖에 여기지 않았으니 실로 절통할 일이다.

둘째로 대구 교외에 신축한 그의 집에 가보지 못한 점이다. 그는 전망이 좋은 산자락에 널찍한 땅을 마련하고 그곳에 심혈을 기울여 훌륭한 집을 지었는데 그곳에 삼불 선생님 사모님을 모시고 꼭 한번 내려올 것을 간곡히 부탁하였으나 나는 오만가지 일로 바쁜 나머지 가보지 못하였다. 작년 여름에는 열일 제쳐놓고 무슨 일이 있어도 가겠노라고 굳게 약속하고 사모님께도 말씀을 드려 놓은 참이었는데 여름이 오기도 전에 그가 세상을 떠남으로써 갈 수가 없게 되었다. 그가 떠난 집을 굳이 찾는 일도 당장은 내키지 않고 유족들의 슬픔이 아직도 가시지 않았을 것으로 여겨져 찾아가게 되지도 않는다. 미안하기 그지 없다.

셋째로 그의 사후 9개월여 만에 찾아간 그의 묘소를 대뜸 알아보지 못한 점이다. 지난 3월 21일 우리 부부는 의정부 카투사(KATUSA) 훈련소에서 훈련을 마친 아들을 면회한 후 권 교수의 묘소를 찾아가 보기로 하였다. 그의 고향인 덕정리의 한 산기슭에 마련된 묘소를 한참을 헤맨 끝에 겨우 찾았으나 여러 개의 묘들 중에서 그의 묘를 찾는 데 또 얼마간의 시간을 보내야만 했다. 이미 비석이 세워졌으려니 믿고 찾아갔다가 비석이 없으니 당혹스러웠고 또 겨울을 넘긴 산의 모습이 장례 때와 달라 자연히 확인이 필요했다. 결국 기억을 되살리고 잔디의 자란 정도를 비교 확인하고 그의 아들 상택 군과 전화를 하는 등의 절차를 거쳐 그의 무덤을 단정할 수 있었다. 가져 간 막걸리와 오징어 튀김을 놓고 아내와 함께 묵념한 후 여러 차례 무덤을 쓰다듬으며 사과하였다. 무심한 친구를 용서하라고.

끝으로 또 마음에 걸리는 일은 그가 영남대학교에 내려가도록 강력히 권했던 일이다. 동기생인 정영화 교수가 권 박사를 초빙했을 때 그는 대구에 내려가는 것을 주저하였었다. 지방으로 한번 내려가면 다시 서울로 올라오기가 어렵고 또 학문적인 활동도 수월하지 않을지 모른다는 염려 때문이었다. 그러나 당시에는 서울에 나온 자리가 없었고 또 언제 나올지도 모르는 상황이었을 뿐만 아니라 영남대학교처럼 자유롭고 좋은 대학의 자리를 놓치는 것은 바람직하지 않다고 생각한 나는 정 교수의 호의와 여러 가지 조건을 감안하여 내려감이 옳다고 그에게 강권하였다. 결국 그는 영남대학교 교수가 되었고 그 대학과 대구 사회를 위하여 많은 일들을 하였으나 서울에서 더욱 크게 기여할 수 있는 기회를 혹시라도 내가 본의 아니게 막는 결과를 빚은 것은 아닌가 하는 생각이 이따금 들곤 하였다. 혹시라도 그랬다면 그것도 용서를 빌고 싶다. 친구를 보내고 나니 미안하고 후회스러운 일들이 가슴을 아프게 한다.

그는 학문과 인생에 대한 생각이 나와 같거나 비슷하였다. 나는 그 점이 특히 좋았다. 그래서 그런지 그와 함께 있는 것이 편안했고 그와 대화하는 것이 즐거웠다. 혹 우리 둘 사이에 오해가 생기면 말이나 글로 바로 쉽게 풀 수가 있었다. 그는 누구보다도 나를 잘 알고 이해하였으며 내가 해 온 알량한 일들을 평가해 주었다. 그가 곁에 있었기에 우울한 대학생활도 즐겁고 보람된 것이 될 수 있었고 세상살이에도 든든함을 느낄 수 있었다고 생각된다. 그런 소중한 친구를 잃었다는 것이 아직도 실감이 나지 않는다. 전에도 그랬듯이 어느 날 갑자기 전화를 걸어 반갑게 안부를 물어올 것만 같다. 그는 세상을 떠났으나 내 마음속에는 여전히 살아 있다. 이제는 부인과 아들 걱정, 세상의 모든 근심 다 털어버리고 평안히 쉬고 있으리라 믿는다. 훌륭한 친구의 명복을 못난 친구가 충심으로 빌고 또 빈다.

1999년 3월 28일

안휘준이 친우를 애도하며 씀.

(서울대학교 고고미술사학과 교수)

VI

전시

1. 국립박물관의 전시

미공개회화특별전을 통해 본 한국미술*

국립중앙박물관은 소장하고 있는 회화 중에서 일반에게 널리 공개되지 않았던 작품들을 추려서 4월 20일부터 전시하고 있다. 이 〈미공개회화특별전(未公開繪畵特別展)〉은 종래에 잘 알려져 있던 명작들의 반복적인 전시가 아니라 창고 속에 깊숙이 들어 있던 작품들로 이루어진 최초의 대규모 특별전이라는 점에서 우리의 관심과 기대를 크게 모으고 있다. 지금까지의 우리나라 회화사 서술은 비교적 한정된 작품들에 전적으로 의존해왔고, 따라서 우리나라의 회화에 관한 이해의 폭도 자연히 한정될 수밖에 없었다. 이번에 막을 연 〈미공개회화특별전〉이나 앞으로 개최될 것으로 전망되는 같은 성격의 전시회들은 우리 회화에 나타나 있는 많은 궁금한 공백을 메꾸어 주고, 또 우리 회화에 대한 보다 폭넓고 깊이 있는 이해를 촉진시

---

* 『博物館新聞』 70(國立中央博物館, 1977. 5. 1), 1면.

켜주는 데 다소간 공헌을 하게 될 것으로 믿어진다. 이러한 전시들을 통해서 새로운 회화사료의 발굴과 우리나라의 회화미(繪畵美)에 대한 재인식 등이 크게 기대되고 있다. 그러면 이번에 개최된 전시의 내용을 우선 대충 살펴보고 이어서 이 전시를 통해 얻어지는 소득과 다시금 제기되는 한국회화사 연구의 몇 가지 문제들에 대해 간단히 적어보기로 하겠다.

이번에 전시된 작품의 총수는 232점으로 국립박물관이 소장하고 있는 총 4천 수백여 점의 회화 컬렉션의 약 20분의 1 정도에 해당된다. 232점의 전시된 작품들을 국립박물관 관계자의 분류에 따라 살펴보면 산수가 124점, 산수풍속이 11점, 사군자가 17점, 영모(翎毛)가 22점, 어해초충(魚蟹草虫)이 14점, 동물이 10점, 도석(道釋)이 14점, 서상장식(瑞祥裝飾)이 3점, 연례행렬(宴禮行列)이 7점, 초상이 6점, 수렵도가 7점 등으로 되어 있다. 회화의 근간이라고 할 수 있는 산수도가 절대 다수를 차지하고 있음을 알수 있다.

전시된 작품들의 연대는 고려시대부터 조선시대후기에 걸쳐 있고, 근대도 안중식(安中植)의 〈백악춘효도(白岳春曉圖)〉 한 점에 의해 형식적이나마 대표되고 있다. 그러나 고려시대의 작품으로 확인되거나 믿어지는 전 공민왕 필(傳恭愍王筆)의 〈음산대렵도(陰山大獵圖)〉, 이제현 필(李齊賢筆)의 〈설경산수도(雪景山水圖, 出獵圖), 필자미상의 〈나한도(羅漢圖)〉, 그리고 역시 필자미상의 〈염소도〉 및 〈양도(羊圖)〉와 안중식의 작품을 제외하면 전시된 작품의 모두가 조선왕조시대의 것임을 알 수 있다. 조선시대의 작품도 초기(1392~약 1550)의 것은 극히 드물고 대부분이 중기(약1550~약1700) 이후의, 특히 후기(약 1700~20세기 초)의 작품들이다. 연대가 올라갈수록 유존(遺存)되어 오는 작품이 지극히 드물다는 사실을 재확인시켜 준다.

이번의 〈미공개회화특별전〉을 통해서 우리는 다음과 같은 몇 가지 사실을 확인하게 된다.

첫째로 우리나라 회화가 지니고 있는 미적 가치나 양식적인 특색이 통념보다 뚜렷하고 또한 다양하다는 점이다. 중국이나 일본의 그림과는 다른, 어딘가 조소(粗疏)하면서도 인간미가 깃든 우리나라 특유의 정취가 대부분의 작품마다에서 느껴진다. 이것은 기법적으로 고일(高逸)한 중국화나 너무나 인조적이거나 장식적인 일본화가 풍겨주는 느낌과는 완연히 다른 한국적 특질인 것이다.

둘째로는 새로운 회화사료의 발굴을 들 수 있다. 종래에 기록을 통하여 이름만 전하고 있던 화가들의 작품이나 색다른 화풍을 보여주는 작품 등이 이번의 전시에 나와 있다. 예를 들면 원나라의 연경(燕京)에 충선왕(忠宣王)이 세운 만권당(萬卷堂)에 머물면서 조맹부(趙孟頫), 주덕윤(朱德潤) 등 당대 최고의 문인화가들과 교유하였던 이제현(李齊賢, 1287~1367)의 〈설경산수도〉나 1552년에 허구서(許九敍)가 원말사대가(元末四大家)의 한 사람인 황공망(黃公望)의 필의(筆意)를 본받아 그린 〈산수도(山水圖)〉 등은 더욱 괄목할 만하다. 특히 허구서의 〈산수도〉는 지금까지 우리나라에 전해지고 있는 가장 연대가 올라가는 남종문인화라는 점에서 특기할 가치가 있다. 또한 이번의 전시를 통해서 종래에 우리가 가지고 있던 어떤 통념들은 재고되어야 할 것으로 생각된다. 이를테면 수묵화조화만을 잘 그렸던 화가로 생각된 조속(趙涑, 1595~1668)이 〈금궤도(金櫃圖)〉와 같은 청록산수도를 남기고 있다든지, 초상이나 선화류의 도석인물화를 주로 잘 그렸던 것으로 믿어져오던 한시각(韓時覺, 1621~?)이 〈북새선은도(北塞宣恩圖)〉에서 격 높은 산수화 실력을 발휘하고 있다든지, 간략하고 거친 김정희류의 문인화풍으로만 알려져온 전기(田琦, 1825~1854)가 조희룡(趙熙龍, 1797~1859)의 〈매화서옥화(梅花書屋畵)〉의 필법을 연상시켜주는 〈설경산수도(雪景山水畵)〉를 남기고 있다든지 하는 사실들은 그러한 대표적 예들이라 하겠다.

셋째로는 화풍의 변천을 어느 정도 파악할 수 있다는 점이다. 중국의 곽희(郭熙)화풍을 받아들여 자성일가(自成一家)한 15세기 중엽 안견(安堅)의 화풍이 조선중기까지도 끈덕지게 지속되었음을 다시금 확인하게 된다. 또한 조선중기에는 김시(金禔, 16세기)와 이경윤(李慶胤, 1545~?) 등이 중국 명대(明代) 절파(浙派)의 화풍을 토대로 이룩한 산수인물화의 양식이 주류를 이루고 있었음도 분명해지고 있다. 그리고 조선후기에는 역시 정선(鄭敾, 1676~1759)과 김홍도(金弘道, 1745~1816·1818)가 상당한 영향력을 발휘하였음을 재확인하게 된다. 이들 화풍들은 우리나라 조선시대의 회화에 보이는 3대 주류라 할 수 있을 것이다.

넷째로는 개성이 강하고 이색적인 화법을 구사한 몇몇 화가들의 작품들이 주목된다. 임전(林田, ?), 홍세섭(洪世燮, 1832~?), 김수철(金秀哲, 19세기 중엽) 등의 작품들은 전통적인 화풍과 현격히 다르고 참신하다. 이들 작가들은 이미 발굴되어 있었지만 그들의 이색적인 화풍의 유래에 대해서는 아직 깊이 알고 있지 못하다.

이번의 특별전을 계기로 해서 보면 이상과 같은 소득을 얻게 됨과 동시에 지금까지 우리나라 회화사 연구에서 부닥치고 있는 문제들을 다시금 느끼게 된다. 우선 고대회화사료의 빈곤을 들 수 있다. 삼국시대부터 통일신라시대까지는 차치하고라도 조선시대의 회화 발전과 불가분의 관계에 있었을 고려시대의 그림이 지극히 희소하고 또한 조선초기의 유작조차도 너무나 영세하다.

잘못 전칭되고 있는 작품들과 필자미상의 수다한 작품들에 대한 규명이 시급하게 느껴진다. 또한 중국화의 전래와 수용문제, 화풍의 생성과 발전, 그리고 보다 철저한 작가연구 등이 매우 절실한 과제로 남아 있다.

끝으로 아직까지 공개되지 않은 수천 점의 국립박물관 소장 회화와 민간 소장의 회화가 계속해서 공개되고 이와 아울러 일본에 전해지고 있는 고려 및 조선시대의 수다(數多)한 각종 회화들에 대한 조사작업이 착수되어 새로운 회화사료들이 밝혀지기를 바라는 마음 간절하다.

(필자: 홍익대학교 교수)

〈한국미술오천년전〉과 전통미술 *

안휘준
(철학 · 한국정신문화연구원 · 학예연구실장)

문화현상으로서의 미술

인간은 훌륭한 역사와 문화를 지니고 있는 국가나 민족을 존경하며, 그렇지 못한 국가나 민족을 경시하려는 경향을 강하게 지니고 있다. 그것을 따지고 들어가 보면, 한 국가나 민족이 지니고 있는 능력을 과거의 역사와 문화를 토대로 하여 판단하려는 인간의 사고방식이 작용하고 있음을 알 수 있다.

즉 과거에 찬란한 역사와 문화를 창조했던 국가나 민족은 앞으로도 훌륭한 문화를 형성할 수 있는 저력을 지니고 있다고 생각하는 반면에 그렇지 못한 국가나 민족은 앞으로도 별다른 문화적 공헌을 하지 못할 것으로

....

* 월간 『政訓』 제6권 9호, 통권 69호(國防部, 1979. 9), pp. 36-40.

은연중 판단하는 것이다.

사실상 과거의 역사와 문화는 현재를 살찌게 하고 미래의 새 문화 창조를 가능케 하는 토대가 된다. 그러므로 과거의 역사와 문화가 훌륭하면 훌륭할수록 현재는 풍요하고 미래의 새 문화 창달의 가능성은 커지게 된다. 이 때문에 모든 국가와 민족이 그들의 역사와 문화를 무엇보다도 소중히 여기는 것이다.

인류가 걸어온 역사란 넓은 의미에서 문화의 창조와 계승발전을 의미한다고도 볼 수 있는데, 그러한 문화의 핵심은 역시 인간의 창의력과 직결되어 있는 예술이라 할 수 있다. 예술 중에서도 한 민족의 창의력·미의식·전통성·외국과의 교섭 등 제반 문화현상을 가장 구체적으로 보여주는 것은 회화·조각 등의 미술인 것이다.

바로 이러한 이유 때문에 어느 국가나 민족의 역사와 문화를 한눈에 체계적으로 이해하고자 할 때 누구나 맨 먼저 찾아가는 곳은 그 나라의 가장 대표적인 미술박물관이다.

우리가 불란서를 여행할 때 루브르 미술박물관을 꼭 들르며, 중국의 문화를 알고자 할 때 대북(臺北)의 고궁박물원(故宮博物院)을 빼지 않고 찾게 되는 연유도 바로 그런 데에 있다.

이러한 대표적 박물관들을 통하여 우리는 그 나라의 역사와 문화를 일목요연하게 파악할 수가 있다. 이처럼 한 나라의 미술은 그 나라의 문화를 가장 잘 대변해 준다고 하겠다.

그러므로 각국이 다투어 미술을 통하여 자국의 문화를 외부에 참되게 알리려 애쓰는 것이다.

한국미술의 해외전시와 의의

우리나라에서도 우리의 전통미술을 외국에 소개하여 우리를 올바로 이해시키려는 노력을 꾸준히 경주해 오고 있다. 그러한 노력의 첫 번째 시도가 1957년 12월 14일부터 1959년 6월 7일까지 워싱턴·뉴욕·보스턴·시애틀·미니아폴리스·샌프란시스코·로스앤젤레스·호놀루루 등 미국의 주요한 8개 도시들에서 개최되었던 〈한국미술걸작품전(韓國美術傑作品展)〉이었다. 회화·조각·도자기를 비롯한 각종 공예품 등 197점의 중요 미술 문화재로 이루어진 이 전시회는 한·미 양국 간에 국가적 차원에서 이루어진 최초의 대규모 문화적 행사였던 것이다.

서양인들에게 우리 미술문화의 정수를 처음으로 선보인 이때의 전시회는 6·25 한국전란으로 빚어진 참상만을 보아온 미국인들에게 눈을 크게 뜨게 하는 놀라운 반응을 불러 일으켰던 것이다. 또한 한국미술이란 중국미술의 영향을 극복하지 못한 대단치 않은 것이라고 막연히 편견에 사로잡혀 있던 미국의 동양학자들과 지식인들에게 한국미술이 중국미술의 영향을 받았으면서도 그것과는 현저하게 다른 독자적 세계를 형성하였던 미술임을 여실히 보여주었다는 점에서 큰 의의가 있었다고 하겠다.

그러나 이 전시를 기하여 한국미술에 대한 서양인들의 관심을 학문적 차원으로 이끌만치 국내외 학계의 보조가 충분히 이루어지지 못했던 점이 아쉬웠던 일이라 하겠다.

미국전시에 이어 2년 뒤인 1961년 2월 23일부터 1962년 7월 1일까지 런던·헤이그·파리·프랑크푸르트·비엔나 등 유럽의 5개 주요도시들에서 〈한국미술국보전(韓國美術國寶展)〉이 개최되었다.

각종 국보급 미술품 152점으로 구성되었던 이 유럽전시도 그곳 사람들에게 처음으로 한국미술의 진수를 선보였고, 한국미술에 대한 그들의 인식을 새롭게 한 데 의의가 깊었다고 하겠다.

해방 후 특히 1960년대와 70년대에 이르러 우리나라에서는 고고학과 미술사의 큰 발전을 보았고 이에 따라 선사시대와 역사시대의 새로운 자료들이 다량으로 발굴 또는 발견되었다. 이 새로운 자료들의 많은 것들은 일제시대에 일본학자들이 식민사관에 입각해서 세워놓은 여러 가지 잘못된 학설들을 뒤엎거나 수정해 주는 것들이다.

이러한 새로운 자료들이 대폭 선정되어 전시된 것이 1976년 2월 24일부터 동년 7월 25일까지 일본의 京都·福岡·東京의 3개 도시들에서 열렸던 〈한국미술오천년전(韓國美術五千年展)〉이다.

신석기시대와 청동기시대의 각종 고고학적 유물과 삼국시대의 여러 가지 고분미술품과 불교미술품, 고려시대와 조선왕조시대의 도자기, 그리고 조선왕조의 회화 등 208점의 막중한 자료들이 전시되었다. 일본에서의 이 전시는 '일본문화의 원류로서의 한국문화'를 입증하여 주는 매우 알찬 것이었다. 이 전시회에 출품되었던 상당수의 작품들은 한국미술의 독창성을 여실히 보여줄 뿐 아니라 일본미술의 원형임을 입증해주는 것들이었다. 따라서 이 전시를 통하여 일본의 많은 학자들과 문화인들이 한국문화의 우수성을 재인식하게 되었고 또 그들의 고대문화의 대부분이 한국문화의 영향과 자극을 받아 발전한 것임을 깨닫게 되었던 것이다.

아울러 이 전시회가 일본에서 여러 가지로 차별대우를 받으며 살고 있는 우리의 교포들에게 문화적 긍지와 민족적 자주성을 일깨워 준 것도 일본인들에게 준 영향 못지않게 중요한 일이었다고 하겠다.

그런데 1960년대에 자리잡히기 시작한 구미에서의 동양학연구가 1970년대에 이르러 더욱 본격화되고 또 우리나라의 경제성장이 널리 알려지자 우리의 역사와 문화에 대해서도 알고자 하는 관심도가 전에 없이 높아지게 되었다.

이에 따라 구미의 여러 나라들이 앞을 다투어 우리의 문화재를 전시하기를 제의해 오기에 이른 것이다.

이러한 요청에 부응하고, 또 우리 문화의 '전통과 우수성을 해외에 널리 소개하여 외국인에게 한국문화를 재인식시키고 국제 문화교류에 이바지하고자' 금년 5월 1일부터 1981년 6월 14일까지 2년이 넘는 기간 동안 미국에서 〈한국미술오천년전(韓國美術五千年展)〉(5000 Years of Korean Art)을 갖게 된 것이다.

일본에서의 전시에 출품되었던 작품들을 토대로 미국인들의 관심과 미의식을 충족시켜주고 동시에 우리 미술의 진면목을 보여주기에 적합한 금속공예·회화 부문을 대폭 증강한 총 354점에 이르는 소중하기 그지없는 미술문화재들이 출품되었다.

이 작품들은 국립박물관, 각 대학박물관, 그리고 사설박물관이나 개인 소장품들로부터 선정된 것들이다.

이번의 미국 전시는 지금까지 해외에 나갔던 전시회들 중에서 가장 규모가 큰 것으로서 샌프란시스코를 시발로 시애틀·시카고·클리블랜드·보스턴·뉴욕·캔자스시티 등 미국 내의 7개 주요도시들을 차례로 순방하게 된다.

그런데 이번에 개최된 미국전시는 이미 큰 반응을 불러 일으키고 있음이 현지에서 필자가 직접 보고 느낀 바로나 외국의 매스콤의 보도를 통해 분명히 알 수 있다.

이 오천년전의 전시장을 찾는 남녀노소의 많은 관람객들이 한국미술의 우수함에 경탄하고 찬사를 아끼지 않았다. 이들 중에는 이렇게 훌륭하고 전혀 새로운 경지의 미술이 한국에서 이루어졌던 사실을 까맣게 모르고 있었으며, 이 전시를 통해서 미처 알지 못했던 새로운 미의 세계를 경험하게 되었다는 반응을 보여주는 사람들이 많았다.

이러한 반응은 미국의 서부로부터 보다 문화의 전통이 강한 동부로 전시가 이동해 감에 따라서 더 농도가 짙어지리라 믿어진다.

종래의 미국·구라파·일본에서의 전시 때와는 달리 이번의 미국 전시에서는 단순한 시각적 전람회로만 끝내지 않고 국내외에서 충분한 학문적 뒷받침을 하기 위해 다각적인 노력을 경주하고 있는 것이 괄목할 만하다.

지난 5월에 샌프란시스코 아세아 미술박물관에서 개최된 「한국미술에 관한 국제학술회의(International Symposium on Korean Art)」와 캘리포니아 대학 버클리교내에서 열린 韓國 역사 및 미술에 관한 강연 등은 그 좋은 예들이다.

한미 양국의 관계 학자들은 물론 일본·영국 등 제삼국의 학자들까지 다수 참여했던 이 학술행사들은 한국미술문화의 전통과 독창성을 전시만을 통한 단순한 시각적 차원에서가 아니라 보다 체계적인 학문적 차원에서 재인식시키고 폭넓은 이해를 도모했던 귀중한 것들이었다.

이러한 학술행사들은 시애틀과 뉴욕에서도 개최하기로 이미 결정을 보았으며, 기타 지역들에서도 이러저런 형태를 빌어 계속될 것으로 알고 있다.

이번의 미국 전시와 그에 수반되는 여러 가지 학술행사들을 통하여 우리는 다음과 같은 몇 가지 소중한 소득을 얻게 되리라고 필자는 개인적으로 믿고 있다.

첫째로는 한국문화의 긴 전통과 뛰어난 창의성이 올바르게 인식될 것이고, 둘째로는 이와 동시에 일제시대에 뿌리를 내린 후 구미의 동양학자들에까지 파급되어 우리의 역사와 문화를 왜곡시켜온 일본의 식민사관이 어느 정도 불식될 것이며, 셋째로는 우리의 문화와 역사에 대한 미국 젊은 학자들의 관심을 일깨워 미국에서의 한국학연구에 보다 큰 자극이 될 것이고, 넷째로는 피차에 여러 가지 잘못된 편견을 벗어나 진정한 의미에서의 한·미친선에 많은 도움이 되어 주리라는 점 등이다.

특히 비참했던 한국전란 등 여러 가지 정치적 사건만을 통하여 막연히 잘못 인식하고 있는 미국인들의 한국에 대한 편견이 순수한 문화적 측면의 이해를 통해 개설될 것으로 추측된다.

아무튼 이번의 전시는 한·미 양국 모두에게 많은 기여를 하게 되리라 믿는다.

그리고 〈한국미술오천년전〉을 계기로 하여 또 한 가지 우리가 유념해야 할 것은 외국인들에게 우리의 문화를 올바로 알리는 것도 매우 중요하지만 우리 자신들이 우리의 전통문화에 관하여 보다 철저히 연구 교육하고 계승 발전시키는 것이 그보다 더욱 시급하다고 하는 사실이다.

근년에 이르러 우리나라에서도 전통미술을 비롯한 문화 전반에 걸쳐 일부 식자들의 관심도가 급격히 높아지고 있는 것이 사실이지만 아직도 교육이나 연구에서 이것이 충분히 뒷받침되지 못하고 있는 실정이다.

국내에서의 전통문화와 미술에 대한 연구와 교육이 충분히 이루어져야만 외국인들의 우리에 대한 관심도 제대로 계도할 수 있으리라고 믿는다.

한국미술의 국제성과 독창성

한국의 미술은 1976년의 일본전시와 금년에 시작된 미국전시의 〈한국

미술오천년전〉이라는 명칭이 나타내듯 반만년의 장구한 역사와 전통을 지니고 있다.

즉 한국의 미술은 늦어도 기원전 3000년경의 신석기시대부터 현금(現今)에 이르기까지 긴 역사를 이으며 꾸준히 발전해온 것이다. 이 오랜 역사는 현재 활발히 진행되고 있는 구석기시대 유적에서 확실한 미술품이 발견되는 경우 몇 만년의 역사로 훨씬 길어질 가능성도 있는 것이다.

그러나 현재까지 밝혀진 확실한 자료들에 의하면 한국의 미술은 신석기시대부터 현대까지의 오천년의 역사와 전통을 지니고 있다고 보아야 할 것 같다. 〈한국미술오천년전〉도 우리 미술문화의 이러한 긴 전통과 그 특색을 한눈에 보여주는 전시라 하겠다.

그런데 상당히 높은 수준의 교육을 받은 우리나라나 외국의 식자들 중에는 아직도 "한국미술이 정말로 중국이나 일본 미술과 다른 무슨 특색이 있느냐?" "한국미술의 특징을 한마디로 정의한다면 어떻게 말할 수 있느냐?" 등의 질문을 하는 사람들이 적지 않다. 이 질문들에 대한 필자의 일차적인 대답은 다음과 같다. "한국미술은 분명히 중국이나 일본 미술과는 다른 뚜렷한 특색을 지니고 있다. 그러나 그 특징을 한마디로 대답할 수는 없다. 왜냐하면 한국의 미술은 앞에서도 지적했듯이 반만년의 긴 역사를 지니고 있고, 시대와 지역과 분야에 따라 각기 다른 특색들을 이루었기 때문에 그 다양한 특색들을 한마디의 말로는 누구도 정의할 수 없고 또 정의한다고 해도 언제나 올바른 것으로 받아들여질 수는 없다고 본다."

식자들 중에서 이러한 질문들이 나오게 된 것은 물론 그들이 우리의 미술문화에 대해 진실로 알지 못하고 있는 데 일차적인 이유가 있고, 또 한국미술은 중국미술의 영향을 끊임없이 받았기 때문에 독창성이 없다는 일제식민사관에 자신도 모르게 물들어 있는 데 연유한다고 풀이된다. 사실상 지금까지의 우리나라 역사교육이나 미술교육에서 우리의 미술문화에 관한 올바른 교육이 실시되지 못했기 때문에 높은 수준의 교육을 받은 사람들조차도 전통문화에 대해서는 제대로 알지 못하는 경우가 많은 것이다.

어쨌든 한국의 미술은 그러한 무지나 편견과는 관계없이 분명히 한국적 특색을 강하게 지니고 있고, 또 독창성이 뛰어난 훌륭한 미술임이 사실이다. 중국의 미술로부터 많은 영향을 받은 것은 사실이나 그에 대한 그릇된 견해를 가져서는 안 될 것이다. 고대의 동아세아에 있어서 중국미술이란 일종의 국제미술이었고 이 국제미술과 교섭을 갖고 수용한 것은 자연스럽고 또 자체의 발전을 위해 매우 바람직했던 일이다. 어느 나라나 민족의 문화는 외부와의 교섭이 없이는 훌륭하고 지속적인 발전을 이룩할 수 없다. 중국의 미술도 한국이나 일본 등의 주변국가들과 인도나 중앙아세아, 그리고 서양의 미술과 교섭을 유지하였기 때문에 높은 수준을 지속할 수 있었던 것이다.

높은 수준의 문화를 올바르게 수용한다는 것은 수용하는 쪽의 문화가 수용되는 쪽의 문화와 수준이 대등할 때 비로소 가능한 것이다. 따라서 중국문화의 수용 자체가 문제될 수 없다.

문제는 영향을 받았느냐, 안 받았느냐 하는 데에 있지 않고 그 영향을 바탕으로 독자적인 세계를 형성했느냐, 못 했느냐 하는 데에 놓여 있다. 그런데 우리의 선조들은 중국의 문화를 받아들여 항상 독창적인 미술을 형성하였던 것이다. 또 중국의 미술을 수용함에 있어서는 늘 자신들의 미의식이나 미감에 맞는 적합한 것만을 가려서 '선별적'으로 받아들이고 그 받아들인 것들은 항상 자신들에게 맞는 것으로 더욱 발전시켰던 것이다. 그러므로 한국의 미술은 다른 나라들의 발달된 미술의 경우와 마찬가지로 국제적 성격과 독창적 특색을 함께 지니고 있는 경우가 많다.

이러한 예는 우리의 미술에서 자주 찾아 볼 수 있으나 그 전형적인 일례로 고려시대의 청자를 들어 볼 수 있다. 고려시대의 청자는 중국 송·원대 청자의 영향을 받아 발전하였으므로 국제성이 강한 미술이라고도 볼 수 있겠지만 아름다운 형태, 깊고 은은한 비색의 유약, 독특한 상감기법과 문양, 그리고 최초의 진사(辰沙) 사용 등 여러 가지 점에서 중국의 청자와는 현저히 다른 독자적 특징을 뚜렷이 형성하였던 것이다. 이 점은 우리의 미술이 그때그때 국제 미술 조류를 가려서 수용하고 그것을 토대로 보다 훌륭한 독자적 경지로 발전시켜왔음을 단적으로 말해주는 것이라 하겠다.

또한 한국의 미술은 일찍부터 일본에 전해져 그곳의 고대 미술 발전에 크나큰 영향과 자극을 주었던 것이다. 일본에 전해져 영향을 미친 한국미술이란 중국으로부터 수용한 그대로의 것이 아니라 완전히 한국적으로 발전시킨 한국의 미술인 것이다.

이처럼 한국의 미술은 예부터 국제성을 강하게 띠고 있고 또 이 국제성 때문에 끊임없이 발전하여 왔다고도 볼 수 있다.

그러나 한 나라의 미술이 이런 국제성만을 띠고 있다면 그것은 개성 없는 무국적의 미술로 전락하고 말 것이다. 한국미술을 돋보이게 하는 것은 이런 국제성이 아니라 독창성인 것이다.

한국미술은 위에서 살펴본 것처럼 외국의 미술과 교섭을 가지면서 다른 나라의 미술과는 스스로 구분되는 특징을 형성하였던 것이다. 그러나 이 특색들은 신석기시대·청동기시대·삼국시대·통일신라시대·고려시대·조선왕조시대를 거쳐 오는 동안 끊임없이 변화하여 왔기 때문에 한마디로 단정지을 수 없는 다양성을 띠고 있다. 예를 들면 같은 삼국시대의 미술이라도 고구려의 미술이 힘차고 율동적이면서도 긴장감이 감도는 경향을 보이는 데 비하여, 백제의 미술은 부드럽고 완만하며 느긋한 느낌을 준다. 반면에 신라의 미술은 어딘지 정밀하고 사변적이며 엄격하고 추상적인 분위기를 자아냈다. 그래서 삼국의 미술을 구태여 사람에 비유한다면 고구려는 무사, 백제는 도사(道士), 신라는 철인(哲人)의 성격을 띠고 있다고 간주해 볼 수도 있을 것이다. 이처럼 같은 삼국시대의 미술이라도 나라와 지역에 따라 각기 다른 성격을 띠고 있는 것이다.

이러한 삼국시대의 미술은 통일신라시대에 이르러 통합되고 조화를 이루어 8세기 중엽의 석굴암 조각에서 전형적으로 보듯이 풍요하고 세련되고 균형 잡힌 미술로 발전되었던 것이다.

그 뒤의 고려시대 미술은 청자나 불교회화 등에서 보듯이 귀족적 아취가 짙게 풍기는 새로운 양식을 성취하여 전대의 미술과 큰 차이를 나타낸다.

한편 유교를 정치이념으로 하였던 조선왕조시대의 미술은 회화·도자기·목칠공예 등에서 전형적으로 보듯이 다소 소방(疎放)하면서도 즉흥적이고 그러면서도 유머가 넘치는 정취를 풍겨 준다.

이 시대의 미술은 자료가 지니고 있는 성격을 잘 살려서 최소한의 노력으로 최대한의 효과를 나타내는 '미의 경제원리'가 철저히 적용되어 있다. 학자에 따라 '자연주의'라고 지칭되기도 하는 이러한 특색은 바로 앞 시대인 고려의 미술과 현저하게 다른 성격을 지니고 있다.

이처럼 한국의 미술은 외국과의 교섭을 통해 자체를 살찌우며 새로운 양식을 늘 형성하여 왔다. 이러한 '한국적 미술양식'은 시대에 따라 늘 변천하여 오면서 우리의 문화를 독창적인 것으로 발전시켰던 것이다. 이와 같은 사실은 지금까지 이루어진 우리나라 미술의 해외전시, 특히 〈한국미술오천년전〉에서도 뚜렷이 보여지고 있다.

시·서·화 삼절의 기념비적 창조물: 안견의 〈몽유도원도〉 일시 귀국전에 부쳐*

안견(安堅)의 〈몽유도원도(夢遊桃源圖)〉가 21일부터 시작되는 국립중앙박물관 개관기념전에서 특별전시된다. 일본 덴리대학(天理大學) 중앙도서관에 소장되어 있는 이 작품이 비록 잠시 동안이기는 하지만 국내에 돌아와 우리들과 만나게 된 것은 실로 반갑기 그지없는 일이다. 우리나라 역사상 가장 훌륭한 문화유산의 하나를 직접 살펴보고 그 가치를 되새길 수가 있겠기 때문이다.

잘 알려져있는 바와 같이 〈몽유도원도〉는 세종대왕의 셋째아들로서 당시 문화예술계의 총수였던 안평대군(安平大君, 1418~1453)이 꿈속에서 거닌 도원(桃源)의 정경을 안견에게 설명하여 그리게 한 것이다 .

안견은 이 작품을 1447년 4월 20일(음력)에 착수하여 3일 만인 23일에

* 『한국일보』 제11637호, 1986. 8. 19, 7면.

완성했다. 이 그림에는 이러한 경위와 내력을 적은 안평대군의 발문(跋文) 이외에도 정인지(鄭麟趾), 김종서(金宗瑞), 신숙주(申叔舟), 이개(李塏), 최항(崔恒), 박팽년(朴彭年), 서거정(徐居正), 성삼문(成三問), 석만우(釋卍雨, 千峰) 등 당시의 집현전 학사들을 비롯한 21명에 이르는 대표적 인물들의 찬시(讚詩)가 붙어 있다.

이처럼 〈몽유도원도〉는 조선 초기에 있어서의 최대의 화가, 최고의 서예가, 그리고 혜성 같은 당대의 대표적 학자와 명사들이 대거 참여하여 이룩한 시(詩), 서(書), 화(畵) 삼절(三絶)의 기념비적 창조물이다. 말하자면 조선시대 문화가 한참 꽃피던 세종연간의 문화적 역량과 수준 및 성격이 적나라하게 구현되어 있는 막중한 작품인 것이다. 그러므로 이 걸작은 단순히 하나의 호사가적 감상의 대상이기보다는 오히려 당시의 예술과 문화를 일깨워주는 귀중한 자료가 된다.

다음으로 〈몽유도원도〉가 중시되는 점은 이것이 조선초기 산수화의 최고봉이었던 안견의 화풍을 규명하는 데는 물론 당시 회화사의 연구에 가장 확실하고 훌륭한 사료가 된다는 사실이다. 조선초기는 물론 중기에까지도 크나큰 영향을 미쳤던 안견은 기록상으로는 수많은 작품들을 남겼던 것이 분명하나 그것들은 모두 전해지지 않고 있다. 오직 〈몽유도원도〉만이 추호도 의문의 여지가 없는 현존 유일의 그의 진작(眞作)인 것이다. 물론 이밖에도 그의 전칭 작품들이 몇 점 전해지고 있는 것은 사실이나 그 수준이나 격조에 있어서 몽유도원도와 비교될 수가 없다. 만약 이 작품이 남아 있지 않았다면 안견의 화풍에 대한 확고한 파악이 불가능했을 것이다.

또한 그의 전칭 작품들이나 소위 안견파에 속하는 많은 작품들에 대한 이해가 추측의 한계를 벗어나기 어렵게 되었을 것이 분명하다. 그것은 결국 조선초기 회화의 파악에 심각한 지장을 초래했을 것이다.

그리고 무엇보다도 몽유도원도는 그 자체가 지닌 화풍상의 특징이 매우 다양하고 또한 그 격조가 빼어나게 높다고 하는 점이 주목된다. 이 작품의 특징은 구도·공간개념의 처리·시각의 운용, 이야기의 전개 방법·필법과 묵법 등에서 다양하게 간취된다. 먼저 이 작품의 경우에는 동양화에 있어서의 전통적인 방법과는 달리 이야기를 왼편 하단부로부터 오른편 상단부 쪽으로 전개시키고 있어 이채롭다. 그리고 토산(土山)인 야산(野山)으로 표현된 왼편의 현실세계와 기괴한 암산(岩山)들로 둘러싸인 환상적인 도원의 세계가 두드러진 대조를 이루고 있는 점도 특이하다.

따로따로 떨어져 있는 무더기의 경물들을 조화시킨 구성, 사선운동(斜線運動)에 따른 웅장감의 점증적인 고조, 확대지향적인 공간개념의 구현, 편의에 따른 시각의 변용, 고원(高遠)과 평원(平遠)의 극적인 대비, 섬세하면서도 힘차고 독특한 필묵법, 환상적이면서도 기운생동(氣韻生動)하는 표현력 등의 모든 요소들이 〈몽유도원도〉를 불후의 명작으로 승화시키는 데 기여하고 있다.

이밖에 〈몽유도원도〉에서 또 한 가지 유의를 요하는 점은 중국문화와의 관계라 하겠다. 먼저 그림의 제목이 시사하고 있듯이 그 내용은 도연명(陶淵明)의 「도화원기(桃花源記)」와 밀접한 관계를 지니고 있어서, 이 작품이 유교문화의 배경하에서 이루어진 것이면서도 동시에 도가적 이상향을 표현하고 있음을 알 수 있다. 이처럼 이 작품도 동양회화의 사상적 기반이 되었던 유교 및 도교와 불가분의 관련을 맺고 있는 것이다.

또한 화풍상으로도 필획의 구분이 안 되도록 붓을 잇대어 쓰는 필법이나 조광효과(照光效果)의 표현 등에서 북송대(北宋代) 곽희파(郭熙派) 화풍과의 연관성도 찾아볼 수 있다.

그러나 전반적으로는 이미 앞에서 지적한 바와 같이 여러 가지로 안견만의 뚜렷한 독자적 화풍을 이루었던 것이다. 그러므로 몽유도원도의 경우에도 당시의 문화적 추세와 마찬가지로 국제적 보편성과 독자적 특수성을 갖추면서 완성된 작품임을 확인하게 된다.

도연명의 「도화원기」나 곽희화풍과의 관계에서 볼 수 있듯이 〈몽유도원도〉는 당시의 지배적이던 고전주의적 경향을 두드러지게 반영하고 있다는 점도 유념할 필요가 있다. 원말명초(元末明初)의 요소가 전혀 없는 것은 아니지만 전체적으로는 북말(北末)과 그 이전의 문화를 지향했던 경향이 뚜렷하다.

이 점은 당시 집현전을 중심으로 당송(唐宋)이나 그 이전의 중국고전 등을 연구하여 정치와 문화에 반영하던 추세와 일치한다. 안평대군을 따르던 수다한 인물들 중에 집현전 학사들이 많았고 그들의 상당수가 몽유도원도의 찬문을 쓰는 등 안평대군 주관(主管) 문화행사의 한결같은 동참자들이었으며, 또 안견이 이들과 가깝게 지냈음을 생각하면 이 작품에 고전주의적 경향이 배어들어 있는 것은 너무도 당연하다고 하겠다.

〈몽유도원도〉의 '몽유(夢遊)'와도 같은 이번 일시 귀국전을 계기로 문화에 대해 종래 무관심했던 우리 자신을 철저히 반성하고 앞으로의 문화재 보호 및 새문화 창조에 대한 범국민적 재인식이 이루어졌으면 하는 마음 간절하다.

2. 서울대학교 박물관의 전시

"전통과 혁신: 서울대학교 현대미술 반세기" 특별전을 개최하며*

이번에 개교 47주년을 맞이하여 서울대학교 박물관이 신축 박물관을 개관하게 되었는바 이를 기념하여 고고역사, 전통미술, 인류민속 분야의 상설전시와 함께 "전통과 혁신: 서울대학교 현대미술 반세기"라는 제하에 특별전을 개최하게 되었다. 이는 서울대학교의 개교 이래 대학박물관에서 처음으로 개최되는 현대미술 전시회로서 그 의의가 자못 큼을 자인하지 않을 수 없다. 비단 서울대학교 역사상 최초의 종합적인 현대미술 전시회라는 사실뿐만 아니라 서울대학교가 미술대학을 중심으로 우리나라의 현대미술 발전에 무엇을 얼마나 어떻게 기여하여 왔는가를 어느 정도 드러내 보여 주게 될 것이기 때문이다.

벌써 이루어졌어야 할 이러한 전시가 전에 개최되지 못하였던 것은 그

* 『전통과 혁신: 서울대학교 현대미술 반세기』(서울대학교 박물관, 1993), pp. 4-5.

동안 변변한 전시공간이 없었던 데에 일차적인 원인이 있었다고 생각한다. 이제 서울대학교 박물관에 현대미술부가 설치되고 전시실이 확보됨으로써 현대미술관계의 전시와 학술강연회 등을 계속 개최할 수 있게 되었고 이를 이 방면의 연구와 교육에 활용할 수 있게 되었다. 이는 앞으로의 미술 발전을 위하여 여간 다행스러운 일이 아니다.

현대미술전시장과 개관이 내년으로 미루어진 자연사전시장의 2개 전시실을 이용하여 열리는 이번 전시회는 회화, 조각, 공예, 디자인을 포괄하는 일종의 종합전시회 성격을 띠게 되었다. 이는 서울대학교가 다방면에 걸쳐 현대미술의 발전에 기여한 바를 되도록 폭넓게 비추어 보고자 하였기 때문이다. 이 전시회의 내용을 도록에 담아 정리하고 앞으로의 참고가 되도록 한 것도 다행스럽게 생각한다.

다만 이번 전시회에서 아쉽게 생각되는 것은 출품자를 본교의 전, 현직 교수에 국한시킬 수밖에 없었던 점과 출품작의 숫자를 극도로 제한시킨 점이다. 원칙적으로는 본교의 전, 현직 교수는 물론 많은 동문작가들에게까지 참여의 폭을 넓히고 출품작의 숫자도 늘렸어야 할 것이나 앞에서도 지적하였듯이 이번이 개교 이래 최초의 현대미술 전시회여서 준비상의 어려움이 많았고 또 전시공간의 제약이 심하여 부득이 제한할 수밖에 없었다. 이 점에 대하여 매우 가슴 아프게 생각하며 동문 제현의 혜량이 있으시기를 빈다.

이번의 행사로 현대미술 전시가 끝나는 것이 결코 아니며 앞으로도 되도록 자주 각종 현대미술관계의 행사를 개최할 예정이므로 차차 참여의 폭을 넓혀갈 수 있으리라고 본다. 비단 우리 동문 작가들만이 아니라 우리나라 현대미술 자체는 물론 세계 여러 나라의 현대미술도 여건이 허락하는 범위 내에서나마 우리 박물관으로 끌어들여서 본교의 미술교육에 도움이 되게 하고 우리나라 현대미술 및 문화의 발전에 보탬이 되도록 해야 하리라고 본다. 앞으로 계속하여 지켜보아 주시고 질정하여 주실 것을 빈다.

이번 전시를 위하여 기획단계에서부터 전시준비와 도록발간에 이르기까지 헌신적으로 애써 주신 현대미술부의 유근준 부장님과 조교, 격려와 협조를 아끼지 않으신 미술대학의 최만린 학장님과 이종상 교수님, 귀한 작품을 출품하여 전시회를 빛내 주신 작가 선생님들께 진심으로 감사한다. 또한 박물관에 깊은 관심을 가지시고 늘 지원하여 주신 김종운 총장님 이하 대학본부의 관계자 여러분에게도 심심한 감사의 말씀을 드린다.

1993년 10월 14일

서울대학교 박물관 관장 안휘준

국악기 특별전 개최와 도록 발간에 즈음하여*

여러 가지 예술 분야들 중에서 음악은 어느 분야보다도 인간에게 크고 강렬한 감동을 야기시키고 호소력을 발휘한다고 생각된다. 또한 한 민족의 미적·정서적 특성을 음악처럼 뚜렷하게 드러내는 예술도 드물다고 믿어진다. 이러한 관점에서 볼 때 소위 국악(國樂)이라고 불리는 우리의 전통음악은 우리 한국인들에게는 각별한 의의와 비중을 지니고 있다고 하겠다. 그것은 다른 예술과 마찬가지로 우리 민족의 미의식, 창의력, 지혜, 기호, 멋, 풍류 등 제반 특성들을 복합적으로 담고 있다.

이러함에도 불구하고 우리의 전통음악은 현대에 이르러 서양음악의 영향력에 밀려 소홀한 대접을 받아 온 것이 사실이다. 몇몇 대학에 국악과(國樂科)가 생기고 뜻 있는 분들에 의해 그 진흥이 도모되고 있으며, 특히 금

*　『서울大學校 開校 48週年 紀念 國樂器 特別展』(서울대학교 박물관, 1994), pp. 1-2.

년에는 「국악의 해」로까지 지정되었으나 성과는 기대에 미치지 못하는 듯한 감이 든다. 문화민족임을 자부하는 우리에게는 참으로 섭섭하고 안타까운 일이 아닐 수 없다.

음악이 성악을 빼면 대부분 기악으로 실연됨은 누구나 아는 바이다. 국악의 경우에도 예외가 아니다. 국악기들이 우리의 전통음악을 창조하고 연주하는 데 필수불가결하다는 것은 의문의 여지가 없다. 이처럼 국악 분야의 각종 악기가 차지하는 비중은 말할 수 없이 크다고 하겠다.

이러한 인식하에 우리 서울대학교 박물관은 본교 음악대학 국악과가 1984년도에 남갑진, 박균석, 고흥곤 제씨로부터 기증 받아 관리하던 국악기 69점을 1994년 2월 14일에 공식적으로 이관 받아 그동안 꾸준히 손질을 하고 정리를 해 왔다. 또한 갖추고 있지 않은 악기들은 새로 구입하여 구색을 맞추도록 노력하였다. 그리고 본교 국악과의 이성천(李成千) 교수가 개량한 악기들을 협찬받기도 하였다.

이 국악기들을 한자리에 모아 본교 개교 48주년을 기념하여 특별 전시회를 개최하게 된 것을 매우 기쁘고 뜻깊게 생각한다. 우선 전시의 준비와 개최를 기하여 국악기에 관한 학술적 정리를 실시하고 그 결과의 일부를 도록으로 펴내게 되어 다행스럽고, 아울러 우리나라 대학박물관으로서는 처음으로 종합적인 성격의 국악기 특별전을 주최하게 된 것에 적지 않은 보람을 느낀다.

이번의 전시가 연조 깊은 고악기들보다는 현대의 악기들로 구성된 것이기는 하지만, 전통을 충실하게 계승한 것들과 함께 전통악기의 취약점을 보완한 개량악기들이 함께 어우러진 것이어서 우리나라의 전통음악과 악기를 동시에 이해하는 데 큰 도움이 될 것으로 믿어 의심치 않는다. 이 국악기 특별전이 국악에 대한 관심과 이해를 증진시키는 데 약간이나마 도움이 된다면 더없는 기쁨이 되겠다.

이번의 국악기 특별전을 위해 여러 분이 고마운 협조를 해주셨다. 국악과의 황준연(黃俊淵) 교수의 학문적 협조와 기고는 각별히 큰 도움이 되었다. 개량악기들을 대여하여 주신 이성천 교수와 궁중악기사의 박성기 선생, 자문과 협조를 아끼지 않으신 이재숙(李在淑) 교수, 전시의 구성과 판넬 원고 작성에 도움을 준 권도희, 성기련, 이경화 등 젊은 국악전문가들, 악기 해설 원고를 담당해 준 국악과의 장휘주 대학원생, 악기의 실측을 맡아준 고고미술사학과의 김선지 양 등 여러 분의 도움이 없었다면 이번의 전시는 불가능했을 것이다. 그리고 도록의 발간을 위한 사진의 촬영은 유남해 씨가, 인쇄는 극동문화사가 맡아서 성심껏 노력하였다.

이상 모든 분들의 협조와 노고에 진심으로 감사한다. 대학박물관에서는 선일(宣逸) 미술사가 실무의 번다하고 어려운 일을 도맡아 애썼고, 강대일(姜大一) 행정실장, 진준현(陳準鉉) 학예사와 최종택(崔鍾澤) 학예사, 윤일승(尹一勝), 이한수(李翰洙), 전제현, 박순복 등 직원 여러분들이 열심히 협조하였다. 직원 여러분들의 헌신적인 노력에 치하를 보낸다. 끝으로 이번 전시의 모체가 된 악기들을 10년 전에 본교 국악과에 기증하여 주신 남갑진, 박균석, 고홍곤 세 분에게 이 기회를 빌어 진심으로 감사를 드린다.

1994년 10월 14일

서울대학교 박물관

관장 안휘준

〈거두다, 간직하다, 돌아보다〉 전시를 축하하며*

서울대학교 박물관에는 연구와 교육을 위한 각종 귀중한 학술자료들이 다수 수장되어 있습니다. 1961년에 신설된 고고인류학과를 이끈 고 김원용(金元龍, 1922~1993) 선생이 학생들을 데리고 발족한 발굴들에서 수습하기 시작한 고고자료들이 단연 양적으로나 연대적으로 앞섭니다. 이와 함께 쌍벽을 이루는 것은 고서화들입니다. 숫자는 적지만 고대의 탁본 자료들을 위시하여 고려와 조선왕조의 각종 미술자료들이 주축을 이룹니다. 그 중에서도 조선시대의 서화는 대학박물관들 중에서는 굴지의 컬렉션으로 꼽힙니다.

이 서화들 중에서 243점의 회화는 1993년에 도서출판 학고재의 도움을 받아, 서울대학교 박물관의 신축 이전 개관 및 개교 47주년을 기념하여

---

* 〈거두다, 간직하다, 돌아보다〉 도록(서울대학교 박물관, 2019. 3. 30), pp. 20-21.

펴낸 『서울대학교박물관 소장 한국전통회화』에서 원색도판과 함께 처음으로 체계적으로 세상에 널리 소개되었습니다. 이때 관장으로서 필자가 지녔던 취지는 「『서울대학교 박물관 소장 한국전통회화』의 출간에 부쳐」라는 졸문에서 간략하게 피력한 바 있습니다(도록의 p. 3). 참고로 그 도록의 내용은 지정문화재, 인물화(초상화, 도석인물화, 풍속화 및 일반인물화), 기록화, 산수화, 영모·화조화(동물, 화조·화훼·초충), 어해화, 사군자·포도화(매, 난, 국, 죽, 포도) 순으로 짜여져 있습니다. 앞으로 회화를 분류하는 데 참고가 될 것으로 생각됩니다.

우리 서울대학교 박물관의 서화컬렉션은 고 박영철 씨와 박재표 씨의 기증품들이 주축을 이루고 있습니다. 이 중에서 『근역화휘』는 이선복 관장 재임 시에 복간되었는데 이때의 취지나 의의에 대해서는 이관장의 「발간사」와 졸문 「『근역화휘』의 복간을 반기며」에 피력되어 있습니다. 이 도록과 앞의 도록이 나오기까지 시종 진준현 학예관이 실무자로서 많은 노력과 기여를 하였음을 밝혀두고 싶습니다.

이번 전시에는, 한국회화사상 통일신라의 솔거, 고려의 이녕, 조선 초기의 안견과 더불어 4대가로 꼽히는 겸재 정선(1676~1759)의 작품들이 출품된 것이 먼저 눈길을 끕니다. 정선의 작품들인 〈만폭동도〉와 〈혈망봉도〉는 그가 창출한 진경산수 화풍의 진수를 보여준다는 의미에서 비록 크기는 작아도 주목이 됩니다. 김홍도와 더불어 조선시대 풍속화의 쌍벽을 이룬 혜원 신윤복의 〈후원여인도〉와 이재관(1783~1813)의 〈총석정도〉도 각각 18세기 여성풍속화의 진면목과 19세기로 이어진 진경산수화의 전통을 보여준다는 점에서 눈길을 끕니다.

이것들보다 연대가 올라가는 작품으로 필자미상의 〈독서당계회도〉와 이기룡의 〈남지기로회도〉(1629), 8폭 병풍인 〈권대운기로연회도〉 등도 기록화의 성격을 지닌 중요한 작품들로 주목을 요합니다. 조선 말기는 조희룡(1789~1866)의 〈묵매도〉 등이 출품되어 시대별 구색이 맞추어진 셈입니다.

이밖에 〈신라 진흥왕정계비 탁본〉은 고대사의 연구와 삼국시대 서예사의 고찰에 더없이 소중한 사료임을 간과할 수 없습니다.

이번 전시를 거듭 축하하고, 전시 준비를 위해 노고를 아끼지 않은 남동신 관장을 비롯한 학예사들과 직원 여러분들에게 고마운 마음을 전합니다. 앞으로도 계속하여 연구와 교육에 도움이 되는 전시를 열어주기를 기대해 마지않습니다.

2018년 11월

서울대학교박물관 제10대 관장 안휘준

3. 예술의 전당의 전시

〈표암 강세황전〉의 의의*

안휘준(安輝濬)
서울대학교 고고미술사학과 교수, 문화재위원

I

조선후기의 미술사나 문화사에서 표암 강세황(1713-1791)이 차지하는 비중은 너무나 크다. 주지되어 있듯이 그는 회화, 서예, 문장, 화평, 제자 양성 등 다방면에 걸쳐서 남다른 경지를 이루고 기여하였다. 특히 18세기의 회화와 서예에 있어서 그를 빼놓고는 제대로 된 역사를 서술할 수가 없다.

그는 회화에서 초상화, 풍속인물화, 산수인물화, 사의(寫意)산수화, 진경산수화, 화조화, 정물화, 괴석화, 사군자화 등 실로 다양한 주제의 그림을 그렸다. 특히 문인 출신의 남종화가였던 그가 자화상이기는 하지만 주로 화원 등 직업 화가의 영역이었던 초상화와 풍속인물화를 그린 점, 사의산수화

....

* 『예술의 전당』 174호(2004. 2), pp. 34-38.

만이 아니라 진경산수화도 그린 점, 남종화법을 위주로 하면서 서양화법도 수용했던 점, 김홍도를 위시한 중인 출신 화가의 작품에도 종종 화평을 가했던 점, 자하(紫霞) 신위(申緯, 1769-1845)와 단원 김홍도와 같은 우수한 제자를 배출한 점 등은 그의 진취적 성향 및 미술인으로서의 위업을 잘 말해준다.

서예에 있어서도 그는 왕희지, 왕헌지, 미불, 조맹부 등의 서체를 소화하여 독자적이고 독특한 경지를 형성하였다. 특히 그가 즐겨 쓴 행서는 물흐르듯 유려하고 세련된 모습이면서도 짜임새가 뛰어나 일견 그의 작품임을 쉽게 확인할 수 있다. 자연스러우면서도 아름다워, 보는 이의 마음을 편하게 한다. 그의 글씨에는 억지나 허세, 의도된 개성의 표출 등이 없다. 그래서 보는 이에게 언제나 그만의 서체로 조용하면서도 분명하게 다가선다.

강세황은 이처럼 조선후기의 서화와 관련하여 누구보다도 중요한 인물이다. 그럼에도 불구하고 그를 종합적으로 조망하는 제대로 된 전시회가 이제껏 열리지 못했던 것은 아쉬운 일이 였다. 강세황이 1995년 1월의 〈이달의 문화 인물〉로 선정되었을 때 국립중앙박물관에서 열렸던 간단한 전시회가 유일한 선례라 하겠다. 그나마 도록조차 발간되지 않아 현재로서 참고의 여지조차 없다. 다만 한국정신문화연구원에서 1979년에 발간된 『표암유고(豹菴遺稿)』와 변영섭 교수가 펴낸 『표암 강세황 회화 연구(豹菴姜世晃繪畵研究)』 등의 저술이 나와 있어 강세황의 생애와 예술을 이해하는 데 참고가 되고 있을 뿐이다.

II

이번에 예술의전당 서울서예박물관에서 개최되는 〈표암 강세황전〉은 앞에서 언급한 저간의 상황을 감안할 때 여간 중요한 일이 아니다. 이번 전시의 의의는 여러 가지 점에서 찾아 볼 수 있다. 우선, 전시작품이 190여 건 200여 점에 달하는 종합적 성격을 띤 전시회라는 점이 주목된다. 강세황의 각종 그림과 글씨를 비롯하여 관련된 온갖 자료들이 출품되어 그의 생애, 학문과 사상, 회화와 서예, 교유관계 등을 다각적인 측면에서 종합적으로 파악하는 것이 가능하게 되었다. 그동안 깊이 사장되어 있던 미공개 작품과 자료들이 대중에게 알려진 작품과 함께 대거 출품되어 보다 풍부한 감상과 귀중한 연구자료를 제공해 준다는 점이 무엇보다도 괄목할 만하다. 이러한 신출의 작품과 자료 덕택에 강세황 서화의 형성과 변천을 보다 구체적으로 규명하는 일이 상당 부분 가능해졌다.

20대부터 70대에 이르는 기간에 제작된 그의 서화 작품들은 20대의 미숙한 단계에서 출발 3, 40대와 5, 60대에 이르러선 연륜이 쌓여 서화 양면에서 차차 자기화, 원숙화 과정을 거쳤음이 잘 드러낸다. 대표적 서·화가의 성장과 변모 과정을 일목요연하게 볼 수 있다.

강세황 화풍의 연원이 다양하다는 점은 이미 알려져 있는 바이나 이번 전시에서는 그것이 재확인되며 보다 주목할 만한 점들이 있다. 그가 그림을 스스로 배우고 익히는 과정에서 미불, 원말사대가-황공망(黃公望), 오진(吳鎭), 예찬(倪瓚), 왕몽(王蒙), 동기창(董其昌) 등의 남종화가들의 화풍을 참조하였음은 이미 확인된 사실이나 그밖에 초년에 청대 석도(石濤)의 화풍을 모방했던 점은 이번에 처음 알게 되었다. 강세황의 초년의 호인 산향재(山響齋)의 관서(款署)가 쓰여 있는 이 작품은 간결하고 깔끔한 화풍에 석도의 영향을 반영하고 있다. 우리나라 후대의 화가들이 석도의 화풍을 많이 따르게 된 연유가 강세황으로부터 비롯되었을 가능성도 유추해 볼 수 있다.

강세황은 원말사대가들 중에서도 황공망과 예찬의 화풍을 많이 참고

한 것이 분명하나 그 중에서도 황공망의 영향이 컸음이 분명하다. 이 점은 그가 성호 이익의 요청을 받아 만 38세 때인 1751년에 그린 〈도산도(陶山圖)〉나 두증(痘症)을 앓던 손자를 위해 약즙으로 그린 1782년 작품인 〈약즙산수도(藥汁山水圖)〉가 〈부춘산거도(富春山居圖)〉로 대표되는 황공망의 화풍을 바탕으로 하고 있는 사실에서 쉽게 확인된다. 특히 〈도산도〉는 강세황이 도산에 직접 가보지 않고 이전의 여러 작품들을 참고하여 그린 점을 감안하면 종래의 안견파(安堅派) 화풍이나 절파계(浙派系) 화풍, 혹은 그 절충 화풍을 새로운 남종화풍으로 변화시킨 것이 분명한데 이때 황공망 화풍을 택하여 그린 것은 그만큼 화풍을 중시하였음을 말해 준다. 중국의 대표적 화가들과 함께 그가 『고씨화보(顧氏畵譜)』, 『개자원화전(芥子園畵傳)』, 『십죽재화보(十竹齋畵譜)』 등의 중국 화보를 널리 참고하였음은 새삼스러운 일이 아니다. 『개자원화전』에 실린 명대 오파(吳派) 심주(沈周)의 그림을 모방한 〈벽오청서도(碧梧淸暑圖)〉가 그 단적인 예이다. 그러나 그가 만 77세까지도 여전히 『십죽재화보』 등의 화보에 관심을 보인 것은 흥미로운 사실이다.

III

강세황이 이처럼 중국의 대가와 화보에 관심을 가지고 참고하였음은 주지의 사실이나 그가 우리나라의 창강(蒼江) 조속(趙涑, 1595-1668), 공재(恭齋) 윤두서(尹斗緖, 1668-1715), 겸재(謙齋) 정선(鄭敾, 1679-1759) 등의 선배화가들에 유념하였던 점은 새롭게 느껴진다. 초년기 강세황의 묵매도나 화조화 등에 조선중기의 영향이 감지되는 것은 조속을 비롯한 중기 화가들을 숙지하고 있었기 때문일 것이다. 또한 조선중기의 화풍을 계승하여 후기로 이으면서 자신의 세계를 형성했던 윤두서의 그림을 강세황이 모방했던 점 또한 새로운 사실이다. 강세황의 〈춘강연우도(春江烟雨圖)〉가 이를 밝혀 준다. 아마도 강세황의 30대 작품일 것으로 판단되는 이 그림의 오른편 상단에 "春江烟雨 倣恭齋"라고 적혀 있어서 이슬비 내리는 봄날의 강변 모습을 윤두서의 화풍을 모방하여 그렸음을 알 수 있다. 구도를 보면 윤두서의 〈평사낙안도(平沙落雁圖)〉가 연상된다(김원용·안휘준, 『한국 미술의 역사』, 시공사, 2003, p. 483, 도30 참조). 윤두서를 통한 남종화법의 영향도 감지된다. 이 〈춘강연우도〉에 보면 강세황이 윤두서의 영향을 적지 않게 받았음을 짐작할 수 있다. 윤두서나 강세황이 전형적인 문인 출신의 화가로서 자화상과 풍속화를 그린 공통점을 지니고 있는 점도 더 이상 우연의 일로만 치부할 수 없게 되었다.

강세황이 정선의 〈피금정도(披襟亭圖)〉와 〈어한도(魚閑圖)〉에 부친 찬문도 크게 주목된다. 이 찬문에서 강세황이 "謙翁之畵 當爲吾東第一 卷中所畵亦皆得意 翁今老矣…(겸옹의 그림은 마땅히 우리나라 제일이다. 두루마리 안에 그려진 것들도 역시 모두 득의작이다. 옹은 이제 늙었다…)"라고 적은 것을 보면 강세황이 정선의 그림을 우리나라 제일로 꼽았으며 또 정선을 잘 알고 있었음을 확인할 수 있다. 문인 출신의 강세황이 직업 화가였던 정선을 이처럼 높이 평가하였던 것은 대단히 중요하다. 뛰어난 서화가와 화평가로서 강세황의 열린 마음을 알 수 있을 뿐만 아니라 그가 사의산수화만이 아니라 《송도기행첩(松都紀行帖)》을 위시한 진경산수화도 주저 없이 그렸던 소이도 이해할 수 있게 되었다. 이처럼 강세황과 윤두서 및 정선의 관계는 조선후기의 회화를 좀 더 새롭게 볼 수 있는 가능성을 제시해 준다.

IV

강세황의 초상화와 관련된 자료들도 관심을 끈다. 그의 자화상은 이미 학계에 잘 알려져 있으나 이번에 새로 소개되는 이명기(李命基, 1756-?) 필(筆)이 그린 71세의 강세황 초상화와 이 초상화의 제작 과정을 소상하게 밝힌 강세황의 셋째아들 관(儨)의 『계추기사(癸秋記事)』는 특급의 자료라 하겠다. 이 초상화는 이명기가 28세 때인 1783년에 그린 그의 전형적인 작품으로 조선후기 초상화의 높은 격조와 한국적 특징을 잘 드러낸다. 그런데 이 초상화 이상으로 주목을 끄는 것은 『계추기사』다. 이 문적에 우리나라 초상화의 제작과 관련된 중요한 내용들이 담겨져 있기 때문이다. 강세황이 1756년 음력 4월부터 마음에 차는 초상화를 얻기 위하여 스스로 그려 보기도 하고 화원을 시켜 그리기도 했으나 미흡한 채로 있다가 기사(耆社)에 참여한 1783년 5월 정조의 전교로 이명기에게 그려 받게 된 경위, 이명기가 초상화로 '독보일세(獨步一世)하여 문무경상(文武卿相)들이 모두 그에게 초상화를 구했다'는 사실, 이명기가 병자(丙子, 1756)년에 태어나 당시 28세였다는 사실 등이 기록되어 있다. 이 기록에 의하여 이명기의 생년이 1756년임이 처음으로 밝혀지게 되었고 그가 이미 20대에 최고의 초상화가로서 궁(宮) 내외에 이름을 날리고 있었음이 분명해지게 되었다.

이밖에 초상화의 제작에 필요한 비단(초)을 병장(屛匠)인 김복기(金福起)에게서 열 냥에 사들였고, 초상화의 제작은 1783년 7월 18일에 시작했는데 이때 강세황은 서울의 회현동에 있었으며, 19일에 묵초소본(墨草小本)이 이루어지고 20일에는 묵초대본(墨草大本)이 완성되었으며 21일에는 묵초대본 위에 초를 대고 23일에는 착색을 시작하여 27일 끝냈음이 밝혀져 있다. 이렇게 하여 이명기가 대본, 소본, 부본까지 모두 마친 것은 열흘 뒤인 28일이며 이때 그가 받은 수고비가 열 냥이었다. 그림이 완성된 28일 저녁부터 표장이 시작되었고 이때의 장수(匠手, 표구사)는 어영청(禦營廳)의 책공인 이득신(李得新)인데 이는 판서인 홍수보(洪秀輔)가 보내준 것이고, 배접에 필요한 각종 종이들은 승지인 신대승(申大升)의 집으로부터 얻었으며, 향호(香糊, 풀)는 판서인 정창성(鄭昌聖)의 집에서 구하였는데 장자(障子)가 완성된 것은 29일이었으며, 청백릉(靑白綾) · 석환(錫環) · 향목축(香木軸) · 선익지(蟬翼紙)와 장수가 모두 왔는데 공임까지 열 냥이었다. 30일 새벽에 보(褓)가 완성되었는데 경비는 3냥이 들었고 8월 초 5일에는 초상화들을 넣을 궤자(櫃子, 상자)가 완성되었는데 비용을 4냥으로 장수는 용호영(龍虎營)의 소목장(小木匠)이었다.

이처럼 초상화와 그것을 넣을 상자의 제작에 이르는 19일간의 전 과정을 날짜별로 진행 상황을 밝히고 화가, 표구사, 목공, 협찬자들의 이름과 노임 및 소요 경비, 필요한 재료의 확보 상황까지 구체적으로 적은 개인 기록은 지극히 희귀한 사례로서 앞으로의 초상화 연구를 위해서는 물론 미술사의 사회 · 경제사적 고찰을 위해서도 더 없이 귀한 자료가 될 것이다.

강세황의 자화상 이외에 〈연객허필상(烟客許佖像)〉도 간과할 수 없다. 조선후기의 주요 문인화가 중의 한 사람이자 강세황의 제일 친한 친구였던 허필의 모습을 엿볼 수 있고 강세황의 인물화의 또 다른 양상을 확인할 수 있기 때문이다. 그림에는 강세황의 관서와 도인, "烟客像 男儐謹書"라는 강세황의 막내아들 강빈(姜儐)의 글이 보인다. 배경의 절벽과 그것에서 뻗은 나무가 이룬 공간에 허필로 믿어지는 인물이 무릎을 반쯤 세운 채 앉아 있다. 포치법(布置法)으로 보면 영락없이 조선중기의 소경산수인물화의 전통을 따랐음이 분명하다. 그러나 배경의 절벽과 나무의 표현 및 인물의 의습선은 강세황의 화풍이 뚜렷하게 드러난다. 중기적인 포치법은 강세황이 앞

시대의 화풍을 잘 습득하고 있었음을 밝혀 준다. 인물이 입고 있는 옷도 중기의 산수인물화의 전통을 연상시킨다. 인물의 편안한 자세, 큰 눈과 긴 수염이 두드러져 보이는 얼굴과 시상에 잠긴 듯한 표정 등은 문인으로서 허필의 모습일 가능성이 짙어 보인다.

V

이밖에도 화조, 화훼, 사군자, 괴석 등 실로 다양한 주제의 그림도 보는 이의 관심을 끈다. 이것과 관련지어 볼 때 미불, 조맹부 등의 중국 화가들의 이름이 자찬에 보이고 조선중기 묵매화의 전통이 매화 그림에 엿보인다. 강세황이 일찍부터 득명하고 인기가 있었음은 그가 1747년(만 34세)에 그린 〈맨드라미와 여치〉에 적힌 자찬을 통해서 엿볼 수 있다. "世之求余畵者多矣 或山水 或花卉草 或樓閣器物 雖隨求而應 세상에는 내 그림을 구하는 사람들이 많다. 혹은 산수, 혹은 화훼초충, 혹은 누각이나 기물 등 요구하는 대로 응한다"는 내용을 보면 그가 사람들의 요청에 따라 다양한 주제의 그림을 그렸고 그 그림을 갖고 싶어 하는 사람들이 많았음을 알 수 있다. 이미 30대에 인기 있는 화가로서 입지를 확고하게 세웠음이 분명하다.

강세황은 화가로서만이 아니라 화평에 있어서도 거의 독보적인 존재였다고 할 수 있다. 그가 정선, 심사정, 강희언, 김홍도를 비롯한 많은 화가들의 작품에 화평을 남긴 것이 이를 잘 말해 준다. 이번 전시회를 통해서도 이 점이 거듭 확인된다. 이처럼 강세황은 다방면에 걸쳐 혁혁한 업적을 남긴 인물이라 하겠다. 이번에 출품된 다양하고 풍부한 자료들은 강세황의 학문과 사상, 서화의 연원과 변화양상, 후대에 미친 영향 등을 구체적으로 밝히는 데 큰 도움이 될 것이다.

〈표암 강세황전〉에 부쳐*

안휘준(서울대 인문대 고고미술사학과 교수)

우리나라 국민으로서 조금이라도 학교 교육을 받은 바 있는 사람이라면 단원(檀園) 김홍도(金弘道, 1745~?)를 모를 리 없을 것이다. 그러나 김홍도의 스승이 누구이며 어떤 인물이었는지를 아는 사람은 의외로 드물다. 그의 스승이 무명의 평범한 인물이어서가 아니라 단지 제대로 올바르게 소개가 되지 않았기 때문이다.

김홍도가 어린 시절 고향인 경기도 안산(安山)에서 모시고 공부했던 스승 표암(豹菴) 강세황(姜世晃, 1713~1791)은 시, 서예, 회화에 모두 빼어났던 삼절(三絶)로 18세기를 대표하는 문인이었다. 문화사적으로 제자인 김홍도와 우열을 가리기 어려운 발군의 뛰어난 인물이었다. 그야말로 '그 스승에 그 제자'였던 셈이다. 김홍도만이 아니라 뛰어난 시인이며 서예가이자 묵죽

---

* *Arts & Life* 7(예술의 전당, 2004. 2), p. 5.

(墨竹)화가였던 자하(紫霞) 신위(申緯, 1769~1845)도 강세황의 제자였다.

김홍도와 신위 같은 훌륭한 제자들을 배출하여 조선후기의 예술과 문화를 풍요롭게 한 사실만으로도 강세황의 위상을 쉽게 짐작할 수 있다. 그러나 강세황을 보다 위대하게 하는 것은 그 자신의 크나큰 예술적 업적이다. 그의 "청담하고 우아한" 450여 수의 시, 물 흐르는 듯 유려한 행서(行書), 다양한 분야의 그림들은 한결같이 강세황 자신만의 특성을 잘 드러낸다.

특히 강세황의 회화는 그의 시와 서예 이상으로 그의 예술적 특성을 구체적으로 보여 준다.

우선 그는 남종화풍의 사의산수화(寫意山水畵)를 비롯하여 진경산수화, 산수인물화, 풍속인물화, 화조화, 사군자화(四君子畵) 이외에 자화상이기는 하지만 초상화까지 그려 그의 폭 넓던 관심과 구애받지 않던 자유롭고 진취적인 작화 태도를 드러낸다. 이는 그가 누구보다도 앞장서서 서양화법을 수용하였던 점에서도 재확인된다. 아마도 강세황의 이러한 성향이 그 자신의 예술은 물론 제자인 김홍도의 미술을 꽃피우는 데에도 큰 몫을 했을 것으로 믿어진다.

강세황이 비단 김홍도와 신위 같은 제자나 최북(崔北, 1712~1786) 같은 추종자만이 아니라 훨씬 폭넓게 영향을 미치며 화단을 대표했었음은 그가 조선후기 회화의 새로운 몇 가지 경향들과 깊이 연관되어 있는 사실과 함께 여러 화가들의 다양한 작품들에 화찬(畵贊)을 남긴 점에 의해서도 확인된다. 조선후기 화단의 새로운 경향들인 남종화의 정착, 진경산수화의 유행, 풍속화의 발달, 서양화법의 수용 등이 다소간을 막론하고 직·간접적으로 강세황과 깊이 연관되어 있음을 보면 그의 절대적인 비중을 쉽게 알 수 있다.

18세기 조선후기를 대표하는 강세황의 이러한 예술적 경향은 19세기 조선말기 예단을 지배했던 추사(秋史) 김정희(金正喜, 1786~1856)의 그것과는 현저하게 다른 것으로 큰 대조를 보인다. 강세황이 산수화, 그중에서도 한국의 진경을 그리기가 제일 어렵다고 보면서 풍속화를 그리고 서양화법까지도 수용하였던 포용적이고 실험적이며 진취적이었던 인물인 데 비하여, 김정희는 난초를 그리는 것이 가장 어렵다고 주장하면서 진경산수화와 풍속화를 배척하는 남종화 지상주의적 성향을 띠었던 점은 그 단적인 예이다. 두 사람 간의 이러한 차이는 비단 두 사람만에 그치지 않고 그들이 이끌었던 시대적 차이로까지 이어졌다는 점에서 결코 가볍게 보기 어려운 측면이 있다.

이러한 여러 가지 상황들을 절감하게 해 주는 전시가 바로 예술의전당 서울서예박물관에서 열리고 있는 〈표암 강세황전〉(2003. 12. 27~2004. 2. 29)이다. 179건의 각종 중요한 자료들이 대거 출품된 사상 최대 규모의 이번 전시는 강세황의 학문과 사상, 시와 산문, 서예와 회화의 연원 및 변화양상을 구체적, 체계적, 종합적으로 여실히 보여준다.

전시는 분야별, 제작연대순으로 짜여져 있어서 강세황 서화의 변화양상을 파악하기에 편하다. 30대에 제작된 〈지상편도(池上篇圖)〉를 위시한 그림과 글씨들은 그가 이미 청장년기에 독자적인 화풍과 서체를 확립하였음을 말해준다. 40대에 개성을 여행하고 그린 《송도기행첩(松都紀行帖)》은 그가 중년기에 진경과 서양화법에 깊은 관심을 지녔었음을 드러낸다. 그리고 말년인 70세 때의 〈자화상〉은 특히 걸작으로 정확하고 사실적인 정밀묘사와 기운생동하는 표현이 압권이다.

시·서·화 '3색(色)'의 유려한 화풍 한눈에*

우리나라 사람이라면 단원 김홍도를 모를 리 없다. 그러나 김홍도의 스승이 누구이며 어떤 인물이었는지를 아는 사람은 의외로 드물다. 그의 스승이 무명의 평범한 인물이어서가 아니라 단지 제대로 소개가 되지 않았기 때문이다.

김홍도가 어린 시절 고향인 경기도 안산에서 모시고 공부했던 스승 표암(豹菴) 강세황(姜世晃·1713~1791)은 시·서예·회화에 모두 빼어났던 삼절(三絶)로 18세기를 대표하는 문인이었다. 문화사적으로 제자인 김홍도와 우열을 가리기 어려운 발군의 인물이었다. 그야말로 '그 스승에 그 제자'였던 셈이다.

이를 절감하게 해주는 전시가 바로 예술의전당 서울서예박물관에서

---

* 『朝鮮日報』 제25846호, 2004. 1. 28, 20면.

열리고 있는 〈표암 강세황〉(2월 29일까지) 전이다. 179건의 각종 중요한 자료들이 대거 출품된 사상 최대 규모의 이번 전시는 강세황의 학문과 사상, 시와 산문, 서예와 회화의 연원 및 변화 양상을 구체적·체계적·종합적으로 여실히 보여준다. 그의 맑고 우아한 시문, 물 흐르듯 유려한 행서, 다양한 분야의 그림들은 한결같이 강세황 자신만의 특성을 잘 드러낸다. 특히 표암의 회화는 남종화풍의 사의산수화(寫意山水畵)를 비롯하여 진경산수화, 산수인물화, 풍속인물화, 화조화, 사군자와 초상화까지 아우르며 그의 폭넓은 관심과 자유롭고 진취적이었던 작화태도를 보여준다. 30대에 제작한 〈지상편도〉와 〈산수도권〉 등 그림과 글씨들은 그가 이미 청장년기에 독자적인 화풍과 유려하고 힘찬 서체를 확립하였음을 말해준다. 40대에 개성을 여행하고 그린《송도기행첩》은 그가 중년기에 진경과 서양화법에 깊은 관심을 지녔음을 드러내며 특히 서양의 명암법을 당대 누구보다 앞장서 수용했음을 보여준다. 말년인 70세 때의 〈자화상〉은 얼굴의 살결과 수염의 사실적인 정밀묘사와 눈동자의 기운생동하는 표현이 압권이다.

조선후기 화단의 새로운 경향인 남종화의 정착, 진경산수화의 유행, 풍속화의 발달, 서양화법의 수용 등은, 김홍도·신위·최북 등에게 영향을 미치며 당대의 화단을 대표했던 강세황과 직간접적으로 깊이 연관되어 있다. 전시장에서는 추사 김정희로 대표되는 19세기 남종 문인화 지상주의적 경향과는 확실히 구분되는 이 18세기 거장의 포용적이면서도 실험적이고 진취적인 예술관을 만끽할 수 있다.

안휘준

서울대 고고미술사학과 교수

4. 리움미술관의 전시

호암갤러리 〈대고려국보전〉을 보고*

고려는 잘 알려져 있는 바와 같이 통일의 위업을 이룬 왕조로서 불교를 기반으로 하여 높은 수준의 문화를 발전시켰다. 또한 고려는 고대와 근세를 잇는 중세로 일컬어지기도 한다. 고려초기의 미술에 통일신라시대의 영향이 엿보이는 점이나 조선초기의 미술에서 고려후기의 전통이 간취되는 사실은 고려의 중세적 성격을 말해 준다. 이러한 점들에서 고려시대의 미술을 총체적인 측면에서 제대로 조망하고 규명하는 일이 절실하게 요청된다.

이러함에도 불구하고 그러한 작업은 이루어지지 못했었다. 이미 국립중앙박물관에서 개최된 바 있는 고려청자전이나 호암미술관이 열었던 고려 불화전(佛畵展)은 고려시대 미술의 이해에 크게 기여한 것이 사실이나

---

* 『서울신문』 제15793호, 1995. 9. 7, 13면.

종합적인 조명의 필요성은 여전하다고 볼 수 있다.

이러한 아쉬움을 가셔주는 최초의 전시회가 지금 호암갤러리에서 열리고 있는 〈대고려국보전(大高麗國寶展)〉(10일까지)이다. 이와 같은 관점에서 이 전시회가 지닌 의의를 대충 짚어볼 필요가 있다.

먼저 이 전시회는 고려시대 미술문화재 전시로서는 규모가 가장 크고 내용이 제일 다양하며 종합적이라는 점이 주목된다. 회화·서예·조각·도자기·금속공예·나전칠기 등등 다양한 분야의 걸작들이 282점이나 망라, 출품되어 있다. 이 작품들은 주최자인 호암미술관, 국립중앙박물관을 위시한 국내의 각급 박물관들과 개인소장가들, 일본·미국·영국·프랑스의 여러 소장처들로부터 협조를 받아 힘들게 한자리에 모아진 것들이다. 이번 기회가 아니면 볼 수 없는 귀중한 작품들이 절대 다수를 차지하고 있다.

이 전시의 규모와 내용 이상으로 중요한 것은 출품된 작품들을 통하여 고려 미술문화의 특성과 수준을 확인할 수 있다는 점이다. 한자리에 모아진 다양한 분야의 대표작들이 한결같이 화려하고 정교하며 고아한 특성과 함께 높고 빼어난 격조를 드러낸다. 고려시대의 불교회화와 청자에서 이미 확인된 바와 같은 깔끔하게 다듬어진 귀족적 취향이 보편적으로 나타난다.

이번 전시를 통하여 또한 절감하게 되는 것은 비단 조형적 측면만이 아니라 그것을 가능케 한 과학기술적 측면이다. 회화에 설치된 불변의 안료, 청자에 구현된 천하제일의 비색(秘色), 각종 공예에 구사된 다양한 기술과 기법 등에는 당시의 첨단 과학기술이 뒷받침되었음이 간취된다.

출품작들의 외형에 나타나는 제반 양상들 이상으로 중요하게 여겨지는 것은 고려시대 예술가들과 장인들의 정신과 자세라고 하겠다. 탁월한 창의성, 지극한 정성, 섬세한 감각, 세심한 배려 등이 작품마다에서 감지된다. 불교에 대한 독실한 신심이 대부분의 작품에 짙게 배어 있는 것도 빼놓을 수 없는 보편적인 특성이다. 이밖에 이 전시회와 관련해 지적하고 싶은 것은 전시의 방법과 수준이다. 귀중한 문화재의 안전한 보존을 위해 독일에서 특별히 주문한 특수진열장, 쾌적한 관람에 도움이 되도록 최대한 배려한 격조 높은 전시, 작품의 보존과 전시효과를 고려한 조명, 원만한 동선 등은 우리나라 전시문화의 수준을 높여 놓은 훌륭한 전시의 표본이 아닐 수 없다. 이 덕분에 고려의 명품들 하나하나가 그 진면목과 진가를 유감없이 발휘하게 되고 보는 이들의 마음이 흡족하게 된다.

이 전시를 보고 나올 때마다 고려시대 선조들이 일군 위대한 미술문화에 대한 감동과 재인식, 옛날에는 엄두도 못냈을 전시가 실현되는 현실에 대한 기쁨, 이 힘든 일을 가능하게 한 모든 사람들에 대한 고마움, 진지하고 질서 있는 관람객들의 문화애호심에 대한 가슴 뿌듯함 등을 느끼곤 한다.

〈몽유도원도와 조선전기 국보전〉을 보고*

호암갤러리에서 〈몽유도원도와 조선전기 국보전〉이 지난 13일에 개막돼, 내년 2월 11일까지 60일간 열린다.

우리 회화사상 최고의 명작인 〈몽유도원도〉가 힘든 교섭 끝에 출품되고, 국내외 2백여 점의 회화, 서예, 지도, 도자기, 금속공예, 나전칠기, 각종 불교미술품 등 국보와 보물급인 중요한 문화재들이 총 망라 출품돼 전시의 가치가 더없이 높이 평가된다.

특히 〈몽유도원도〉가 출품된 것은 획기적인 일이다.

〈몽유도원도〉가 중요한 이유는 단지 조형적으로 뛰어나다는 한 가지 때문만은 아니다.

논란의 여지가 없는 안견(安堅)의 유일한 진작(眞作)인 이 작품은 뛰어

* 『朝鮮日報』 제23575호, 1996. 12. 20, 23면.

난 조형적 아름다움과 함께 안견 예술의 진수를 보여준다.

동시에, 그의 후원자로서 이 작품의 제작을 의뢰한 안평대군을 비롯한 정인지, 성삼문, 박팽년, 이개, 최항, 서거정, 신숙주 등 20여 명의 문사들이 각기 자기 자필로 적은 시문과 글씨가 안견의 그림과 어우러진 삼절(三絶)로서, 세종조를 중심으로 한 조선초기 미술문화의 성격과 수준을 함께 보여주는 금자탑이기 때문이다.

즉 세종조의 회화, 서예, 문학이 지녔던 고전적 성격은 물론, 당시의 창의성과 조형성, 사상과 풍류, 중국 역대 시문서화(詩文書畫)와의 관계 등 문화적 복합성이 지극히 높은 격조 속에 잘 드러나고 있음이 무엇보다도 괄목할 만하다고 하겠다.

〈몽유도원도〉를 비롯한 전시된 회화작품들은 대부분 15세기와 16세기에 풍미하였던 화풍의 다양성과 한국적 특성을 잘 보여준다.

이 전시를 통하여 일제시대에 일본 어용학자들이 심어 놓았고 아직도 우리의 국사 개설서들에 구태의연하게 적혀 있는 "조선전기의 회화는 송원대(宋元代) 화첩을 모방하는 데 그쳤다"는 식의 폄하된 얘기가 얼마나 그릇되고 무책임한 것인가를 재확인하게 된다.

또한 "한국적인 화풍은 (겨우) 18세기에 이르러서야 정선(鄭敾) 등에 의해서 비로소 이루어졌다"는 일제시대부터의 터무니없는 얘기가 분명히 잘못된 것임을 일깨워 주리라고 믿는다.

한국회화의 특성은 이미 삼국시대 고구려 고분벽화에서부터 형성되었음이 확인되는데, 이러한 사실은 조선전기 회화의 경우에도 마찬가지임을 이번의 전시는 밝혀 준다.

이처럼 〈조선전기 국보전〉은 아직도 끈덕지게 남아서 회화를 포함한 우리 미술과 문화에 대한 올바른 이해를 저해해온 일제 식민사관의 피해를 불식시키는 데에도 큰 도움이 될 것으로 생각된다.

호암갤러리의 〈조선전기 국보전〉이 값진 또다른 이유는 그 시대의 서예, 지도, 도자기 등 다양한 일반미술과 불교미술의 내용, 특성, 수준 등을 종합적이고도 입체적으로 보여주고 그 이해와 연구에 직접적인 도움이 되기 때문이다.

〈몽유도원도와 조선전기 국보전〉은 불교를 기반으로 했던 고려의 미술문화와 유교를 토대로 했던 조선전기 미술문화의 상호 관계 및 차이를 함께 잘 드러내는 계기가 되리라고 믿는다.

〈서울대 고고미술사교수〉

미술사를 다시 읽게 한 '국보급' 전시회*

조선 전기 미술의 성격과 수준을 종합적으로 조명하는 전시가 처음으로 열려 많은 관심을 끌었다. 작년 12월 13일에 개막, 2월 11일까지 60일 동안 계속된 호암미술관의 〈몽유도원도와 조선전기 국보전〉이 그것이다. 이번 전시는 우리 회화사상 최고의 명작 안견의 〈몽유도원도〉를 필두로 국내외에 산재하는 회화, 서예, 서적, 지도, 조각, 도자기, 금속공예, 나전칠기 등 200여 점의 각종 국보와 보물급 문화재를 망라했다. 따라서 이 전시회의 특징과 그 의의를 다시 짚어본다.

---

* 『문화와 나』 통권 32호(三星文化財團, 1997. 2), pp. 52-53.

조선전기 미술 한자리에 모은 최초의 전시

우선 15~16세기 미술의 내용, 성격, 수준 등을 종합적·입체적으로 보여줌으로써 그 이해와 연구에 직접적인 도움을 주었다. 다시 말해 조선전기 미술을 한자리에서 조명해 보는 기회를 우리 문화사상 처음으로 제공했다.

둘째로 일본이나 미국 등지에 흩어져 있는, 좀처럼 볼 수 없었던 주요 명작들이 전시된 점이다. 〈몽유도원도〉를 위시한 해외 소재의 회화, 불교회화, 나전칠기 등은 이러한 점에서 각별히 주목을 받았다.

셋째, 조선전기 미술에 대한 종래의 편견을 바로잡는 계기를 마련했다.

"조선전기의 회화는 중국 송원대(宋元代)의 화첩을 모방하는 데 그쳤다"거나 "한국적인 화풍은 18세기에 와서야 정선(鄭敾) 등에 의해 비로소 이루어졌다"는 식의 일제 강점기의 논리가 오류임을 〈몽유도원도〉를 비롯한 회화작품들이 분명히 밝혀주었다.

또한 이번에 전시된 불화들은, 조선전기의 불교회화가 억불숭유정책으로 인해 고려시대의 그것에 비해 현저히 수준이 떨어진다는 종래의 평가도 수정이 불가피함을 증명했다. 조선시대에도 불교회화는 끈질기게 그 맥을 이어갔고 새로운 양상으로 발전했음을 확인한 것도 성과다.

도자기, 금속공예, 나전칠기 등도 조선 전기 미술의 우수성과 다양성을 다시금 일깨운다. 고려 청자의 전통 위에 백토분장(白土粉粧)으로 새롭게 창조한 분청사기, 깔끔한 멋의 백자 등은 이 시대 공예의 우수성을 보여준다.

새롭게 인식하는 '인습과 창조'의 미술사

넷째는 전시대 미술과의 차이점과 연관성을 보다 분명하게 보여주고 있다는 점이다. 즉 불교를 토대로 한 고려의 미술과 유교를 토대로 한 조선 전기 미술의 차이점 및 연관성이 이번 전시에서 잘 드러났다. 푸른색의 고려 청자와 흰색의 조선 백자에서 보는 차이도 두드러지지만, 고려 청자에서 조선 청자 그리고 분청사기로 이어지는 흐름에서 보듯 그 연관성 또한 적지 않음을 확인할 수 있었다. 양 시대 미술의 비교에서 드러나는 이러한 양면성은 다른 분야에서도 마찬가지다. 다시 말해 조선전기 미술은 그 사상적 기반의 차이에도 불구하고 고려시대의 그것을 계승, 새롭게 발전시켜 나간 것임을 한눈에 알 수 있는 것이다.

마지막으로 이번에 전시된 작품들은 한결같이 뛰어난 조형미와 두드러진 한국적 특성으로 현대의 새로운 문화 창출에 크게 참고가 되었다는 점이다. 전시품에 나타난 창의성과 지혜를 깨닫고 활용하는 관람객이 많았기를 기대한다.

'한국의 미' 조선후기 국보 특별전: 근대의 여명, 한국미의 구현*

안휘준(미술사·서울대교수)

'위대한 문화 유산을 찾아서'의 두 번째 전시였던 〈몽유도원도와 조선전기 국보전〉이 조선 초기와 중기를 어우르는 이른바 조선 왕조 전반기의 미술을 소개하는 전시였던 데 비하여 이번의 〈조선후기 국보전〉은 흔히 얘기하는 18세기 중심의 조선후기와 19세기 후반부터 금세기 초까지를 대상으로 하는 조선말기까지를 포함한 이른바 조선 후반기의 미술문화를 포괄하는 전시이다. 말하자면 통상적으로 4기로 나뉘어지는 조선시대의 미술을 전기와 후기로 양분하여 먼저번 전시와 이번 전시에서 담아냈다고 볼 수 있다.

앞의 전시들이 우리 미술 문화의 이해와 연구에 크게 기여하였듯이 이번의 전시도 그에 못지않은 성과를 거두게 될 것으로 믿어진다. 이런 측면

---

* 『月刊美術』 10-8(1998. 8), pp. 41-44.

에서 이번 전시의 의의를 대강이나마 짚어볼 필요가 있겠다.

이번의 〈조선후기 국보전〉이 무엇보다도 관심을 끄는 것은 조선 왕조 후반기의 미술을 가장 큰 규모의 전시를 통하여 제일 종합적으로 보여준다는점이다. 회화·서예·불상·도자기와 화각 공예품 등은 물론 과학 문화재까지 포함하여 총 179건 260여 점이 출품된 사실만으로도 그 규모와 종합성을 쉽게 엿볼 수 있다. 호암미술관의 소장품들 이외에 국립중앙박물관을 비롯한 각급 박물관들과 개인 소장가들의 소장품들, 그리고 일본 도쿄국립박물관의 소장품으로 짜여진 이번 전람회는 궁중 미술, 회화·서예, 백자, 나전·화각, 불교미술, 여성의 공간, 남성의 공간, 천문·지리 등으로 구분해 전시된다. 이처럼 이번의 전시는 시대적으로는 18세기부터 금세기 초까지, 내용 면에서는 일반 회화·불교 회화·민화에서부터 조각·각종 공예·복식과 보자기·천문기와 지도에 이르기까지의 사실상 전 분야를 포함하고 있다고 하겠다. 이러한 종합적 성격의 대규모 전시를 통하여 조선 왕조 후반기 미술 문화의 다양성과 복합성이 잘 드러난다.

새롭게 시도한 분류 방법

이 전시의 규모와 종합적 성격 이상으로 중요한 것은 출품된 작품들이 한결같이 우수하고 영역별 대표성을 띠고 있다는 점이다. 국보 5점, 보물 9건 14점이 포함된 사실은 이를 잘 말해 준다. 이들 대부분의 작품들은 하나하나 보는 이의 숨을 죽이게 하는 명품들이다. 조선 왕조 후반기 미술의 각 분야별 우수성·창의성·특성을 한자리에서 엿볼 수가 있다. 이와 함께 영역별 흐름이나 경향도 파악된다. 이처럼 여러 분야의 우수한 작품들을 한꺼번에 감상하고 공부할 기회를 제공해 준다는 점에서 이번 전시의 의의는 더없이 크다고 하겠다.

이번 전시에서 또 한 가지 주목되는 것은 출품 작품들을 궁중 미술, 회화·서예, 백자, 나전·화각 등은 통상적인 분류 방법과 큰 차이가 없으나 궁중미술, 여성의 공간, 남성의 공간 등은 종래의 전시들과 차이를 드러내는 것으로서 관심을 끝다. 궁중에서는 어떤 미술품들이 사용되었는지, 그것들의 경향은 어떠한지, 또 왕이나 왕족이 쓰거나 그린 서화는 어떠한 것들이 있는지 등을 살펴보는 데 궁중 미술 부분의 전시는 크게 참고가 될 수 있을 것이다.

이처럼 궁중 미술을 따로 떼어서 보려는 시도는 1993년 10월부터 1994년 8월까지 미국의 3개 도시(뉴욕·워싱턴·로스앤젤레스)에서 열렸던 〈18세기 한국미술전〉에서 이루어진 바 있다(김홍남 편, *Korea Arts of the Eighteenth Century: Splendor & Simplicity*. New York : The Asia Society. 1993).

참고로 이때의 18세기 전에서는 출품 작품들을 궁중 미술과 함께 사대부 미술·종교 미술 등으로 구분하여 전시하였는데, 이러한 구분과 시도가 나름대로 의미가 컸다고 생각되나 도자기 같은 경우에는 비슷비슷한 작품들이 세 가지로 분류되어 오히려 혼란스럽게 느껴지기도 하였다. 사실상 궁중을 위한 미술이나 양반들을 위한 미술 사이에는 특별한 경우를 제외하고는 일반적인 양식이 같거나 비슷하고 제작자가 많은 경우 같아서 굳이 구분을 할 필요가 있는지 의문이다.

그러나 왕만이 사용한 것이 분명한 〈일월오봉병(日月五峰屛)〉이나 왕실을 위해 제작된 각종 궁중의궤도 같은 그림들, 왕들이 직접 쓰거나 그린 서화, 왕이나 왕비들이 애용한 각종 집기 등은 궁중 미술의 내용과 성격을 잘 대변해 줌을 부인할 수 없다. 이러한 의미에서 이번에 궁중 미술을 구분해

보려고 한 시도는 그 나름대로 의미가 크다고 생각된다. 마찬가지로 '여성의 공간'과 '남성의 공간'도 성별에 따른 미술 문화의 내용과 성격상의 차이를 이해하는 데 크게 참고가 된다고 본다. 안방을 중심으로 한 여성 문화와 사랑방을 둘러싼 남성 문화의 면면들이 제법 잘 드러나고 있어서 강한 흥미를 자아낸다.

이상의 작품들은 성리학을 기조로 한 유교 문화를 토대로 하고 부분적으로 노장 사상을 가미한 것들임을 부인할 수 없다. 즉 대부분 유교 사상과 유교 미학의 영향을 반영한 작품들이라 하겠다. 이 작품들과 함께 똑같이 중시해야 할 것이 불교미술품들이다. 흔히 조선시대에는 국초부터 강력히 추진되었던 억불숭유정책 때문에 불교미술이 쇠퇴한 것으로 믿고 있다. 물론 이는 상당 부분 옳다고 볼 수 있다. 예를 들어 불상 같은 것은 그 대표적 사례를 꼽힌다.

그러나 이러한 통념과는 달리 불교미술은 의외로 끈질긴 생명력을 지니며 분야에 따라서는 대단히 놀라운 수준으로 발전하였던 것이 사실이다. 탱화를 위시한 불교 회화의 사경·공예 같은 것은 그 좋은 예들이다. 쇠퇴했다고 믿어지는 불상조차도 나름의 독특한 특성들을 발전시켰음이 확인된다. 이러한 조선시대 불교미술의 양상들이 많지는 않지만, 고르게 출품된 작품들에 의해 드러난다. 이들 불교미술품들은 세찬 억압 속에서도 서민대중의 소박한 신앙을 토대로 끈덕지게 지켜 온 생명력의 소산으로서 지배적이었던 유교적 미술 문화와 뚜렷한 대조를 보여준다.

이처럼 이번의 〈조선후기 국보전〉에는 조선 왕조 후반기에 창출되었고 풍미되었던 미술의 모든 것이 전시되었다. 유교적 미술과 불교적 미술, 고급 미술과 민예적 미술, 감상을 위한 미술과 생활을 위한 미술, 남성을 위한 미술과 여성을 위한 미술, 왕공사대부를 위한 미술과 서민대중을 위한 미술이 함께 어깨를 겨루듯 제시되었다. 이와 같이 이번의 전시는 조선 왕조 후반기 미술의 제반 양상과 경향, 특성과 수준을 보여주는 데 크게 기여할 것으로 판단된다.

이 전시와 관련하여 또 한 가지 간과할 수 없는 것은 IMF 사태를 맞이하여 온 나라가 경제적 어려움에 봉착하고, 이에 수반하여 문화가 극도로 위협을 받고 있는 상황에서 개최된다는 점이다. 이는 마치 가뭄 속의 단비와도 같이 청량한 일로서 이번 전시를 주관하고 협찬한 모든 기관과 관계자들에게 감사하는 마음을 금할 수 없다. 앞으로도 이러한 값진 문화 행사가 계속 이어지기를 간절히 바란다.

전시의 중요성과 아쉬움

모든 전시가 그러하듯 〈조선후기 국보전〉도 앞에서 언급한 여러 가지 훌륭한 장점들과 함께 약간 아쉽게 생각되는 측면도 있음을 인정해야 하겠다. 먼저 지적하고 싶은 것은 이러한 성격의 종합 전시가 불가피하게 드러날 수밖에 없는 짜임새 혹은 입체성의 부족이라 하겠다. 대상으로 삼은 시대가 길고, 남아 있는 작품들이 가장 다양하고 풍부한 데 반하여 전시 공간은 넉넉하지 못하여 작품의 선정과 전시에 자연히 제약을 받을 수밖에 없었던 것으로 믿어진다. 이 때문에 작품의 선정이 고르지 못하고 들쭉날쭉한 측면이 엿보이며, 이에 따라 전시 역시 나열식을 크게 벗어나지 못한 느낌을 준다.

예를 들어 조선후기(약 1700년~약 1850년)의 회화 같은 경우 ① 남종화의 정착, ② 진경산수화의 유행, ③ 풍속화의 풍미, ④ 신선 그림의 유행, ⑤ 서양화법의 수용 등 여러 가지 경향을 띠었는데, 이번 전시는 이러한 조류를 드러내는 데는 성공적이었다고 할 수 있으나 그러한 경향들의 시원과 변천 과정 등을 입체적으로 조망하는 데는 부족한 감이 있다.

진경산수화 같은 경우 겸재 정선의 작품들만 제시되었을 뿐 그를 따른 많은 진경산수화가들의 작품들은 일체 배제되어 진경산수화가 정선 이후 어떻게 변모되었는지 알 길이 없다. 김홍도의 《병진년화첩(丙辰年畵帖)》 중에 〈옥순봉도(玉荀峯圖)〉가 끼어 있기는 하지만 그것으로 이러한 아쉬움을 메꾸어 줄 수는 없다. 풍속화의 경우에도 김홍도 이전의 윤두서·조영석·강희언 등의 풍속화가 한 점도 출품되지 않아 김홍도 풍속화의 연원을 알 길이 없다. 이러한 약점은 이번 전시의 구석구석에서 엿볼 수 있다.

한 가지만 더 예를 든다면 안중식의 〈도원문진도(桃源問津圖)〉가 출품되었는데, 이 작품에 보이는 화풍은 곧 오원 장승업에게서 나온 것이지만 장승업의 산수화는 전혀 출품되지 않아 그 두 사람 간의 화풍상의 밀접한 연관성을 엿볼 수가 없다, 장승업의 경우 산수화 대신 영모화와 매화 그림으로 대표되고 있다. 이러한 점은 비단 회화 분야만이 아니라 다른 부분에서도 마찬가지로 엿보인다.

다음으로 아쉽게 느껴지는 것은 훌륭한 도판과는 대조적으로 도록에 논문이 한 편도 실려 있지 않다는 점이다. 단지 국립중앙박물관 정양모 관장과의 대담이 실려 있을 뿐이다. 대담의 내용이 아무리 훌륭하다고 해도 그것으로 만족스럽게 여길 사람은 없을 것이다. 더구나 이번 전시의 규모나 중요성에 비추어 볼 때 적어도 회화와 도자기를 비롯하여 분야별로 각각 한 편씩이라도 글을 게재했어야 마땅하다고 본다. '위대한 문화유산을 찾아서' 시리즈의 앞 전시들의 도록들과 비교해 보아도 도무지 균형이 맞지 않는다. 앞의 도록들에는 각기 4편과 5편의 논고가 실려 있다. 이러한 규모와 성격의 전시가 다시 개최되기 어렵고, 또 그에 대한 학문적 정리가 절실하기 때문에 논고가 한 편도 실리지 못한 것은 여간 아쉬운 일이 아니다. 나날이 겪는 경제적 어려움, 짧은 시간에 서둘러야 했던 준비 과정, 움츠러든 문화계와 학계의 여건 등이 복합적으로 작용한 결과라고 생각된다. 이러한 약간의 아쉬움에도 불구하고 이번 전시의 중요성은 아무리 강조해도 결코 지나치지 않는다.

끝으로 이번의 〈조선후기 국보전〉이 단순히 감상하고 즐기는 차원을 넘어서 한국적 현대문화를 창출하는 데 알차고 기름진 밑거름이 되었으면 한다. 문예부흥기라고도 흔히 불리는 이 시대의 미술은 역사상 가장 한국적이었으므로 서구 문화에 발목 잡혀 있는 현대의 우리에게는 제일 훌륭한 참고와 교훈이 된다. 〈조선후기 국보전〉은 이러한 의미에서도 그 의의가 더없이 크다고 하겠다.

조선말기 회화의 흐름*

안휘준(미술사·서울대 교수)

서울의 한남동에 위치한 삼성 미술관 리움에서는 지금 〈조선말기회화전〉이 열리고 있다(2006.10.19~2007.1.28). 한남동으로의 이전 개관 2주년을 기념하여 개최된 이 전시는 같은 미술관이 이미 선보인 〈대고려 국보전〉(1995), 〈조선전기 국보전〉(1996), 〈조선후기 국보전〉(1998) 등 크고 막중했던 전시회들의 뒤를 이은 것으로서 그 의의가 심대하다.

무엇보다도 전시의 주제가 먼저 관심을 끈다. 조선왕조의 말기(약 1850~1910)를 주제로 한 큰 규모의 특별전은 처음이기 때문이다. 물론 조선말기를 포함한 전시가 없었던 것은 아니다. 국립중앙박물관이 1987년에 연 〈한국 근대회화 백년(1850~1950)전〉과 그보다 8년 전인 1995년 국립광주박물관이 개최한 〈한국 근대회화 명품전〉은 그 대표적인 예들이다. 그러

---

* 『월간미술』 제263호(2006. 12), pp. 94-96.

나 이 전시들이 '근대'를 내세워 1950년까지 약 100년간을 어우르면서 폭을 넓혀보려 한 전시였던 데 비하여 이번 리움의 전시는 조선왕조시대의 맨 끝자락에 초점을 맞추어 왕조미술의 결말을 지켜보고자 한 의도가 돋보인다고 하겠다. 이번 전시가 앞서 열렸던 국립박물관들의 전시에 가려 그늘지지 않고 독자적인 빛을 발하는 이유 중의 하나도 그러한 차별성에서 찾아볼 수 있겠다.

이번 전시가 대상으로 잡은 조선말기(약 1850~1910)는 초기(1392~약 1550), 중기(약 1550~약 1700), 후기(약 1700~약 1850)에 이은 네 번째 시기이다. 종래에 학자에 따라서는 조선왕조시대를 전기, 중기, 후기의 3기로 나누면서 말기를 따로 구분하지 않고 으레 후기에 포함시켜 상례적으로 함께 다루곤 하였다. 아마 조선시대의 회화에 대한 연구가 충분히 이루어지지 못한 상황이었고, 또 1850년경부터 일본에 병탄된 1910년까지 불과 60년간의 짧은 시기여서 굳이 구분할 필요를 못 느꼈을 가능성이 높다. 그러나 회화사에서 시기 구분은 화풍(畵風)의 변천에 의거하여 이루어져야 함을 고려하면 후기와 말기는 당연히 구별되어야 한다고 본다.

앞 시대인 조선후기에는 겸재 정선과 그의 일파에 의해 확립된 진경산수화와 김홍도·김득신·신윤복 등을 중심으로 발전한 풍속화와 역사상 가장 한국적인 사실화(寫實畵), 강세황·심사정·이인상 등으로 대표되는 높은 수준의 사의화(寫意畵)로서의 남종화가 병존하면서 꽃을 피웠던 반면에, 그 다음 시대인 말기에는 사실화가 급격히 쇠퇴하고 사의화만이 김정희와 그 일파의 영향하에 지배적인 경향을 띠게 되었기 때문이다. 물론 말기에도 진경산수화와 풍속화 등 사실화가 간헐적으로 그려지지 않은 것은 아니나 그 폭이나 수준 면에서 말기와 비교할 바가 되지 못한다. 이처럼 후기와 말기의 화단은 현저한 차이를 드러낸다. 이와 같은 차이는 18세기를 대표하는 강세황과 19세기를 이끌었던 김정희를 대비해 보아도 쉽게 확인된다. 후기의 강세황이 진경산수화와 풍속화를 남종사의화와 함께 모두 포용하고 스스로도 서슴없이 제작하였던 것과는 대조적으로 말기의 김정희는 남종문인화로서의 사의화 이외에는 '속된' 풍속화나 진경산수화 등의 사실화를 용납하지 않았다. 강세황이 대승적(大乘的)이었다면 김정희는 소승적(小乘的)이었다고 말해도 좋을 듯하다. 화단의 동향이나 대표적 인물들을 보아도 이처럼 조선 후기와 말기 사이에는 뚜렷한 차이가 있음이 확인된다. 비록 60년간의 짧은 기간이지만 말기는 후기와 구분되어야 마땅할 당위성을 지니고 있는 것이다. 이번의 리움 전시회는 이러한 당위성을 확실히 입증할 뿐만 아니라 그 구체적 양상을 일목요연하게 밝혀 준다는 점에서 그 의의가 지대하다고 하겠다.

조선말기에는 널리 알려져 있듯이 구미열강·일본·중국·러시아 등의 외세가 밀려오고 안동 김씨의 세도정치, 대원군의 쇄국정책, 개화파의 등장과 패퇴, 예수교의 전래와 박해가 이어지는 정치적 불안 속에서도 회화가 색다른 경향을 띠며 발전하였다. 이 시대의 회화는 대원군 이하응과 추사 김정희를 비롯한 왕공사대부 출신 화가들, 조희룡과 전기 등 중인 출신화가들, 유숙을 비롯한 화원들에 의해 발전하였다. 전반적으로 사실화의 전통은 위축되었으나 사의화로서의 남종화는 역사상 가장 성행하였다. 김수철과 홍세섭 등에 의해 확립된 이색화풍(異色畵風)은 이 시대 회화의 가장 돋보이는 업적이라 하겠다. 말기의 말미에 형성된 장승업파(派)와 허련파(派)의 존재는 근현대 회화와 관련하여 조선말기 회화의 필요성을 일깨워준다. 이러한 점들이 말기의 중요성을 분명히 해준다.

〈조선말기회화전〉을 더욱 주목하게 되는 것은 그 주제와 더불어 전시의 내용 때문이다. 전반적으로 전시된 내용은 앞에서 언급한 조선말기 화단의 동향의 화풍의 특징을 잘 드러내고 있다. 분야, 유파, 화풍 등을 고려하여 작품을 선정하고 전시하였다고 생각된다. 또한 작품의 진안(眞贋) 문제와 수준을 고려하여 전시작을 엄선하였음도 엿보인다. 논란의 여지가 있는 작품들은 대부분 솎아낸 것으로 알고 있다. 확단에 앞서 좀더 면밀하고 장기적인 연구를 필요로 하는 작품들이 전혀 끼어 있지 않은 것은 아니나 그것들은 학계의 검토와 연구를 위한 자료의 제시로 여겨진다. 조선말기 화단의 업적, 동향, 수준을 한눈에 파악할 수 있는 종합적 성격의 전시로서 가장 괄목할 만한 것임을 부인하기 어렵다. 산수, 인물, 영모(翎毛), 화조, 사군자, 어해(魚蟹), 책가도, 괴석 등등 다양한 주제의 대표작들이 자리를 함께 하였다.

이색화파의 참신하고 감각적인 화풍

전시의 분류 역시 색달라서 눈길을 끈다. '화원', '전통', '새로운 발견'의 세 가지 범주로 구분한 점을 주목하게 된다. '화원'에는 유숙, 장승업, 안중식, 조석진, 양기훈, 이형록, 이한철, 채용신을, '전통'에는 김정희, 조희룡, 전기, 허련, 유재소, 박인석, 조중묵, 이하응, 민영익, 김응원, 정학교를, '새로운 발견'에는 윤제홍, 김수철, 김창수, 홍세섭, 남계우, 신명연, 김준근, 박기준을 포함시켰다. '화원'에 포함된 화가들은 도화서의 화원 등 직업화가들로서 그들의 신분이 분류의 기준이 되었음을 쉽게 알 수 있다.

'전통'으로 분류된 사람들은 주로 김정희와 그의 추종자들로서 사대부와 중인 출신의 여기(餘技)화가들이 대부분이다. 이 경우에는 '화원'의 예에서처럼 신분에 따라 구분하기보다는 창작 경향을 고려하여 분류한 듯하다. 그런데 김정희와 그의 골수 추종자들은 사의화로서의 남종문인화를 추구한 사람들이어서 '전통'이라는 말로 묶기에는 납득이 쉽게 가지 않는 측면이 있다. 게다가 '전통의 계승'을 의미하는지, 아니면 '전통으로부터의 탈출'을 뜻하는지 불분명하다. 아마도 조선후기에 유행한 남종문인화의 전통을 지칭하는 것으로 믿어진다. 차라리 '전통'이라는 말보다는 '김정희와 그 추종자들'이라고 명명했다면 취지도 보다 분명해지고 '화원'과 뚜렷이 대비되었을 듯하다. 용어야 어쨌든 김정희와 그의 영향을 받은 주요 인물들이 '전통'이라고 이름 붙여진 섹션에서 함께 선보이고 있다. 김정희의 영향을 받은 화가들은 이밖에 '화원'과 '새로운 발견' 부분에서도 눈에 띈다. '화원'으로 분류된 유숙과 이한철, '새로운 발견'에 포함된 김수철 등은 그 대표적 인물이다. 이들을 '전통'으로 끌어넣기가 어려워 망설였음을 엿볼 수 있다.

세 번째 범주인 '새로운 발견'에는 윤제홍, 김수철, 김창수, 홍세섭, 남계우, 신명연, 김준근, 박기준이 포함되어 있다. 대체로 필자가 말하는 이색화풍(異色畵風)과 유관한 인물들이 중심을 이루고 있다. 김수철, 김창수, 홍세섭 등이 그 중심 인물들임을 보아도 분류의 취지를 읽을 수 있다.

조선후기의 문인화가인 윤제홍(尹濟弘, 1764~1840 이후)을 굳이 말기전에 포함시켜서 이 섹션에 끌어넣은 것도 이색화풍과의 연관 가능성 때문이었을 것으로 짐작된다. 화려한 채색으로 꽃과 나비를 그린 남계우와 농채의 꽃그림을 그린 신명연은 이색적 경향을 보인 화가들이다. 이러한 측면에서 '새로운 발견'이라는 용어는 적절하다고 본다. 다만 그럴 경우에는 '화원', '전통'의 범주에도 그에 상응하는 유사한 설명적 정의를 붙였으면 더욱 좋았을 것이다. 불연하면 '이색화가들' 혹은 '이색화가들의 새로운 발견'이라 명명해도 무방했을 듯하다. 이러한 얘기를 다소 장황하게 하는 이유는 전시의 명칭과 개념 정의가 전시의 관람객과 도록의 독자에게 이해를 돕는 데에 미치는 영향이 결코 작지 않기 때문이다. 어쨌든 '새로운 발견'의 전시공간에서는 말기 화단이 이룩한 참신하고 감각적인 또 하나의 회화의 세계를 감상할 수 있다.

이번 전시에는 조선말기의 예단(藝壇)을 대표하는 추사 김정희의 방도 조그맣게 마련되었는데 주로 그의 글씨들이 전시되어 있다. 묵란을 위시한 그의 그림들은 빠져 있다. 김정희 특별전은 그의 서거 150주년을 기념하여 국립중앙박물관에서 종합적으로 개최되고 있고 이 밖에도 과천시민회관과 예술의전당 서울서예박물관 등에서도 전시를 하므로 그 전시들과 연계하여 이해하는 것이 요구된다.

김정희 회화관이나 서화 품평과 관련하여 특별히 주목을 요하는 여덟 폭의 작품이 이번 전시에 출품된 것도 빼놓을 수 없는 반가운 일이다. 김정희가 제주도 유배로부터 풀려나 서울에 올라온 1849년에 서예가 여덟 명과 화가 여덟 명이 모여 각각 작품 세 폭씩을 제작하여 김정희에게 바치고 품평을 받은 바 있는데 그 자초지종을 전기가 기록한 바 있다. 이 기록이《예림갑을록(藝林甲乙錄)》이라고 하는 것인데 이 기록에 올라 있는 24폭의 글씨와 24폭의 그림 중에서 그림 여덟폭만이 남아 현재 리움에 소장되어 있다. 이 8폭의 그림이 이번 전시에 함께 출품되어 같은 벽면에 나란히 걸려 있는 것이다. 이한철, 허련, 전기, 유숙, 유재소, 김수철, 박인석, 조중묵 등 여덟 명의 화가는 김정희에게 '을(乙)'이 아닌 '갑(甲)'을 받기 위하여 최선을 다했음을 엿볼 수 있다. 마치 한 화가가 화풍만 조금씩 바꾸어 그린 것처럼 여덟 폭의 그림이 대체로 비슷비슷해 보인다. 모두 수묵으로만 그려졌고 담채(淡彩)의 흔적조차 찾아보기 어렵다. 심지어 김정희에게 '솔이지법(率易之法)'의 화가로 지목받은 김수철조차도 생략적이고 간편하게 그리는 그만의 독특한 화법을 잠시 접고 비교적 꼼꼼하고 공들여서 그렸음이 확인된다. 김정희에게 잘 보이기 위해, 좋은 평가를 받기 위해 정성을 다한 이 그림이 '솔이지법'과 채색을 배제한 김수철의 거의 유일한 작품으로 확인된다. 김정희의 안목과 회화관이 이들 중인 출신 화가들에게 얼마나 무겁게 미치고 있었는지 분명하게 엿볼 수 있다. 말기 화단에 끼친 김정희 영향의 실체를 이 작품들과 이번 전시에서 분명하게 알아차릴 수 있다.

김정희의 영향 이외에 조선후기로부터 이어진 김홍도 화풍의 잔영이 유숙을 비롯한 화원들의 작품들에 어른거리는 점도 간과하기 어렵다. 김수철, 김창수, 남계우, 신명연, 박기준, 김준근 등의 작품에 곁들여진 곱고 감각적인 색채감각은 종래와는 다른, 그래서 '근대'라는 말과 결부시켜 생각해 볼 여지가 있다는 생각이 든다. 대원군 이하응, 민영익, 김응원의 난초, 정학교의 괴석, 남계우의 나비, 조정규의 어해, 김준근의 풍속, 채용신의 초상화 등 한 가지 예술에 전념하여 일가를 이룬 일인일기(一人一技)의 화가가 많이 배출된 사실도 특기할 만한 일로 이번 전시에서 재확인된다.

이번의 리움 전시를 계기로 하여 근대에로의 이행, 장승업파와 허련파의 성립과 전개 등에 대한 적극적인 연구와 전시가 잇따랐으면 하는 마음 간절하다. 또한 조정규-조석진-변관식으로 이어진 어해도의 전통에 대한 이해와 구명도 요망된다. 마침 같은 때에 동산방화랑에서 이들을 대상으로 한 〈전통회화 명문가 3인전〉(2006.11.15~28)이 열리고 있고 이태호 교수 엮음으로 도록까지 발간되어 여간 다행스럽지 않다. 앞으로 연구가 미흡한 조선말기 화가들에 대한 고찰과 전시가 적극적으로 이루어지기를 바라마지 않는다.

이번의 리움 전시는 내용 면에서는 물론 전시방법에도 이목을 끈다. 전시는 대체로 깔끔하고 매끄럽게 정리된 모습이다. 진열, 조명, 설명 등 모두 깔끔하다. 유화(油畵)의 전시에나 적합해 보이는 지극히 서구적이고 현대적인 건물의 벽면이 조선말기의 회화들과 너무도 잘 어울리는 것을 보고 아마 모두들 뜻밖이라며 놀라워 할 것이다. 훌륭한 예술끼리는 서로 조화를 이룸을 확인하는 계기가 되었다.

조선말기는 말 그대로 조선왕조시대의 맨 끝부분에 해당하는 시기여서 현대를 사는 우리와 가장 관계가 깊고 따라서 제일 중요하다고 보지 않을 수 없다. 또한 근대와 현대로 이어졌다는 점에서도 그 의미가 각별하다. 이러한 관점에서 조선말기가 지닌 의의는 그것이 어떠한 양상을 띠었든 막중할 수밖에 없다. 이처럼 막중한 시대의 회화를 집중적으로 조망한 리움의 이번 전시가 지닌 비중은 더없이 크다고 하겠다.

이번 말기 회화전을 끝으로 리움이 조선왕조 각 시대의 회화를 종합적으로 조망하는 전시는 일단락되었다고 볼 수 있을 것이다. 앞으로는 분야별, 주제별, 유파별, 화가별 전시를 열었으면 좋겠다. 지금까지 삼성미술관 리움은 리움이 아니면 안 되는, 리움만이 할 수 있는 전시를 해왔으며, 이들 전시를 통하여 우리 국민과 전공자들은 혜택을 누렸다. 이 방면 전공자의 한 사람으로서 진심으로 감사하게 생각하며 앞으로도 여러 어려움을 극복하면서 계속 좋은 전시회를 열어줄 것을 기대해 마지않는다. 전시 관계자들의 노고에 대하여 매우 고맙게 생각한다.

〈삼성미술관 Leeum 개관 10주년 기념전: 교감〉 특별전을 둘러보고*

안휘준 · 문화재청 국외소재문화재재단 이사장/
서울대 고고미술사학과 명예교수

2014년 8월 20일 오후 나는 그동안 써오던 논문 한 편을 대충 마무리 짓자마자 서둘러 삼성미술관 리움으로 향하였다. 전날 공개하기 시작한 〈리움 개관 10주년 기념전: 교감(交感)〉 특별전을 빨리 보기 위해서였다. 삼성미술관 리움의 조지윤·이승혜 학예원들이 나와서 맞아주었다. 모처럼 만난 이 제자들의 안내를 받으며 고미술 상설전시관인 Museum1의 4층으로 승강기를 타고 올라가 고려청자 전시부터 보기 시작하였다. 평소 상설전시를 통하여 눈에 익은 작품들 이외에 보지 못하던 새로운 자기들도 여러 점 볼 수 있어서 반갑기 그지없었다. 그런데 고려청자들은 구면이든 신출이든 단 한 점도 예외 없이 지고(至高)의 아름다움을 지니고 있었다. 뛰어난 조형성과 형태미, 그윽하고 고운 비색(秘色, 翡色)의 유약(釉藥), 섬세하고 세

....

* 『월간미술』 제356호(2014. 9), pp. 94-97.

련된 문양 등 무엇 하나 흠 잡을 데가 없다.

송나라의 태평노인(太平老人)이라는 학자가 그의 저술 『수중금(袖中錦)』에서 '천하제일(天下第一)'을 꼽으면서 고려의 비색, 즉 청자를 꼽은 사례가 떠올랐다. 고려청자는 하버드대학의 박물관 전시에서도 '천하제일(The First under the Heaven)'로 소개되었을 정도로 서양에서도 그 진가가 널리 알려져 있다. 그런데 이번 전시에 출품된 작품들은 '최고 중의 최고(The best of the best)'라고 부를 만하다. "어떻게 교육도 제대로 받지 못한 낮은 신분의 고려 도공들이 이처럼 놀라운 수준의 아름다움을 그토록 다양한 방법으로 창출할 수 있었을까." 늘 경이롭게 느꼈지만 이번에는 더욱 감탄에 감탄을 금할 수 없었다. 역시 자신들의 비법을 소중하게 여기고 철저하게 지켜낸 '청기와쟁이들'의 작품답다. 청기와도 청자를 굽던 청자 도공들이 만든 것이어서 '청기와쟁이'는 '청자쟁이'로 바꾸어 불러도 상관없을 것이다. 청자는 공예이면서 유약의 제조법과 번조법 등 전 제작 과정이 당시로서는 최첨단 과학기술이었던 것이다. 영국의 한국 도자기 전문가 곰퍼츠(Gomperts)가 고려청자의 4대 업적으로 꼽았던 '아름다운 조형성', '신비로운 유약색깔', '상감기법(象嵌技法)의 창안', '진사(辰沙)의 최초 사용' 등도 절감하며 재확인하였다.

평생 걸작들 앞에서도 알량한 미술사가의 냉철한 객관성을 보도(寶刀)처럼 앞세워 표정관리를 엄격히 하면서 감정을 드러내지 않고자 애를 썼건만 이제는 늙어서일까 이번에는 보석 같은 청자들 앞에서 자제력을 잃은 듯 한숨과 감탄이 입에서 저절로 주체할 수 없이 튀어나왔다. 실로 삼성미술관 리움 소장품의 높은 격조와 다양성을 다시 한 번 절감하였다. 이어서 보게 될 다른 전시도 대단한 것임을 예감케 하였다. 여기저기 청자들 주변에 한국과 서양의 주목받는 화가들의 작품들이 언뜻언뜻 눈에 띄었으나 고려청자의 미에 홀린 나에게는 미안하지만 관심 밖의 대상일 뿐이었다. 그것들이 본래 있어야 할 곳에 있는 것이 청자에 압도당하는 것보다 그것들 자체를 위해서도 낫지 않을까 하는 생각마저 들었다. 나에게는 청자와 나 사이의 교감이 그것들 사이의 교감보다 훨씬 소중하게 생각되었다. 4층의 고려청자실에서 나는 이미 미적 포만감을 충분히 느꼈고 설령 더 이상 다른 전시를 못 본다 해도 아쉬울 것이 없을 것 같이 느껴졌다.

그러나 두 제자는 3층의 조선시대 도자기실로 나를 이끌었다. 조선왕조 전반기에 우리 도공들이 발전시킨, 다른 나라에는 없던 조선 고유의 각종 분청사기와 조선시대 초기부터 말기까지 간단없이 지속적으로 만들어진 순백자 및 청화백자를 위시한 다양한 백자들은 잠시 동안이지만 나를 시각적 충격 속에 어리둥절하게 하였다. 마치 4층에서 3층으로 갑자기 떨어진 것처럼 타임머신을 타고 별개의 세계로 옮겨진 듯 혼미하게 느껴졌다. 한국의 도자기를 모르는 외국인들은 아마도 4층의 고려도자실을 본 다음에 3층의 조선도자실로 들어서면서 '같은 나라의 도자기 맞아?'라는 의문을 갖게 될지도 모르겠다. 그만큼 고려와 조선왕조의 도자기들이 드러내는 차이는 새삼스럽게도 그야말로 '드라마틱'하게 느껴졌다. 전에는 늘 같은 층의 다른 전시실에서 두 시대의 도자기들을 수평적으로 이동하면서 보았기 때문에 느끼지 못했으나 이번의 리움 전시에서는 같은 건물의 4층에서 3층으로 수직 이동한 후 층을 달리하여 보니 그 차이가 그렇게 별나게 두드러져 보일 수가 없었다. 이번의 삼성미술관 리움 전시를 통하여 겪은 새로운 시각적 경험이었다.

이 방의 압권은 그 유명한 얼룩진 달항아리이다. 둥글고 아담하고 덕스러운 몸매, 희고 깔끔한 피부, 넘치는 안정감 등등 흠잡을 데 없는 보름달 같은 아름다움의 극치이다. 얼룩마저도 흰 캔버스 위의 담갈색 추상화같이 보여서 전혀 밉지가 않다. 다음 기회에는 조그만 별실을 만들어 따로 모셨으면 좋겠다. 주변에 누구의 어떤 작품을 갖다 놓아도 압도당하지 않을 도리가 없다.

귀얄문 편병도 형태의 특이함과 자유분방하고 거침 없는 귀얄무늬가 돋보이는 세계 유일의 대표작이다. 그렇다고 다른 분청사기들이 그보다 못하다는 얘기는 결코 아니다. 각종 분청사기들이 보여주는 다양한 형태와 무늬와 유약의 안정적인 소박성, 넘치는 창의성과 누구도 지울 수 없는 또렷한 한국성, 확연한 시대성과 지역성을 이번 전시에서 다시 한 번 절감하고 거듭 확인하였다.

15세기의 〈청화백자매죽문 항아리〉 앞에서는, 중국 것보다 뛰어난 우리나라 미술의 대표작들을 선정하여 기술한 졸저 『청출어람의 한국미술』(사회평론, 2010)에 여러 차례의 주저 끝에 포함시키지 않은 것을 거듭거듭 후회하며 개탄하였다. 중국에서 워낙 뛰어난 청화백자들이 원대부터 청대에 이르기까지 수도 없이 생산되었기 때문에 우리의 이 가작을 누를 수 있는 작품이 혹시라도 나타날지도 모른다는 염려가 앞서서 포함시키기를 망설였던 것인데 역시 포함시켰어야 마땅했다는 생각이 자꾸 들었다. 참으로 후회스러운 일이다. 이 항아리에 그려진 매화와 대나무 그림은 일류 화원의 작품이 분명하여 회화사 연구에도 중요한 자료가 된다. 이처럼 도자사뿐만 아니라 회화사의 측면에서도 더없이 중요한 작품인 것이다. 이 청화백자의 아름다움과 뛰어남을 거듭 재확인한 것을 소득으로 여기며 마음을 달랬다. 이번 전시에서 얻은 또 다른 큰 소득이다.

2층으로 내려가니 긴 설명이 필요 없는 정선의 〈금강전도〉와 〈인왕제색도〉, 김홍도의 〈군선도〉 등 국보들이 반겨주었다. 정조대왕의 화성 능행(陵幸) 장면을 그린 그림 중의 한 폭인 〈환어행렬도〉도 낙폭이지만 최고 수준의 궁중기록화로서 눈길을 끈다. 이 작품에서 영감을 얻어 제작하였다는 서도호의 〈우리나라〉는 수많은 아주 작은 인물상을 군집시켜 한반도 형태를 재현했는데 작품 속에 깃든 젊은 작가의 남다른 창의적 생각과 수고로움을 마다않는 성실함이 합쳐져 관객들의 눈길을 끌어들인다. 평면미술인 회화의 방에서 회화도 아닌 조형 작품이 관람객들의 관심을 끄는 것은 작가의 능력과 평판, 작품이 지닌 한반도의 지도와도 같은 조형성이 합쳐진 결과일 것이다.

1층 전시실에서는 불교미술과 금속공예를 감상하였다. 국보 제196호인 통일신라의 〈백지묵서 대방광불화엄경〉과 변상도, 국보 제218호인 고려의 불화 〈아미타삼존내영도〉와 삼국시대 및 후대의 불상들, 금관을 비롯한 각종 금속공예들이 각기 뛰어난 아름다움과 함께 역사적 의미를 드러낸다. 불화와 불상 곁에 배치된 마크 로스코의 추상화와 자코메티의 조각은, 이번 전시의 기획자들이 보여주고 싶어 한 '교감'에 대한 강한 의도를 엿보게 한다. 그러나 서양의 이 가작들을 억지로 끌어와 이곳에서 보조 역할을 하게 하는 것이 꼭 합당한지에 관해서는 얼핏 확신이 서지 않았다. 이로써 Museum1의 고미술전시관을 터질 듯한 미적 포만감 속에서 떠날 수 있었다.

이어서 '동서교감'을 느끼게 하고자 계획된 한국의 근현대미술과 서양의 미술을 Museum2 현대미술관에서 보게 되었다. 현대미술의 조형적 변화, 예술의 본질에 대한 탐구, 다양화하는 여러 가지 특성 등을 엿볼 수 있었다. 현대미술 전시는 Museum2의 2층부터 지하 1층까지 차지하고 있다. 동서 현대미술의 여러 경향과 대표적 작가들의 작품들을 감상할 수 있었다. 실험적 성격의 작품이 다수 포함되어 있다. 현대미술 전시는 기획전시실과 로비로까지 이어졌다.

이번 전시는 고미술 상설전시관인 Museum1과 현대미술 전시관인 Museum2 등 삼성미술관 리움 전체의 공간을 모두 활용하여 한국의 전통미술과 현대미술을 위주로 하면서 서양 및 중국 등 외국의 현대미술까지 포함하여 최대한 많은 작품을 '교감'이라는 시각에서 효율적으로 관객들에게 보여준다. 이번의 삼성미술관 리움 10주년 기념전은 종래의 전시들과 원칙적인 점에서는 공통된다. 다만 전시의 규모가 훨씬 더 커지고, 박물관 전시공간을 비우지 않고 꽉 메우듯 최대한 활용하여 동서고금의 다양한 미술의 흐름과 특성을 되도록 많이 소개하되 '교감'이라는 큰 명제로 조화롭게 묶어보고자 한 점이 두드러진 차이일 뿐이다.

지금까지 삼성문화재단은 1965년 설립 이후 호암미술관, 호암갤러리를 거쳐 삼성미술관 리움, 플라토(구 로댕갤러리)에 이르기까지 줄기차게 '삼성미술관 리움만이 할 수 있는 전시', '삼성미술관 리움이 아니면 할 수 없는 전시'를 개최해왔다. 1990년대에 호암갤러리에서 개최했던 〈고려, 영원한 美〉, 〈大고려 국보전〉, 〈조선전기 국보전〉, 〈조선후기 국보전〉, 리움에서 열었던 〈조선말기 회화전〉, 〈금은보화전〉, 〈조선화원 大展〉 등은 그 대표적인 예들이다. 〈리움 개관 10주년 기념전: 교감〉은 특히 더욱 주목할 만한 전시다. 삼성미술관 리움이 아니면 어떤 박물관이 이런 대규모의 폭넓고 동서고금을 넘나드는 다양한 전시를 할 수 있겠는가. 한국의 고미술은 물론 현대미술, 그리고 서양의 현대미술까지 어우르는 다양하고 수준 높은 막강한 소장품, 대규모의 전시가 가능한 넉넉한 전시공간, 뛰어난 전문 인력, 옹색하지 않은 예산 등이 모두 갖추어져 있는 삼성미술관 리움 같은 미술관이나 박물관이 아니면 도저히 할 수 없는 전시들이다. 이런 전시들을 통하여 국민은 많은 문화적 혜택을 누려왔다. 고마운 일이 아닐 수 없다.

차제에 실제로 가까이서 보고, 느끼고, 생각만 하고 글로써 드러내지 않았던 몇 가지를 이번의 전시를 핑계 삼아 털어놓고자 한다. 만약 삼성미술관 리움이 없었다면 우리나라의 문화와 문화재, 현대미술이 어떻게 되었을까를 전제로 하여 생각해 볼 필요가 있다.

첫째는 위에서 언급했듯이 리움이 다른 박물관이나 미술관들이 열 수 없는 '굉장한' 전시회를 끊임없이 열어왔으나 그 중요성을 제대로 아는 국민은 생각보다 그리 많지 않다는 사실이다. 막연히 '돈이 많으니까 하는 일이지'라고 생각하는 사람이 의외로 많다. 돈이 아무리 많아도 문화를 키우고 문화재를 보전하겠다는 투철한 인식과 애국심이 없으면 절대로 할 수 없는 크나큰 중대사가 바로 문화재와 미술품을 수집하고 박물관을 세워 국민을 위해 전시하고 교육하는 일인 것이다. 실로 국가를 위해서 또는 국가가 할 일을 대신해서 하는, 숭고한 애국적 문화사업이라 할 수 있다. 그런데도 그 고마움을 제대로 이해하지 못하는 국민이 많다는 것은 여간 아쉬운 일이 아니다. 이런 인식을 개선하기 위해서라도 리움은 지나치게 좌고우면하지 말고 당당하게 홍보를 보다 적극화하고 국민들은 그런 전시들을 통하여 우리의 역사와 문화는 물론 현대미술에 대한 폭넓은 이해와 예술을 사랑하는 마음을 기르는 소중한 기회로 삼아야만 한다.

둘째는 삼성미술관 리움이 오랫동안 수집해온 수많은 문화재와 현대미술품의 엄청난 가치를 정부와 국민 모두가 올바르게 인식하고 인정해야 마땅하다는 점이다. 간송 전형필 선생 이후 이병철 선대회장과 이건희 회장·홍라희 관장 부부, 호림박물관의 윤장섭 회장을 비롯한 문화재 및 미술품 수집가들이 없었다면 간송선생 사후의 문화재 분야의 공백을 누가 메우고 가꾸며 끊임없는 문화재의 해외 밀반출을 어떻게 막을 수가 있었겠는가. 간송선생과 더불어 후대의 애국적 문화재 수집가들에 대해서도 올바른 평가가 똑같이 공평하게 이루어져야만 하고 대등하게 고마운 존재들로 대우해야 마땅하다.

셋째는 삼성미술관 리움 같은 박물관과 미술관이 많이 생겨날 수 있도록 '문화 융성' 차원에서 정부의 정책이 마련되어야만 한다는 것이다. 1000개의 박물관 늘리기는 언뜻 성공하고 있는 듯 보이지만 진정으로 견실한 사립박물관과 미술관은 지극히 드물다는 사실을 전문가들은 훤히 알고 있다. 우선 경제적 능력이 있는 재벌들이 리움 수준의 튼실한 박물관이나 미술관을 세울 수 있도록 정부는 세제상의 혜택을 부여하는 등 정책적 배려는 하는 것이 장족의 국가 발전과 문화융성을 위해서 절실하게 요구된다. 예를 들어 자동차를 생산하는 재벌은 자동차박물관, 소비재를 주로 만들어내는 재벌은 소비재박물관의 설립을 고려해 볼 수 있을 것이다. 어떤 나라가 선진국인지 여부를 판단하는 데에는 박물관과 미술관의 숫자가 얼마나 되며 그것들이 또 얼마나 알찬지도 중요한 잣대가 됨을 잊지 말아야 하겠다.

삼성미술관 리움의 10주기를 충심으로 축하하며 무궁한 발전을 기원해 마지않는다. 훌륭한 전시를 위해 애쓴 홍라희 관장과 홍라영 상임부관장, 우혜수 학예실장을 위시한 직원 모두에게도 전시를 만끽한 관람자의 한 사람, 연구자의 한 사람으로서 진심으로 고마움을 전한다. 끝으로 오늘의 리움을 있게 한 이건희 회장의 빠른 쾌차를 마음으로부터 기원한다.

〈중국역대서화 특별전〉*

중국에서 감상을 위한 회화가 크게 진작되고, 특히 산수화가 본격적인 발전을 시작하였던 것은 아무래도 당대(唐代)부터라 하겠다. 이때에는 인물화가 극성하였을 뿐만 아니라 화제(畵題)가 다양화하고 화격(畵格)이 높아졌으며 화기(畵技)와 화론(畵論)에 있어서도 전에 없는 발전이 이룩되었다.

산수화에 있어서도 왕유(王維)를 중심으로 한 수묵 위주의 문인화가 성취되고 이사훈(李思訓)·소도(昭道) 부자(父子)를 중심으로 한 청록산수(青綠山水)가 발전하게 되어 회화상의 계보가 차차 또렷한 모습을 드러낸다. 이러한 계보가 뒤에 명대(明代)의 동기창(董其昌)이나 모시룡(暮是龍) 등에 의해 남북종화(南北宗畵)의 시원으로 간주되게 된다.

오대(五代)와 북송대(北宋代)에 산수화는 눈부시게 발달하였다. 형호(荊

---

* 『중앙일보』 제3756호, 1977. 11. 16, 3면.

浩) · 관동(關仝) · 동원(董源) · 거연(巨然) · 이성(李成) · 곽희(郭熙) · 미불(米芾) 등은 당시 화단의 경향을 대표하는 거장들이다. 이들 중에서도 특히 화북(華北)지방의 웅장하고 험준한 산과 한림(寒林)을 즐겨 그렸던 이성 · 곽희는 소위 이 · 곽파(李 · 郭派)의 개조(開祖)로, 그들의 화풍은 어느 땐가 우리나라에 전해져 조선왕조 초기의 안견파(安堅派) 화풍의 토대가 된다.

그리고 미불과 그의 아들 미우인(米友仁)이 이룩한 이른바 미법산수(米法山水)도 우리나라의 회화에 적지않은 영향을 미쳤던 것이다.

중국의 회화는 남송대(南宋代)에 이르면 이당(李唐) · 마원(馬遠) · 하규(夏珪) · 유송년(劉松年) 등의 뛰어난 화원(畵員)들이 배출되어 종래의 산수화와 판이한 새로운 화풍을 이룬다. 화북지방의 웅장하고 험준한 산수를 화폭에 담던 북송대의 전통적 화풍을 벗어나, 나지막한 산과 넘쳐 흐를 듯한 물과 그 사이에 짙게 깔린 안개 등 강남(江南)지방 특유의 자연환경을 이 시대의 화가들은 즐겨 그렸다.

이러한 잔산잉수식(殘山剩水式)의 산수는 대체로 근경(近境)에 역점이 주어지며 원경(遠景)은 짙은 안개 속으로 사라지는 듯 시사적으로 표현된다. 구도가 한쪽에 치우치고 부벽준(斧劈皴)을 즐겨 쓰는 것도 이 시대 회화의 한 특색이다.

하규는 마원과 함께 마하파(馬夏派)의 비조로 남송대의 이러한 화풍상의 특색을 형성한 대표적 화원이다. 끝없이 전개되는 산천을 묘사한 그의 〈계산무진도(溪山無盡圖)〉는 마하파 화풍의 일면을 잘 엿보여준다.

마하파 화풍도 우리나라에 전해져 조선초기 이래로 적지 않은 영향을 미쳤다.

원대(元代)에 이르면 전선(錢選) · 고의(故意)를 찾자고 주창한 조맹부(趙孟頫)를 거쳐 황공망(黃公望) · 예찬(倪瓚) · 오진(吳鎭) · 왕몽(王蒙) 등 원말(元

末) 4대가에 의해 남종문인화(南宗文人畵)가 대성된다. 그리고 명대(明代)에 계승되어 심주(沈周)·문징명(文徵明) 등의 오파(吳派)화가들에게 깊은 영향을 끼쳤다.

심주와 문징명은 원말 4대가의 화풍을 토대로 독자적인 세계를 구축했던 명대의 대표적 문인화가들인데, 그들의 화풍은 늦어도 17세기 초부터는 우리나라 화단에도 알려져 종종 수용되곤 했다. 표암(豹菴) 강세황(姜世晃)의 〈벽오청서도(碧梧淸署圖)〉 같은 것은 비록 화보를 통한 것이기는 하지만 심주를 방작(倣作)한 좋은 일례다.

이번에 출품된 심주의 〈자조도(慈鳥圖)〉는 수묵사의화조화 계통의 그림으로 그의 높은 화격의 일면을 잘 보여준다.

중국의 남종문인화는 명대 오파 화가들의 손을 거쳐 청대(淸代)로 그 맥락이 이어졌다고 볼 수 있다.

청대에는 왕시민(王時敏)·왕감(王鑑)·왕휘(王翬)·왕원기(王原祁)·오력(吳歷)·운수평(惲壽平) 등의 정통파 화가들 외에도 개성이 강한 주답(朱耷)·도재(道齋) 등의 명조유민(明朝遺民) 화가들과 양주팔괴(揚州八怪) 등의 수다한 화가들이 나타나 크게 활동했다. 이들의 화풍 역시 조선후기부터 우리나라 화단에 널리 알려지게 되었다.

사왕오운(四王吳惲)의 정통파 화가들 중에서 왕원기는 저술에도 진력하여 청대 이후의 중국은 물론 우리나라 회화에도 큰 영향을 미친 『패문재서화보(佩文齋書畵譜)』를 남기기도 했다. 왕원기의 〈산거도(山居圖)〉는 언뜻 보기에 간단하고 단조로운 듯하면서도 사실은 매우 복잡하게 얽히고 교차된 형태를 표현하고 있다.

이 〈산거도〉의 화풍은 원말의 황공망, 명대의 심주·문징명·동기창 등의 화풍과 어느 정도 유관하다. 그러나 대각선을 이루며 물러서는 산의 포치나 둥글둥글한 밀집된 반두(攀頭), 촘촘한 필선 등은 왕원기가 그들로부터 현격히 벗어나고 있음을 말해준다.

글·안휘준

〈철학박사·홍익대부교수·동양미술사〉

5

선문대학교 박물관 소장 회화의 공개*

安輝濬
(서울대학교 인문대학 고고미술사학과 교수)

I

2000년을 맞이하여 선문대학교 박물관이 그 소장품들 중에서 대표적인 회화와 도자기를 추려서 공개한다. 도록과 전시를 통하여 소개되는 이번의 공개는 몇 가지 점에서 그 의의가 매우 크다고 생각한다. 그 의의를 회화를 중심으로 하여 적어보고자 한다.

첫째로, 그동안 비장되어 오던 대량의 중요 소장품이 처음으로 세상에 공개된다는 점을 꼽지 않을 수 없다. 우리나라는 그 훌륭한 문화적 업적에도 불구하고 전해지는 미술문화재의 숫자는 지극히 한정되어 있고 그 중에

---

* 鮮文大學校 博物館 編,『鮮文大學校 博物館 名品圖錄 II: 繪畵篇』(선문대학교 출판부, 2000. 2), pp. 7-9.

서도 회화는 특히 드물다. 이는 물론 회화가 주로 건물 내에서 전세(傳世)되며 화재, 전란, 수해, 충해 등의 피해를 가장 쉽게 받기 때문이다. 이유야 어떠하든 전해지는 회화가 매우 드물다는 사실은 우리 미술문화의 연구와 이해, 소개와 홍보, 새로운 창작 등에 크나큰 장애가 되고 있다. 이러한 실정을 감안할 때 선문대학교 박물관이 이번에 비장의 소장품을 처음으로 세상에 공개하는 것은 여간 반가운 일이 아닐 수 없다.

둘째로, 이번의 공개를 통해서 선문대학교 박물관 소장품의 모체가 된 고 홍성하(洪性夏) 씨 컬렉션의 내용과 성격을 파악하는 계기가 되었음을 꼽을 수 있다. 문화재 분야의 인사들은 대개 알고 있듯이 홍성하 씨는 지난 세대의 대표적 서화 수집가였다. 그는 남다른 안목의 소유자로 엄청난 양의 서화를 수집했던 것으로 세상에 알려져 왔다. 그러나 막상 그의 소장품들은 별로 세상에 공개된 바가 없다. 이번에 그의 수장품들 중에서 선정된 173점의 회화가 한꺼번에 세상에 선보임으로써 그의 수집품의 내용과 성격을 어느 정도 파악하는 계기가 마련되었다. 이 문제는 앞으로 좀 더 관심을 가지고 살펴볼 필요가 있다고 생각된다.

셋째로, 조선시대 우리나라 회화에 대한 이해의 폭을 좀 더 넓혀 주는 계기가 된다고 생각한다. 회화가 많지 않은 우리나라에서 173점이나 되는 그림들이 세상에 소개됨으로써 연구자들은 소중한 학술자료를 한꺼번에 다량 접하게 되어 연구에 많은 참고가 되고 일반인들은 우리나라의 회화와 미술문화의 다양한 측면을 보다 넓고 깊게 감상하고 이해하게 되었다.

넷째로, 3원3재(三園三齋)를 위시한 대가들의 작품들과 함께 일명(逸名), 무명 화가들의 작품들이 다수 공개되어 회화사 연구에 새로운 자료를 제공해 주고 회화사의 빈 곳을 보완해 주는 호기가 마련되었다는 점도 매우 중요하다. 아마도 이처럼 일명, 무명 화가들의 작품들이 다수 공개되는 것은 이번이 처음이 아닐까 여겨진다.

이번에 공개되는 작품들을 보면 우리나라 회화를 높은 수준으로 발전시키는 데 획기적으로 기여한 유명 대가들로부터 종래에 기록에서만 이름이 보일 뿐 유작이 확인되지 않던 화가들이 여러 명 눈에 띄어 반갑기 그지없다. 이는 우리나라 회화사의 폭을 넓히고 다양성을 제고시키는 일이 되기 때문이다.

먼저 산수화 분야에서는 이정(李楨, 1578~1607), 이징(李澄, 1581~?), 윤덕희(尹德熙, 1685~1776), 정선(鄭敾, 1676~1759), 이인상(李麟祥, 1710~1760), 김윤겸(金允謙, 1711~1775), 강세황(姜世晃, 1713~1791), 김응환(金應煥, 1742~1789), 이인문(李寅文, 1745~1821), 신윤복(申潤福, 1758~1813이후), 이유신(李維新, 1760경~?), 김양기(金良驥, 18세기 후반~19세기 전반), 신위(申緯, 1769~1845), 신명연(申命衍, 1809~?), 전기(田琦, 1825~1854), 유재소(劉在韶, 1829~1911), 허련(許鍊, 1809~1892), 조정규(趙廷奎, 1791~?), 장승업(張承業, 1843~1897), 이광사(李匡師, 1705~1777), 조석진(趙錫晋, 1853~1920) 등의 이름이 널리 알려져 있는 조선시대의 화가들과 오일영(吳一英, 1890~1960), 고희동(高羲東, 1886~1965), 허백련(許百鍊, 1891~1977), 이상범(李象範, 1897~1972) 등의 대표적 현대화가들의 작품들이 눈길을 끈다. 이들과 함께 일반인들에게는 이름이 생소한 김용행(金龍行, 1753~1778), 윤정(尹程, 1809~?), 원명웅(元命雄, 1740~1774), 송주헌(宋柱憲, 1802~?), 유환덕(柳煥德) 등의 작품들이 끼어 있어서 크게 주목된다. 이들의 작품들은 김용행을 제외하고는 전문가들 사이에서도 거의 알려져 있지 않았다. 이번에 이들의 작품들이 세상에 빛을 보게 된 것은 대가들의 작품들이 소개되는 것과 함께 그 의의가 매우 크다고 하지 않을 수 없다.

이 점은 산수인물화 분야의 경우에서도 마찬가지이다. 이불해(李

不害, 1529~?), 윤두서(尹斗緖, 1668~1715)와 윤덕희 부자, 조영석(趙榮祏, 1686~1761), 김홍도(金弘道, 1745~1816이후), 이명기(李命基, 1760~?) 등의 대가들과 함께 오명현(吳命顯, 18세기)과 김종회(金宗繪, 1751~1792)의 전칭작품들이 관심을 끈다. 이처럼 이름이 생소하게 느껴지는 화가로는 이밖에도 인물화의 홍대연(洪大淵, 1749~1816), 영모화의 박유성(朴維城, 18세기말~19세기초), 《석농화첩(石農畫帖)》에 작품이 포함되어 있는 이사인(李士仁, 18세기후반), 신경일(辛景日, 18세기후반), 매주(梅廚)라는 호를 가졌던 화가(18세기후반), 안호(安祜, 18세기후반), 성재후(成載厚, 18세기후반), 강이천(姜彛天, 1769~?), 신휘(申徽, 1769~?), 오준상(吳俊祥, 18세기후반), 심상규(沈象奎, 1766~1838), 강안(姜侒, 18세기후반), 허승(許昇, 18세기후반), 황기(黃杞, 18세기중엽) 등이 있다. 이들의 대부분은 이름이 생소할 뿐만 아니라 작품이 알려져 있지 않아 표준작을 정할 수 없고 따라서 비교도 불가능한 실정이다. 앞으로 새로운 작품들의 발굴이 기대되고 학계의 관심이 요구된다. 이번에 이들의 작품들이 소개되게 된 것은 여러 가지 의미에서 그 의의가 지대함을 거듭 지적하지 않을 수 없다.

II

선문대학교 박물관에는 회화, 서예, 도자기, 민화 등 각종 문화재가 수천 점 소장되어 있다. 이 중에서 회화만도 7백여 점에 이른다. 필자는 이 대학 전임 총장이자 현재 박물관장인 윤세원(尹世元) 박사의 청탁을 받고 회화 소장품들을 전체적으로 살펴보고 그 중에서 도록에 게재할 작품들을 선정하게 되었다. 양이 방대하고 작품들 간에 격의 차이도 없지 않아서 선정이 용이하지만은 않았다. 윤관장님과 직원들의 도움을 받으며 2차에 걸친 단독 작업 끝에 일단계 선정을 마치고, 2단계 선정 작업에는 박은순(朴銀順) 박사(근역문화연구소 소장), 박정혜(朴廷蕙) 박사(홍익대 강사), 진준현(陳準鉉) 박사(서울대박물관 학예관), 조규희 조교(서울대 고고미술사학과) 등 신예 소장학자들을 참여시켜서 중지를 모아 일을 진행시켰다. 자유로운 의견 교환과 토론을 거쳐 173점(244폭의 그림)의 선정을 확정지었다.

이렇게 선정된 작품들은 시대적으로는 조선왕조의 중기(약 1550~약 1700), 후기(약 1700~약 1850), 말기(약 1850~1910), 현대에 걸쳐 있고, 주제면에서는 산수, 산수인물, 인물, 영모(翎毛), 초충(草蟲), 화훼(花卉), 어해(魚蟹), 괴석(怪石), 기명(器皿), 사군자(四君子) 등 실로 다양하다.

선정된 173점의 작품들에 관해서는 상기한 네 명의 신예 학자들이 분담하여 조사하고 해설하였으며, 이를 총괄하는 일은 박은순 박사가 맡아서 해주었다. 짧은 준비 기간에도 불구하고 이러한 큰 일을 때맞추어 끝낼 수 있었던 것은 이들 유능한 학자들의 적극적인 협조가 있었기에 가능했다고 생각된다.

자칫 이런저런 사정으로 사장될 수도 있는 문화재를 노력 끝에 확보하고 적절한 학술적 검토를 거쳐 일반에게 공개하는 것은 선문대학교와 윤세원 박물관장의 쾌거라 하겠다. 문화재 분야의 한 학도로서 고맙게 생각한다.

6

소치 허련*

소치(小癡) 허련(許鍊, 1809~1892)은 잘 알려져 있는 바와 같이 조선왕조말기의 화단(畵壇)을 꽃피우고 호남지방의 서화 전통을 확고히 하는 데 기여한 대표적인 남종화가(南宗畵家)의 한 사람이다. 그러므로 한국회화사상 그가 차지하는 비중은 매우 크다 하겠다.

그는 초명(初名)을 유(維), 자를 마힐(摩詰), 호를 소치(小痴)라 하였다. 특히 '소치'라는 호는 그의 스승인 추사(秋史) 김정희(金正喜)가 원말사대가(元末四大家)의 한 사람인 대치(大癡) 황공망(黃公望)을 염두에 두고 지어준 것이다.

진도 출신의 남종화가로서 시서화에 모두 뛰어나 삼절(三絶)의 칭호를 들었던 소치는 조선시대의 화가로서는 유일하게 자서전인 『소치실록(小癡

* 『許小癡展』(新世界美術館, 1981. 7).

實錄)』을 남겨놓아 그와 그 당시의 문인화단을 이해하는 데에 큰 도움을 주고 있다.

소치는 27세 때인 1835년에 대흥사의 초의선사(艸衣大師)로부터 지도를 받기 시작하였고 4년 뒤부터는 대사의 소개로 추사의 문하생이 되어 높은 격조의 서화를 공부하게 되었던 것이다. 추사와 사제의 인연을 맺게 된 것은 그에게 있어서 안목이 높은 훌륭한 화가로 성장하는 데에 가장 중요한 계기가 되었다고 생각된다. 그의 서법이나 화법에 추사의 영향이 강하게 비치고 있는 사실만으로도 이를 쉽게 짐작할 수 있다. 이러한 인연을 계기로 소치는 그후 신관호(申觀浩), 권돈인(權敦仁), 정학연(丁學淵), 정원용(鄭元容), 민영익(閔泳翊) 등 당대 최고의 문사(文士)들은 물론, 헌종과 대원군 이하응 등 왕공들의 아낌을 받으며 대가로서의 화명을 떨치게 되었던 것이다.

소치는 산수와 인물을 비롯하여 매, 난, 국, 죽 등 사군자와 송(松), 모란, 파초, 괴석 등 다양한 소재를 거리낌없이 다루었으나, 그중에서도 특히 산수와 모란으로 세평이 나 있는 작가이다. 산수에서는 원말의 대가인 황공망이나 예찬(倪瓚)의 화풍과 미법산수화풍(米法山水畵風)을 토대로 그 자신만의 화풍을 형성하였다. 간결한 구도, 다소 거칠고 힘차면서도 담백한 필묵법, 은은하고 투명한 설채법, 그리고 무엇보다도 '소박한 문기(文氣)'가 넘치는 분위기 등이 그의 산수화에서 간취되는 두드러진 특색들이다. 또한 '허모란(許牡丹)'으로 지칭되기도 하는 그의 모란화들은 대개 먹의 농담을 위주로 대담하게 표현되어 있어 전통적인 쌍구전분채법(雙鉤塡墳彩法)의 꽃그림들과는 큰 차이를 나타낸다. 그밖의 소재를 다룬 소치의 그림들에서도 그의 화풍은 역연히 드러난다.

이러한 특색을 지닌 소치의 화풍이 미산(米山) 허형(許瀅)과 남농(南農)

허건(許楗) 등 자손들에 의해 현대화단으로까지 계승된 것은 매우 다행스런 일이다. 앞으로 그의 외형적인 화풍뿐만 아니라 그 뒤에 숨겨진 남종화의 정신을 터득하여 한층 새롭고 현대적이며 뛰어난 화풍이 창조되기를 기대하는 마음 간절하다.

끝으로 신세계미술관에서 마련한 〈허소치전〉은 여러 가지 면에서 뜻깊은 일이며 회화사를 연구하는 사람이나 그림을 애호하는 분들에게 다시없는 좋은 기획전이라 생각하며 감사함을 전한다.

안휘준(홍익대 교수)

7. 화랑들의 전시

동산방화랑, 〈속 조선시대 일명회화〉전에 부쳐*

우리나라의 전통회화를 연구하는 사람이면 누구나 경험하게 되는 심각한 문제의 하나가 작품사료의 빈곤이라고 하는 것은 이미 따로 설명을 필요로 하지 않는 사실이다. 이에, 보다 많은 작품을 찾아내고 그 작품 하나하나에 대한 가치를 판단하고 부여하는 것은 우리 전통회화를 연구하고 이해하는 데 더없이 긴요한 일이다.

이러한 일이 제대로 이루어지려면 각급 박물관의 비장품은 물론 개인 소장가들이 소유하고 있는 작품들이 연구자와 일반에게 공개되어야만 한다. 즉 사장(死藏)되는 일이 없어야 한다.

근래에 우리나라에서도 몇몇 공공기관이나 단체가 회화를 비롯한 여러 가지 문화재를 공개 전시하는 일이 잦아지고 있음은 이런 의미에서 여

* 『續 朝鮮時代 逸名繪畫: 無落款繪畫 特別展 II』(東山房, 1982. 2).

간 다행한 일이 아닐 수 없다. 그러나 아직도 개인 소장의 중요한 작품들이 사장된 채 공개되지 않는 일이 허다하다. 이러한 실정의 배경에는 물론 나름대로의 여러 가지 사정이나 이유가 있을 것으로 믿어진다. 그러나 이유야 어떻든 이러한 실정은 매우 바람직하지 못한 안타까운 일이 아닐 수 없다. 더구나 언제부터인지 우리의 학계와 예술계에는 자료를 독점하고 전문가들의 연구를 위해서조차 제공을 회피하는 풍조가 팽배해 있어 문제를 더욱 심각하게 하고 있다. 이와 같은 풍조는 가뜩이나 자료가 부족한 이 방면의 연구에 큰 지장을 주고 있다. 이는 우리의 학문 발전에 하나의 저해 요인이 아닐 수 없다.

이러한 일반적인 풍조와는 대조적으로 동산방화랑(東山房畵廊)은 그 소장하고 있는 전통회화를 단계적으로 전시함은 물론 전문가들의 학술적인 연구에 적극적으로 자료를 제공해주고 있어서 뜻있는 사람들의 칭송을 듣고 있다. 작년의 〈조선시대 일명회화(朝鮮時代 逸名繪畵)〉 전시는 바로 그러한 행사의 첫걸음이라 볼 수 있다. 그때 전시되었던 작품들은 「조선시대 일명회화(朝鮮時代 逸名繪畵): 무낙관회화특선전(無落款繪畵特選展)」이라는 카탈로그에 집성이 되어 널리 참고되고 있다.

금년에도 작년에 이어 동산방은 작가가 알려져 있지 않거나, 관서(款署) 또는 도인(圖印)이 없거나 분명치 않은 139점의 이른바 일명회화(逸名繪畵)들을 일반에게 공개한다. 전시의 성격은 작년과 크게 다를 바는 없다. 다만 이번에 전시되는 작품들은 축과 병풍 등 대체로 작년보다 규모가 큰 것들이 주를 이루고 있는 듯하다.

제작 연대로 보면, 조선왕조의 후기(약 1700~1850)와 말기(약 1850~1910)의 것들이 대부분을 차지하고 있다. 그러나 〈석정처사유거도(石亭處士幽居圖)〉를 비롯한 일부의 작품들은 그보다 훨씬 앞서는 16~17세기에 제작된 것이 확실하다. 조선초기(약 1392~1550)의 안견파화풍(安堅派畵風)의 잔영을 지니고 있거나 조선중기(약 1550~1700)에 유행했던 절파계화풍(浙派系畵風)의 영향을 반영하고 있는 작품들이 그것들이다.

이번에 전시되는 작품들은 상례(常例)대로 산수, 인물, 영모, 화훼, 기타화 등으로 대별되는데, 그 격조나 수준은 다소간 우열의 차이가 눈에 띈다.

비록 화가의 관서나 도인이 분명치 않은 것이 대부분을 차지하고 있지만 화풍으로 판단하면 특정한 화가들과 결부시킬 수 있는 경우가 많다.

특히 인물화와 산수인물화 중에는 구도에 있어서는 절파계화풍의 전통을 지니고 있으면서도 소재의 선정이나 인물의 묘사에 있어서는 단원 김홍도의 도석인물화(道釋人物畵)의 형향을 짙게 풍기고 있는 것들이 적지 않아 그의 영향의 심도(深度)를 다시 한번 깨닫게 한다.

산수화의 경우 조선중기 회화의 전통을 지니고 있는 것들, 진경산수의 경향을 띤 것들, 미법산수(米法山水)와 남종화법(南宗畵法)을 따른 것들, 조선말기 장승업의 필법을 지닌 것들 등등 비교적 다양한 양상을 보여준다.

동물화에 있어서도 조선중기의 김식(金埴)이나 그후의 윤두서(尹斗緖)의 화풍에서 영향을 받은 것들이 눈에 띈다. 이와 더불어 후기의 민화(民畵)와 밀접한 연관이 있다고 생각되는 작품들도 포함되어 있어 흥미를 끈다.

화조화의 경우도 조선중기의 수묵화조화의 전통을 보여주는 것들과 함께 채색을 써서 그린 후기의 전형적인 작품들도 여러 점 볼 수 있다.

이밖에 임희지(林熙之)의 작품으로 보여지는 묵란도, 이계호(李繼祜)의 필(筆)이라 생각되는 포도도, 조희룡(趙熙龍)의 작품임이 분명한 홍매도 등이 주목을 끈다.

또한 동원아집도(東苑雅集圖)와 난정계회도(蘭亭契會圖)는 조선초기와 중기의 전형적인 한국적 계회도와는 달리 구도나 인물묘사 등에 있어서 중국적인 경향이 강해 조선후기 회화의 또다른 일면을 엿보게 한다.

이상 간단히 추려본 바 대로 이번에 전시된 작품들을 통해서도 조선시대, 특히 중기부터 말기까지의 우리나라 회화의 대체적인 주요 흐름과 그 특징을 대충 살펴볼 수가 있다. 즉, 대표작들에 의거해서 파악되는 우리나라 전통회화의 다양한 면모와 특색이 이 전시를 통해 다시 한번 확실하게 인식된다.

앞으로 일명회화뿐만 아니라 작가가 확실한 작품들도 연차적으로 전시할 계획이라고 하니 더욱 큰 기대를 갖게 된다. 동산방의 이러한 전시가 계기가 되어 앞으로 더 많은 개인소장가들이 비장(秘藏)의 회화를 공개해 주었으면 하는 마음 간절하다.

(홍대 교수·미술사학)

공화랑(孔畵廊)의 이전 기념전: 깔끔하고 격조 높은 화품(畵品), 값진 학술적 연구자료*

외환위기로 야기된 경제적 불황으로 인하여, 활기를 띠어 가던 우리나라 문화계가 금년 들어 된서리를 맞은 듯 급격히 위축되고 문화예술계의 활동 역시 심각한 소강상태에 빠져 있다. 볼 만한 전시회 역시 전에 비하여 현저하게 뜸해졌다. 이러한 상황은 우리 문화의 발전을 위해 매우 염려스러운 일이 아닐 수 없다.

이처럼 암울한 상황에서 반가운 소식을 접하게 되었다. 그동안 우리나라 고미술 분야에서 여러 차례 중요한 전시를 개최하고 『조선시대회화명품전(朝鮮時代繪畵名品展)』을 비롯한 알찬 도록들을 출간한 바 있는 공창(孔昌)화랑이 새로이 전시공간을 확보하여 이전하고 '공화랑(孔畵廊)'으로 명칭을 바꾸어 새롭게 출발하면서 기념전을 연다는 소식이 그것이다. 개인화랑이

* 『孔畵廊 新裝開館紀念 古美術 精髓展(1998. 11. 20-12. 15. 孔畵廊)』(孔畵廊, 1998), p. 2.

주최하는 고미술 전시회가 거의 자취를 감춘 때에 접한 소식이어서 반기지 않을 수 없다.

이번의 기념전은 조선왕조시대의 회화와 서예, 고려와 조선왕조의 각종 도자기로 짜여져 있다. 회화는 조선중기의 이정(李霆)과 조속(趙涑), 조선후기의 윤두서(尹斗緖), 정선(鄭敾), 심사정(沈師正), 최북(崔北), 김득신(金得臣), 이방운(李昉運), 조선말기의 김정희(金正喜)와 장승업(張承業) 등의 작품들로 산수화를 위시하여 인물화, 화조화, 초충화, 묵죽화, 묵란화 등 다양한 편이다.

도자기는 고려의 순청자와 상감청자, 조선왕조의 분청사기, 순백자, 청화백자 등으로 형태가 특이하고 조형성이 뛰어난 것들이 다수 눈에 띈다.

이번에 출품된 작품들은 대부분 널리 공개되거나 알려지지 않은 것들로 대개가 깔끔하고 격조가 높아 훌륭한 감상의 대상이 될 뿐만 아니라 값진 학술적 연구자료가 된다.

어려운 시기에 애써서 연 전시에 대하여 고미술 연구자의 한 사람으로서 고맙게 생각한다. 이번의 이전과 기념전을 계기로 하여 공화랑이 더욱 발전하기를 기원하면서 앞으로도 좋은 전시를 자주 열어 줄 것을 기대해 마지않는다. 아울러 고미술업계의 돈독한 화합과 혁혁한 발전에도 공화랑이 지도적 역량을 발휘해 주기를 바란다.

안휘준

(서울대학교 고고미술사학과 교수·문화재위원)

대림화랑, 〈조선시대 회화전〉에 부쳐*

안휘준
(서울대학교 인문대학 고고미술사학과 교수)

I

회화를 위시한 고미술품이나 문화재가 한 나라나 민족의 역사와 문화를 파악하는 데 있어서 얼마나 중요하고 큰 비중을 차지하고 있는지에 관하여는 이론을 제기할 여지가 없다. 그것들이 우리에게 전해지고 있지 않다고 가정하여 본다면 우리의 역사와 문화가 이룬 업적이 얼마나 훌륭하며 어떠한 특성을 지니고 있는지를 과연 어떻게 구체적으로 설명할 수 있을지 의문이다.

혹자는 문학·음악·무용·연극 등의 다른 예술들이 그러한 역할을 할 수 있다고 강변할지도 모른다. 물론 미술 이외의 이러한 예술들이 미술과

---

* 『朝鮮時代 繪畵展』(圖書出版 墨林, 1992. 7), pp. 4-7.

똑같이 중요하고 또한 그러한 역할을 나름대로 할 수 있음을 부인하지 않는다. 그러나 문제는 그러한 예술 분야의 경우에는 극소수의 예외를 제외하고는 남아 있는 작품의 예가 극히 드물고 또한 시대도 한정되어 있어서, 선사시대부터 현재까지 다소간을 막론하고 어느 시대이든 각종 작품들을 남기고 있는 미술 분야처럼 각 시대별 특성과 그 변천을 간단없이 엮어서 파악할 수가 없다는 점이다. 또한 내용의 다양성이나 폭, 특징과 변모 양상을 미술의 경우처럼 구체적으로 제시하여 주지 못한다.

이처럼 회화를 비롯한 고미술품은 단순히 감상의 대상만이 아니라 우리의 역사와 문화를 생생하게 일깨워 주는 더없이 소중한 자료들인 것이다. 그것들은 우리 민족이 지닌 미의식·지혜·창의성·기호 등의 정신세계를 반영하고 있어서 더욱 귀중하다. 이와 같이 고미술품은 그 하나하나가 모두 지극히 소중한 존재인 것이다. 그러므로 이것들을 우리 국민은 모두가 소중하게 아끼고 잘 보존하여 후손들에게 전해 주어야 할 중차대한 책임을 지고 있으며, 국가는 이를 앞장서서 시행하고 이끌어 갈 임무를 띠고 있다고 하겠다.

II

이러함에도 불구하고 최근의 동향을 보면 회화를 포함한 고미술품과 관련하여 몇 가지 어려운 상황이 전개되고 있음이 간취되어 안타깝게 느껴진다. 이것들 중에서 무엇보다도 간과할 수 없는 것은 회화를 위시한 고미술품을 마치 투기의 대상으로 착각하거나 그것을 아끼고 수집하는 사람들을 일종의 투기꾼처럼 보려는 지극히 온당치 못한 경향이 짙어가고 있다는 점이다. 물론 그동안 만연되어 온 부동산 투기 열풍을 잡기 위하여 정부가 강력하게 추진하고 있는 억제정책의 여파로 일부의 졸남졸녀들이 투기 대상을 부동산으로부터 미술품으로 바꾸는 경우도 없지 않은 것이 사실이라고 한다. 그러나 그들은 돈만 가졌을 뿐 미술품을 진정으로 사랑하는 따뜻한 애정이나 그것을 제대로 이해하는 올바른 눈을 가지고 있지 못하므로, 부득이 상업화랑에 의존하여 이윤의 폭이 큰 현대미술품을 구입하는 데 치중할 수밖에 없다. 즉 미술에 대한 진정한 애정, 자기 나름의 심미안과 판단력, 역사와 문화에 대한 안목과 교양을 지니고 있어야만 비로소 제대로 수집을 할 수 있는 고미술품의 구입에는 그러한 졸부들이 달려들 틈이 거의 없다고 하겠다.

현대미술도 제대로 수집하려면 고미술품 수집의 경우와 꼭 마찬가지의 조건을 갖추고 있어야 함에 이론의 여지가 없다. 다만 현대미술품을 수집하는 경우에는 그러한 조건을 갖추고 있지 않아도 화랑의 보증을 믿고 구입행위를 할 수가 있어서 차이를 드러낸다. 그리고 현대미술은 작품이 많을 뿐만 아니라 값의 폭이 커서 투기꾼들에게는 안성맞춤이 아닐 수 없다.

반면에 고미술품은 남아 있는 작품의 수가 적고 또 일반의 통념과는 달리 현대 것에 비하여 대체로 값의 폭이 크지 않으며 자기 나름의 독자적인 판단력을 전제로 하지 않으면 안 되므로 아무나 함부로 달려들 수가 없는 것이다. 그러므로 고미술품 수집과 현대미술품 투기를 함께 묶어서 동일시하는 것은 잘못이라 하지 않을 수 없다. 이 점을 우리 모두는 꼭 유념할 필요가 있다고 본다.

고미술품이든 현대미술품이든 순수한 입장에서 수집을 하는 사람은 진정한 문화인이자 자신을 내세우지 않는 조용한 애국자임을 우리 모두 깨달아야 하겠다. 그들은 개인 재산을 털어서 국가가 해야 할 일을 대신하고 있는 것이다. 비록 그것이 개인의 소유라 하더라도 국외로 밀반출시키지 않는 한 우리나라의 것임에 틀림이 없다. 특히 현재의 우리나라처럼 국가가 미술품 수집을 거의 하고 있지 않는 상황에서는 더구나 이들 개인 수집가들의 역할이 더없이 소중할 수밖에 없다. 그들이 아니면 과연 누가 어떻게 우리의 미술문화재를 아끼고 모아서 후대에 전해 주겠는가.

이러한 이유 하나만으로도 우리는 순수한 미술품 수집가들을 아끼고 존경해 마지않아야만 한다. 그들을 투기꾼들과 구분해서 보아야만 한다. 미술품 투기꾼은 부동산 투기꾼처럼 싸게 사서 비싸게 팖으로써 거액의 차액을 챙기면서 사고파는 행위를 거듭하는 자들이며, 순수한 수집가는 단순히 미술을 사랑하여서이거나 혹은 훗날 작게라도 미술관이나 박물관을 열 꿈을 지닌 채 팔지는 않고 꾸준히 사 모으기만 하는 사람들을 의미한다. 따라서 정부와 사회는 순수한 수집가는 보호하고 육성하되 투기꾼은 적당한 선에서 견제하고, 건전한 수집가가 되도록 유도하는 방안을 모색해야 하리라고 본다.

이제까지 얘기한 사회적 분위기 이외에도 미술품에 대한 양도소득세가 옛날 것이든 현대 것이든 구분없이 1993년 1월부터 부과될 예정이어서 상업화랑들의 활동이 급격히 위축되고 있는 경향을 나타내고 있어서 염려된다. 특히 고미술의 경우에는 이러한 경향이 더욱 강하게 나타나고 있어서 걱정된다. 일부의 화랑들이 추진하고 있던 전시를 보류하거나 취소하는 사례는 그러한 경향의 일단을 잘 말해 준다.

이와 같은 현상은 전통문화의 보존이나 계승과 진작에 막대한 지장을 초래하는 것으로서 실로 가슴 아픈 일이 아닐 수 없다. 이러한 현상이 일어나지 않도록 정책적인 배려가 있어야 하리라고 본다.

특히 최근에는 '소더비'나 '크리스티' 등의 국제 경매에서 우리나라 고미술품이 고가에 매매되고 있으며, 우리의 문화재에 대한 외국의 박물관이나 수집가들의 관심이 전에 없이 높아지고 있어서 반가움과 동시에 우려됨을 금할 수가 없다. 우리나라 미술에 대한 국제시장에서의 관심이 높아지는 것은 반갑지만 그에 따라 국내의 고미술품들이 해외로 밀반출될 가능성은 그만큼 높아지고 있기 때문이다. 이에 대한 철저한 인식과 적절한 대비책이 요망된다.

이밖에 최근에 두드러지게 나타나는 경제적 침체 현상은 미술계를 어려운 국면으로 치닫게 하는 요인이 되고 있다. 이러한 현상은 현대미술의 경우에는 말할 것도 없고, 전통미술 분야에까지 어두운 그림자를 드리우며 나타나고 있다.

이상의 여건이나 현상을 극복하고 훌륭한 문화를 일구어 내기 위하여 합리적인 미술문화정책의 수립, 유휴자금의 건전한 활용 방안 등이 국가적 차원에서 마련되어야 하리라고 본다.

III

위에서 언급한 바와 같은 몇 가지 어려운 상황과 여건에도 불구하고 대림화랑(大林畫廊)이 〈조선시대 회화전(朝鮮時代 繪畫展)〉을 이번에 개최하는 것은 대단히 반가운 일이 아닐 수 없다.

대림화랑은 1982년에 〈근대명인 6대가전(近代名人六大家展)〉을 개최한 이래 〈조선시대 사군자전(朝鮮時代四君子展)〉(1983), 〈조선시대 산수화전(朝鮮時代山水畫展)〉(1984), 〈소치허련전(小癡許鍊展)〉(1986), 〈겸재정선전(謙齋鄭敾展)〉(1988), 〈민화전(民畫展)〉(1989), 〈추사(秋史)와 그 유파전(流派展)〉(1991) 등 의의 있는 전시를 꾸준히 열어 미술사 연구에 새로운 자료들을 제공하고, 전통문화에 대한 일반의 이해를 넓히는 데 크게 기여해 왔다.

이번의 〈조선시대 회화전〉은 그 여덟 번째의 전시로서, 침체된 고미술계에 활력을 불어 넣고, 전통문화에 관심을 가진 이들에게 즐거운 볼거리와 공부거리를 제공해 주리라고 본다.

30여 분의 소장가들을 일일이 찾아서 호소하고 설득하여 90여 점의 작품들을 한자리에 모아서 선보이게 된 것으로 들었다. 임명석(林明碩) 사장의 노고와 소장가 제현의 협조에 대하여, 항상 새로운 자료의 실견을 필요로 하는 이 방면 연구자의 한 사람으로서 진심으로 고맙게 생각한다.

또한, 어렵게 촬영한 도판들과 홍선표(洪善杓) 연구원의 알찬 해설을 곁들인 도록을 펴내어 고미술 연구자들과 애호가들에게 공여함과 동시에 이번의 전시가 기록으로 남게 함을 기쁘게 생각하고 높이 평가하고자 한다.

이번에 출품된 작품들을 일별하여 보면 왕실 출신의 화가 허주(虛舟) 이징(李澄, 1581~1645 이후)의 〈자웅상화도(雌雄相和圖)〉 4점과 전(傳) 이징의 산수화 1쌍, 역시 왕실 출신의 화가인 은호(恩湖) 이함(李涵, 1633~?)의 〈쌍취도(雙鷲圖)〉를 시작으로 전 이징의 산수화 1쌍, 공재(恭齋) 윤두서(尹斗緖)의 〈탁족도(濯足圖)〉 1점, 연옹(蓮翁) 윤덕희(尹德熙)의 〈류하준마도(柳下駿馬圖)〉 1점, 수운(岫雲) 류덕장(柳德章)의 죽도(竹圖) 2점, 겸재 정선의 〈해주허정도(海州許亭圖)〉를 위시한 각종 산수화 10점, 현재(玄齋) 심사정(沈師正)의 〈삼일포도(三日浦圖)〉를 비롯한 산수화 및 〈화훼초충도(花卉草虫圖)〉 등 9점, 표암(豹菴) 강세황(姜世晃)의 〈소림고사도(疎林孤舍圖)〉 1점, 능호관(凌壺觀) 이인상(李麟祥)의 〈피금정도(披襟亭圖)〉 2점, 담졸(澹拙) 강희언(姜熙彦)의 〈출렵도(出獵圖)〉 1점, 호생관(毫生觀) 최북(崔北)의 산수화 1쌍, 단원(壇園) 김홍도(金弘道)의 산수·인물·화조 등 11점, 긍원(肯園) 김양기(金良驥)의 〈지당사금도(池塘沙禽圖)〉 1점, 고송유수관도인(古松流水館道人) 이인문(李寅文)의 〈계산취락도(溪山聚落圖)〉 등 산수화 2점, 전 김득신(金得臣)의 〈대도도(待

渡圖)〉 1점, 이재(彛齋) 김후신(金厚臣)의 〈노안도(蘆雁圖)〉 1점, 기야(箕野) 이방운(李昉運)의 〈해상선인도(海上仙人圖)〉 1점, 활호자(活毫子) 김수규(金壽奎)의 〈산사심유도(山寺尋幽圖)〉 1점, 학산(鶴山) 윤제홍(尹濟弘)의 〈한강독조도(寒江獨釣圖)〉 등 2점, 해부(海夫) 변지순(卞持淳)의 〈유압도(遊鴨圖)〉 1점 등이 있다.

또 자하(紫霞) 신위(申緯)의 〈묵죽도(墨竹圖)〉 등 3점, 추사(秋史) 김정희(金正喜)의 〈석란도(石蘭圖)〉 1점, 우봉(又峰) 조희룡(趙熙龍)의 〈백매도(白梅圖)〉를 비롯한 4점, 소취(小癡) 허련(許錬)의 〈죽석도(竹石圖)〉 1점, 대원군 이하응(李昰應)의 〈석란도〉 대련 2쌍, 북산(北山) 김수철(金秀哲)의 〈매화서실도(梅花書室圖)〉와 〈연화삽병도(蓮花揷甁圖)〉 등 3점, 오원(吾園) 장승업(張承業의 〈영모기명도(翎毛器皿圖)〉 1점 등이 있어 조선 왕조 중기로부터 근대에 이르기까지의 우리나라 회화사상 매우 중요한 29명의 화가들의 가작들이 다양하게 포함되어 있음을 알 수 있다.

조선시대와 근대의 명가들 중에서도 빠진 화가들이 물론 많으나 어느 기관이나 단체가 개최하여도 모든 화가들을 빠짐없이 구색을 고루 갖추어 전시하기는 도저히 불가능한 일임을 고려하면, 일개의 사설화랑이 이 정도의 규모와 다양성을 갖추어 선보이게 된 것은 사실상 대단한 일이라고 하지 않을 수 없다. 근대의 심전(心田) 안중식(安中植)이나 소림(小琳) 조석진(趙錫晋)의 경우에는 이미 이런저런 방법으로 조명이 많이 된 관계로 일부러 이번 전시에 포함시키지 않았다고 한다. 이로써 이번 전시 기획자의 뜻을 대강은 읽을 수 있으리라고 본다.

IV

1992년에 들어서서 학고재(學古齋)의 〈조선후기 그림과 글씨展〉, 덕원미술관의 〈조선시대(朝鮮時代) 도자서화명품전(陶磁書畫名品展)〉에 이어 사설기관에 의해 개최되는 대림화랑의 이번 전시는 고미술 연구자와 애호가들에게 큰 기쁨을 연달아 주는 것으로서 매우 반갑고 특기할 만한 일이라고 하겠다. 특히 이번의 전시는 판매를 하지 않는 순수한 비영리적 목적의 행사라서 더욱 돋보인다. 주최자에게는 많은 재정적인 부담을 주게 되겠지만 그만큼 대국적인 측면에서의 성과가 있으리라고 믿는다.

여러 가지 어려움에도 불구하고 전시를 강행한 임명석 사장에게 고마움을 표하고 앞으로도 이와 같은 공리적인 전시를 종종 개최하여 고미술계의 발전에 계속 기여해 주기를 당부하여 마지않는다.

1992년 7월

대림화랑의 선면 서화전*

서울대학교 안휘준 교수

1980년대 초부터 최근에 이르기까지 여러 차례에 걸쳐 중요한 전통회화전을 개최하여 우리나라 회화사 연구와 일반의 이해 증진에 크게 기여해 온 대림(大林)화랑이 이번에는 선면 서화전(扇面書畵展)을 연다.

이번의 전시회에는 윤두서(尹斗緖)-윤덕희(尹德熙)-윤용(尹愹) 일가 3대의 화가들, 정선(鄭敾), 이하곤(李夏坤), 홍득구(洪得龜), 김진규(金鎭圭), 류덕장(柳德章), 김석대(金錫大), 김홍도(金弘道), 김용행(金龍行), 신위(申緯), 김정희(金正喜), 조희룡(趙熙龍) 등 18~19세기 조선후기 및 말기의 화가들의 작품들과 안중식(安中植), 조석진(趙錫晉), 지운영(池雲英), 김응원(金應元), 이상범(李象範), 노수현(盧壽鉉), 변관식(卞寬植), 김은호(金殷鎬), 박승무(朴勝武),

---

* 『風流와 藝術이 있는 扇面展(1997. 5. 29-6. 11. 大林畵廊)』(大林畵廊, 1997. 5).

허백련(許百鍊), 허건(許健), 최우석(崔禹錫), 이용우(李用雨), 오일영(吳一英), 배렴(裵濂), 박생광(朴生光), 이응로(李應魯), 김경원(金景原) 등등의 근·현대의 대표적인 화가들의 작품들이 출품된다. 서예도 김정희를 필두로 조희룡, 김이교(金履喬), 정대유(丁大有), 유한익(兪漢翼), 정병조(鄭丙朝), 민태호(閔台鎬), 오세창(吳世昌), 현채(玄采), 유창환(兪昌煥), 민형식(閔衡植), 김돈희(金敦熙), 김태석(金台錫), 안동수(安駧壽), 손재성(孫在聲), 류희강(柳熙綱) 등 조선말기와 근·현대 서예가들의 작품들로 대표된다. 서화와 민속자료 등 모두 90여 점이 출품된다.

회화는 주제의 측면에서 보면 산수화, 화조화, 사군자화 등이 대부분을 차지하고 있다. 부채 그림의 주제가 이처럼 비교적 제한되어 있음이 주목된다. 이는 접부채에 그려진 그림이 작가와 가까운 사람들에게 정표로 주어지고 또 부치면서 감상을 하도록 고려되었던 때문으로 풀이된다. 즉 무겁고 복잡한 내용의 그림보다는 순수한 청완(淸玩)을 위한 주제가 선호되었음이 드러난다.

부채에 그려진 그림들은 대부분 매우 깔끔하고 격조가 높은 점이 주목된다. 정분 있는 사람들에게 정표로 기증하기 위해서 화가들이 정성을 모아 성심성의껏 제작에 임했던 때문으로 믿어진다. 화가에 따라서는 대작들을 통해서 알려진 것보다 훨씬 수준 높은 실력을 발휘한 것들도 적지 않게 눈에 띈다. 이 점은 부채그림이 비록 작기는 하지만 화가들의 진솔한 능력이나 화격을 이해하는 데 대단히 중요함을 일깨워 준다는 점에서 그 의의가 자못 크다고 하겠다. 또한 화면이 작아서인지 오밀조밀하고 아기자기한 맛이 넘치고 격조가 높아 대작들을 감상할 때와는 현저하게 다른 느낌을 자아낸다.

이밖에 선면에 제작된 그림이나 글씨는 많은 경우 제작 연대와 수증자(受贈者)의 이름이 적혀 있어서 작가의 양식 변천을 규명하고 인간관계를 밝히는 데에도 크게 참고가 된다. 이러한 관점에서 부채그림이나 글씨는 미술사료적 가치가 큼을 간과할 수 없다. 앞으로 미술사 연구에서 부채그림이나 글씨를 소홀히해서는 안 되겠다는 것을 깨닫게 된다.

이와 관련하여 또 한 가지 주목되는 것은 여러 사람이 참여하여 함께 제작한 합작품들이다. 이러한 합작품들은 그림의 부분부분을 나누어 그려서 어떤 조화된 작품이 되도록 하는 화가들과 다양한 서체로 찬문을 써넣는 서예가들이 참여하여 이루어낸 것들이다. 이러한 합작품들을 보면 서화가들의 인맥을 파악할 수 있을 뿐만 아니라 각기의 특정 분야를 확인하는 데에도 좋은 참고가 된다.

이번의 전시에서는 다소 지엽적이지만 중요한 사실들도 두서너 가지 밝혀져 흥미를 끈다. 예를 들면 윤두서와 함께 정선과도 친했던 이하곤의 화풍이 윤두서와 비슷한 점이라든지, 진경산수화가였던 김윤겸(金允謙)의 아들 김용행(金龍行)의 화풍이 아버지와 거리가 멀고 오히려 윤두서 화풍에 가까운 점 등이 이채롭다. 김진규(金鎭圭), 김용행, 김석대(金錫大) 등 일부 화가들의 작품이 새롭게 밝혀진 것도 큰 소득이 아닐 수 없다.

글씨도 그림 못지않게 서체가 다양하고 깔끔하고 격조가 높아 주목을 끈다. 글의 내용과 관련해서는 조희룡이 조맹부(趙孟頫)의 명작 〈작화추색도(鵲華秋色圖)〉에 관해서 언급하고 있는 것이 특히 관심을 끈다.

이밖에 민속자료로 분류될 수 있는 25점의 부채들은 형태, 살의 모양, 디자인, 문양, 손잡이의 장식 등 여러 가지 측면에서 우리나라 부채 예술의 다양하고 창의적인 양상을 뚜렷하게 보여주고 있어 크게 참고가 된다.

이상 대강 짚어본 것처럼 이번의 부채 전시회는 학술적인 측면에서나 감상적인 측면에서나 매우 알차고 의의가 큰 것이라고 평가할 만하다.

1997. 5.

부산 진화랑(珍畵廊)의 고서화 특별전*

안휘준
서울대 인문대 고고미술사학과

I

최근 몇 년 사이에 서울에서는 비온 뒤에 대나무 순들이 솟아 오르듯 화랑들이 줄을 이어 생겨 나고 있다. 그러나 이 화랑들의 거의 전부는 현대 회화를 취급할 뿐 옛날 서화와는 무관한 관계에 있다. 오직 동산방(東山房), 동방화랑(東方畵廊), 공창화랑(孔昌畵廊), 대림화랑(大林畵廊), 학고재(學古齋) 등 극소수의 화랑들만이 일반 애호가들과 연구자들을 위하여 옛날 서화의 공개 전시를 해 왔을 뿐이다. 이 몇몇 화랑들이 여러 가지 어려운 여건에도 불구하고 옛날 서화를 한자리에 모아 전시함으로써 학계에 새로운 자료를 제공하고 일반대중의 고대문화와 미술에 대한 관심을 증대시켜 온 것은

* 『釜山市民所藏 朝鮮時代 繪畫名品展(1990. 11. 10-19. 珍畵廊)』(孔昌畵廊 · 珍畵廊, 1990. 11).

비록 상업적인 목적이 개재되어 있었다고 하여도 그 의의를 높이 평가하지 않을 수 없다. 그런데 큰 의욕을 가지고 열심히 노력하던 이러한 화랑들조차도 요즈음에는 이런저런 사정으로 인하여 고서화(古書畵)와 관련된 별다른 활동을 하지 않거나 못하고 있다. 이는 우리 전통미술문화의 보급과 이해를 위하여 심히 아쉽고 안타까운 일이 아닐 수 없다. 앞으로 정부는 고서화계의 활동이 공개적으로 활발하게 이루어져 전통문화의 보급과 창달에 기여할 수 있도록 정책적인 배려를 해야 할 것으로 본다.

이처럼 고서화계가 현대회화와 달리 활성화되지 못하는 데에는 몇 가지 이유가 있다고 생각한다.

첫째로 고서화를 취급하려면 그에 대한 올바른 이해와 투철한 감식안(鑑識眼)을 갖추어야 하므로 아무나 그 분야를 전문으로 할 수 없고,

둘째로 고서화를 감상하거나 수집하는 사람들은 역사와 문화에 대한 이해와 서화의 중요성을 잘 아는 안목과 교양을 갖춘 계층이므로 자연히 수요층의 제한이 클 수밖에 없으며,

셋째로 옛날의 서화는 수량이 극히 한정되어 있어 전시회를 열기가 지극히 어렵고,

넷째로는 현대미술품에 비하여 고서화는 화랑에 큰 이익을 제공하여 주지 못한다는 점 등을 들 수 있다.

이러한 점들은 고서화계가 안고 있는 특수한 상황을 말해주며 동시에 투기에 열풍이 부는 현대미술계와는 본질적으로 많은 차이가 있음을 분명하게 해 준다.

어쨌든 이러한 상황은 그나마 서울에서의 일이고 지방의 경우에는 말할 여지조차도 없다. 우리나라에 있어서의 문화적 활동이 서울을 중심으로 하여 이루어지고 있는 것은 누구나 잘 알고 있는 일이지만 특히 그중에서

도 고서화 분야의 활동은 더욱 서울을 벗어나면 그나마 전무한 상태나 진배 없다. 오직 부산의 진화랑이 서울의 공창화랑과 협조하여 소규모의 전시를 이따금 개최한 것이 알려져 있을 뿐이다. 이러한 상황이므로 지방에서 일반대중이 고서화를 감상할 기회를 갖는다는 것은 대도시의 박물관 전시를 제외하고는 기대할 수가 없는 실정이다. 이러한 상황이 초래하는 손해는 말할 수 없이 큰 것이다. 전통문화의 진수와 그것이 지닌 민족적 기호, 미의식, 창의력을 보여주지 못할 뿐만 아니라 새 문화 창출에 도움을 제공하지 못하는 결과를 초래하게 되는 점을 우선 지적할 수 있다. 또한 모든 국민이 서울과 지방 어디에 살든지 고르게 누려야 할 문화향수권을 제한하는 것임도 부인할 수 없다. 그러므로 다른 문화 분야와 마찬가지로 고서화의 경우에도 서울은 물론 지방에서도 활발하게 전시되고, 소개되고, 감상되고, 연구되어야 마땅하다고 본다.

고서화와 관련하여 또 한 가지 지적하지 않을 수 없는 것은 그 진가(眞價)에 대한 올바른 인식이 되어 있지 않다는 사실이다. 고서화가 앞에서도 지적한 바와 같이 우리의 역사와 문화를 말해 주는 소중한 민족적 유산이며 새 문화 창출을 위한 귀중한 자산임을 깨닫지 못하고 한낱 호사가적인 눈요기 거리이거나 재산증식을 위한 투기의 대상에 지나지 않는 것으로 막연하게 잘못 간주하는 무지한 풍조가 널리 퍼져 있어 우려하지 않을 수 없다. 이러한 그릇된 인식이 자리를 잡게 된 것은 결국 각급 학교에서의 고서화나 문화재에 대한 올바른 교육이 충분히 이루어지지 못한 점, 일반 대중이 지닌 문화인식 수준의 한계성, 고서화를 위시한 "골동품" 거래에 따른 잡음과 그것이 빚어내는 심각한 오해와 편견, 현저하게 다른 형편에 있으면서도 투기의 열풍이 부는 현대미술과 함께 묶여서 애꿎게 당하는 피해 등이 함께 작용한 데에 그 원인이 있을 것으로 믿어진다.

고서화가 현대회화에 비하여 제대로 대접을 받지 못하고 있는 사실은 그 거래가격에서도 엿볼 수 있다. 물론 거래가격만 가지고 그 가치나 평가를 논할 수는 없다. 거래 가격은 그 나라나 시대의 여러 가지 상황이 작용하여 형성되는 것일 뿐 항상 올바른 평가를 전제로 하는 것은 아니기 때문이다. 특히 우리나라의 경우처럼 거래가격이 작가의 창의성이나 작품의 예술적 가치를 냉철하게 평가한 바탕 위에서 형성되기보다는 매스콤을 통한 지명도에 지나칠 정도로 좌우되는 상황에서는 더욱 그렇다. 구매자의 안목 결핍, 냉철하고 매서운 평론의 부재, 매스콤의 공정성 부족 등이 함께 어울려 부추켜 온 현대회화의 파행적 가격 형성은 그 이유와 원인이 무엇이든 간에 현재 우리나라에 있어서의 고서화와 현대회화에 대한 잘못된 차이를 반영하고 있다는 점에서 주목하지 않을 수 없다. "잘 팔리는" 현대 화가의 작품 하나 값이 그보다 훨씬 비중이 크고 격이 높은 조선시대 화가의 작품을 몇 점 살 만한 정도로 높은 현상은 분명히 기이한 일이다. 우리나라 미술사나 회화사에 이미 편입되어 확고부동한 자리를 차지한 옛 대가의 작품 값이 아직 역사에 편입될지 여부조차도 불확실한 현대 화가의 작품값에 비하여 어림없이 낮은 것은 확실히 잘못된 일이다. 이것은 결국 고서화가 제대로 소개되지 못한 데 비하여 일반적으로 현대회화가 상업적인 측면에서 과대평가되는 일이 많음을 나타낸다. 아무리 현대회화라고 하더라도 예술적 가치가 유난히 뛰어나면 비록 그 값이 얼마가 되든 문제삼을 일이 아니라고 보지만 그렇지 않은 경우가 너무나 많기 때문에 논란의 대상이 되는 것이다. 만약에 가능하기만 하다면 현대회화의 비정상적인 가격에 의하여 고서화의 가격이 조정되기보다는 비교적 타당하고 평가가 어느 정도 이루어진 고서화 값을 참조하여 현대회화의 가격이 조정될 수 있으면 좋겠다는 생각이 든다. 그러나 구매자의 안목 제고, 평론의 기능 정상화, 매스콤의 공정성 유지가 이루어지지 않는 한 그렇게 되기는 어려울 것이다. 그런데 이 세 가지 중에서 어느 것도 짧은 기간 내에 쉽게 이루어질 것 같지 않아 안타까운 심정이다. 고서화나 현대서화나 우리에게는 모두 중요하므로 이것들에 대한 올바른 이해와 공정한 평가가 함께 한시바삐 이루어지기를 바라는 마음 간절하다.

II

앞에 얘기한 여러 가지 문제들을 풀어 가기 위해서는 우선 고서화에 대한 일반대중의 관심을 증대시키는 것이 필요하고도 중요하다. 이러한 일의 첫 단계는 일반대중으로 하여금 쉽게, 그리고 되도록 자주 고서화를 접하게 하는 것임은 물론이다. 각급 박물관이나 미술관은 말할 것도 없고 화랑들도 고서화 전시회를 활발하게 열어서 많은 사람들이 쉽게 볼 수 있도록 해야만 한다. 그리고 그들을 위한 강연회나 시사회 등을 열어 고서화에 대한 이해의 폭과 깊이를 더해 가도록 하는 것이 바람직하다.

이러한 관점에서 볼 때 이번에 부산의 진화랑이 개최하는 고서화특별전은 몇 가지 점에서 그 의의가 큼을 지적하지 않을 수 없다.

첫째로 부산에서 열리는 점이 주목된다. 누구나 알고 있듯이 부산은 그 규모나 비중에 있어서 우리나라 제2의 대도시이지만 문화적으로는 그에 합당한 기능과 역할을 충분히 하지 못하고 있는 것이 사실이며 고서화를 비롯한 전통문화 분야에서는 더욱 그러함을 부인하기 어렵다. 이러한 상황에서 큰 규모의 체계적인 고서화 전시가 사설화랑에 의하여 처음으로 열리게 된 것은 대단히 중요하고 경하할 일이 아닐 수 없다.

둘째로 이 전시회에 출품된 대부분의 작품들이 다른 지역의 것이 아니라 바로 부산직할시민의 것들이라는 점을 유념해야 하겠다. 즉 부산의 유지들에 의하여 오랜 기간에 걸쳐 정성스럽게 수집된 작품들이 출품된 것이다. 환언하면 부산에 이런 분들이 계심으로 해서 이번과 같은 전시회가 다른 도시가 아닌 부산에서 열릴 수 있게 된 것이다. 또한 이것은 부산이 앞으로는 문화적으로 크게 성장할 수 있는 저력과 가능성을 지니고 있음을 말해 주는 것이라는 점에서 괄목할 만하다고 하겠다.

셋째로 전시의 규모와 내용이 대단히 주목할 만하다는 점을 유념해야 하겠다. 이 점에 관해서는 뒤에 좀더 언급하게 되겠지만 100여 점이 넘는 출품작 중에는 우리나라 회화사에서 각별히 중요시되는 역대 대가들의 작품들이 여러 점씩 끼어 있고 산수, 인물, 영모, 화훼 등의 일반회화와 민화(民畵), 서예 등 분야도 다양하여 전시의 크기와 내용의 알참과 풍부함에 있어서 주목을 끌기에 충분하다. 지금까지 서울이 아닌 지방에서 열린 화랑 주최의 전시회 중에서는 제일 크고 견실한 전시라고 볼 수 있다.

넷째로 이러한 전시가 상업적 목적을 지닌 화랑에 의해서 개최되면서도 비영리적이고 봉사적인 취지에서 이루어졌다는 점이 특기할 만하다. 출품된 작품들이 부산 유지들의 애장품들로 매물이 아닌 점에서도 이를 쉽게 확인할 수 있다. 진화랑의 진이근(陳二根) 사장의 애향심과 봉사정신을 치하하지 않을 수 없다.

다섯째로 평소에 우리나라 역사와 문화에 대한 남다른 인식과 고서화에 대한 깊은 사랑을 가지고 장기간에 걸쳐 수집하고 보존해 온 수장가 여러분의 공적을 높이 평가해야 하겠다. 또한 이분들이 귀중한 고서화들을 사장(死藏)하지 않고 많은 사람들이 보고 즐기고 공부할 수 있도록 출품하여 공개하는 것은 분명히 일종의 덕행이라고 하지 않을 수 없다. 특히 고서화를 수집하는 것을 부동산투기나 일삼는 졸부들의 못난 행위와 구분짓지 못하는 현재의 딱한 세태, 투기의 대상인 부동산이나 현대미술품의 경우와 마찬가지로 세제상의 제약을 가하려는 작금의 분위기, 혼자만 움켜쥔 채 공개를 거부하고 철저하게 고서화를 사장시키는 대다수의 개인 소장가들의 폐쇄적인 태도를 염두에 두면 이분들의 높은 뜻과 남다른 행위는 각별한 치하를 받을 만하다. 특히 정부가 고서화를 거의 전혀 사들이지 않는 우리나라와 같은 경우에는 이러한 분들의 노력과 정성이 없다면 그것들은 해외로 밀반출되거나 사장될 가능성이 높을 수밖에 없음을 유념해야 하겠다. 이상의 몇 가지 이유만으로도 이번 부산에서의 고서화전시회는 매우 큰 의의를 지니고 있다고 볼 수 있다.

III

부산 진화랑이 개최한 이번의 고서화특별전에 나온 100여 점의 작품들은 산수화를 위시하여 인물화, 풍속화, 기록화, 동물화, 화조화, 화접(花蝶), 사군자화, 기명절지화, 어해화, 민화, 서예 등 주제 면에서 다양하며, 시대적으로는 조선후기(약 1700~약 1850)와 말기(약 1850~1910)의 것들이 절대다수를 차지하고 있으나 그 이전과 이후의 것들도 포함되어 있다. 흔히 삼원삼재로 불리어지는 단원(檀園) 김홍도(金弘道), 혜원(蕙園) 신윤복(申潤福), 긍재(兢齋) 김득신(金得臣), 겸재(謙齋) 정선(鄭敾), 현재(玄齋) 심사정(沈師正), 관아재(觀我齋) 조영석(趙榮祏) 등 18세기의 대표적 화가들의 작품들을 비롯하여 전(傳) 공민왕(恭愍王) 필(筆)의 〈기마인물도(騎馬人物圖)〉, 전 이경윤(李慶胤) 필의 산수인물(사호위기도〈四皓圍棋圖〉), 전 조속(趙涑) 필의 수묵화조화 등 18세기 이전의 작품들, 윤덕희(尹德熙), 변상벽(卞相碧), 최북(崔北), 이인문(李寅文), 강세황(姜世晃), 이인상(李麟祥), 정수영(鄭遂榮), 이명기

(李命基), 이수민(李壽民), 김윤겸(金允謙), 정황(鄭榥), 장한종(張漢宗) 등 조선후기의 화가들과 조희룡(趙熙龍), 허련(許鍊), 유숙(劉淑), 김수철(金秀哲), 전기(田琦), 박인석(朴寅碩), 이하응(李昰應), 민영익(閔泳翊), 이한철(李漢喆), 남계우(南啓宇), 장승업(張承業) 등 조선말기의 화가들의 작품들이 폭넓게 출품되었다. 이밖에 근대의 작품은 안중식(安中植)과 조석진(趙錫晋)으로, 서예는 추사(秋史) 김정희(金正喜)로 대표되고 있다.

대충 적어 본 이들 화가들의 이름으로만 보아도 짐작이 가듯이 우리나라의 회화사, 특히 조선후기와 말기의 회화사를 복원하는 데 크게 참고가 될 작품들이 다수 출품되었다. 대부분의 작품들은 깔끔하고 격조가 있는 것들이며 그중에서도 상당수의 것들은 각별히 중요시되어야 할 것으로 판단된다. 구체적인 예를 들어 가면서 언급할 필요가 있겠으나 총체적인 견해를 밝히는 것으로 그치고자 한다. 서예와 민화가 좀더 출품되었으면 하는 아쉬움이 있으나 형편상 불가피했을 것으로 믿어진다.

IV

이상 부산 진화랑이 개최하는 고서화특별전의 의의와 내용 등을 간략하게 살펴보았다. 이 전시의 의의는 지극히 크다고 보며, 그것이 부산은 물론 우리나라의 고서화 내지는 전통문화의 소개에 중요한 계기가 되기를 빈다. 또한 앞으로도 이러한 훌륭한 행사가 종종 이루어지고 더 나아가 교육과 연구로 이어져 우리 모두에게 창의적 발전의 토대가 되기를 기대한다.

이번의 전시를 각별히 기뻐하면서 이 전시회가 가능하도록 노력과 상호협조를 아끼시지 않은 모든 분들에게 진심으로 치하를 드린다.

영보재(榮寶齋) 소장 중국근대 서화 진품전을 축하하며*

잘 알려져 있는 바와 같이 우리나라는 고대로부터 조선왕조시대에 이르기까지 중국과의 부단한 문화적 교섭을 통하여 그 나라 회화를 주체적이고도 선별적으로 수용하고 우리 자신의 미의식을 조형적으로 구현함으로써 한국회화의 발전을 이루었던 것이다.

이처럼 우리나라의 회화는 역사적으로 중국의 회화와 밀접한 관계를 지니고 있다. 이러함에도 불구하고 현대에 이르러 우리나라에서는 중국회화를 몇몇 학자들이 연구하는 것 이외에는 그것을 수집하고 전시하는 일이 극히 드물었다.

특히 규모가 크고 체계적인 전시는 더욱 희소하였다. 국내에서 개최되었던 괄목할 만한 중국회화의 전시를 굳이 예를 들자면 지난해에 호암미술

---

* 『榮寶齋 秘藏 中國 近百年 書畵珍品展』(東方硏書會·東方畵廊, 1993), p. 7.

관(湖巖美術館)이 북경 고궁박물원(故宮博物院) 소장 명청대회화(明淸代繪畵) 80점을 초치하여 성황리에 개최하였던 것이 대표적인 사례일 것이다.

이러한 실정에서 이번에 동방연서회(東方硏書會)와 동방화랑(東方畵廊)이 공동의 노력을 기울여 북경 최대의 국영 서화점(書畵店)인 영보재(榮寶齋)가 소장하고 있는 허곡(虛谷), 조지겸(趙之謙), 임백년(任伯年), 오창석(吳昌碩), 제백석(齊白石), 서비홍(徐悲鴻), 장대천(張大千) 등 중국 근현대 대가들의 값진 진품 100점을 예술의 전당에서 우리 국민들에게 선보이게 된 것은 가히 특기할 만한 일이라 하겠다.

지난해의 명청대회화전의 감흥이 채 가시기 전에 개최되는 이번의 중국근대 서화 진품전은 청대에 이어 근현대에 전개되어온 중국회화의 특징과 변천을 이해하는 데 큰 도움이 되리라고 본다. 이 귀중한 전시를 계기로 하여 앞으로 한·중 간에 보다 적극적인 문화교류가 이루어지고 양 국민 간의 상호 이해가 증진되어 큰 발전의 동인이 되기를 빌어 마지않는다. 특히 문화적으로 중국인들과 비슷한 측면 못지않게 다른 미의식을 분명하게 가지고 있는 우리로서는 이번의 전시를 통하여 중국회화를 보다 폭넓게 이해하고 따뜻하면서도 냉철한 마음으로 참고함으로써 우리의 회화 발전에 현명하게 활용하는 지혜를 발휘하는 것이 기대된다. 많은 어려움을 극복하고 이번의 전시를 성공적으로 이끌어 내신 동방연서회의 김응현(金膺顯) 회장님과 동방화랑의 서정철(徐廷徹) 사장님, 그리고 영보재의 郜宗遠 총경리 세 분의 노력에 대하여, 항상 중국회화의 업적을 높이 평가하고 애호하는 한 사람으로서 깊은 감사의 뜻을 표하며, 앞으로도 이러한 값진 행사를 종종 열어 주실 것을 당부 드리는 바이다.

안휘준

1993년 3월 30일

8

일본 나라(奈良)에서 전시된 개인 소장 한국 그림들: 우리 회화사 공백 메운 수작*

우리나라 문화재가 외국에 다량으로 유출되어 있다고 하는 사실은 이미 잘 알려져 있는 바와 같다. 그중에서도 일본에는 가장 많은 숫자의 우리 문화재가 남아 있다. 일본에 있는 이러한 우리의 문화재들은 선사시대의 고고학적 유물들을 위시하여 각 시대의 회화, 서예, 불상, 토기와 도자기, 김속공예품, 목칠공예품, 전적(典籍) 등등 그 종류의 다양함이나 틀의 풍부함에 있어서 외국으로서는 단연 제일의 위치를 차지하고 있다.

일본에 있는 이러한 유물들 중에는 국내에는 전혀 없는 자료들도 상당수가 있으며, 우리나라의 고고학이나 미술사, 역사나 문화를 연구하는 데 없어서는 안 될 막중한 가치를 지닌 것들이 허다하게 섞여 있다.

이 문화재들은 임진왜란이나 일제시대에 불법적인 방법으로 반출되어

---

* 『한국일보』 제10412호, 1982. 8. 28, 8면.

간 것이 물론 대부분을 차지하고 있고 그밖에도 양국의 사신의 내왕을 통하여 선물로 전해진 것도 적지 않다. 이들은 그곳의 국립, 시립, 현립, 사립 박물관 등 각급 박물관이나 미술관, 사찰의 자료관, 그리고 개인 소장가 등의 손에 광범위하게 산재되어 있다.

이처럼 널리 흩어져 있는 우리의 문화재들은 때로는 중국의 것으로 잘못 전칭되기도 하고, 또는 사장(死藏)된 채 충분한 가치를 발휘하지 못하는 경우가 대부분이다.

일본에서의 이러한 일반적인 경향과는 달리 奈良에 있는 야마토분카칸(大和文華館)은 그곳에 흩어져 있는 개인 소장의 우리 문화재들을 체계적으로 수집하고, 그것들을 전시회를 통하여 공개할 뿐 아니라, 우리나라 학자들의 연구를 위해 최대한의 성의를 가지고 협조를 제공해 주고 있다. 공익을 지향하는 야마토분카칸의 이러한 활동은 일본의 여타 문화기관이나 개인들이 마땅히 하나의 규범으로 본받아야 할 것이다.

야마토분카칸은 금년에도 7월 8일부터 8월 8일까지 1개월에 걸쳐 제5회 한국미술전을 개최하였는데, 이번의 전시는 회화 38점, 불경 4점, 조각 3점, 금공(金工) 5점, 칠공(漆工) 4점, 토기와 도자기 46점 등 총 100점으로 이루어졌다.

이번에 출품된 작품들은 야마토분카칸이 소장하고 있는 것과 泗川子 등 개인소장의 것으로 대별되는데, 작품의 성격으로 보아 특히 주목이 되었던 것은 물론 회화라고 할 수 있다.

38점의 회화 중에는 수폭의 불교회화를 제하면 산수, 인물, 영모, 화훼 등의 일반회화가 대부분을 차지하였는데, 그중에서도 특히 주목을 끈 것은 이곳에 일부를 소개하는 〈소상팔경도(瀟湘八景圖)〉 8폭과 이상좌(李上佐)의 작품으로 전해지는 〈월하방우도(月下訪友圖)〉와 〈주유도(舟遊圖)〉의 쌍폭이다.

먼저 중국의 소강(瀟江)과 상강(湘江)이 합류하는 지역의 팔경을 소재로 그리는 이른바 소상팔경도는 우리나라에는 고려시대에 전해졌고 조선시대에 이르자 더욱 자주 그려지곤 했는데 여기에 소개하는 작품도 그러한 전통을 반영하고 있는 것이다. 산시청람(山市晴嵐), 연사모종(煙寺暮鍾), 원포귀범(遠浦歸帆), 어촌석조(漁村夕照), 소상야우(瀟湘夜雨), 동정추월(洞庭秋月), 평사낙안(平沙落雁), 강천모설(江天暮雪) 등의 여덟 개의 장면으로 이루어지는데 여기에 소개하는 것은 그중 〈소상야우〉와 〈원포귀범〉을 그린 것이다.

이 두 작품은 물론, 다른 6폭도 대체로 근경, 중경, 후경의 3단으로 이루어져 있으며 한쪽 종반부에 무게가 치우쳐 있는 경향을 띠고 있다. 또한 여러 개의 흩어진 경물들이 서로 조화를 이루어 하나의 산수화를 형성하고 있고, 경물들 사이에는 수면이나 안개를 따라 확산된 공간이 효율적으로 표현되어 있다.

사실상 〈소상팔경도〉의 이 작품들은 일본승 尊海가 1539년에 우리나라에 왔다가 가져간 또다른 〈소상팔경도〉 병풍(일본 嚴島 大願寺藏)과 거의 그 화풍이 같고 또 우리나라 국립중앙박물관 소장의 양팽손(梁彭孫) 필(筆) 〈산수화(山水畵)〉와도 같은 계열에 속하는 것이다. 따라서 이 작품들은 16세기 전반기 우리나라 산수화의 양상을 보다 구체적으로 파악하는 데에 귀중한 자료가 된다고 볼 수 있다.

이 〈소상팔경도〉의 작품들에 못지않게 중요하게 생각되는 것은 이상좌의 작품으로 전칭되고 있는 〈월하방우도〉와 〈주유도〉의 쌍폭이다.

먼저 달빛을 받으며 친구를 찾아가는 고사(高士)를 다룬 〈월하방우도〉는 확산된 공간처리, 원경의 주산(主山) 묘사, 중경의 안개 속에 솟아오른 가옥과 나무들, 갈퀴모양의 먼 곳에 있는 소나무의 모습 등으로 보아 국립중앙박물관 소장의 1550년대 작품들인 〈호조낭관계회도(戶曹郞官契會圖)〉나 〈연정계회도(蓮亭契會圖)〉와 일맥이 상통하는 작품이다. 따라서 〈월하방우도〉도 1550년대 전후한 시기의 작품으로 보아 크게 무리가 없을 것이라 본다.

그런데 이 〈월하방우도〉와 화풍으로 보아 같은 화가가 같은 시기에 그린 작품임이 분명한 〈주유도〉는 더욱 관심을 끈다. 사실은 주유(舟遊)를 하기보다는 송하(松下)의 그늘에 배를 띄우고 낚시를 하고 있는 조사(釣士)를 소재로 묘사한 이 그림은, 산이나 언덕들이 〈월하방우도〉나 기타의 어느 작품들과도 달리 남종화가들이 즐겨 쓰는 피마준법(披麻皴法)으로 처리되어 있기 때문이다. 이 점은 매우 중요한 사실이다. 왜냐하면 늦어도 이 작품이 제작된 1550년대에는 이미 우리나라의 화단에 남종화법(南宗畵法)이 전래되어 수용되었음을 확실하게 밝혀주기 때문인 것이다.

이것은 종래에 우리나라 학계에서 남종화법은 1700년경 이후에 비로소 전래되고 또 전래되자마자 곧 유행으로 치닫게 되었던 것으로 믿었던 잘못된 견해나 통념을 수정케 하는 하나의 확실한 자료가 되어 주는 것이다.

그런데 〈월하방우도〉나 〈주유도〉가 이상좌의 진필이라는 뚜렷한 근거는 전혀 없다. 다만 이 작품들이 16세기 중엽의 것인 것만은 틀림이 없다고 하겠다.

앞으로도 이러한 새로운 자료들이 계속 발굴되어 우리나라 회화사의 공백을 메워주게 되기를 바라는 마음 간절하다.

안휘준
〈홍대 교수 · 철학박사 · 미술사〉

9. 현대미술 단체전

덕원미술관, 〈한국의 진경전〉에 부쳐*

I

우리나라, 중국, 일본을 포함하는 동아시아의 회화사에서 대종을 이루어 온 것은 말할 것도 없이 산수화이다. 물론 동양회화의 시원 단계에서는 신령스러운 초자연적 존재인 귀신, 신수(神獸), 서조(瑞鳥), 영초(靈草) 등이 인물과 함께 주류를 이루었던 것이 사실이나 시대가 흐르고 회화가 고도의 발전을 이룸에 따라 차차 산수화가 단연 대종을 이루게 되었다. 특히 오대(五代)~북송대(北宋代)에 이르러서는 경외로운 대자연을 중점적으로 웅장하게 표현하고 그 속에 몸담아 생존하는 인간과 동물은 개미처럼 작게 표현하는 소위 거비파(巨碑派)의 산수화가 확고하게 자리 잡으면서부터는 단

---

* 『韓國의 眞景展(1993. 12. 11-17. 德園美術館)』(德園美術館, 1993. 12), pp. 2-3.

연 산수 중심적인 경향의 회화사가 형성되게 되었던 것이다.

이처럼 동양에서 서양과는 달리 산수화가 주류를 이루게 된 것은 무엇보다도 그것이 우리 인간, 특히 동양인들이 지니고 있는 자연관과 사상을 담아내고 미의식과 창의성을 가장 잘 표출해 주기 때문이다. 이러한 연유로 우리나라를 포함한 동양에서는 수많은 화가들이 다른 어느 분야보다도 산수화에 열중하게 되었고, 또 이 때문에 회화의 모든 영역 중에서 발전과 변화의 폭이 가장 커지게 되었다. 회화사 연구에 있어서도 산수화를 편년의 으뜸가는 근거로 삼고 있는 이유도 바로 이러한 데에 있는 것이다.

아무튼 우리나라를 비롯한 동양에서는 산수화가 이처럼 서양의 풍경화보다 여러 세기 앞서서 발전하기 시작하였으며 서양풍경화와는 사상적, 회화사적인 측면에서 현저하게 다른 독특한 양상을 띠게 되었으며, 역사적, 문화적 측면에서 확고부동한 위치를 점하게 되었다. 이 때문에 동양산수화는 인류문화의 독특하고도 소중한 문화유산이 아닐 수 없다.

II

우리나라에서 넓은 의미에 있어서의 산수화의 싹이 돋아나기 시작한 것은 삼국시대부터이다. 408년에 축조된 덕흥리 벽화고분의 동쪽 천정에 그려진 수렵도에 보이는 산과 나무들, 5세기 무용총과 약수리고분의 수렵도에 표현된 산들, 강서대묘의 천정 받침돌 표면에 묘사된 산들, 내리 1호분의 산악도, 진파리 1호분의 북벽 현무도에 보이는 언덕과 나무들 등은 이미 5세기 초부터 고구려에서는 비록 소극적이기는 하지만 산수적 요소들이 다루어지기 시작하였으며 시대의 흐름에 따라 약간씩 변화하고 있었음을 분명하게 밝혀준다.

부여에서 출토된 산수문전(山水文塼)에 의거하여 보면 백제에서는 고구려보다도 훨씬 발전된 백제 특유의 부드럽고 균형잡힌 구도를 지닌 높은 수준의 산수화를 구사하고 있었음이 확인된다. 또한 신라에서도 고구려의 영향을 받은 산수적 요소를 표현했음이 기미년(己未年)의 묵서명(墨書銘)을 지닌 벽화고분이 순흥 읍내리의 산 중턱에서 발견됨으로써 밝혀진 바 있다. 이러한 삼국시대의 전통은 통일신라나 발해에도 계승되었을 것이 분명하나 회화 작품은 남아서 전해지는 것이 없다. 오직 문양전이나 기록에 단편적으로 그 잔흔이 전해질 뿐이다.

이렇게 발전하기 시작한 우리나라의 산수화는 고려와 조선왕조에 이르러 더욱 높은 수준으로 폭넓게 발달하게 되었다. 고려시대에는 〈예성강도(禮成江圖)〉나 〈천수사남문도(天壽寺南文圖)〉 같은 작품을 그린 최대의 거장 이녕(李寧)이 배출되었고 우리나라에 실재하는 명산승경을 화폭에 담는 실경산수화의 전통이 확립되었던 것으로 믿어진다. 이러한 실경산수화의 전통은 문헌기록들에서 간취되며 노영(魯英)이 그린 〈지장보살도〉 배경에 표현된 금강산의 모습에서도 그 일면이 엿보인다. 어쨌든 이러한 실경산수의 전통은 조선초기와 중기를 이어내려 조선후기에 이르러 겸재(謙齋) 정선(鄭敾)과 같은 거장을 낳게 되었던 것이다.

고려시대에는 청록산수화(靑綠山水畵)의 전통을 계승하는 한편 북송(北宋)으로부터의 곽희파(郭熙派)화풍과 남송(南宋)으로부터의 마하파(馬夏派)화풍, 그리고 원대(元代) 고극공계(高克恭系)의 미법산수(米法山水)화풍 등 여러 가지 산수화풍을 중국으로부터 수용하여 자체 발전의 밑거름으로 삼았었으며 이러한 전통은 또한 조선시대로 이어졌던 것이다.

조선왕조시대에는 고려의 전통을 계승하고 또한 명청대(明淸代)의 남종화법을 비롯한 새로운 화풍을 받아들여 더욱 다기화된 양상을 띠게 되었다. 또한 초기의 안견(安堅), 강희안(姜希顔), 이상좌(李上佐), 중기의 이정근(李正根), 이흥효(李興孝), 이경윤(李慶胤)과 영윤(英胤) 형제, 이징(李澄), 김명국(金明國), 후기의 정선(鄭敾), 심사정(沈師正), 강세황(姜世晃), 이인상(李麟祥), 정수영(鄭遂榮), 김홍도(金弘道), 이인문(李寅文), 김득신(金得臣)과 석신(碩臣) 형제, 김윤겸(金允謙), 이방운(李昉運), 김수규(金壽奎), 윤제홍(尹濟弘), 최북(崔北), 말기의 김정희(金正喜), 조희룡(趙熙龍), 허련(許鍊), 김수철(金秀哲), 장승업(張承業) 등등 수많은 뛰어난 화가들이 배출되어 제각기의 산수화풍을 창출하였던 것이다. 이들의 화풍에 관하여 여기에서 일일이 상술할 수는 없다.

다만 굳이 무리를 한다면 이들의 산수화를 크게 "이념산수(理念山水)"와 "진경산수(眞景山水)"로 대별하여 묶어볼 수는 있을 것이라고 생각한다. 이념산수의 대표적 인물로 초기의 안견을, 진경산수의 전형적인 화가로 정선을 예로 삼아서 살펴보는 것은 나름대로의 충분한 의의가 있다고 본다.

안견과 그의 화풍을 추종하였던 이른바 안견파 화가들은 산수의 이상을 추구하여 그렸던 것이 사실이다. 그들이 우리나라의 특정한 산들을 대상으로 하여 그리기보다는 가장 아름다운 이상적인 산수를 상상하여 표현하는 소위 이념산수의 세계를 추구하였던 것은 사실이지만, 실제로 그들의 작품에 투영된 산수는 그들이 늘 대하던 부드럽고 정겨운 우리나라의 산천이었던 것이다. 때로는 비록 높고 험준한 산을 표현하고자 하였지만 그런 경우에도 그 산들의 모습은 우리가 우리 주변에서 보면서 일구어진 산수관과 큰 진배가 없는 그러한 한국식의 산수에 대한 인식의 한계를 크게 벗어나지 않았다. 즉 그들은 이념미를 추구하였지만 결국은 사실적인, 좀 더 구체적으로 얘기하면 한국의 산천과 불가분의 관계가 있는 실경적인 양상을 띠었던 것이다.

반면에 정선과 그의 영향을 받았던 정선파의 화가들은 우리나라의 실재하는 산천을 담아내는 진경산수의 세계를 추구하였지만 실제로 그들의 작품에 담겨진 경치는 카메라에 포착되는 모습과는 현저한 차이를 드러낸다. 즉 그들은 우리의 산천을 있는 그대로 사진 찍듯이 그려내기보다는 자기들이 보고 느끼고 해석하는 대로 나타냈던 것이다. 이 때문에 진경산수화에 거의 예외없이 적혀 있는, 묘사된 지역을 나타내는 제목이 없다면 감상자는 그저 막연하게 아마 우리나라 어떤 지역의 산수인 모양이라고 짐작을 하겠지만 특정 지역을 꼬집어내기가 어려운 경우가 대부분이다.

물론 금강산이나 총석정과 같은 특징이 뚜렷한 지역은 제목이 쓰여져 있지 않더라도 쉽게 확인이 되지만 그밖의 지역은 대부분 제목 없이는 지적해내기 어렵다. 아무튼 진경산수화가들의 대부분의 작품들은 이처럼 비록 진경의 세계를 대상으로 하였지만 사실은 이념산수적인 측면을 내포하고 있는 것이다. 즉 사실의 세계를 쫓으면서도 오히려 사의화(寫意畵)의 세계를 담고 있는 것이다. 이는 아마도 대부분의 진경산수화가들이 남종화론에 젖어 있었기 때문일 가능성이 높다고 생각된다.

안견파의 화가들이 이념의 세계를 대상으로 하였으면서도 결국 사실화의 세계를 크게 벗어나지 않았고, 정선파의 화가들이 진경의 세계를 표현하면서도 사의적 양상을 짙게 띠었던 것과 같은 상반되는 측면이 간취되는 것은 현대의 우리에게 시사하는 바가 크다고 하겠다. 그들은 결국 서로 다른 듯하면서도 결과적으로는 비슷하게 같아진 것이다. 즉 한국의 산천을 대상으로 하여 산수미(山水美)의 세계를 맴돌았던 것이다. 한국의 산수화가 추구해야 될 대상은 결국 한국의 산천이며 한국의 산수화가가 지향해야 할 세계도 곧 한국미임이 분명해진다. 그러므로 우리의 산천을 투철하게 관찰하고 그 진실을 파헤치는 것이 보다 중요하다고 볼 수 있다. 그럴 때 그 산수화는 호소력을 지니고 공감대를 형성할 수 있을 것이라 믿어진다.

III

오늘날에도 많은 화가들이 우리의 산천을 대상으로 창작에 몰두하고 있다. 이는 참으로 반갑고 다행스러운 일이다. 그러나 우리나라 산수의 진수를 파헤치고 그것을 예술적으로 진실되고 호소력 있게 묘파하는 데 성공한 작가는 그리 많은 편은 아니다. 그것이 결코 쉬운 일이 아님을 알 수 있다. 이 때문인지 적지 않은 산수화가들이 편한 방법으로 쉽게 안주하는 경향마저 눈에 띈다. 안이한 태도, 간일한 구도, 도식화된 형태, 품위 없는 야한 채색, 과도한 묵법이 어우러진 작품들이 자주 눈에 띈다. 이는 어려운 돌파구를 회피하고 진실을 호도하는 결과를 낳게 된다. 이러한 의미에서 현대의 우리나라 산수화가들에게 몇 가지 당부를 하고 싶다.

1. 항상 자신에게 진실하라. 자신을 속이지 말고 세상과 쉽게 타협하지 마라.
2. 창작에 임함에 있어서 겸허하라. 교만은 성장을 막는 가장 위험한 요소임을 항상 유념하라.
3. 자연의 관찰을 게을리 하지 마라. 자연이 무기물이 아니라 생명체임을 인식하고 언제나 그 오묘한 특성과 변화를 주시하라.
4. 사실을 관조하되 자신의 생각과 느낌에 따라 재해석하라.
5. 작품에 기(氣)와 생명을 불어넣도록 노력하라. 기운생동(氣韻生動)하지 않는 산수는 죽어 보임을 명심하라.
6. 욕심을 버려라. 능력의 한계를 벗어나는 욕심을 부리면 진실을 잃

게 됨을 유념하라.

7. 끊임없이 자신을 연마하라. 마음과 생각과 정신을 키우고 기법을 다듬어라.
8. 표현의 틀에 매이지 마라. 표현에 자유로워라.
9. 옛것, 스승과 선배의 작품에서 좋은 점을 찾아내고 배워라. 그러나 그것에 매이지 않도록 유의하라.

이상 아홉 가지 사항을 참고하고 제대로 작품제작에 있어서 시행할 수 있다면 큰 발전이 가능할 수 있지 않을까 생각된다.

IV

이번에 26명의 중진, 소장 화가들이 덕원미술관(德園美術館)에서 〈한국의 진경전(眞景展)〉이라는 제하에 특별초대전을 개최하게 된 것을 매우 기쁘게 생각한다. 이분들이 하나같이 진실되고 성실하며 또 한국산수화의 창출에 열심이기 때문이다. 이분들 중에는 이미 일가를 이룬 분들도 있고 또 자기 화풍의 창출을 위하여 노심초사하는 분들도 있으나 모두 뜻이 한결같아서 다른 단체와는 다른 것으로 알고 있다. 부디 서로 일깨우고 협조하여 현대적 한국산수화의 새로운 경지를 함께 창출하여 줄 것을 당부하는 바이다.

제1회 안견미술대전 수상작가 및 초대작가전을 개최하며…*

주지되어 있는 바와 같이 현동자(玄洞子) 안견(安堅)선생은 조선왕조 최고의 화가로서 신라의 솔거, 고려의 이녕(李寧)과 더불어 우리나라 회화사상 3대가의 한 분으로 꼽힙니다. 그는 세종조에서 주로 활동하면서 독자적인 화풍을 형성하여 15~16세기의 국내 화단에 절대적인 영향을 미쳤습니다. 그의 영향은 많은 화가들에게 미쳐 안견파(安堅派)를 형성하게 되었는데 이는 우리나라 최초의 화파이기도 합니다. 비단 15~16세기의 국내 화단만이 아니라 일본의 무로마치(室町)시대 최고의 화가였던 슈우분(周文)과 그의 일파에게까지 영향을 미침으로써 안견선생은 우리 역사상 가장 국제적

………

* 『제1회 안견미술대전: 수상작가 및 초대작가전』(사단법인 한국미술협회 서산지부, 2004. 7), p. 3.

이고 영향력 있는 대가로 평가됩니다.

안견선생의 이러한 혁혁한 업적을 기리고 그의 예술성을 계승하기 위하여 그의 출신지인 서산시는 1996년부터 '안견미술대전'을 개최해 왔으며 6회를 거치는 동안 지역문화의 발전에 크게 기여하면서 신인 발굴에도 주도적인 역할을 하였습니다. 이러한 기여와 역할을 함에 있어서는 많은 관심과 헌신적인 노력을 기울여 주신 운영위원과 심사위원 여러분의 협조가 결정적이었습니다.

이번에는 그동안 공모전을 통하여 등단한 수상 작가들과 안견미술대전에 남다른 관심을 가지고 참여해 주신 심사위원 및 운영위원들을 초청하여 '수상작가 및 초대작가전'을 개최하게 되었습니다. 이번 전시에는 2003년에 안견미술문화대상을 수상하신 일랑(一浪) 이종상(李鍾祥) 화백(서울대학교 미술대학 명예교수)을 함께 모시게 되어 더욱 그 의의가 큽니다. 중앙화단의 대표적 작가이신 이종상 화백의 참여로 이번 전시가 더욱 알차고 서산지역의 미술문화 발전에도 큰 자극이 될 것으로 믿어집니다.

앞으로도 좋은 전시가 간단없이 이어져서 서산지역의 미술은 물론 우리나라 문화의 발전에 크게 기여하고 안견선생의 예술이 더욱 빛나게 되기를 빌어 마지않습니다. 이번 전시의 준비를 위해 애쓰신 모든 분들에게 감사의 뜻을 전합니다.

2004. 7.

안견선생 현창사업회 회장

서울대학교 인문대학 고고미술사학과 교수 안휘준

〈21세기 안견회화 정신전〉 개최를 축하하며*

안휘준(安輝濬)
명지대학교 미술사학과 석좌교수
문화재위원회 위원장

요즘처럼 그림이 다양화되고 작가들의 실험정신이 왕성하게 발현된 시대는 동서를 막론하고 일찍이 없었다. 참으로 반가운 일이 아닐 수 없다. 그럼에도 불구하고 '온고지신(溫故知新)'이나 '법고창신(法古創新)'이라는 말이 머리에서 계속 맴도는 이유는 무엇일까. 우리나라의 경우 미술을 비롯한 각종 예술과 문화 전반에 걸쳐 정체성(正體性), 곧 한국성(韓國性)이 흔들리거나 상실되고 있기 때문임을 부인하기 어렵다.

현대와 같은 국제화 시대에 무슨 그러한 고루하고 수구적인 생각을 하는가라는 말이 나올 수도 있다. 물론 창작의 세계에서 작가가 고루하고 진부한 생각에 젖어 있을 경우 그의 작품이 참신하기 어렵고 답답하게 느껴질 가능성이 없지 않다. 그러나 그것은 작가가 스스로 고루함에 빠져 있기

* 『21세기 안견회화 정신전(2007. 4. 4-10, 경향신문사 경향갤러리)』(안견기념사업회, 2007), pp. 6-7.

때문이지 옛것 그 자체 때문은 아니다. 제대로 '옛것을 익히고(溫故)' '옛것을 본받으면(法古)' 결국은 오히려 '새 것을 알게 되고(知新)' 또 '새 것을 창출할 수 있게 된다(創新)'는 것을 깨닫게 될 것이다. 즉 옛것을 제대로 공부해서 깨닫고 내 것으로 하게 되면 그것이 새로운 창작을 위한 훌륭한 밑거름이 된다는 것을 말해 준다. 이러한 분명한 진리를 창작을 하는 작가들이 때때로 너무 경시하거나 망각하고 있는 것은 아닌가 여겨진다. 여기에서 얘기하는 '옛것'은 주로 고전(古典)을 지칭하는 것으로 간주될지 모르지만 미술인들에게는 고미술(古美術)이 그 대상일 수 있다.

우리나라의 고미술 혹은 전통미술에는 우리 민족의 지혜와 창의성, 기호(嗜好)와 미의식이 고스란히 담겨 있다. 말하자면 창작에 필요한 수많은 정보와 아이디어를 담고 있고 작가들에게 제공해 줄 수 있는 일종의 보고(宝庫)와도 같은 것이다. 그런데 이 소중한 보고를 바로 옆에 두고도 보고인지 모르며 열어볼 생각조차 않는 것이 현재의 우리나라의 예술계임을 부인하기 어렵다. 바로 옆에 보물을 두고도 엉뚱한 어두운 곳에서 그것을 찾겠다고 눈을 가린 채 손을 허공을 향하여 휘젓고 있는 상황을 현자(賢者)의 모습이라고 볼 수는 없다. 지극히 어리석은 자의 모습일 뿐이다. 이것은 바람직하지 않음은 너무도 자명하다.

우리는 모두 현명해져야 하겠다. 현명해지는 방법으로 '온고지신'과 '법고창신'을 되새겨야 하겠다. 이를 몸소 실천한 대표적 화가가 바로 우리가 내세우고 기리는 현동자(玄洞子) 안견(安堅) 선생이다. 그가 조선왕조 문화의 금자탑을 세운 세종대왕의 치세 하에서 안평대군(安平大君)의 후원을 받으며 화단 최고의 거장으로 성장하였고 동시대 및 후대의 수많은 화가들에게 지대한 영향을 미쳤을 뿐 아니라 일본 무로마치시대(室町時代)의 수묵화에까지 큰 영향을 끼쳤음은 이제 잘 알려져 있는 사실이다.

그런데 그가 이러한 거장으로 성장하게 된 배경은 무엇일까? 그것에 관하여 알아볼 필요가 있다. 첫째는 그의 타고난 재주, 둘째는 자신의 재주를 꽃피우기 위해 끊임없이 기울인 노력과 그것을 통해 갈고 닦은 뛰어난 기량, 셋째는 안평대군 및 집현전 학사들을 비롯한 탁월한 문사들과의 교류를 통해 얻은 고전적 성향과 높은 안목 등을 꼽을 수 있을 것이다.

그 중에서도 이곳에서 특히 주목이 되는 것은 셋째의 고전적 성향이다. 이와 관련하여 신숙주(申叔舟)의 문집인 『보한재집(保閑齋集)』 권14에 실려 있는 「화기(畵記)」의 기록이 먼저 주목된다.

> "우리 조정에는 (유명한 화가) 한 사람이 있는데 안견이라 한다. 자(字)는 가도(可度), 소자(小字)는 득수(得守)이며 본이 지곡(池谷)인 사람이다. 지금은 호군(護軍)이 되었다. 성(性)이 총민하고 정박(精博)하여 옛 그림을 많이 보아 그 요체를 모두 얻고 여러 대가들의 좋은 점을 모아 총합하고 절충하였다. 못 그리는 것이 없었지만 산수화가 특히 그가 잘 그리는 분야였다. 옛 것으로부터 빌었지만 그와 필적할 만한 사람은 얻기 어렵다. 비해당(匪懈堂/안평대군)에 배유한 지 이미 오래되었으므로 (안평대군 소장에) 그의 그림이 가장 많다."

1445년에 쓰여진 이 「화기」의 기록을 통하여 우리는 안견이 옛 그림들을 많이 보고 그 이전의 여러 대가들의 좋은 점을 총합절충하여 자신의 화풍을 창출했음을 분명히 확인할 수 있다. 바로 이 점을 우리는 주목하고 참고해야 하리라고 본다. 안견에게서 배워야 할 교훈의 하나라 하겠다. 안견이 많은 걸작 고화들을 볼 수 있었던 것은 그를 아끼고 후원했던 안평대군이 대수장가였던 덕분이었다고 믿어진다. 이밖에도 안평대군 이외에 신숙주, 박팽년, 성삼문, 이개, 강희안 등등 당대 최고의 문사들과 가깝게 접하면서 그들의 학문, 식견과 안목을 습득하였던 것도 그의 격조 높은 화풍 창출에 큰 보탬이 되었을 것으로 판단된다.

안견의 화풍은 그의 유일한 진작인 〈몽유도원도(夢遊桃源圖)〉와 〈사시팔경도(四時八景圖)〉를 위시한 전칭(傳稱) 작품들을 통하여 엿볼 수 있다. 짜임새 있는 구성, 균형 잡힌 구도, 넉넉한 공간과 여백, 세련된 필법과 묵법 등이 돋보인다. 한국적 산수화의 전형을 창출하였으며 그의 화풍은 조선왕조 초기(1392~약 1550)는 물론 중기(약 1550~약 1700)까지도 화단을 지배하였다. 이미 앞에서도 지적하였듯이 그의 화풍은 또한 일본에까지 영향을 미치며 뚜렷한 위상을 확립하였다. 이렇듯 안견은 우리나라 회화사상 가장 막강한 영향을 종횡으로 미쳤던 인물이다.

이처럼 뛰어난 인물을 그의 출신지인 서산시가 중심이 되어 여러 가지 방법으로 현창하고 있는 것은 여간 다행이 아니다. 특히 이번에 경향신문사가 주최하고 안견기념사업회와 서산시 문화회관이 주관하는 〈21세기 안견회화 정신전〉은 각별히 의미가 크다고 본다. 우리나라의 수묵화를 대변하는 50명의 중진화가들이 경향갤러리에서 4월 4일부터 4월 10일까지 각자의 진면목을 선보이고, 이어서 젊은 중견작가들 50명이 서산시 문화회관에서 5월 11일부터 5월 16일까지 제각기 특색을 내보이게 된다. 모두 100여 명의 작가들이 참여하는 대규모의 전시일 뿐만 아니라 중진작가들과 전도가 유망한 소장 작가들의 다양한 작품들을 통하여 현재 우리나라 수묵화나 수묵채색화의 이모저모와 수준을 엿보게 된다는 점에서 그 의의가 더없이 크다고 생각된다. 이번 전시가 현재의 우리 화단을 점검하고 앞으로 가야 할 회화의 방향을 설정하는 데 중요한 계기가 되기를 빌어 마지않는다. 또한 안견 정신을 잇는 훌륭한 작가들이 많이 배출되기를 기대한다.

전시회에 귀한 작품을 출품해주신 작가들, 전시회가 가능하도록 협조해준 경향신문사와 경향갤러리, 전시를 주관한 안견기념사업회와 서산시 문화회관, 후원을 아끼지 않는 서산시, 전시의 실무를 맡아서 애쓴 안견기념사업회의 김문식 서울 지회장, 자문 및 강의를 맡아주신 이종상 교수, 자문에 응해준 김동수 화백과 이정신 화백 등 모든 분들에게 안견을 연구하는 사람으로서 진심으로 감사한다.

10. 현대미술 개인전

정명희, 안견 미술대상의 의의*

안휘준
서울대 교수 미술사

우리나라에는 미술문화를 장려하고 유망한 작가들을 고무하기 위한 각종 시상제도가 마련되어 있다. 그런데 이러한 상들은 규모가 큰 것일수록 대통령상, 국무총리상, 문화공보부장관상, 도지사상 등 고관들의 직함과 관련지어 시상되는 것이 상례였다. 이처럼 관직과 연계된 상들은 단순히 상의 격을 나타내는 데 그치지 않고 순수해야 할 예술을 관료체제에 맞추어 위계화시키는 폐단을 야기시키기도 하였다.

이러한 관료적 시상제도를 지켜보면서 예술 본연의 순수성을 반영하는 상의 제정이 꼭 필요하다고 늘 생각하였다. 이를테면 우리나라의 역대 유명화가들의 이름을 따서 상의 명칭을 삼으면 좋을 것이라 믿었던 것이다. 이를테면 신라의 화성(畵聖)이었던 솔거(率居)의 이름을 따서 솔거상, 고

---

* 『箕山 정명희(1993. 3. 1-9. 大田: 吾園畵廊)』(吾園畵廊, 1993), pp. 37-38.

려시대 최고의 화가였던 이녕(李寧)의 이름을 붙여서 이녕상, 조선왕조 최대의 산수화가였던 안견(安堅)을 기념하여 안견상 등으로 상의 명칭을 정할 수 있으리라고 보았다. 마찬가지로 정선상, 김홍도상, 장승업상 등 우리나라 회화사상 훌륭한 업적을 남긴 대가들의 이름을 따서 상명(賞名)을 삼을 수 있을 것이다. 이러한 상명들은 우선 비관료적이고 예술의 순수성을 살리며, 수상자들의 예술적 긍지와 세인들의 평가를 높이는 데에도 기여할 것으로 믿어진다.

충청남도 서산의 안견기념사업회가 안견미술대상을 제정하고 그 첫 번째 시상식을 가졌던 것은 이러한 의미만으로도 대단히 경하할 만하다. 서울이 아닌 지방에서 합리적이고 바람직한 시상제도를 마련했다는 점이 괄목할 만하다. 그러나 무엇보다도 중요한 것은 이 상이 안견을 기념하고 지역문화의 발전을 도모하기 위한 숭고한 정신에서 서산의 여러분들의 뜻과 힘이 합쳐져 제정되었다는 점이다. 이는 지역문화의 발전을 위한 하나의 본보기가 될 것이다.

주지되어 있듯이 안견은 안평대군(安平大君)의 비호와 지원을 받으며 세종연간(世宗年間)에 지대한 업적을 남긴 조선시대 산수화의 최대 거장이다. 그의 〈몽유도원도(夢遊桃源圖)〉는 불후의 명작으로 세종조의 수준 높던 문화와 예술을 대변해 준다. 사실상 그는 신라의 솔거, 고려의 이녕과 함께 우리나라 회화사상의 3대가라고 할 수 있는 인물이다. 이처럼 비중이 큰 인물을 기리는 상의 제정과 시상은 따라서 의미가 더 없이 크다고 하겠다.

안견 미술대상의 첫 번째 수상자는 기산(箕山) 정명희(鄭蓂熙) 화백이다. 그는 여러 차례의 개인전을 열고 그룹전에 참여하는 등 화단활동에 적극 참여하면서 한국산수의 토속적인 미의 세계를 파헤치고 수묵화로 새롭게 창조하는 작업을 꾸준히 펼쳐왔다. 이러한 그가 안견미술대상의 제1회

수상자가 된 것을 진심으로 축하하며, 앞으로도 끊임없이 생각하여 탐구하고 열심히 기량을 갈고 닦아서 안견처럼 역사에 남는 위대한 화가가 되어주기를 기대해 마지않는다.

1985. 5.

소나무와 창원 이영복*

안휘준
서울대학교 교수, 미술사

창원(蒼園) 이영복(李英馥) 화백이 30여 년 동안 가장 큰 관심을 가지고 관찰하고 작품화한 주제는 바로 소나무이다. 전국 방방곡곡의 빼어난 소나무치고 창원이 탐방하고 스케치하지 않은 것은 거의 없을 것이다. 이러한 소나무들에 관해서는 비단 화폭에 담는 것에 그치지 않고 전해지는 전설이나 문헌기록까지도 꼼꼼하게 조사하고 챙긴다. 주제를 철저하게 파헤쳐 보는 창원의 학구적이고 성실한 면모를 엿보게 된다. 최근에는 중국의 소나무에까지 관심의 폭을 넓히고 있다. 이처럼 창원은 현대 우리나라의 가장 대표적인 소나무 화가라고 할 만하다.

창원이 소나무에 지대한 관심을 가지고 있는 것은 사실상 어찌보면 당연하다고 하겠다. 무엇보다도 먼저 그가 한국인이라는 당연한 사실을 꼽지

* 『산과 소나무: 蒼園 李英馥展(1997. 5. 23-6. 1. 德園美術館)』(孔昌畵廊 企劃招待, 德園美術館, 1997. 5).

않을 수 없다. 이와 관련하여 최근에 조선일보가 실시한 조사가 상기된다. 식목일을 기하여 실시한 이 조사에 의하면 우리나라 사람들이 가장 좋아하는 나무는 다름 아닌 소나무라는 사실이 밝혀졌다(1997년 4월 5일자). 은행나무, 동백나무, 감나무, 향나무, 잣나무 들을 제치고 소나무가 1971년의 조사에 이어 이번에도 당연 수위를 차지한 것을 보면 전형적인 한국인인 창원이 소나무에 깊은 관심을 갖는 것은 너무도 당연하다고 생각된다. 일반 국민은 45.7%가, 여론 선도층은 53.1%가 좋아하는 나무로 소나무를 꼽는 것을 보면 우리나라에서 어느 누가 소나무를 각별히 좋아한다고 해서 별다른 일로 여겨질 것이 못된다고 생각하기 쉽다. 그런데 이상하게도 우리나라의 현대 화가들 중에서 소나무를 집중적으로 묘파하는 작가는 창원 이외에 별로 눈에 띄지 않는다. 소나무가 너무 흔하게 여겨져서일까, 아니면 창원이 워낙 소나무를 화제로서 독차지하고 있기 때문일까. 창원이 소나무를 유별나게 좋아하는 참된 이유는 단순히 한국인이라는 데에만 있지 않다고 본다. 그것은 아무래도 소나무의 성정이 그의 성품과 서로 맞기 때문일 것이다. 창원이나 소나무나 항상 꿋꿋하고 변함이 없는 것이 그 좋은 단적인 예이다. 창원을 알게 된 지 20여 년이 다 되어 가지만 언제나 한결 같아서 나는 그가 소나무 같다는 생각을 종종 하곤 한다.

창원이 유난히 즐겨 그리는 소나무는 누구나 알고 있듯이 바늘 모양의 푸른 잎, 두터운 껍질을 지닌 몸체, 땅 속 깊이 파고드는 튼튼한 뿌리를 지니고 있다. 잎은 사시사철 푸르며 향기롭고 몸체는 검거나 붉다. 봄이 되면 새 순과 잎이 돋아나고 꽃을 피우며 가루를 풍긴다. 가을이 되면 봄에 맺은 솔방울을 터트린다. 생장 조건이 좋은 곳에서는 하늘을 향하여 열길 넘게 높고 힘차게 뻗어 올라 미끈한 아름다움과 당당한 모습을 이루며, 그렇지 못한 곳에서는 환경에 따라 이리저리 구부러지거나 뒤틀려 각양각색의 특이한 형상을 드러낸다. 그러나 소나무는 어느 곳에 있거나 어떠한 모습을 지니거나 항상 독특한 품위와 빼어난 아름다움을 결코 잃지 않는다. 곧게 뻗어 올라갔건 이리저리 구부러져 있건 늘 격조와 미려함을 잃는 법이 없다. 아마도 이 때문에 소나무는 아무리 흔해도 천하지 않고 아무리 자주 보아도 싫증이 나지 않는가 보다.

이웃 나라들을 돌아다녀 보면 우리나라의 소나무들이 월등히 아름답다는 것을 깨닫게 된다. 특히 표면이 불그레한 홍송(紅松)의 아름다움은 검은 빛깔의 이웃나라 소나무들과 비교할 바가 아니다. 창원이 유난히 붉은 동체(胴體)의 소나무를 자주 그리는 이유도 홍송의 미모에 반한 때문일 것으로 믿어진다.

그러나 창원이 홍송만이 아니라 검은 빛깔의 몸체를 지닌 소나무도 개의치 않고 자주 화폭에 담는 것을 보면 소나무의 아름다움만이 아니라 그것의 특성이나 상징성에 마음이 끌리기 때문이라는 생각이 든다. 변하지 않는 푸르름과 꿋꿋함, 한결같은 선비의 지조를 갈구하는 염원을 소나무에 의탁하여 표현하고자 하는 것이리라. 혼탁한 이 세상에 독야청청한 소나무만큼 훌륭한 표상이 어디에 또 있겠는가. 소나무 그림을 통하여 창원은 세상에 소나무의 교훈을 전하고자 하는 것이 아닌가 추측된다.

소나무는 예로부터 한·중·일 삼국에서 가장 자주 그려졌는데 그 이유는 아마도 제일 흔하게 접할 수 있는 수종이라는 이유 이외에도 그것이 지닌 멋과 상징성 때문이라고 믿어진다. 폭신폭신하게 쌓인 솔잎을 밟으며 소나무 숲을 거닐면서 그들을 쓰다듬고 기대어 보며, 그들의 싱그럽고 향긋한 체취를 냄새 맡고, 가지에 스치는 음악 같은 바람소리를 들어본 사람이라면 옛 화가들이 왜 무송(撫松), 의송(依松), 의송청풍(依松聽風) 등을 그림의 주제로 자주 삼았는지 알 수 있을 것이다. 소나무의 멋과 운치를 이러한 주제들에 담아내고자 많은 화가들이 노력하였다.

소나무는 예부터 대나무, 매화와 함께 혹독한 추위에도 굴하지 않는 이종(異種)동질(同質)의 식물로 여겨져 함께 묶어서 세한삼우(歲寒三友)라 일컬어졌다. 그러니 예로부터 문학과 회화의 빈번한 주제가 되었던 것은 당연하다고 하겠다. 뿐만 아니라 송수천년(松壽千年)이라 하여 장수를 상징하기도 하였다. 학과 함께 그려지거나 그밖에 십장생도나 조선시대 어좌 뒤에 놓였던 오봉병(五峰屛)의 제일 중요한 요소로 묘사되었던 연유도 그러한 상징성에 있다. 지금까지의 창원의 소나무 그림들도 이러한 전통과 무관하지 않다.

나무 중에 소나무처럼 버릴 것이 없는 유용한 나무도 없을 것이다. 동체는 집을 짓거나 가구를 만드는 데 가장 요긴한 목재가 되고, 솔잎은 송편을 빚고 찌는 데 없어서는 안 되며, 가루는 다식을 만드는 데 쓰인다. 잔가지의 속껍질은 보릿고개가 있던 시절에는 가장 손쉬운 식용이 되기도 하였다. 그야말로 초근목피(草根木皮)의 제일 전형적인 예가 되었다. 관솔은 불을 밝히는 데 사용되었다. 뿌리는 2천년 후에 호박(琥珀)이 된다고 한다. 불에 탄 소나무는 서화가들이 애용하는 먹(松煙墨)의 원료가 되기도 한다. 그리고 소나무는 어느 부분을 막론하고 가장 유용한 땔감이 된다. 도무지 헛되이 버릴 것이 없다. 심지어 쓸모 없어 보이는 껍질조차도 땔감이 되거나 어린이들의 장난감 배 만드는 재료가 되어 준다. 소를 잡았을 때 아무것도 버릴 것이 없듯이 소나무도 베었을 때 함부로 버릴 것이 없다. 살아서는 사람들의 표상이 되고 죽어서는 사람들의 목재와 땔감이 되니 얼마나 고마운 나무인가. 창원이 소나무에서 잠시도 눈을 떼지 않는 또다른 숨은 뜻이 이런 것들에도 있는 것은 아닐는지.

우리 조상들이 소나무를 사랑하고 그림에 담기를 좋아했음은 삼국시대부터 현대까지의 여러 가지 사례들을 통하여 확인할 수 있다. 백제의 산수문전(山水文塼), 신라의 솔거가 황룡사의 벽에 그렸던 노송도(老松圖), 고려 태조 왕건의 능 내벽에 대나무, 매화와 함께 세한삼우로 그려진 소나무 그림, 조선후기 정선이 남긴 〈사직송도(社稷松圖)〉, 조선말기 김정희(金正喜)의 대표작인 〈세한도(歲寒圖)〉 속의 소나무 그림 등은 그 대표적인 예들이다. 이밖에 18세기의 이인상과 이인문 등의 화가들이 소나무를 즐겨 그렸음은 잘 알려져 있는 사실이다. 그들 이후에도 소나무를 단독으로 그리거나 산수화 속에 그려 넣은 화가들이 많았으나 아무도 소나무 전문화가로 간주될 만한 인물이 없다. 창원은 이러한 긴 공백을 메꾸어 줄 것으로 기대된다.

창원은 왕솔밭의 뒷동산을 끼고 있는 홍성의 한 마을에서 태어나 중학교 시절부터 소나무를 사랑하고 그리면서 50평생을 살아왔다.

그의 소나무 그림은 독특하다. 소나무의 예사롭지 않은 형태와 氣의 능숙한 표출이 두드러져 보인다. 최근에는 소나무의 형태를 극도로 압축하여 생략적으로 표현함으로써, 〈심상(心想)〉이라는 제목의 소나무 그림에서 전형적으로 엿볼 수 있듯이 추사 김정희의 대표작인 〈세한도〉 속의 소나무처럼 사실성과 추사성을 겸비한 상의적(寫意的) 경향을 드러내기도 한다. 이는 창원 소나무 그림의 새로운 변화로서 앞으로의 추이와 관련하여 주목된다.

창원의 회화와 관련하여 가장 중요한 주제가 이제까지 얘기한 소나무인 것은 부인할 수 없지만 그렇다고 해서 그것이 그의 작품세계를 모두 대변한다고 볼 수는 없다. 사실상 소나무 못지않게, 어떤 의미에서는 소나무 이상으로 그의 회화에서 중요한 몫을 차지하고 있는 것은 산수화이다. 창원은 소나무와 함께 산수화를 꾸준히 그려 남다른 화풍을 형성해 왔다. 특히 소나무가 있는 산수화는 그 중에서도 그의 특장(特長)을 더욱 잘 드러낸다.

무리 없는 안정된 구성, 단정한 필법, 담백한 묵법과 설채법이 어우러진 그의 산수화는 전반적으로 깔끔하고 단아하여 격조 높은 문인화의 세계를 엿보게 한다. 창원의 소나무 그림과 산수화, 그 진면목이 이번 전시에서 한층 더 뚜렷하게 나타난다.

파인 송규태 화백의 개인전을 축하하며*

민화가 우리 한국인의 미의식, 기호(嗜好), 특성 등을 어느 미술 분야보다도 명료하게 드러내며, 따라서 우리에게 더없이 소중하다는 점은 이제 널리 알려져 있다. 그래서인지 현재 민화를 공부하고 재현하는 일에 열정적으로 몰두하고 있는 인원이 수천 명에 달한다고 한다. 민화 '붐'이 일고 있는 것이다.

그 한가운데 자리하고 있는 이가 바로 파인(芭人) 송규태(宋圭台) 화백이다. 즉 그는 민화계의 어른이자 스승인 것이다. 그의 주변에는 수많은 민화 관계자들이 겹겹이 포진하여 존경의 눈길로 우러러 보고 있다. 그만치 그는 행복하고 영향력이 큰 인물이다. 그러니 그의 일거수 일투족이 관심의

---

* 『붓으로 다시 지은 서궐이여…宋奎台個人展(2005. 10. 12-18, 공갤러리)』(공갤러리, 2005), pp. 2-3.

대상이 될 수밖에 없다.

이번에 그가 개최하는 개인전이 민화 종사자들이나 관심 있는 이들에게 눈길을 끄는 것은 너무도 자연스러운 일이라 하겠다.

그가 해온 일의 내용과 작품의 특징이 함께 드러남과 동시에 수많은 후배들에게 참고가 될 것이기 때문이다.

사실 파인이 해온 일은 비단 민화를 그리는 일에만 한정된 것이 아니다.

1960년대부터는 에밀레박물관, 한국민속박물관, 국립중앙박물관, 호암미술관 등에 소장된 고서화를 보수해 왔고 1980년대에는 안악3호분과 무용총, 부여 능산리 백제고분, 순흥 읍내리고분의 벽화를 재현하는 일까지 해낸 바 있다. 동시에 오직 본령인 민화를 꾸준히 제작하였는바, 그의 작품들은 청와대와 총무처를 위시한 정부 기관들, 각급 박물관, 여러 주요 호텔 등 수많은 곳에 소장되어 있다. 여러 차례의 민화전에 참여하여 주도적인 역할도 했음은 물론이다. 이번의 개인전은 이제까지 그가 해온 일과 닦아온 화업을 축약해서 보여준다는 점에서 그 의의가 매우 크다고 생각된다. 네 틀의 병풍그림, 13점의 액자를 위시하여 여러 폭의 족자에 담긴 연화(連花), 화조, 호렵도 등의 그림은 민화의 전통을 계승하고 재현하였다.

이러한 민화들 못지않게 관심을 끄는 것은 경희궁(慶熙宮)을 그린 〈서궐도〉라 할 수 있다. 본래 먹선만으로 백묘화(白描畵)처럼 그려진 〈서궐도안(西闕圖案)〉을 바탕으로 하고 창덕궁과 창경궁을 그린 〈동궐도(東闕圖)〉를 참고하여 아름다운 채색을 곁들여서 새롭게 재현한 작품이다. 뼈만 있던 것에 살을 붙이고 피를 통하게 하여 새로운 생명체로 거듭나게 한 셈이다. 고분벽화와 기록화들을 모사하면서 닦은 그의 실력이 묻어난다고 하겠다. 이로써 우리는 그의 개인전에서 그의 민화와 기록화를 함께 감상하는 기회를 갖게 되었다.

그의 이번 개인전을 축하하며 앞으로도 계속하여 건강한 몸으로 우리에게 '보는 즐거움'을 누리게 해 주기를 기대해 마지않는다. 필획 하나하나에 기(氣)가 베고 운필에 자유로움이 넘쳐서 화면 전체가 기운생동(氣韻生動)한다면 금상첨화의 경지가 이루어질 것이라 믿는다.

안휘준

(서울대학교 인문대학 고고미술사학과 교수)

강찬균, 한국 공예의 길*

안휘준
서울대 인문대 고고미술사학과 명예교수
문화재청 국외소재문화재재단 이사장

머리말

언젠가 오래 전에 겪었던 일이 도무지 잊혀지지 않는다. 중학교 미술 교과서 심의에 들어갔다가 예기치 못한 일을 겪었던 경험이다. 당시의 교과서 시안을 보니 회화, 조소, 디자인의 세 부분으로 짜여져 있었고 당연히 포함되어 있어야 할 공예부분은 빠져 있었다. 공예부분이 빠져 있는 이유를 묻는 필자의 물음에 돌아온 대답은 "공예는 디자인에 포함하면 된다"는 것이었다. 공예는 너무도 중요하기 때문에 디자인과 구분하여 별도의 항목을 설정해야 한다는 필자의 주장은 공염불이었다. 심지어 한국미술사는 회화, 조각, 각종 공예, 건축으로 대별하여 기술된다는 설명도 전혀 먹히지 않

* 『강찬균의 새 손길전』(국립현대미술관 과천관, 2014. 4. 22-8. 24), pp. 17-21.

았다. 미술교사와 미술대학 교수들로 짜여진 10여 명의 심의위원 거의 모두가 공예부분을 별도의 항목으로 설정하는 데 반대하였다. 단 한 명의 미대 교수만이 엉거주춤할 뿐이었다. 참으로 개탄스러운 충격이었다. 미술을 전공하고 가르치는 분들이 어떻게 그처럼 공예에 대하여 이해가 부족하고 냉담할 수 있을까 도무지 납득이 되지 않았다. 그것이 미술교육에서 공예가 받는 대우였고 인식수준이었다. 그 후에도 많이 개선되었다는 확신이 서지 않는다. 왜 공예가 그 지경이 되었는가 냉철하게 원인들을 찾아보고 개선책을 모색하는 것이 절실하다.

사람이 공예 없이도 살 수 있을까

공예의 의의나 중요성을 모르는 사람은 없을 것이다. 다만 잊고 있을 뿐일 것이다. 그래서 가장 소박한 질문을 던져볼 필요가 있다. 인간은 공예 없이도 인간답게 살 수 있을까? 답은 당연히 "아니다"이다. 원시적인 삶은 가능하겠지만 인간적인 문화적 생활은 불가능하기 때문이다. 공예가 없으면 식사조차도 품위 있게 할 수 없다. 물 한모금도 편하게 마실 수가 없다. 밥그릇, 국그릇, 반찬그릇, 물잔, 숟가락과 젓가락, 상이나 테이블, 솥 등 식생활과 관련이 있는 모든 도구가 다 공예품이다. 집안의 가재도구들도 하나같이 공예이다, 몸을 치장하는 장신구들도 모두 공예이다. 이것들이 없으면 어떻게 인간다운 문화생활을 할 수 있겠는가. 원시생활만이 가능할 것이다. 한마디로 "공예 없이는 못 살아"라는 말이 나올 수밖에 없다. "그대 없이는 못살아"의 유행가처럼 공예 없이는 못살게 되어 있다. 그만치 공예의 중요성은 절대적이다. 다만 공예가 너무나 흔하니 사람들이 그 소중함을 모르고 있는 듯한 형국이다.

공예 없이는 못살게 되는 근본 이유는 무엇일까. 말할 것도 없이 공예가 지니고 있는 '기능' 때문이다. 공예의 첫 번째 덕목은 쓰임새(用), 즉 기능이라 하겠다. 그런데 공예는 반드시 어떤 형태를 지니고 있다. 즉 조형성을 지니고 있는 것이다. 이것이 기능과 함께 공예의 양대 요소라 하겠다. 사용하기에 편한 기능성과 보기에 아름다운 형태미 혹은 조형성이 모두 나무랄 데가 없는 공예가 훌륭하고 참된 공예임을 부인할 수 없다. 이 두 가지 요소들, 즉 효율적인 기능과 아름다운 형태미 혹은 조형성이 모두 똑같이 중요하다. 어느 것도 소홀히 할 수가 없다. 그러나 그럼에도 불구하고 굳이 둘 중에 어느 한 가지를 선택하고 다른 한 가지를 포기해야 한다면 선택할 것은 전자, 즉 기능이고 포기해야 할 것은 후자인 조형성(혹은 형태미)일 것이다. 기능을 상실한 공예는 더 이상 쓸모 있는 공예일 수가 없기 때문이다. 투박하고 못생긴 공예품이라도 기능을 지니고 있으면 여전히 공예일 수 있지만 그 반대의 경우에는 더 이상 공예일 수가 없다. 따라서 공예가들은 어떠한 경우에도 기능을 훼손하거나 소홀히 해서는 안 된다. 예쁘기만 하고 기능을 상실한 '공예 아닌 공예'는 더 이상 공예가 아니며, 따라서 그러한 작품(?)만을 만드는 자칭 공예가는 더 이상 공예가일 수 없다. 조형성을 위해 공예의 기능성이 상실된 덩어리는 순수한 공예품이 아닌 소형(小形) 조각품(miniature sculpture)이고 그것을 만든 사람은 공예가보다는 소형 조각가로 불려야 마땅할 것이다.

공예의 고유 기능을 충분히 살리면서도 순수미술로서의 조각과는 다른 조형적 공예미를 살리는 방법은 무한히 많다. 신라와 가야의 이형토기(異形土器) 또는 상형토기(象形土器)와 고려의 오리나 원숭이모양 연적 등은 그 좋은 본보기들이다. 조각가연하지 않으면서도 옛 공예가들은 조각가들

못지않은 아름다운 조형성과 형태미를 지닌 작품들을 창출하였던 것이다. 이러한 사례들은 얼마든지 찾아볼 수 있다. 현대의 우리나라 공예가들도 기능성과 조형성을 겸비한 공예 작품들을 창출할 능력을 모두 지니고 있다고 확신한다. 다만 공예가들의 인식과 노력이 부족할 뿐이다. 순수미술로서의 조각과 조각가를 추종하기보다는 공예가로서의 긍지와 자부심을 가지고 본연의 특성과 고유성을 살리고 발전시키는 일에 성심을 다하는 것이 필요하다고 본다.

우리의 옛 공예, 어떤 의의가 있는가

우리의 전통적인 옛 공예가 왜, 얼마나 중요한지는 현대 공예에 시사하는 바가 다대하다.

첫째, 한국의 옛 전통공예는 한국미술사의 시원(始原)을 말해준다. 현재까지 밝혀진, 또는 전해지는 유물들로 보면 한국의 미술사는 공예로부터 시작되었다고 보아도 지나치지 않다. 구석기시대의 각종 석기들과 신석기시대의 빗살무늬토기를 비롯한 여러 가지 토기들이 그 증거들인데 이것들이 모두 공예품들이다. 이밖에는 반구대암각화를 위시한 약간의 회화적 성격의 석조(石彫)가 있을 뿐이다. 이 점만 보아도 공예가 우리나라 미술사상 차지하는 비중이나 의의가 얼마나 큰지 쉽게 알 수 있다. 역사적으로 공예가 순수미술 못지않게, 또는 그 이상 중요함도 이로써 확인이 된다.

둘째, 한국미의 원초적 특징들을 각종 공예에서 찾아볼 수 있다. 빗살무늬토기를 위시한 각종 토기들의 형태에서 찾아볼 수 있는 곡선의 미, 청동기 시대의 마제석검(磨製石劍)의 형태와 무늬가 보여주는 대칭의 미 등이

그 전형적인 예이다.[1]

셋째, 추상주의적 미술과 사실주의적 미술의 두 가지 경향도 이미 선사시대에 시작되었음도 공예미술에서 확인된다. 빗살무늬토기의 빗살무늬, 뇌문(雷文)토기의 뇌문, 다뉴세문경(多紐細文鏡)의 세문 등은 한결같이 추상적, 기하학적, 상징적 성격을 띠고 있으나 농경문청동기의 농경무늬 등은 사실성을 드러내기 시작하였다. 즉 추상적 경향과 사실적 경향이 대조를 보이기 시작했던 것이다. 이를 증명하는 작품들은 대부분 공예품들이다.[2]

넷째, 한국 전통미술의 다양성이 수많은 종류의 각종 공예품들에서 가장 잘 드러난다. 이에 관해서는 굳이 상론을 요하지 않는다.

다섯째, 한국 전통미술의 높은 격조와 뛰어남도 각종 공예에서 가장 잘, 제일 분명하게 확인된다. 청동기시대의 다뉴세문경, 고구려의 투각용봉문금동관형장식(透刻龍鳳文金銅冠形裝飾), 백제의 금동대향로를 비롯한 금속공예, 산수문전(山水文塼)을 위시한 도토공예(陶土工藝), 신라의 금관을 포함한 금속공예와 기마인물형토기를 비롯한 도토공예, 통일신라의 세계 제일 성덕대왕신종을 위시한 각종 공예, 고려시대의 독창적인 상감청자를 비롯한 청자들과 청동은입사포류수금문정병(靑銅銀入絲蒲柳水禽文淨甁)을 포함한 금속공예 작품들, 조선왕조시대의 각종 독창적인 분청사기와 다른 나라에는 없는 순백의 달항아리를 위시한 다양한 백자, 상향평준화된 뛰어난 목칠공예 등 수많은 공예품들이 옛 전통공예의 다양성과 빼어난 격조를 웅변적으로 말해준다.[3]

이들 공예품들은 대표적 회화, 조각, 건축 등과 함께 한국미술의 진수

1 안휘준, 『한국의 미술과 문화』(시공사, 2000), pp. 34~36 참조.

2 안휘준, 위의 책, pp. 34~35 참조.

3 안휘준, 『청출어람의 한국미술』(사회평론, 2010) 참조.

를 보여줄 뿐만 아니라 한국미술사상 눈부신 공헌을 했음을 분명하게 밝혀준다. 공예가 과거처럼 현대에도 순수미술 이상으로 한국 미술 발전에 절대적인 기여를 할 수 있음을 확실하게 보여준다고 볼 수 있다. 현대 공예가들이 우리의 옛 전통공예를 진지하게 살펴보고 창작에 참고해야만 할 당위성이 거기에 있음도 확인된다. 우리의 옛 전통공예가 이처럼 역사적, 문화적으로 큰 의미를 지니고 있을 뿐만 아니라 그 안에 새로운 공예의 창출을 위한 수많은 정보와 아이디어가 담겨져 있음에도 불구하고 우리의 공예가들이 이를 활용할 줄을 모르는 것은 여간 안타까운 일이 아니다. 옆에 보물들이 잔뜩 쌓여 있는 줄도 모르는 무심함을 한시바삐 벗어나 지혜로워져야만 한다.

우리의 현대공예, 어떻게 할 것인가

과거의 빛나는 우리의 옛 전통공예에 비하여 현대의 한국 공예가 더 훌륭한 창조적 업적을 쌓아가고 있는지의 여부는 단정짓기 어렵다. 그러나 우리의 현대공예가 특수한 경우를 제외하면 일반적으로 한국적 공예의 전통을 충분히 올바르게 계승하고 있지 못하며 대학을 중심으로 서양공예의 큰 영향 하에 기능을 소홀히 하고 조형성을 지나치게 중시하는 파행성을 드러내고 있다는 사실에서 엄중한 반성을 요한다는 점은 부인하기 어려울 것이다. 반성하고 새롭게 각오를 다질 시점이라고 여겨진다. 이에는 공예가들 개개인이 할 일과 대학, 단체, 기관 등이 공동으로 할 일들이 공존한다고 하겠다.

첫째, 공예가들 개개인이 공예가로서의 자세를 반듯하게 하는 것이 요구된다. 공예가가 요즘처럼 본연의 역할을 벗어나 순수미술을 맹목적으로 추종하고 흉내내면서 스스로 '작가연(作家然)'하거나 '예술가연'하는 것에 대하여 엄정한 눈으로 되돌아볼 필요가 있다고 생각한다. 그렇게 순수미술을 추종하는 것이 반드시 부당하다고 할 수는 없지만 자칫 공예가에게 요구되는 본연의 겸허한 자세에 부정적 영향을 미칠까 염려되기 때문이다. 공예가는 '쟁이'임을 자처하고 공예가임을 자부해야 한다. 남다른 빼어난 손재주를 지니고 있음을 잊지 말아야 한다. 그러한 겸허하면서도 반듯하고 당당한 자세로 작품에 임해야 순수미술가들이 하기 어려운, 공예가들만이 할 수 있는 독특한 작품들을 제작할 수 있고 그렇게 창출된 작품들이 공예가들을 훌륭한 작가의 반열에 오르게 해줄 것이다. 쟁이로서의 자부심과 자긍심이 넘치는 공예가들이 공예를 순수미술 이상으로 중요한 분야로 발돋움시킬 것임을 의심치 않는다. 공예가들의 반듯하고 긍지에 넘치는 당당한 자세가 어느 때보다도 절실하게 요구되는 시점이다.

둘째, 한국의 모든 공예가들은 반드시 우리의 전통공예를 공부해야 한다고 생각한다. 우리의 도토공예, 금속공예, 목칠공예 등 각종 공예품에는 우리 민족의 슬기, 미의식, 기호, 기술과 기법, 예술성, 한국성 등이 오롯이 담겨져 있어서 새로운 창작에 더없이 소중한 토대와 밑거름이 되어준다. 이렇듯 중요한 공예미의 원천을 외면하고 경시한다는 것은 앞에서도 지적했듯이 지극히 잘못된 어리석은 일이 아닐 수 없다. 기술적인 면에서나 이론적인 면에서나 철저히 공부하고 연구하여 창작에 활용해야 마땅하다. 우리 전통공예의 특성이나 우수성을 모르기 때문에 외래 공예의 영향에 함몰된 채 맹목적으로 기능을 무시하고 조형성만 추구하다 공예 자체를 공예 아닌 소형 조각처럼 망치고 전락하게 하는 결과를 초래하고 있는 것이다.

그런데 한국의 전통공예를 제대로 계승하고 발전시키려면 공부를 해야 하는데 그것이 그렇게 쉽지 않은 것이 현실이다. 실기나 창작의 측면에서 제일 좋은 방법은 빼어난 장인으로부터 무릎을 맞대고 배우는 것이지만 현실적으로는 불가능한 실정이다. 그러므로 공예가들 스스로 옛 작품들을 면밀히 살펴보고 그 안에 담긴 도움되는 정보들을 스스로 찾아내어 창작에 활용하는 것이 현실적일 수 있다. 한국미술사, 한국공예사, 한국도자사, 한국목칠공예사 등 전문학자들의 책들을 전공에 따라 선택하여 읽어서 지식과 지혜를 얻는 것도 바람직할 것이다.

셋째, 공예가마다 창작의 원칙을 세우고 지켜내는 일이 절실하다. 조형성을 추구하고 창조하되 어떠한 경우에도 기능을 소홀히 하지 않는다는 것이 첫 번째 원칙이어야 한다. 거듭하여 지적하자면 기능과 형태의 미가 완벽하게 조화를 이루는 경지가 제일 바람직하다. 이를 예술성 혹은 창의성이라 부를 만하다. 이에 더불어 한국성과 시대성이 곁들여진다면 금상첨화일 것이다. 빼어난 예술성과 기능성, 언제 어디에 내놓아도 한국 것이 분명함을 드러내는 한국성, 21세기의 공예가가 만든 것을 분명하게 보여주는 시대성이 고루 갖추어진 작품은 현대공예사에 편입될 수밖에 없다.

넷째, 공예는 모든 미술 중에서 건축과 더불어 과학기술과의 연관성이 제일 크므로 예술 분야에서의 창작만이 아니라 산업화에 대한 기여도 염두에 두어야 한다. 일본이 우리의 도공들로부터 배운 도자공예를 바탕으로 에도(江戶)시대부터 세계적 도자산업국으로 발돋움하고 금속공예기술을 산업화하는 데 십분 활용하였던 사실이나 몇몇 서양 가구회사들이 목공예를 가구산업으로 발전시켜 성업 중인 사례 등은 우리의 공예계에 시사하는 바가 많다. 우리의 공예는 우리의 산업화에 얼마나 어떻게 기여했는지 따져볼 일이다. '예술적 공예'가 제일 중요하지만 '산업적 공예'도 똑같이 중요함을 인식하고 크게 기여할 바를 모색하는 것이 당연하고 바람직하다고 생각한다. 그에는 수많은 방법이 있을 것이다. 뜻이 있는 곳에 길이 있듯이, 그것은 공예가들의 몫이다.

공예가들이 한국 공예의 발전을 위해 개별적으로 기능과 조형적 아름다움이 곁들여진 공예의 창출에 진력하면서 동시에 보다 큰 도약을 위한 공동의 노력을 기울일 필요가 있다. 이를 성공적으로 달성하기 위하여는 다음과 같은 것들이 요구된다고 생각한다.

첫째, 공예가들은 개별적, 독립적으로 활동하는 게 당연하지만 공동선(共同善)을 추구하고 발전을 도모하기 위하여 힘을 합치는 것이 요구된다. 상부상조와 협력, 창작에 필요한 정보의 교환, 열악한 작업환경의 개선 등은 특히 그렇게 할 때 효과적이다. 힘을 모으는 방법으로는 직능별 협회나 단체, 학회 등은 조직하여 지혜를 나누는 것이다. 이미 조직이 되어 있는 경우에는 그 역할을 더욱 강화하는 것이 긴요하다. 직능별 모임들을 합쳐서 전국 단위의 연합체로 확대시킬 수도 있을 것이다. 금속, 도자, 목칠, 섬유, 유리 공예를 포괄하는 사단법인 한국공예가협회는 그 좋은 사례라 하겠다.

이렇게 힘을 모아서 공예 발전을 위해 해야 할 주요한 일들은 ① 각급 학교의 미술교육에서 공예교육을 강화하는 일, ② 공예를 배려한 교과과정의 보강 및 미술교과서의 개편, ③ 교사 채용에서의 공예전공자 차별이나 불이익 철폐, ④ 사회교육에서의 공예교육 활성화, ⑤ 종합적인 공예전시장과 판매장의 설립 또는 확장, ⑥ 전통공예가들에게 대학에서의 후진 양성 기회 부여 등이다. 이러한 일들은 힘을 모아 추진하지 않으면 소기의 목적이나 목표를 달성할 수 없다. 개인으로서는 불가능한 일들이다. 힘을 모아야 할 당위성이 거기에 있다. 이 여섯 가지의 일들은 모두 신중한 연구, 구체적인 방안의 수립, 효율적 방법의 모색 등이 전제되어야 한다. 이곳에서는 지면관계상 구체적인 상론을 피하고자 한다.

맺음말

이제까지 우리나라 공예의 중요성, 역사적(혹은 문화적) 의의, 현대의 공예계가 안고 있는 과제들과 개선 방안들을 주마간산식으로 살펴보았다. 우리의 공예가 막중한 중요성에 비해 마땅히 받아야 할 인정과 대우를 충분히 받고 있다고 보기 어려운 측면이 있음을 알 수 있다. 이러한 상황이 야기된 데에는 공예계와 공예가들의 책임도 전혀 없지는 않다는 생각이 든다. 이제라도 공예의 중흥을 위해 우리 모두가 힘을 합쳐야 한다고 본다. 공예의 발전은 국가적으로 너무도 중요하므로 지금처럼 소홀히 해서는 안 된다. 누구보다도 '예술적 공예'를 추구하면서 대학강단에서 후진 양성에 애쓰는 공예가들의 역할이 중요하다고 본다. 현대 한국공예의 향방은 이 분들에 의해 좌우될 것이기 때문이다.

이와 관련하여 한 가지만 덧붙이고 싶다. 앞으로 한국미술사에 편입되기 위해서는 미술작품이 ① 예술성과 창의성, ② 한국성, ③ 시대성, ④ 대표성을 갖추고 있어야만 한다는 사실이다.[4] 공예의 경우에는 여기에 한 가지가 더 요구된다. 맨 앞에 요구되는 것으로서 기능성과 실용성이다. 조형적으로 아무리 아름다워도 기능성이 결여된 자칭 공예는 한국미술사 공예편에 편입될 수가 없다. 왜냐하면 앞에서도 적었듯이 기능을 상실한 공예는 더 이상 공예가 아니기 때문이다. 거듭 지적하지만 훌륭한 공예작품이란 효율적인 기능성과 아름다운 조형성이 함께 어우러져 빼어난 조화를 이룬 것을 지칭한다. 공예가는 누구나 이 점을 잊거나 경시해서는 안 된다고 생각한다.

---

4 안휘준, 「어떤 현대미술이 '한국'미술사에 편입될 수 있을까」, 『미술사로 본 한국의 현대미술』(서울대학교출판부, 2008), pp. 7~20 참조.

이상 공예에 대해 평소에 지니고 있던 졸견들을 솔직하게, 숨김없이 피력하였다. 혹시 이 졸문을 읽으면서 마음속에 불편함을 느끼는 공예가나 독자가 있다면 "良藥苦口利於病"(좋은 약은 입에는 쓰나 병에는 이롭다) 정도로 양해해 주면 고맙겠다. 누군가는 해야만 할 이야기들을 필자가 벌 서듯한 셈이다. 오랫동안 별러온 이야기들이어서 오히려 짐을 벗은 듯 마음이 가벼워짐을 느낀다.

마음속에 오래 담아두었던 이야기들을 더 이상 미루지 못하고 털어놓을 수밖에 없도록 필자를 막다른 골목으로 몰아세운 강찬균 교수님께 감사한다. 강선생님의 강권이 없었다면 이 글은 빨라도 몇 년 뒤에나 쓰여졌거나 혹은 바쁜 핑계로 끝내 제대로 탈고되어 모습을 드러내지 못했을지도 모른다. 미숙한대로나마 공예에 대한 졸견들을 피력하게 되어 오히려 다행스러운 심정이다. 강선생님의 대규모 개인전을 충심으로 축하드리고 이번의 전시가 현대 한국금속공예의 발전에 큰 전환점이 되기를 빌어 마지않는다.

11. 서예전

제5회 한국사경연구회 회원전에 부쳐*

안휘준
(서울대학교 인문대학 고고미술사학과 명예교수)

1. 한국 사경의 전통

우리나라 미술문화재 분야들 중에 세계 제일의 범주에 속하는 것들이 많이 있는데 그 중에 사경 및 변상도도 포함됨은 말할 것도 없다. 역사적으로 한국의 사경 및 변상도는 세계 최고의 수준으로 발전하였던 것이다.

1977년에 발견되어 현재 호암박물관 리움에 소장되어 있는 대방광불화엄경(大方廣佛華嚴經) 사경과 변상도는 맨 먼저 주목되는 대표적인 예이다. 황룡사의 연기법사(緣起法師)가 발원하여 천보(天寶) 13년(754) 8월 1일에 시작된 사경 성업은 다음해인 755년 2월 14일에 완료되었다. 이 사경은

* 『三淸三無 수행의 예술적 승화, 寫經-그 영롱한 법사리전-』(도서출판 단청·서예문화연구원, 2010. 5. 10), pp. 4-7.

지극히 얇은 종이에 먹으로 쓰여져 있는데 글씨가 대단히 단정하고 아름다워 경필사(經筆師)의 정성과 공력이 느껴진다. 사경체라고 불러도 좋을 서체의 형성도 감지된다. 그런데 이 종이는 향수를 뿌리며 키운 닥나무로 제지된 것임을 염두에 두면 8세기 중엽의 통일신라 사경이 얼마나 많은 정성과 얼마나 엄격한 자세의 결정체인지 쉽게 짐작이 된다.

또한 이 통일신라의 사경에 장엄된 불보살상, 즉 변상도는 의본(義本), 정득(丁得), 광득(光得), 두오(豆烏) 등이 그렸다고 적혀 있는 것을 보면 변상도의 제작은 한 사람에 의해 모두 이루어지기보다는 글씨와 그림, 권별(卷別)로 분담 조성되었을 것으로 믿어진다. 이는 그 이전에 이미 형성되었던 관행이자 후대에도 준수되었던 전통일 가능성이 높다고 여겨진다.

한국의 사경은 고려시대에 이르러 최고의 경지로 발전하였고 가장 적극적으로 제작되었다. 국가적 차원에서 사경이 이루어졌음은 사경원(寫經院)을 설치하고 수많은 사경승들이 이곳을 중심으로 공력을 모았던 사실에서도 쉽게 짐작이 된다. 때로는 100명이 넘는 사경승들이 원나라에 파견되기도 하였던 사례를 통하여 보면 고려의 사경이 중국에서 얼마나 높게 평가되고 있었는지, 또 얼마나 많은 사경승들이 활약하고 있었는지 가늠할 수가 있다.

현재 유전되고 있는 많은 고려시대의 사경들을 보면 대부분 도톰한 감지(紺紙)에 금니나 은니를 사용하여 고려사경체의 필체로 필사되어 있고, 각 경권의 머리부분에는 불경의 내용과 관계 있는 장면이나 혹은 신장(神將)이 극세필로 정교하게 그려진 변상도가 장엄되어 있다. 말고 펼 수 있는 두루마리(券)나 접었다 폈다 할 수 있는 절첩으로 되어 있고 두루마리나 절첩의 겉 표면에는 담겨진 내용을 드러내는 불경의 명칭과 권차(券次)가 보상화문을 배경으로 한 직사각형의 틀 안에 적혀 있다. 절첩의 경우 접었을 때의 크기는 대체로 세로가 30cm 내외, 가로가 10~11cm 정도로 아주 아담하고 봉독하기에 편안한 규모이다. 고려시대의 사경은 당시 선조들의 깊은 신앙심과 지극한 정성의 결정체이자 세련미와 우아함의 표상이라 할 만하다. 불교회화 및 청자와 함께 고려시대의 미술문화를 대표한다.

고려시대 사경의 뛰어난 전통은 조선왕조시대로 계승이 되었으나 점차 변모되고 쇠퇴의 길을 걷게 되었다. 가혹할 정도로 엄격하게 시행되었던 억불숭유정책과 그에 따른 불교문화계의 피해에 연유한 결과라고 보지 않을 수 없다.

그러나 안평대군(1418~1453)이 왕자의 신분으로 금자사경과 은자사경을 봉사(奉寫)하였던 예에서 보듯이 국초에는 왕실을 중심으로 고려사경의 전통이 이어졌음을 알 수 있다. 또한 안평대군은 〈몽유도원도〉의 제작 경위를 적은 자신의 제기(題記)에서도 각 행마다 세선으로 18개의 칸을 마련해 놓고도 위쪽 한 칸은 비운 채 17자씩만 써 넣었는데 이처럼 1행 17자를 철저하게 시종하여 고수한 것은 그가 사경의 전통을 철저하게 따랐음을 드러낸다.

조선시대에도 고려 사경의 전통을 이어받아 금자사경과 은자사경도 제작하였으나 백지묵서(白紙墨書)의 사경이 조선시대의 특징을 더 잘 드러낸다고 볼 수 있다. 전반적으로 고려사경의 수준에는 미치지 못하며 대체로 글씨도 표장도 전대에 비하여 눈에 띄게 커졌다.

조선시대에 사경이 위축되게 된 데에는 억불숭유정책과 그에 따른 피해만이 아니라 목판인쇄와 금속활자의 보급에 힘입은 인쇄술의 발전도 한몫을 했을 것으로 믿어진다. 편리한 인쇄술이 널려 있는데 굳이 어떠한 오류나 실수도 용납되지 않는 지난한 필사 사경을 고집할 이유가 없었을 것이다. 더구나 임진왜란과 병자호란 같은 나라 전체를 뒤흔든 난리들은 절대적인 정신적 집중과 온갖 정성을 전제로 하는 사경 사업에 치명적인 타격을 가했을 것이다. 조선중기의 사경이 극히 드문 이유도 이와 무관하지 않을 것으로 믿어진다.

조선시대의 사경은 온갖 어려움에도 불구하고 19세기 말까지 끈덕지게 명맥만은 유지하였으나 그 이후에는 현대에 이르기까지 거의 그 자취를 찾아보기 어렵게 되었다. 이제 그 전통을 되찾아 잇고 되살리는 일은 현대를 사는 우리들의 몫이 되었다.

2. 외길 김경호의 기여

어느 분야이든 잊혀지거나 사라진 전통을 복원하고 되살리는 일은 지극히 어려울 수밖에 없다. 모든 것이 단절되고 망실되어 하나부터 열까지 누군가가 스스로 직접 연구하고 실험하지 않으면 안 되기 때문이다. 사경의 분야에서는 다행스럽게도 외길 김경호가 그 일을 스스로 떠맡아 어려운 고통을 감내하면서 복원과 새로운 발전의 길을 닦고 있다.

김경호는 그의 호가 시사하듯이 오로지 사경을 되살리는 한 가지 일에만 모든 것을 걸고 고집스럽게 매진해 온 인물이다. 사경은 그에게 운명과도 같다.

그가 붓과 함께 사는 집안에서 태어나 자란 점, 초등학교 서예부에서 저수량과 구양순의 해서체를 익힌 점, 중학교 시절에는 수묵화, 데생, 수채화, 구성 등 미술을 폭넓게 배운 점, 고등학교 시절에는 서예와 미술 이외에도 불교와 문학을 깊이 있게 공부한 점 등은 마치 어린 시절부터 장차 사경에 일로매진하기 위하여 준비를 차곡차곡 했던 것처럼 보인다. 운명이 아니고서야 어떻게 어린시절부터 그토록 사경을 필생의 업으로 삼을 듯 꼭 필요한 공부를 미리미리 하면서 준비를 할 수 있었겠는가.

이러한 준비 과정을 거친 후에 외길은 사경에 뜻을 세우고 지난 20여 년간 최선을 다해 왔다. 그의 꼼꼼한 성격, 성심을 다하는 성실한 태도, 굳은 의지와 변함 없는 사명감, 치열하고 꾸준한 노력이 그의 뛰어난 서화겸장(書畵兼長)의 재주와 합쳐져 고려시대 사경의 빛나는 위업을 되살리고 있는 것이다. 전제되는 여러 분야의 재능과 갖추기 어려운 제반 조건들을 두루 구비한 그가 아니면 기대할 수 없는 일이다.

외길은 고려 사경의 서체와 변상도의 화풍만이 아니라 당시에 사용되었던 금니, 은니, 종이, 접착제 등의 재료, 도구와 기법에 관해서도 철저하게 연구하였고 그 결과를 자신의 작품에 반영하였다. 그러기에 그의 작품들은 고려 사경의 단순한 모방이나 중모가 아니라 그만의 재창조인 것인다. 그의 작품들이 더욱 값진 이유이다.

외길은 자신이 힘들여 연구하고 이룩한 성과를 자신만의 전유물로 여기지 않고 되도록 많은 사람들에게 전하고자 노력해 왔다. 사경의 대중화를 위해 그는 연세대, 동국대, 동아일보문화센터 등에 출강하여 10여 년간 강의를 해 왔고 30여 차례 공개강연도 실시하였다. 그의 성실한 인품과 진지하고 학구적인 가르침 때문에 주변에 많은 사람들이 운집한다.

3. 한국사경연구회의 전시

외길의 지도 하에 사경을 공부한 추종자들이 그를 중심으로 하여 조직한 모임이 한국사경연구회이다. 이 연구회가 이번에 다섯 번째의 회원전을 개최한다. 고려의 초조대장경이 판각되기 시작한 지 천 년째인 금년에 개최되는 이번 전시는 그래서 더욱 값지게 느껴진다. 금년 5월 14일부터 20일까지 일주일 동안 예술의 전당 서울서예박물관에서 열리는 전시회에는 100명의 회원들이 최선을 다해 제작한 300점의 작품들이 전시된다.

이번 전시회에는 불경의 사경만이 아니라 성경, 사서삼경, 도덕경의 사경까지 포함된다. 사경의 원류인 불교사경을 주축으로 하면서 유교, 도교, 서양의 예수교의 경전까지 포함함으로써 사경의 경계를 허물었다는 점에서 여간 파격적이 아니다. 소승적 폐쇄성을 벗어나 대승적 개방성의 추구를 목표로 하지 않는 한 불가능한 일이다. 한자 사경만이 아니라 한글 사경, 범자 사경도 자리를 차지하게 된 점, 권자본, 절첩본, 선장본의 표장이 두루 포함된 점, 금니와 은니는 물론 묵서, 주묵, 경면주사 등 각종 재료가 망라된 점도 특기할 만하다. 전시의 큰 규모, 불교·유교·도교·예수교의 경계 없는 포용, 표장과 재료의 다양성이라는 측면에서 이번 전시는 실로 파격적이라 하지 않을 수 없다. 현대의 한국 사경이 지향해야 할 방향을 제시한다고 볼 수도 있다.

한국사경연구회의 제5회 전시를 진심으로 축하하고 이 전시를 위해 최선을 다한 김경호 회장과 회원 여러분의 노고에 마음으로부터 치하하는 바이다. 이번의 전시를 계기로 하여 한국 사경의 보다 큰 발전을 위하여 모든 분들이 계속 정진해 주시기를 기대해 마지않는다.

2014 진천 국제문화교육특구 지정 기념 전국 서예 유명작가 초대전의 개최를 축하하며*

안휘준
서울대 인문대 고고미술사학과 명예교수
문화재청 국외소재문화재재단 이사장

서예는 '서화동원론'에서 드러나듯이 그림과 근원이 같다. 서예가 기원 당시에는 그림처럼 상형성을 지니고 있었을 뿐만 아니라 시종 같은 문방사우를 사용하여 제작되었다는 사실에서 그 동원론을 부인할 수가 없다.

또한 '서화'라는 말에서 엿보이듯이 서예는 본래 그림보다도 서열이 앞서고, 중요하게 여겨졌다. 늘 글을 읽고 쓰는 문인에게는 서예는 일상생활 속에서 떼어놓을 수 없는 의사표현의 수단이자 예술이었지만, 그림은 순수한 문인 출신들에 의한 여기화가 본격화되기 전까지는 조형예술에 재주가 있는 일부 쟁이들, 즉 화원들을 위시한 직업 화가들의 영역이어서 차별성이 뚜렷하였다. 그러나 그림이 실용화의 단계를 벗어나 감상화가 보편화

---

* 『2014 진천 국제문화교육특구 지정 기념 전국 서예 유명작가 초대전』(2014 진천 국제문화교육특구 지정 기념 전국 서예 유명작가 초대전 운영위원회, 2014), p. 5

되고 금전적 가치가 보태지면서 서예보다는 회화가 보다 큰 관심을 모으게 되었다. 특히 우리나라에서는 한자를 모르는 한글세대가 문자생활의 주체가 되면서 한자로 쓰여진 서예가 급격히 외면을 받게 되었다. 한자를 모르니 한자로 쓰여진 서예를 이해할 수가 없고 그러니 외면할 수밖에 없게 된 것이다. 이에 한글을 대상으로 하여 쓰는 '한글서예'의 필요성이 날로 커지고 있다.

서예는 우리 전통문화의 큰 맥이어서 한문서예든 한글서예든 올바르게 계승하고 크게 발전시켜야 할 책무가 우리 모두에게 부여되어 있다고 하겠다. 다행스럽게도 우리나라에는 3만 명이 넘는 서예가들이 활동하고 있어서 앞으로의 전망이 어둡지만은 않다. 이 불씨를 잘 살리는 일이 국가적으로 매우 중요하다. 각종 서예단체들이 맹활약하고 있고 많은 전시회가 줄을 잇고 있는 것도 대단히 고무적이다.

이러한 맥락에서 이번에 진천군의 후원을 받아 진천예총이 주최하고 전국 서예 유명 작가 초대전 운영위원회가 주관하는 〈2014 진천 국제문화교육특구 지정 기념 전국 서예 유명작가 초대전〉이 열리게 된 것은 더없이 반가운 일이라 하겠다. 문화적으로 다소 궁벽한 진천이 국제문화 교육특구로 지정된 것은 더없이 반갑고 이를 기념하는 서예 대전이 진천에서 개최되는 것도 너무나 기쁘다. 더구나 전국적으로 유명한 서예 작가들의 작품들을 모아 전시회를 연다니 진천을 위해서도, 우리나라 서예계를 위해서도 여간 다행스러운 일이 아닐 수 없다. 양쪽 모두를 위해서도 이번의 전시회가 대성황을 이루고 대성하기를 진심으로 빌어 마지않는다.

이 서예대전을 후원한 진천군, 상문회, 재경진천군민회, 주최한 진천예총, 실무의 어려움을 도맡아 애쓴 운영위원장 염정모 선생 등 관계자 모두에게 진천에서 태어나고 자란 한 사람으로서 충심으로 축하하는 바이다.

이것을 계기로 하여 진천이 경제는 물론 문화적인 측면에서도 장족의 발전을 이루고 우리나라의 서예계도 고도의 융성을 달성하기를 축원해 마지않는다.

12. 복식전

〈명헌태후 칠순진찬연 복식고증제작전〉 축사*

안휘준
(서울대학교 인문대학 고고미술사학과 교수)

녹음이 짙은 아름다운 계절에 한국궁중복식연구원이 금년의 연례 전시 〈명헌태후 칠순진찬연 복식고증제작전〉을 개최하게 된 것을 축하합니다.

명헌태후 칠순 진찬연은 황제로 등극한(1897) 고종이 신축년(1901)에 명헌태후의 칠순을 축하하기 위해 베푼 잔치입니다. 이 잔치의 장면을 그림으로 그려 병풍으로 꾸민 것이 신축진찬도병입니다. 그러므로 이 병풍은 전형적이고 대표적인 궁중 기록화의 일례로서 조선왕조 말기의 연례, 복식, 회화 등 궁중 문화를 바르게 이해하는 데 더 없이 소중한 자료라 하겠습니다.

---

* 『명헌태후 칠순진찬연 복식고증제작전(한국궁중복식연구원 제6회 전시회, 2004. 6. 15-20)』(한국궁중복식연구원, 2004).

이 신축진찬도병에 등장하는 인물들의 복식을 일일이 고증하고 재현하여 세상에 공개하는 것이 이번의 전시입니다. 평면적이고 개략적인 그림을 토대로 하여 입체적이고 구체적인 복식으로 정확하게 재현해 낸다는 것은 지극히 어렵고 많은 공력을 요하는 지난한 작업입니다. 복식전문가들의 이러한 정성스러운 노력 덕분에 우리는 비로소 궁중복식을 쉽게, 그리고 제대로 이해할 수가 있게 되는 것입니다.

이번 전시를 위하여 열심히 연구하고 고증하여 꼼꼼하고 정확하게 복식을 재현 제작하는 데 최선을 다한 한국궁중복식연구원의 유송옥 원장 및 임원들과 전시 관계자 여러분의 노고를 진심으로 치하합니다. 앞으로도 이러한 값진 노력을 계속 기울여 우리나라 복식의 연구와 복식문화 발전에 크게 기여해 주시기를 기대합니다.

2004. 6.

〈혼례: 전통 속 혼례복의 어제와 오늘〉 전시를 축하함*

안휘준
(명지대학교 석좌교수, 문화재위원회 위원장)

사람이 누구나 일상생활을 하면서 한시도 떠나기 어려운 것이 의·식·주(衣食住)임은 아무도 부인할 수 없을 것입니다. 옷을 입고, 음식을 먹으며, 집에 살지 않고는 사람다운 삶을 살 수가 없는 것입니다. 의·식·주 세 가지 중에서 의를 첫째로 꼽는 것은 그것이 사람다운 삶을 사는 데 있어서 으뜸이기 때문입니다.

당연한 이야기지만 의복은 민족과 나라, 남녀의 성별, 신분, 직업과 직책에 따라 현저한 차이를 드러냅니다. 또한 같은 범주의 경우에도 개인별로 성격, 기호(嗜好)와 미의식, 교양 등에 따라 옷의 형태, 옷감의 색깔, 옷매무새 등에서 천차만별인 것을 확인하게 됩니다. 어느 개인이 옷 입은 것을 보고도 우리는 그의 국적, 사회적 신분, 직업, 교양, 성격 등 다양한 측면을 엿

....

* 『혼례: 전통 속 혼례복의 어제와 오늘』(유희경 복식문화연구원, 2007. 11).

볼 수 있습니다. 이처럼 옷은 그것을 입은 사람을 그대로 드러냅니다.

옷을 잘 입으면 못난 사람도 멋져 보여서, "옷이 날개"라는 말을 듣게 되지만, 잘못 입으면 지체 높은 사람도 멸시의 대상이 될 수가 있습니다. 이처럼 옷은 단순히 생존을 위한 수단에 머물지 않고 '멋'의 상징으로까지 발전하였습니다. 옷은 이제 우리의 일상생활 속에서 가장 중요한 표상이 되어 있습니다. 옷의 중요성은 아무리 강조해도 오히려 부족한 감이 있습니다.

옷은 일상복 이외에도 관혼상제(冠婚喪祭)의 4례에 따라 각각 다른 복식이 전통을 이루고 있습니다. 일상복은 물론 이 4례의 복식도 고대로부터 현대에 이르기까지 많은 변천을 겪어왔습니다. 그러나 시대가 올라 갈수록 남아 있는 복식의 예가 극히 드물거나 아예 전무한 경우도 허다하여 철저한 연구와 면밀한 고증이 없이는 그 연원과 시대적 변모양상을 파악할 수 없습니다. 이처럼 지난한 일들을 묵묵히 해내는 분들이 바로 복식학자들이고 이분들의 연구 성과를 정확하게 작품으로 구현해내는 분들이 침선장들이라 하겠습니다. 우리나라 복식을 연구하고 재현해내는 이 양쪽 분야의 종사자들에게 필자는 늘 무한한 고마움을 느낍니다.

우리나라 복식학계를 이끌고 계신 분은 말할 것도 없이 유희경 선생이십니다. 튼실한 학문적 업적, 온화하면서도 꼿꼿한 인품, 조용하면서도 도량 넓은 지도력으로 복식학계를 이끌고 계십니다. 이런 어른이 복식학계에 계신 것은 행운이라 하겠습니다.

유희경 선생은 이화여자대학교 의류직물학과의 교수로서 정년 이전까지 많은 후진들을 양성하셨을 뿐만 아니라 한국복식학회 회장과 문화재위원을 역임하시면서 학계와 국가에 많은 기여를 하셨습니다. 현재는 문화관광부 동상·영정 심의위원과 KBS의 복식고증위원으로 활동하시면서 사회적 공헌을 계속하고 계십니다.

선생은 학문 분야에서만이 아니라 후배나 제자들과 힘을 모아 실제로 의복을 만들어 전시를 함으로써 복식문화의 재현 및 발전에도 계속 기여하고 계십니다. 1999년의 〈한복의 신비로움을 찾아서〉, 2000년의 〈여성예복으로 만나는 아름다움〉, 2001년의 〈한국복식문화 2000〉과 〈현대한복 발표회 및 콘테스트〉 등은 그 대표적 예들입니다. 2007년 11월 8일부터 21일까지 무형문화재 전수회관에서 개최하는 〈혼례: 전통 속 혼례복의 어제와 오늘〉이라는 제하의 전시도 같은 연장선상의 또 다른 쾌거라 할 수 있습니다. 유희경 선생 자신과 그분의 훈도를 받은 20명의 연구원과 장인들이 뜻과 힘을 모은 이번 전시는 우리나라 혼례복의 과거와 현재를 이해하는 데 획기적인 일이 될 것입니다. 더구나 침선, 자수, 매듭, 소품, 머리장식 등의 전문가들이 모두 동원 협력하여 일구어내는 전시여서 그 의의와 전시효과가 극대화될 것으로 믿어집니다. 전시회의 내용은 아름답고 알찬 도록으로 집성될 것이며 앞으로 해당 분야의 이해와 발전에 큰 도움이 될 것입니다.

이번 전시가 가능하도록 진력하신 유희경 선생과 그 문도들의 노고에 진심으로 축하와 감사의 말씀을 드립니다. 유희경 선생께서 앞으로도 강건하셔서 이처럼 중요하고 뜻깊은 행사를 계속해주시기를 두 손 모아 비는 바입니다.

2007년 11월 8일

한국궁중복식연구원 창립 30주년을 축하하며*

안휘준
명지대학교 인문대학 미술사학과 석좌교수
서울대학교 인문대학 고고미술사학과 명예교수
문화재청 문화재위원회 위원장

사단법인 한국궁중복식연구원이 금년에 창립 30주년이 된 것을 진심으로 축하합니다. 또한 창립 30주년을 기념하여 개최하는 패션쇼와 교육생들의 제10회 전시회인 〈궁중복식 의례미(儀禮美)〉전도 그 의의가 대단히 큽니다. 경하해 마지않습니다.

한국궁중복식연구원은 지난 30년 동안 궁중복식에 대한 연구와 고증, 전시와 홍보에 진력하여 값지고 소중한 업적을 많이 쌓아 왔습니다. 한복의 우아함과 아름다움은 이제 널리 알려져 있고 그중에서도 궁중복식은 그 정수라 할 수 있습니다. 그러므로 궁중복식을 연구하고 고증하는 일은 복식사에서 가장 중요한 일이라 하겠습니다.

그러나 그것은 한없이 어려운 일입니다. 남아 있는 복식자료가 영성하

* 『궁중복식 儀禮美: 하늘과 땅을 품은 옷』(한국궁중복식연구원, 2008. 10), p. 6.

고 문헌기록 또한 구체적이지 않기 때문입니다. 각종 의궤에 그려져 있는 그림들이 참고가 되기는 하지만 이 그림들 역시 평면적이고 세부의 구체적인 표현은 결여되어 있어서 복식 자료로서는 여전히 제한적일 수밖에 없습니다. 이러한 제한성과 어려움을 딛고 이루어내야 하는 것이 궁중복식의 연구와 고증이고 복원입니다. 지극히 어려운 일입니다. 이렇듯 지난한 일을 한국궁중복식연구원이 지난 30년 동안 해온 것입니다. 참으로 칭송하지 않을 수 없는 일입니다.

이번에 개최되는 패션쇼와 전시회는 한국궁중복식연구원이 해온 연구와 복원의 값진 성과라 할 수 있습니다. 이를 통하여 궁중복식의 특징과 아름다움이 잘 드러나고 더욱 널리 알려지게 되기를 기대합니다.

창립 30주년을 계기로 하여 한국궁중복식연구원이 장족의 발전을 이루고 궁중복식의 연구와 복원에 더욱 큰 기여를 하게 되기를 빕니다. 이번의 패션쇼와 전시를 위해 애쓴 유송옥 원장과 관계자 여러분의 노고를 진심으로 치하하고 거듭 축하의 뜻을 전합니다.

2008년 10월

〈제3회 대한민국 한복·침선 문화상품 공모대전 및 고증복식제작전〉을 축하함*

명지대학교 석좌교수
문화재위원회 위원장

한복(韓服)이 한식(韓食), 한옥(韓屋)과 더불어 우리나라의 전통생활문화를 대표한다는 것은 누구나 다 잘 알고 있는 사실입니다.

이 세 가지는 우리의 의·식·주(衣食住)를 대변하는 3대 요소로 그 어느 것도 소중하지 않은 것이 없습니다. 경중을 가늠하기 어려울 정도로 똑같이 중요합니다. 다만 예로부터 그 세 가지 중에서 의를 첫 번째로 꼽은 것이 주목됩니다. 아마도 옷이 단순히 생활수단의 범위를 넘어 인간의 품위, 정서, 미(美)를 가장 잘 드러내기 때문이 아닐까 여겨집니다.

한복은 한민족 고유의 조형성과 미적 창의성을 미술 못지않게 간명하고 직접적으로 보여줍니다. 곡선을 살린 형태, 아름다운 색채의 조화, 꼼꼼

---

* 『韓스타일 생활화·산업화·세계화를 위한 제3회 대한민국 한복·침선문화상품 공모대전, 고증복식 제작전·전통의식 재현』(한국전통한복문화원, 2008. 11), p. 12.

하고 정확한 바느질 솜씨가 어우러져 마치 그림을 입체적으로 형상화한 것처럼 보이는 단아한 한복을 빚어냅니다. 그러므로 한복은 옷이자 미술이기도 합니다.

이러한 한복을 연구하고 복원하는 일은 전통문화의 계승인 동시에 새로운 문화예술의 창출이기도 합니다. 이를 제대로 해내기 위해서는 뛰어난 솜씨, 두드러진 예술적 감각, 남다른 사명감, 흔들림 없는 차분한 성격이 모두 갖추어져 있어야 가능하다고 봅니다. 아무나 할 수 없는 숭고한 행업(行業)이라고 생각합니다.

온갖 어려움을 무릅쓰고 이러한 숭고한 일을 해내는 훌륭한 여성들이 요즘처럼 거칠고 편의적인 세상에 아직도 꽤 여러분 건재하시는 것을 보면 참으로 고맙고 일말의 기적처럼 느껴집니다. 그분들이야말로 진정한 한국의 여성들이라는 생각이 듭니다.

한국전통한복문화원의 조효순 원장은 이런 여성들 중의 한 분입니다. 그동안 한복을 생활화, 산업화, 세계화하기 위하여 굳건하게 꾸준히 노력해 왔습니다. 이번에 개최하는 제3회 〈대한민국 한복·침선 문화상품 공모대전〉도 그러한 노력의 일단(一端)이라 하겠습니다. 금년에는 고증복식 제작전과 전통 성인식 재현에 역점을 두고 있어서 더욱 관심이 쏠립니다.

조원장은 한국복식사 연구와 한복의 제작을 함께 해오면서 이론과 실기를 겸장(兼長)한 인물이어서 일거수일투족이 한복계의 관심의 대상이 아닐 수 없습니다. 앞으로도 계속적인 정진을 기대합니다.

이번 전시를 진심으로 축하하며 장족의 발전을 기원합니다.

2008. 11. 6.

안휘준

VII

인터뷰

전통-현대 접목 '신문화 창조'를 꿈꾸는 미술사학자 안휘준 씨*

글 · 대담/김명숙(미술세계 기자)

전통과 현대의 접목을 통해 신문화 창조를 꿈꾸는 안휘준 씨는 그동안 미술사와 고고학 분야에서 많은 연구성과를 냈다. 본 논고와 대담을 통해 그의 학창시절과 학문의 세계, 그리고 미술사가의 길을 걷게 된 동기, 상황들을 알아본다. 〈편집자〉

우리나라 미술사연구는 60년 이전과 그 이후로 크게 대별할 수 있다. 해방 이전에는 고유섭 선생과 일인(日人)학자들이 근대적인 학문 방법으로 우리나라 미술사 연구를 시작, 기틀을 마련했지만 고유섭 선생의 타계와 분단으로 50년대에는 미술사연구가 거의 전무한 상태였다.

60년대 이후의 미술사 연구를 3단계로 나누면 제1기(1960~1968)에는

....

* 『미술세계』 통권 111호, 창간 10주년(1994. 2), pp. 106-113.

고 전형필 씨 등이 한국 미술사학회의 전신인 '고고미술동인회'를 결성해 불상, 불탑 등의 조사연구와 자료수집에 업적을 남겨 미술사 연구자들의 저변확대와 사회적 인식에 크게 공헌했다.

제2기(1969~1989)에는 제2세대 학자라 할 수 있는, 정식으로 미술사를 전공한 학자와 해외유학파들이 귀국해 연구자들이 다양화되고 연구 분야의 확대, 연구 방법의 질적 변화가 이루어져 미술사연구가 성숙단계에 접어들게 됐다.

90년대는 제2세대 학자들과 이들의 제자인 제3세대 젊은 학자들이 본격적으로 활동을 시작함으로써 미술사연구의 제3기를 형성하고 있으며, 이들은 보다 세분된 연구와 미개척 분야에서의 다양한 연구업적을 내고 있다.

안휘준 씨는 한국미술 연구 제2기(1969~1989) 제2세대로서 한국미술사와 고고학 분야에서 많은 연구성과를 낸 미술사학계의 모태이며 대부라 할 수 있다.

그는 서울대 고고인류학과 1기생, 미 하버드대에서 최초의 한국회화사로 박사학위를 받은 수재로서 한국의 미술사 연구 분야의 확대와 연구방법의 질적 변화를 이룬 사람이다.

즉 헌신적인 자세로 우리 미술사학계에 깊이 빠져들어 미술사와 창작의 조화를 홍익대, 정신문화원, 서울대 등 교육시절을 통해 이루었고 전통과 현대의 접목을 찾아 오늘날 국적 없는 미술계를 집중적으로 개선하고자 『한국의 현대미술 무엇이 문제인가』라는 책을 펴내는 등 실제 창작에 도움이 되는 저서들(한국 회화사)을 펴냈다.

또한 다독다학(多讀多學), 다사다구(多思多究), 다견다찰(多見多察), 다연다수(多研多修)를 젊은 미술창작인들과 미술사가 비평가들에게 늘 제시하며 우리 미술사를 충실하게 공부해야만이 우리 미술의 시대별 특성과 미적 배경 그리고 변천 과정을 알 수 있고 전통미를 창조하는 데 큰 도움이 된다고 강조한다.

이러한 신념은 그의 대표적 저서 『한국 회화사』, 『한국회화의 전통』, 『한국의 현대미술 무엇이 문제인가』뿐만 아니라 많은 논문들에서도 여실히 드러난다.

역사적 산물인 동시에 미술이론 교육의 일인자로 새문화 창조의 밑거름이 되고 있는 그를 찾아간 것은 지난 1월 10일 오전 11시 서울대학교박물관, 10평 남짓한 그의 관장실은 가지런한 서재와 창가에 놓인 난초들, 그리고 특히 눈에 띄는 것으로 바닥의 명석, 양 벽면의 장천1호분과 집안의 4호분(임모작), 일본의 고구려 계통 고송총 복제품이다.

관장실을 들어서는 순간 그가 전통과 현대의 접점에서 전통을 존중하고 생활화하고 있음을 한눈에 느낄 수 있었다.

「성실하게 최선을 다하자」라는 좌우명을 지닌 그는 학문하는 자세에서뿐만 아니라 생활 곳곳에서 전통과 현대의 조화를 꿈꾸며, 언제나 과거와 현재를 미래에 연결시켜 전통에 바탕한 신문화의 창조를 부르짖고 있는 것이다. 즉 미술이 단순한 회화나 조각, 공예, 건축에 머물러서는 안 되며 새롭게 태어나야 한다는 것이다.

그는 학자 이전에 대학 교육자로서 하루에도 수명씩 그를 찾는 미술학도나 미술사가들에게 미술사 연구는 미술의 역사, 미술에 관한 역사, 미술을 통해 본 역사 등을 다루는 학문으로서 미술작품을 사료로 보는 철저한 역사 학문이기에 미술을 검증해 내는 눈, 문헌과 작품을 비교해서 다루는 능력이 동시에 요구된다고 강조한다. 그리고 미술사 연구가 문화의 핵심이며, 한 나라의 문화홍보를 훌륭하게 하는 일이라고 책임감과 더불어 격려의 말을 항상 잊지 않는다.

그는 1967년 서울대 고고인류학과를 나와 1974년 하버드대학에서 「조선초기의 산수화」란 제목으로 박사학위를 받았다. 외국에서 한국 회화사로 최초의 학위를 받은 것이다.

홍익대학교 미술대 교수, 홍대 박물관장, 정신문화원 초대 실장, 한국미술사 교육위원회, 한국미술사학회 회장, 한국대학박물관 협회장, 역사학회, 진단학회 임원 등을 거쳐 현재는 문화재 위원, 서울대학교 인문대 고고미술사학과 교수, 서울대학교 박물관장을 역임하고 있는 안휘준 씨는 체계적으로 미술사 연구 방법론을 논문과 저서를 통해 제시하면서 미술이 갖는 사회적, 역사적 가치들을 차분하게 살펴보면서 미술사와 창작의 접목을 꾀하는 데 최선을 다하고자 한다. 본 대담을 통해 그의 미술사 연구에 대한 집요한 관심과 우리나라 미술사학계의 전반적인 상황과 전망을 들어본다.

□ 오늘의 한국미술사학계를 이끌어 가는 선두주자로서 선생님께서는 대학에서 고고인류학을 전공할 정도로 남다른 시각이 있었던 것 같습니다. 불모지였던 미술사학을 선택하게 된 동기와 목적이 있다면 무엇이 있는지요.

- 은사님들의 덕분입니다. 대학에서 고고학을 전공했거든요.

서울대학에 고고인류학과가 1961년에 처음 신설되었습니다. 고3 때 서울대를 가기는 가는데, 어느 과를 갈 것이냐가 고민이었습니다.

집안에서는 적성에 맞지 않는 법과를 권유했고 결국 마지막 단계에서는 상대를 생각했는데 상업과목이 마음에 들지 않았습니다. 당시에 상대를 나오면 은행에 취직하는 게 대부분이었습니다. 은행 창가에 앉아 있는 내 모습을 생각하니 한심했고, 개인사업을 한다는 것도 마음에 들지 않았습니다. 그래서 결국, 학문을 해서 학자가 되어야 하지 않겠는가 생각을 해서, 불문학이나 사회사업학, 사회학 등을 생각했습니다. 이런저런 고민을 하고 있었는데 마침 서울대에 고고인류학과가 신설되어 지원함으로써 고민이 완전히 해소되었습니다.

전 고려대 사회학과 최재석 교수님이 나의 고교 선생님이셨는데 그 선생님께 가서 고고인류학과에 가면 어떻겠느냐고 여쭤 보았더니 그 선생님 말씀이 우리나라에는 모든 학문이 학과가 있는데 고고학만 학과가 없다며 앞으로 전망이 좋다고 이야기하시면서 금권과 권력에 욕심이 없다면 해도 좋다고 하셨습니다. 저도 고고학에 대해서는 어려서부터 만화를 통해 알고 있었기 때문에 관심도 있었고, 전공해도 좋겠다고 느꼈습니다.

서울대 고고인류학과는 문교부 인정의 정원이 15명이었으나 그때 10명만이 입학해 이 중 6명이 현재 대학교수를 지내고 있습니다. 모두들 처음 시작하는 미개척 분야라 학문적인 꿈들이 컸던 것 같아요. 대학에 입학하면서 김재원, 김원용 선생님을 만나게 되었고 재학중 국립박물관장이셨던 김재원 선생님의 강의를 들었는데 종강 무렵 김재원 선생님이 부르시더니 미술사를 해보라는 권유를 하셨습니다.

사실 미술사에 대해 제대로 인식도 하지 못했고 박물관 2층 미술과에는 한 번도 가본 적이 없었습니다. 김재원 선생님께서는 "우리나라에서 미술사란 학문이 매우 중요하고 미개척 분야이고 하니 정통훈련이 절실히 필요하다"고 하시면서 강력히 권유하셨습니다. 이런 사실을 지도교수 김원용 선생님께 상의드리니 선생님 역시 찬성하셨습니다. 유학수속부터 경비 마련까지 김재원 선생님께서 자상하게 도와주셨고, 이렇게 해서 미술사 유학을 가게 된 것입니다.

어쨌든 타의로 미술사 전공자가 된 사람이라고 봅니다. 요즘 학생들은 나름대로 자기의 생각으로 자기의 길을 가니, 나보다 더 앞선 사람들이라고 생각합니다.

ㅁ선생님의 대학 시절과 미국 유학 시절은 어떠했는지요.

– 어머니가 대학 입학 이틀 만에 돌아가셨기 때문에 신입생의 기쁨도 제대로 누리지 못했습니다. 경제적으로 어려워 과외 아르바이트를 하면서 학교를 다녔기 때문에 충분히 공부를 하지도 못했고 과외 때문에 제대로 학기말 시험 준비조차 하지 못해 버스 속에서 공부하기도 했습니다. 대학 시절에 공부를 하고 싶었지만 마음껏 하지 못해 지금도 아쉬워하고 있습니다. 평소 인류학에 관심이 있어서 에스키모 등 인류학에 관한 책들을 열심히 읽었습니다. 한국 최초의 인류학자가 되고 싶은 생각으로 공부를 했습니다. 학문에 대한 동경으로 대학생활을 한 것입니다.

67년에는 김재원 선생님의 지원으로 하버드대에서 학문의 세계를 펼칠 수 있었습니다. 일생에 공부를 지겨울 정도로 많이 해보았습니다. 그 당시에 책을 많이 읽었고 중국, 일본, 서양 미술사를 폭넓게 공부했습니다. 그때 폭넓게 공부한 것이 논문, 학문, 미술사를 분석적으로 볼 수 있는 방법에 도움이 되고 있습니다. 또 하버드 대학원 시절에 보람을 느꼈던 일은 구라파 여행을 3개월 동안 했던 것입니다. 매일매일 하루종일 도시마다 찾아다니면서 유적지, 미술관, 박물관을 관람했던 것이죠. 아침에 호텔을 나서면서부터 보기 시작하여 박물관 문이 잠길 때까지 관람했습니다. 허리띠의 구멍이 3개 정도가 줄어들 정도로 명작들을 많이 보게 된 것입니다. 이것이 미술사를 공부하는 데 큰 도움이 되었습니다.

요즘은 학생들이 공부할 수 있도록 여건이 잘 되어 있기 때문에 참 좋은 것 같아요. 특히 전공교수, 개설과목, 전공서적들이 구체적으로 갖추어져 있어 참 다행이지요.

□잊지 못할 일과 곤욕스러운 일이 생각난다면 무엇인지요.

- 하버드 시절입니다. 초기 기독교 미술과 비잔틴 미술이란 강좌가 있었는데, 대단히 어려운 코스여서 처음에 수강신청했던 학생들이 상당수 빠져 나갔습니다. 저도 포기할까 생각했었습니다. 왜냐하면, 기독교에 대해 전혀 모르고 있었기 때문이었습니다. 그러나 자존심 때문에 포기할 수 없었고 그 과목을 열심히 공부한 것이 하버드에서의 수학에 큰 도움이 되었습니다. 힘든 과목을 거치고 나니 다른 과목의 공부가 어느 정도 쉬워졌습니다.

그리고, 박사학위논문을 쓰기 전에 자격시험으로 참고문헌시험, 논술시험, 감정시험을 치게 되어 있습니다. 세 시간씩 아홉 시간을 이틀에 걸쳐 시험을 보았습니다. 그때, 감정시험에 나온 20여 점의 작품 중에 고려자기가 한 점 끼어 있었는데, 제가 그것을 가짜인 것으로 감정하여 교수님들이 당황해 하던 모습이 기억납니다.

또 한 가지 생각나는 것은 최순우, 진홍섭 선생님과 함께 우연히 여주 이천 쪽으로 불상조사를 나갔다가 지프차가 논바닥에 빠져, 그것을 뒤에서 밀다가 흙탕물이 온몸에 튀어, 옷을 입은 채로 냇물에 뛰어들어가 목욕을 했던 일이 기억납니다. 답사를 나갔다가 그때처럼 곤욕을 치른 적은 없었습니다.

□미술사를 하면서 가장 어려웠던 일과 기억나는 일이 있다면 무엇인지요.

- 미술사를 전공하기로 결정하고 미국에 갔지만, 제대로 공부해 보지

못한 학문인 미술사에 대한 공포가 컸었습니다. 그리고 하버드 대학 미술사학과에서 요구하는 조건 중에 영어는 물론 당연한 것이고 제2외국어로 불어, 독어를 합격해야만 되어 있었는데 대학 때 아르바이트를 하면서 공부를 충분히 하지 못했던 관계로 제2외국어 준비가 제대로 되어 있지 않아 두려움이 컸습니다. 입학 후 고고학 쪽으로 전공을 바꾸어 보려고 했죠. 그래서 김재원 선생님께 상의를 드리는 편지를 썼었으나 선생님께서 너무나 진노하셨던 관계로 전공변경을 포기하고 미술사를 계속 공부하여 무사히 끝내게 되었습니다. 그만치 당시의 나에게는 미술사라는 학문이 생소하고 준비가 미흡했던 분야였습니다. 돌이켜보면 그때 전공을 바꾸지 않고 미술사를 계속한 것이 더없이 다행스럽고 또 그렇게 하도록 지도해 주신 은사님들께 진심으로 감사한 마음을 금할 수 없습니다.

그리고 박사학위논문 제목을 정할 때도 고민이 많았습니다. 국제적인 측면에서는 중국이나 일본 쪽으로 하는 것이 좋지 않을까 생각도 했습니다. 우리나라의 것에 관해서 쓰는 것은 학위를 쉽게 받으려는 방편으로 오해받을 소지도 있어 꺼려졌습니다. 실제로는 당시 미술사 분야에서 우리나라 미술사 연구가 아직도 상당히 미진한 상태였기 때문에 더 어렵고 성과도 불확실하게 느껴졌었습니다. 고심을 하다가 결국은 우리 미술사 연구에 일생을 걸어야 할 입장이므로 우리의 것을 써보기로 마음을 굳히고 제목은 석굴암으로 결정했습니다. 석굴암은 조각사, 건축사, 불교사 등 다각적인 측면에서 세계적인 작품일 뿐만 아니라 연구성과도 충분히 기대할 수 있었기 때문입니다. 또한 국내학계의 불상에 관한 연구도 어느 정도 토대가 잡혀가고 있었기 때문에 의지할 소지도 있다고 판단되었습니다. 이렇게 결심을 하고 그 결정을 김재원 선생님께 편지로 다시 상의를 드렸더니, 불상은 따님인 김리나(金理那) 씨가 하고 있으니 두 사람이 다 불상을 하기보다는 연구가 안 되어 있는 우리나라 회화사(繪畫史)에 관하여 하면 어떻겠느냐고 권유하셔서 회화를 선택해 조선 초기를 다루게 되었던 것입니다. 회화는 조선시대에 가장 발달하였고 초기는 그 시초이기 때문입니다. 그러나 조선 초기의 유존작품이 영세하기 때문에 상당히 어려웠습니다.

□70년대 미술사학계는 정식으로 미술사를 전공한 학자와 해외 유학파들이 귀국해 연구자들이 다양화되고 연구 분야의 확대, 연구방법의 질적 변화가 이루어졌던 미술사 연구의 성숙단계로 보여지는데, 선생님께서는 어떤 방향에서 연구를 하기 시작하셨습니까? 그리고 70년대 미술사학계의 활동 상황은 어떠했는지요?

- 우리나라의 미술사연구는 전통문화의 계승에 대한 사명감과 학문에 대한 열정을 가지고 열심히 노력한 국내의 학자들에 의해서 그 기초와 토대가 마련되었다고 봅니다. 이러한 국내학계에 1970년대부터는 젊은 학자들이 귀국하여 활동을 함으로써 국내학계가 좀 더 활성화되게 되었다고 봅니다. 특히 우리나라 회화사 연구는 1970년대부터 적극화되었다고 봅니다. 또한 1970년대부터 젊은 학자들 사이에서는 전공을 뚜렷이 하는 경향이 두드러지게 되었고 학계는 더욱 다양하게 되었습니다. 연구도 점차 심층화되는 경향을 띠게 되어 매우 다행스럽습니다.

다만 이 시점에서 경계하고 유념해야 할 것은 한국미술사, 동양미술사, 서양미술사 중 어느 분야를 전공하든 모두를 폭넓게 알고 이해해야 한다는 점입니다. 전체를 이해하면서 어느 한 분야를 깊게 파고드는 것이 요구된다고 봅니다. 이러한 의미에서 고고학, 역사학, 미학, 종교학 등 인접 분야들에 대한 이해도 소홀히 해서는 안 된다고 생각합니다. 코끼리의 코나 발만 보지 않고 전체를 보고 자연과의 관계까지도 짚어보는 것과 같은 것이 학문에서도 요망된다는 얘기입니다. 특히 한국인이라면 비록 서양미술사나 기타 서양학문을 하더라도 제나라 미술사나 문화는 꼭 아는 것이 절대적으로 요구됩니다. 제 자신의 정체성(正體性)도 모르면서 무엇을 하겠습니까? 그러한 상황은 부끄럽게 생각해야 마땅합니다.

ㅁ미국 하버드대에서 「한국 회화사-초기 조선조 회화」로 박사학위(74)를 받고 홍익대학에서 처음으로 공채 교수가 되었다고 알고 있습니다. 그 당시를 이야기해 주십시오.

- 홍익대의 미술대학에서 만 9년을 근무했습니다. 그 시기는 일생에서 가장 심혈을 기울인 최선의 시기였습니다. 홍익대 대학원 미술사학과를 내실 있게 하였다고 자부합니다. 대학당국의 별다른 도움 없이 개인적인 노력을 최대한 기울여 일군 일이기에 하는 얘기입니다. 그래서 서울대학으로 옮길 때에도 3년간에 걸친 승강이 끝에 홍익대를 떠나면서 제자들에게는 많이 미안했고 연민의 정을 느꼈었지만 학교에 대해서는 조금도 미안한 생각이 없었습니다. 아낌없이 봉사했으니까요. 홍익대 재직 중 가장 큰 보람을 느꼈던 것은 물론 미술사 분야의 인재들을 만나고 기를 수 있었던 점과 미술사를 창작과 접목시켰다는 점입니다.

그 당시 나에게 배웠던 젊은 작가들이 미술사를 체계적으로 공부한 것이 창작하는 데 도움이 많이 된다고들 해요. 즉 제가 미술사와 창작을 접목시키는 교육을 했다는 것입니다. 홍대에서 근무하면서 보고 느끼고 경험한 것을 토대로 『한국의 현대미술 무엇이 문제인가』란 책도 펴냈습니다. 이 책은 전통의 위축, 외래미술의 무비판적 수용과 범람, 작가들의 사상 및 철학의 부족, 상업주의의 만연, 미술교육의 불합리성, 비평의 역할 미흡 등을 지적하면서 그 개선 방안을 제시한 것입니다. 그러니까 홍대 시절은 미술사교육의 토대 마련, 미술사와의 접목을 통해 현대미술의 이해, 작가들과의 교유를 이룬 시기로 상당히 의미가 있습니다. 그리고 우리나라 최초의 공채교수가 된 것도 나름대로 의미가 있다고 봅니다.

당시 미술사학을 전공한 사람에게 직장을 제공한 홍대에 고맙게 생각합니다. 또 제가 홍대 교수 시절에 미대생은 누구나 전공에 상관없이 필수적으로 한국미술사를 모두 듣게 했던 것도 중요하다고 생각합니다. 당시의 한도룡(韓道龍) 학장, 권명광(權明光) 교무 등이 적극 협조해 준 것이 늘 고맙게 기억됩니다. 이밖에 열심히 강의하면서 많은 논문을 발표도 했고 우리나라 학계에 성심껏 기여했던 시기이기도 했습니다. 그때부터 미술사와 국사교육, 미술교육, 현대미술, 문화계 등 여러 분야에 관여하기 시작했습니다.

ㅁ9년의 홍익대 재직중에 정신문화원 연구원 초대실장으로 임명된 동기와 그곳에서의 활동은 어떠했는지요.

- 고 박정희 대통령이 한국정신문화연구원을 설립하고 국학 분야 학자들을 초치하였는데 저도 사전 협의 없이 초대 예술연구실장으로 차출되었습니다. 그래서 1978년 후반기부터 2년 반 동안 그곳에 파견 근무를 하게 되었습니다. 홍익대의 교수직은 그대로 지닌 채 파견되었기 때문에 더욱 바빴습니다. 연구원이 초창기였기에 할 일이 많았습니다. 연구계획을 짜고, 예산편성을 하기도 하고, 세미나를 자주 개최해야 했고, 한국민족 대백과사전편찬을 추진했고, 또 무엇보다도 부설 한국학대학원에 미술사학과를 신설하느라고 애를 먹기도 했습니다. 그러면서 홍익대의 강의를 최소한은 해야 했고, 한국학대학원이 세워진 뒤에는 그 강의도 해야 했습니다.

이때 미술사와 국악이론을 예술연구실의 주된 업무로 자리 잡게 했습니다. 또한 정신문화원 도서실에 미술사 관계 책들을 수집하는 데도 심혈을 기울였습니다. 후임자들이 계속 노력하여 지금은 상당히 많은 미술도서와 자료들이 수집되어 있습니다. 졸저인 『한국회화사(韓國繪畵史)』는 정신문화연구원 근무중 밤에 집에 가지 않고 그곳 숙소에서 묵으면서 탈고한 것입니다. 집필하는 동안의 조용하면서도 외롭고 쓸쓸하던 수많은 밤들이 지금도 생생하게 기억됩니다.

□ 모교인 서울대학으로 오신 지 10년이 넘었는데 그동안 선생님께서 이곳에 와서 많은 일을 하셨다고 봅니다. 보람 있게 느껴지는 일과 앞으로 계획에 대해서 말씀해 주시지요.

- 서울대학으로 옮기는데 홍익대 측에서 놓아주지 않아 3년 동안 상당히 힘들었습니다. 그때 너무나 마음고생을 많이 하여 머리가 급격히 희어지기 시작했습니다. 서울대에 와서 미술사를 학부과정부터 정규 학문으로 뿌리를 내리는 것이 우선 시급하다고 판단했습니다. 서울대 학부에 미술사학과를 설치하면 다른 학교도 따라서 영향을 받아 미술사 발전에 도움이 될 것이라고 생각도 했고, 홍익대에서 미술대학생들을 주로 가르쳤으니 이제는 학문을 하고자 하는 서울대 인문대학생들을 지도할 필요가 크다고도 느꼈습니다. 그때 서울대학교의 고고학과를 고고미술사학과로 명칭을 바꾸고 그 학과에 첫 번째 미술사교수로 임명된 것입니다. 그래서 학부과정에 미술사 전공과정이 생기게 된 것입니다. 이것이 가능하도록 노력하시고 도와주신 분이 삼불(三佛) 김원용(金元龍) 선생님이십니다. 삼불 선생님 덕택에 서울대에 미술사 전공과정이 생기게 되고 제가 서울대 교수가 될 수 있었습니다. 미술사학이나 저에게는 큰 은인이시죠. 서울대의 학과개설 이후 다른 대학들에도 고고미술사학과가 생기게 되었습니다. 서울대에 부임한 후 곧 미술사 전공 학부와 대학원 과정의 교과과정을 짰습니다. 한국, 동양,

서양의 통사적인 개설과목들과 회화, 조각, 공예(도자), 건축 등 분야별 개설과목들이 이때 처음 제대로 체계 있게 개설되게 되었습니다.

서울대에서 10년 동안 제자를 가르치고 배출하게 되었는데 하나같이 각자 학문세계를 착실하게 닦아가고 있어 흐뭇합니다. 그러나 아직도 해결 못하고 있는 매우 아쉬운 점은 미술사를 고고학과 분리하여 독립학과를 세우지 못하고 있고 전임도 서양미술사 쪽에는 전혀 쓰지 못하고 있는 점입니다. 국립대학의 특수성과 한계성 때문이라 문제의 해결이 몹시 어렵습니다. 앞으로 해결해야 할 큰 과제들입니다.

서울대에서 또 하나 보람을 느끼는 것은 서울대 박물관을 맡아서 발전할 수 있는 토대를 구축하였다는 점입니다. 저는 그동안 대학박물관 발전을 위해 심혈을 기울여 왔습니다. 자료정리, 카드정리, 모든 작품의 촬영, 컴퓨터 입력, 새 건물로의 이전 개관, 규정개정, 운영세칙제정, 직제개편, 시설보완, 국고예산확보 등 새 박물관의 정립을 위해서 열심히 노력해 왔습니다. 조직은 고고역사, 인류민속, 전통미술, 현대미술, 자연사 5개 부서로 개편하였고 각 부장은 교수로 임명했습니다. 현재는 자연사부만 제외하고 1993년 10월 14일 개교 47주년을 기하여 전부 개관한 상태입니다. 자연사실은 금년 개교기념일에 개관을 목표로 하여 일을 추진하고 있습니다. 이러한 일들이 가능하도록 도와준 우리 박물관 직원들과 대학당국에 감사한 마음입니다. 앞으로 후원회, 박물관회 등도 조직하고 적당한 시기에 박물관 학예원 과정, 각급 학교 미술교사와 역사교사를 위한 강좌, 작가들을 위한 강좌 등을 개설하여 보다 폭넓게 기여해야 하리라고 봅니다. 새 박물관은 미술사 교육에도 큰 도움이 되리라고 확신합니다. 학생들과 학자들이 많이 활용해 주기를 바라고 있습니다.

□우리 미술사학계는 70년대 들어서야 비로소 분야별 개설서가 나올 정도로 소걸음이었다고 봅니다. 『한국회화사』를 펴내게 된 동기와 목적 그리고 상황 등을 말씀해 주시고 70년대 미술사학계 전반적인 상황을 듣고 싶습니다.

- 한국회화사를 펴낸 시기가 1980년인데 그때까지만 해도 한국 회화사 연구가 본격적으로 활성화되어 있지 않았습니다. 대체로 70년대부터 연구붐이 일어났다고 보는데 그때부터 대학원에서 한국회화사를 공부하고 연구하는 학생들이 많이 생기게 되었고 그래서 연구의 폭이나 깊이나 좀 더 심화되었다고 볼 수 있어요. 『한국회화사』 서문에서 이미 언급했지만 당시 개설서를 집필한다는 것은 상당히 어려웠습니다. 첫째로 미술사 분야에서 연구업적이 많이 쌓여 있지 않았습니다. 둘째로 작품발굴이 충분하지 않았습니다. 그리고 셋째로 문헌자료 발굴 역시 불충분했어요. 이런 세 가지 이유 때문에 미흡한 점이 많았습니다. 그 상황에선 최선을 다하려고 노력했으나, 이유가 또 있었습니다. 지면 제약을 강하게 받았기 때문입니다. 한국회화사를 펴내게 된 일차적 동기는 문화공보부가 우리나라 문화를 해외에 소개하고자 400매로 한정시켜 책을 쓰라고 청탁해온 데서 비롯되었습니다. 그때 저는 정해진 분량에 맞추려고 애를 썼으나 결국 600매 정도의 분량이 되었는데 너무 미진하게 느껴져 정부에 건의하여 배로 늘려서 다시 개고하게 되었습니다. 그러나 처음의 제약을 크게 벗어나지는 못했습니다. 기본적인 원고매수 한정 때문에 충분히 쓰고 싶은 이야기를 쓰지 못하여 지금도 아쉽습니다.

□『한국회화사』를 보면은 역사의 흐름을 간단명료하게 요약한 것이 특징이라고 느껴졌습니다만 좀 더 자세하게 서술했으면 하는 아쉬움

이 있었는데 선생님의 생각은 어떠하신지요.

- 한국회화사를 읽는 독자층을 두 부류로 나눠 볼 수 있는데 첫째 부류는 좀 더 자세하게 이해하기를 원하는 계층이고, 둘째 부류는 골격만 요점적으로 파악하고자 원하는 계층입니다. 두 번째 부류의 사람들은 복잡한 내용보다 지금처럼 골격만 요점적으로 정리한 것이 더 좋다고 합니다. 그러나 만약 한국 회화사를 다시 쓰게 된다면 1970년대 이후 축적된 연구업적들을 철저히 섭렵, 첨가해야 하겠죠. 지금 한국 회화사를 읽는 사람은 미술사를 전공하는 사람, 전통문화에 관심이 있는 사람, 작가들과 미술대학생들 등으로 나눠 볼 수 있습니다.

실제로 미술사 계통의 책들은 미술사 전공자나 문화애호가들만이 아니라 창작하는 작가나 학생들이 많이 보아야 합니다. 『한국회화사』는 지금까지 11쇄가 나왔으니 학술서적으로는 많이 읽히는 편이라고 볼 수 있겠죠.

ㅁ창작을 하는 미대생을 위해 우리 미술사를 좀 더 면밀히 하고 충실하게 공부할 수 있는 참고서용 책을 펴낼 계획을 하고 계신다고 들었는데 그 책에 관한 전체적인 맥락은 어떤 것인가요.

- 이미 정해놓은 책 제목은 『미대생을 위한 한국미술사』입니다. 이 책은 창작을 담당할 미대생을 위한 것으로 몇 년 전부터 계획하고 있었습니다. 이 책에서는 창작을 하는 미대생들이 우리나라 전통미술에서 배우고 취해야 할 점과 각 시대 영역별 조형상의 한국적 특징, 현대미술에서의 활용 방안, 기법상의 문제점 등을 다뤄 앞으로의 한국적 미의 창출에 도움이 되도록 하려고 하는 하나의 시도로 보면 될 것입니다.

□미술사란 어떤 학문이며 미술사를 하는 학도들에게 당부하고 싶은 말씀이 있다면 무엇인지요.

- 일반인들은 미술사라면 미술감상과 비슷한 것으로 취미나 살리는 것이라 생각하는 경우가 많습니다. 그러나 미술사는 매우 복합적이고 종합적인 인문과학이라고 봅니다. 미술사는 미술의 역사, 미술에 관한 역사, 미술을 통해 본 역사로 미술을 중심으로 또는 그것을 토대로 역사와 문화현상을 이해하는 학문입니다. 그래서 가장 우리에게 필요하고 도움이 되는 학문이 아닐까 합니다. 또 인간의 미적 창의력을 대상으로 하기 때문에 미학적 측면이 많이 접목이 되기도 합니다. 미술사학자야말로 제대로 훈련받고 연구할 때 어느 인문 과학자보다도 역사나 문화를 폭넓게 이해하는 입장에 서게 된다고 봅니다.

문화에서 가장 중요한 것은 결국 창의적 측면이고, 창의적 측면에서 무엇보다도 관심의 대상이 되는 것은 학문과 예술이라고 봅니다. 예술의 각 분야 중에서도 선사시대부터 현대에 이르기까지 일관성 있게 체계적으로 파악이 가능한 분야는 미술뿐입니다. 미술을 제외한 다른 예술 분야는 자료의 한계성 때문에 어떤 특정한 시대 이외에는 역사적 규명을 할 수 없습니다. 그러나 미술은 선사시대부터 현대까지 많든 적든, 또 수준이 높든 낮든 작품을 남기고 있기 때문에 작품과 유물들로 조형적 특성과 변화, 시대적 양상을 체계성 있게 파악할 수 있습니다. 그래서 여러 분야의 예술사 중에 가장 중요하다고 봅니다. 미술사를 공부하는 사람은 폭넓은 안목이 필요합니다. 안목을 갖추기 위해서는 미술사 각 분야는 물론, 역사학, 미학, 종교학 등 인접분야를 포함한 폭넓은 공부와 좋은 작품을 많이 접하는 것이 바람직합니다. 국내학계와 외국학계의 동향을 주시하는 것도 필요합니다. 미적인 감각과 판단력도 필요하다고 생각됩니다. 그리고 인문과학이기 때문에 문헌사료의 섭렵능력도 요구되므로 각종 어학을 잘해야만 합니다. 또한 작품을 놓고 볼 때 어느 나라, 어느 시대, 누구의 것인지, 진짜인지, 가짜인지, 사료적 가치가 있는지, 그 가치가 얼마나 큰지 등등 이러한 모든 것을 판단할 수 있는 눈이 있어야 합니다. 눈이 밝은 미술사가만이 훌륭한 미술사를 꾸려낼 수 있습니다. 미술사학도는 작품을 많이 보되 일반인처럼 대강대강 보지 말고 조직적으로 분석하면서 보고, 파악해야 합니다. 보고 또 보고 하는 진지함이 필요합니다. 창작이나 미술사를 하는 사람은 다 같이 많은 작품을 보고 안목을 높여야 합니다. 그런 의미에서 미술사 훈련을 받은 사람은 평론도 할 수 있어야 한다고 봅니다. 미술비평이 현대미술에서 차지하는 비중이 높은데, 미술비평을 미술사 훈련을 받지 않고 문학적 소양만 가지고 한다면 언어의 희롱밖에 안 됩니다. 작품을 꿰뚫어 보고 장·단점을 지적한다면 작가가 성장해 가는 데 도움을 줄 수 있을 뿐만 아니라 미술계의 발전에도 도움이 될 것입니다.

미술사 훈련은 미술 전문 기자에게도 바람직합니다. 이처럼 미술사는 광범위하게 요구되는 종합적 인문과학이라고 볼 수 있습니다.

□학문을 하는 데 꼭 유념해야 할 일과 피해야 할 일이 있다면, 무엇인지요?

- 먼저 학문을 하는 데 유념해야 할 일로는 여러 가지가 있겠지요. 또 학자에 따라 견해가 다를 수도 있으리라고 봅니다. 저 나름대로 생각하는 것들은 이미 언급한 바가 있습니다만 다시 얘기하면 첫째, 학문이나 대상을 넓게 보고 깊게 파고 들어가는 것, 즉 시야를 넓게 가지되 한 가지 분야를 천착하는 진지함이 중요하다고 봅니다. 이러한 전문가가 많이 있어야 학계가 발전할 수 있습니다. 둘째, 무엇을 하든 한국 사람인 것을 잊지 말아야

한다는 것입니다. 한국 사람은 한국의 문화와 자기 정체성에 대한 인식을 투철하게 지니고 있어야 합니다. 셋째, 인접 분야에 대한 관심을 가져야 합니다. 넷째, 외국학계에 대해 늘 주시해야 합니다. 그래야 개방적이고 진취적인 학자가 됩니다.

반면, 학문하는 데서 피해야 될 것이 있다면 교만과 독선이나 독단입니다. 저의 생활 태도는 보수적이지만 학문적으로는 개방적이고 진취적인 태도를 잃지 않으려 노력합니다. 우리나라 학계는 비평을 싫어하는 경향이 강한데 이는 잘못된 것입니다. 잘못된 것, 아쉬운 것을 지적하는 사람도 있어야 하고 이에 반론도 있어야 학문발전이 이루어진다고 봅니다.

그리고 후배들의 비평에 대해서도 그것이 옳고 타당한 것이면 좀 더 관용적으로 받아들여야 한다고 생각합니다. 또한 우리 미술사학계에서는 서평이 전혀 이루어지지 않고 있어 서평을 적극적으로 하는 것이 요망된다고 봅니다. 저의 은사이신 김원용 선생님께서도 언제나 비평과 잘잘못에 대한 지적에 대해서 긍정적으로 받아들여야 한다고 강조하셨습니다.

□ 앞으로의 개인적인 계획이 있다면, 무엇인지요.

- 제일 중요한 것은 역시 책을 쓰는 일이라고 봅니다. 앞에서 얘기한 『미대생을 위한 한국미술사』, 영어로 된 『한국회화사』, 논문집인 『한국회화사연구』, 그리고 『한국의 산수화』, 『한국의 미술문화』, 『한국회화의 감상』, 『금강산도』, 『조선시대 명화가전집』 등이 앞으로 펴낼 대표적인 책들입니다. 마지막 두 권은 후배들과 함께하는 작업입니다. 언제 이 원하는 책들을 모두 펴낼 수 있을지 모르겠습니다. 할 일이 너무나 많습니다. 우리 학과의 분리독립, 전임교수의 확보 등도 제게 주어진 큰 과제들입니다. 해결을 위해 꾸준히 노력을 계속할 것입니다.

□ 미술사학계의 전망과 방향, 미술계에 지적하고 싶은 말이 있다면 무엇입니까?

- 미술사학계의 전망은 매우 밝다고 봅니다. 각 대학에서 유능한 인재들이 계속 배출되고 있고 이들이 학회활동이나 학문연구에 적극 참여하여 기여를 하기 시작하고 있습니다. 또 우리나라가 점차 선진화되고 있어서 문화적 욕구가 증대되고, 각종 문화시설들이 늘어나고 있어서 미술사 연구자의 수요도 증가할 수밖에 없습니다. 이와 관련하여 제일 아쉬운 것은 가장 개선을 앞서서 해야 할 대학들이 미술사교육에 있어서 큰 변화를 보이고 있지 않다는 점입니다. 특히 미술대학들의 경우가 이러한 점에서 주목됩니다. 대부분의 미술대학들이 미술사 강좌를 개설은 하고 있으나 교강사를 비전공자들에게 맡기고 있어서 그 교육적 폐해가 매우 큽니다. 미술사는 동서고금의 미술을 올바르게 소개하고 창작을 위한 이론적 토대와 자극을 제공할 수 있는 학문인데 비전공자들에게 이것을 기대할 수는 없습니다. 선진국들에서는 이미 사라져서 찾아볼 수 없는 이러한 전근대적 현상은 하루 빨리 시정되어야 한다고 봅니다. 미술대학과 미술계는 정상적인 미술사교육을 통하여 발전을 위한 사상적, 이론적 근거를 마련해야 할 것입니다. 실기교육과 꼭 마찬가지로 미술사를 통한 이론교육도 더 없이 중요함을 깨달아야 하겠습니다.

□ 장시간 좋은 말씀 많이 해주셔서 감사합니다. 몸 건강하십시오.

〈약력 및 주요 학회활동〉

· 1940년 10월 25일 충북 진천 生

· 1962~1964 육군복무

· 1967년 서울대학교 문리과대학 고고인류학과 졸업

· 1969년 미국 하버드대학 문리과대학원 미술사학과 졸업(석사)

· 1973년 미국 프리스톤대학 문리과대학원 고고미술사학과 수학

· 1974년 미국 하버드대학 문리과대학원 미술사학과 졸업(박사)

· 1974~83 홍익대학교 미술대학 교수

· 1978 · 1981~1983 홍익대학교 박물관장

· 1978~80 한국정신문화연구원 예술연구실장(초대)

· 1981~83 한국대학 박물관협회장

· 1985~현재 문화재위원회위원

· 1983~현재 서울대학교 인문대학 고고미술사학과 부교수, 교수

· 1986~87 한국미술사 교육연구회 회장

· 1991~92 한국미술사학회 회장

· 1991~현재 서울대학교 박물관장

〈저서와 편저〉

· 『한국회화사』(일지사 · 1980)

· 『산수화 上, 下』 한국의 미 11권, 12권(중앙일보 · 계간미술 · 1980)

· 『조선왕조실록의 서화사료』(한국정신문화연구원 · 1983)

· 『한국회화의 전통』(문예출판사 · 1988)

· 『회화』 · 국보 제10권(예경산업사 · 1984)

· 『한국 회화사』(일어판 · 1987)

· 『풍속화』 한국의 미 19권(중앙일보 · 계간미술 · 1985)

· 『한국』 동양의 명화 1권(삼성출판사 · 1985)

· 『일본』 동양의 명화 6권(共)(삼성출판사 · 1985)

· 『회화(일어판)』(국보 제10권 · 1985)

· 『韓國の風俗畵』(東京: 近藤出版社 · 1987)

· *Korean Art Treasures*(共)(Seoul: Yekyong Publications Co. Ltd July · 1986)

· 『몽유도원도』(共)(예경산업사 · 1987)

· 『중학교 미술』(共)(1 · 2 · 3권 고려서적주식회사 · 1989)

· 『안견과 몽유도원도』(共)(예경산업사 · 1994)

· 『한국의 현대미술 무엇이 문제인가』(서울대 출판부 · 1992)

· 『신판 한국미술사』(共)(서울대 출판부 · 1993)

등등 21권의 저서, 공저, 편저가 있고 논문 73편과 200여 편의 평문을 썼다.

한국 회화사 집대성한 안휘준 교수*

사람들은 흔히 우리 전통문화의 우수성을 인정하지만 어떤 작품이 어떻게, 왜 위대한지 구체적으로 설명할 수 있는 사람은 드물다. 학계에서는 일반인들을 대상으로 하는 정보 부족을 그 이유로 꼽는다. 심지어는 우리나라 미술사를 연구하는 사람들도 누구나 사료(史料) 부족을 절감한다고 한다.

이런 면에서 서울대 안휘준(安輝濬·60·고고미술사학) 교수는 이 땅에 미술사가 정착할 수 있는 초석을 놓은 사람 중 하나다. 미국유학생활을 마치고 귀국한 1974년 이후 『조선왕조실록의 서화사료』와 『신판 한국미술사』(김원용·안휘준 공저)를 비롯해 22권의 전문서와 79권의 논문을 발표했다.

---

* 『중앙일보』(2000. 12. 1).

올해로 회갑을 맞은 그가 지난 30여 년간의 연구성과를 집대성한 전문 학술서인 『한국 회화사 연구』(시공사, 35,000원)와 『한국의 미술과 문화』(시공사, 18,000원)를 냈다.

지난 30여 년간 안교수가 발표한 한국 회화사에 관한 논문 28편을 수록한 『한국 회화사 연구』는 860여 페이지에 달하는 전문 논문 모음집.

그렇다고 지레 주눅들 필요는 없다. 책값이 좀 비싼 것만 제외하고는, 일반독자에게도 좋은 책으로서의 요건을 두루 갖췄기 때문이다.

삼국시대에서 조선말기에 이르기까지 각 시대별로 총론과 중국·일본 회화와의 교섭을 다룬 글을 함께 실어 동아시아권의 미술사의 변천을 함께 이해할 수 있다.

안교수는 "이번에 낸 두 권의 책은 지난 4월 출간한 『한국회화의 이해』(시공사)와 함께 일반독자들도 이해하기 쉽도록 한글로 풀어쓴 전문서적이자 한국 미술사의 심층적인 개설서"라고 말한다.

특히 『한국의 미술과 문화』는 일반인들의 전통미술 이해를 위한 노력은 물론, 우리나라 문화정책에 대한 자신의 견해를 담았다는 점에서 그간의 저서들과 차별을 뒀다.

"20년 전 글들도 함께 싣다보니 '조선총독부 건물 철거시비' '독립 문화부·문화재청 설립을 바란다' 등 시의성이 떨어지는 이야기도 있지만 우리나라 문화정책의 전반적인 흐름을 이해하는 계기가 될 것"이라는 설명이다.

20년 전 주말마다 아버지 손에 이끌려 박물관·미술관으로 끌려다니던 어린 아들이 "아빠는 과거를 연구하지만 내 관심 분야는 '미래'"라는 말에 현대미술학은 물론, 관심 분야를 문화 전반으로 확대하게 됐다.

스승인 김재원·김원용 선생의 지도로 미술사에 입문하게 됐다는 그는 "70년대 이후 국내에 '미술사'라는 학문이 자리잡은 것, 또 인문과학 분야에서 한국어문학과 한국사 다음으로 후학들의 업적이 많다는 점"을 가장 큰 보람으로 꼽았다.

"지난 30년간 국내 저술활동에 전념했다면, 앞으로의 과제는 영문판 한국미술사와 한국회화사연구·한국회화사를 완간하는 일입니다. 내가 닦은 기초 위에 후배들이 화려한 업적을 꽃피웠으면 좋겠습니다."

푸른 청춘기에서 흰머리 내려앉은 60에 이르기까지 국내 미술사학의 버팀목이 돼온 학자는 그간 중국과 일본 전통미술에 가려 빛을 보지 못한 우리 미술의 우수성을 후학들이 전 세계에 입증해줬으면 하는 소망을 갖고 있다.

박소영 기자

한국 회화사의 길을 닦은 이*

최고의 예술품 속 최고의 행복

프레스센터 내 프레스클럽, 간행물윤리위원회가 주는 저작상을 받은 서울대학의 안휘준 교수와 아직 잔칫상을 채 걷기도 전에 마주 앉았다. 그는 작년 겨울 필생의 연구를 모은 논문집 『한국 회화사 연구』를 출판했다. 출판되자마자 그 책은 여기저기서 주목과 찬사를 받아왔다. 당장 2000년 우수도서로 지정되고 이번에 간행물윤리 저작상을 받고 장지연상도 받게 되었다.

"어떤 책입니까? 책을 만들면서 이렇게 화려한 반응이 나올 줄 짐작하

---

* 「한국 회화사의 길을 닦은 이/간행물윤리상 저작부문 수상자 안휘준 서울대 고고미술사학과 교수」, 『간행물윤리』 통권 281호(2001. 12), pp. 2-5.

셨습니까?" 이야깃소리, 잔 부딪히는 소리, 웃음소리가 섞여 들리는 테이블 한켠에서 우선 물었다. 사소한 질문에도 그는 공들여 대답했다.

"대표적 저작이 될 거라곤 생각했지만 이렇게 상을 받으리라는 건 꿈에도 생각해본 적 없습니다. 기쁘고 감사하지요. 70년대부터 90년대까지 25년간 연구한 논문 28편을 한데 모았습니다. 각 시대별 화단의 경향과 양상, 화풍의 특징과 변화를 살펴 한 권의 통사가 되도록 묶으려 했습니다. 도판이 많아요. 그래서 출판사를 사진 자료가 많고 미술사 전공연구원이 10여 명 넘게 있는 시공사로 택했지요. 논문 쓰는 시간 말고 책 준비에만 2년 반이 걸렸습니다. 대학원생들이 애를 많이 썼어요. 제자들이 도와주지 않았다면 책은 더 늦어졌을 겁니다." 학자다운 침착과 정연함은 몇 마디 말 안에서도 선명하게 드러났다. 웃음띤 얼굴, 차분한 말씨, 평소에 궁금하던 모든 것을 묻고 싶은 열려 있는 태도.

"미술사학자란 예술가와 학자의 중간쯤 되는 지점에 위치하는 겁니까? 평생 우리나라 최고의 미술품 속에서 공부해 오셨으니 얼마나 행복하셨을까요? 가장 사랑하는 작품이 있으실 테지요?"

"하하, 맞습니다. 평생 최고의 안복을 누리고 살았습니다. 그런 행복이 없지요. 나라 안 중요한 회화작품은 전부가 제 손을 거쳐 갔습니다. 우리나라 미술품은 세계 최고이니 세계 최고의 예술품 속에서 살아온 시간들입니다. 그러나 저는 작품을 사랑해서 그 속에 몰입하는 것은 일부러 피했어요. 연구는 객관적이고 냉철한 입장에서 분석하는 것이 중요합니다. 저는 일부러 회화에 대한 기호를 갖지 않으려 했고 편애하지 않는 태도를 평생 유지했습니다. 애호가가 아니라 학자니까요."

미개척 분야 홀로 걸어

안교수는 서울대학에 고고미술사학과가 생기고 나서 첫 입학생이었고 한국회화사를 체계적으로 연구한 최초의 학자였다. 당시 국립박물관장이었던 김재원 선생과 경성대학에서 동양사를, 뉴욕대학에서 미술사를 전공했던 김원용 선생이 두 스승이었다.

"제대하고 복학했더니 김재원 선생님이 국립박물관으로 날 불렀어요. 미술사를 전공해보지 않겠느냐고 제안하십디다. 미개척 분야였어요. 미술사에 관한 전반적인 강의는 들을 수가 없었을 때입니다. 김원용 선생님이 뉴욕대학에서 미술사를 전공하셔서 현대적 시각에서 한국미술사를 연구한 최초의 분이셨는데 아직 총론 단계였지 각론은 없었어요. 강의도, 교재도 없이 혼자 공부하려니까 겁도 나고 위험 부담률도 컸지요."

앞서 걸은 사람이 없었으므로 그는 방법론을 배우기 위해 우선 하버드로 유학을 간다. 거기서 중국과 일본과 인도의 미술사를 공부했다. 그런 후 마련한 토대와 잣대로 돌아와 우리 미술사를 파헤치기 시작했다.

"첨엔 석굴암으로 논문을 쓰려고 했지요. 그러나 다른 학생이 이미 불상을 공부하고 있더라구요. 그래서 회화를 택했는데 굉장히 잘한 선택이었다고 지금도 만족하고 있습니다. 처음이라 고단하고 외로웠지만 보람은 그만큼 컸습니다."

그는 그후 평생 한국회화사의 기초를 닦고 골격을 세우고 전체 흐름을 짚어내고 시대적 특질을 규명하고 중국, 일본화와의 관계를 살펴냈다. 외곬으로 파고든 삶이었다.

"회화를 보는 눈을 닦는 훈련이 오래 걸렸어요. 정확히 꿰뚫어보고 역사적 의의를 부여하기란 쉽지 않은 일이었습니다. 수집하는 사람들도 가장 어려운 게 회화라고들 하지요. 감식안을 갖기도 어렵고 가짜에 속기도 쉽고. 회화는 평면예술이에요. 천봉만학도 평면 위에 있잖습니까. 기법이 탁월해야 살아남습니다. 사상적 측면도 강하지요. 그리는 사람의 철학과 시대조류가 그림 안에 담깁니다. 그리고 화풍의 변화의 속도가 가장 빠른 장르입니다. 그만큼 담고 있는 메시지가 많은 것이고 공부할 게 다채롭고 풍부한 거지요."

먼저 간 발자욱이 없는 길이므로 두려웠지만 이제 길은 훤히 닦였다. 뒤따라오는 사람들은 길을 낸 앞사람에게 감사하며 이제 천천히 풍경을 즐겨가며 걸어도 좋을 것이다.

"나는 철저하게 작품분석에 의거한 회화사를 썼습니다. 논리적, 과학적, 실증적 접근방식을 미국에서 배웠지요. 유학한 보람을 공부하면서 실감했어요. 방법론적 체계를 갖추지 못한 채 감상적으로만 미술작품을 대했다면 학문적 토대를 마련하기 어려웠을 겁니다."

고구려 고분벽화에 충격받아

74년 안교수가 하버드에서 귀국했을 무렵 우리 사회는 제법 먹고살 만해져 문화에 대한 관심이 한창 높아질 때였다. 언론에서, 학술대회장에서, 학교에서 다투어 그를 불러댔다. 최초의 전문 연구자였으니 여기저기서 안교수의 '한 말씀'이 필요했다. 그래서 글을 아주 많이 썼다. 그는 "연구는 즐거운데 글쓰는 건 괴로웠어요."라며 웃는다.

'남종화의 변천'과 '조선 중기 절파화풍의 발전'에 그는 특히 공들인 연구를 했다. "남종화는 18세기 중국에서 들어와 유행했다고 일반적으로 말해졌는데 일본도 같은 시기에 남화라는 그림이 유행했단 말입니다. 뭔가 이상했어요. 중국문화는 우리나라에서 한동안 잠복하다가 일본으로 건너가는 것이니 동시대에 유행할 수는 없는 거거든요. 그러다 '계회도'라는 그림에서 많은 해답을 얻었습니다. 계회도는 기념사진처럼 친목도모 모임을 그림으로 그린 건데 모인 사람의 인적사항과 관직 이름이 같이 적혀 있거든요. 조선왕조실록에서 인명을 확인 대조하면 그림의 연대 확인이 가능했어요. 그로 인해 조선시대 화풍 변화를 규명하는 데 큰 열쇠를 얻게 되었습니다." 연구 중에 막혔던 문제가 의외의 곳에서 풀리는 그런 기쁨은 학자가 아니면 짐작할 수 없는 환희였다.

고구려 고분벽화부터 조선 말기까지 통시적인 한국 회화 전체를 연구하는 그가 가장 잊을 수 없는 체험을 한 건 만주의 고구려 고분벽화를 처음 대했을 때였다. 객관적이고 냉철한 눈을 가졌다고 자부하는 안교수도 그때는 너무 큰 충격을 받았다. "5회분 4호묘였어요. 미술품을 보고 그렇게 마음이 떨린 건 그때 딱 한번뿐이었습니다. 입신의 경지가 바로 그런 것이겠지요. 1천5백년 전의 그림이 바로 어제 그린 듯했습니다. 돌 위에 그린 그림인데 인물들의 눈동자가 생동하고 있었어요. 입고 있는 옷은 현대적 세련미가 넘치고 장식은 극도로 섬세하고 채색은 화려하고 선명했습니다. 20세기에 누가 무슨 수로 그런 그림을 그리겠습니까. 그 그림을 보고 나서 크게 앓았습니다. 복통이었어요. 뇌의 충격이 위장에 직접 영향을 준다는 것을 안 것도 그때가 처음이었습니다."

좀처럼 흥분할 일 없어 보이는 안교수가 고구려 고분벽화를 말할 때는 들뜬 어조를 감추지 못했다. 자연히 할 말도 많아졌다.

"미술문화재는 과학문화재입니다. 강력한 접착제와 변하지 않는 안료가 없으면 그런 그림이 불가능했겠지요. 고구려를 무사적 국가라고 잘못 알고 있지만 고구려는 최고의 문화국가였던 겁니다. 축성도, 무기도 과학기술의 결과이지요. 미술문화재가 중요한 이유는 창의력과 미의식 외에도 당시 과학기술과 사회분위기를 짚어내는 사료적 가치를 지니고 있다는 겁니다. 미술문화재를 통해 역사연구를 보완할 수 있지요. 그래서 요즘은 미술사학이 역사학계와 손잡고 연구하는 일이 자주 있습니다."

우리나라는 최고의 문명국이다

미술사학을 공부하면서 그는 저절로 애국자가 되었다. 우리나라가 역사 이래로 줄곧 세계 최고의 문명국가였다는 자부심이다. "보태지도 빼지도 않은, 문화재를 통해서 유추 가능한 있는 그대로의 진실입니다. 저도 감상적인 애국주의는 좋아하지 않아요. 객관적으로 우리는 대단한 민족입니다. 자부심을 충분히 심어주지 못한 것이 문제일 뿐이지요. 선사시대 다뉴세문경이 세계 최고라는 건 자타공인하는 일입니다. 백제 금동향로가 최고의 공예품이라는 것도, 신라 에밀레종의 조형과 소리와 크기와 기술력이 세계 제일이라는 것도 금속활자의 발견과 사용도, 고려청자의 비색도, 모두 남들도 인정하는 최고 수준입니다. 최고의 문화재를 가졌다는 것은 당시 기술과 문화가 최선진이었다는 증명이거든요."

그는 문화정책에 대해서도 할 말이 아주 많다. 그는 국가의 책무 가운데 가장 큰 3가지가 국토의 방위와 보존, 국민의 생명과 재산의 보호, 문화유산의 보존과 개발이라고 생각하는 사람이다. 그래서 진작부터 문화재관리국과 국립박물관을 통합해 '문화유산청'을 만들어야 한다고 주장해왔다.

"21세기가 문화의 세기라는 데 모두들 동감하고 있지 않습니까. 전통문화가 없으면 국제사회에서 독자성을 잃고 돛 잃은 배처럼 헤매게 될 겁니다. 최고의 문화유산을 우리처럼 소홀히 여기는 건 너무도 어리석은 일이지요.”

그의 이번 책은 일반인이 읽기에도 그다지 어렵지 않다. 많은 사람들이 『한국 회화사 연구』를 통해 나라에 대한 사랑과 21세기를 살아갈 힘을 얻는다면 안교수에게도 그건 최고의 기쁨일 것이다.

글 · 김서령(자유기고가)

안휘준 서울대 교수, 직접투표로 문화재위원장에 선출*

문화재위원 110명 중 86명 투표, 39표 얻어

문화재위원회의 위원장이 사상 최초로 직접 선거에 의해 선출됐다.

문화재위원회는 6일 오전 11시, 한국의집(서울 중구 필동)에서 전체회의를 갖고, 임기 2년(2005.4.26~2007.4.25)의 위원장단을 선출하였다. 문화재위원은 지난 4월 26일 모두 110명이 위촉됐다.

위원장과 각 분과 위원장은 다음과 같다.

문화재위원회 위원장: 안휘준(65 · 서울대 고고미술사학과 교수)

---

* 『오마이뉴스』(2005. 5. 7).

건조물분과위원장 : 박언곤(62 · 홍익대 건축학과 교수)

동산문화재분과위원장 : 안휘준

사적분과위원장 : 한영우(67 · 한림대 한림과학원 특임교수)

무형문화재분과위원장 : 김광언(66 · 인하대 명예교수)

천연기념물분과위원장 : 이인규(69 · 서울대 명예교수)

매장문화재분과위원장 : 정징원(64 · 부산대 고고학)

근대문화재분과위원장 : 이만열(67 · 국사편찬위원회 위원장)

국보지정, 문화재제도분과위원장은 전체위원장이 겸임.

이번 투표는 문화재위원회 사상 각 분과 위원장이 모여 호선하던 간접 선출 방식을 버리고, 직접 투표로 위원장을 선출한 것이 특징이다.

전체 문화재위원 110명 중 93명이 참석했으며 86명이 남아 투표를 진행했다. 각 분과 위원장이 모두 위원장 후보로 추천되었으나 안휘준(동산), 한영우(사적), 이인규(천연기념물) 교수를 제외한 각 분과 위원장은 사퇴를 해서 세 사람을 두고 직접 투표를 진행했다.

투표 결과 안휘준 교수가 39표, 한영우 교수가 30표, 이인규 교수가 17표를 얻어서 최고 득표를 한 안휘준 교수가 문화재위원회 위원장으로 선출됐다. 안휘준 위원장은 짧은 인사말로 소감을 대신했다.

"감사합니다. 부족한 저를 문화재위원장으로 선출해주셔서 감사하면서도 한편으론 송구할 따름입니다. 최선을 다해 열심히 일하겠습니다."

또한 부위원장단(박언곤 건조물분과 위원장, 정징원 매장분과 위원장) 두 명을 지명했다. 안휘준 신임 문화재위원장은 기자들과의 질의 응답을 통해 "85년 이후 11번째 문화재위원을 역임했고, 동산분과위원장도 3번 연임했다. 마지막이라고 생각하고 일하겠다"고 말했다.

다음은 안휘준 위원장과의 일문일답

- 기존의 문화재위원회는 문화재청의 일방적인 내용을 심의했다. 문화재위원회가 이것만은 해야겠거나, 고쳐야 하겠다 하는 일과 문화재청이 바뀌어야 할 부분 등은 무엇이라고 보나?

"이번 새 위원장은 3개(동산, 제도, 국보) 분과 위원장 겸임한다. 업무량도 증가하고 할 일과 책임도 그만큼 막중하다. 제도분과를 통해 문화재청의 부족한 점, 문제가 되는 점 등을 시정하기 위해 노력하겠다. 특히 시민단체가 가진 현장경험과 노하우는 자문 등을 통해 적극적으로 반영하고 시정할 것이다. 청계천이나 낙산사 등에서 보여주듯 시민단체들은 현장 중심으로 맹활약 중이다. 또한 문화재위원들은 대체로 점잖으시고 말씀도 많이 안 하시는 편이지만 각 문화재위원들의 고견을 청취하고 지혜를 한데 모아 공평무사하고 공명정대하게, 한쪽으로 치우치지 않게 바람직한 방향을 찾아서 문화재위원회를 운영해 나가겠다."

- 예년과 다르게 전체 위원의 투표를 통해 위원장으로 선출되었다. 권한이나 위상 등이 강화되는가?

"위원장을 선출하는 절차나 방법이 위상에 미치는 영향은 없다고 생각한다. 문화재 위원으로 활동하다 보면 연배나 선후배 관계 등이 암암리에 작용한다. 위원장 선출 과정에서도 그러했을 터인데…. 각 분과 문화재 위원장들이 모여 호선하는 것은 민주화시대에 걸맞는 방법은 아니었다. 요즘 모든 선거는 직선으로 치러진다. 그런 의미에서 이번에 문화재 위원장을 직선으로 선출한 것은 대단히 의미 있는 일이다."

- 문화재청과의 관계에서 제도적으로 불합리한 점은 없는가?

"같은 조직 내에서 갈등 관계는 많지 않다. 상호 보완적·협력적으로 일해야지. 갈등 요인은 있을 거라 생각하지 않는다. 단지, 문화재청의 전문성은 지금보다 제고되어야 한다고 생각한다. 국립박물관처럼 학예직 중심으로 청을 운영해야 한다. 현존 행정직 직원들에게는 피해가 없도록 하고 전문성이 뛰어난 직원들은 학예직으로 전직을 유도해야 할 것이다. 그러나 그 방법을 문화재위원회에서 문화재청에 강요할 수는 없고 단지 권고만 할 뿐이며, 그 외에 부족한 것은 전문가들(위원)이 보완하면 될 것이다."

- 문화재 위원이 110명, 문화재전문위원이 200명이다. 문화재전문위원을 너무 활용하지 않고 있다.

"300명이 넘는 문화재 전문가들이 있다는 것은 좋은 일이다. 전문위원들도 위원들에 비해 부족한 점이 없다. 현지조사 등에 반드시 동행하고 조사결과를 활용함에 있어 위원들과 협조하겠고, 문화재전문위원들의 전문성을 살리는 방안을 강구하겠다."

- 문화재청의 안건 외에 위원회 스스로 문화재 지정활성화를 위해 어떤 점에 신경을 쓸 것인가?

"문화재지정 활동이 활성화될 수 있는 방안을 찾겠다. 문화재를 소유하고 수집하는 활동들은 애국행위이다. 이들이 존경받는 분위기를 조성하겠다. 또한 출품과 공개를 유도하겠다. 재산세를 물리는 것보다 세제상의 혜택을 주는 방안 등을 강구하여 문화재지정 활동이 활성화될 수 있도록 해야 하며, 사장된 문화재를 노출하는 데 최선을 다하겠다."

신임 안휘준 문화재위원장은 누구?

졸업대학(학과): 서울대학교 문리과대학 고고인류학과

석사학위: 미국 Harvard대 대학원 미술사학과 전공

박사학위: 미국 Harvard대 대학원 미술사학과 전공

1974~1983: 홍익대학교 미술대학 조교수, 부교수, 교수

1978~1980: 한국정신문화연구원 예술연구실장

1991~1995: 서울대학교 박물관 관장

1994~1997: 국사편찬위원회 위원

1983~현재: 서울대학교 고고미술사학과 부교수, 교수

주요 저서

- 1988: 한국회화의 전통
- 1987: 한국의 풍속화
- 1992: 한국의 현대미술 무엇이 문제인가
- 1997: 옛궁궐 그림

수상 경력

- 1989 동원 학술대상
- 2002 대한민국 문화훈장

글 · 황평우 기자

고고미술사학의 대가이자 문화재 심의의 산증인, 안휘준 전 문화재위원장*

한국의 문화재를 얘기할 때 이 사람을 빼놓을 수 없다. 안휘준 전 문화재위원장(서울대 명예교수)은 1985년 문화재 지정과 보존을 책임지는 문화재위원에 선임된 후 24년간 한 번도 거르지 않고 문화재위원을 맡아왔고, 4년간 문화재위원장도 역임했다. 최근 오랜 임기를 접고 야인(野人)으로 돌아가 누구보다 자유롭고 행복한 삶을 살고 있다. 고고미술사학의 대가이자 지난 4반세기 우리 문화재 심의의 산증인인 안휘준 전 문화재위원장을 만나 최근 근황과 함께 미술문화재에 대해 들어봤다.

24년간 역임했던 문화재위원에서 물러나셨는데 소감이 남다를 것

* 『오신단』 Vol. 2, 2009년 여름호(국립문화재연구소), pp. 18-20. / 김화숙 학예사

같습니다.

솔직히 말씀드리면, 오랫 동안 쓰고 있던 굴레와 멍에를 벗어 던진 것 같이 아주 홀가분합니다. '벗어남의 즐거움'이 얼마나 큰지 새삼 느끼며 살고 있어요. 24년간 문화재위원을 역임한 것은 개인적으로 참 영광스런 일이었지만, 그로 인한 책임과 스트레스도 대단히 컸습니다. '공평무사 공명정대(公平無私 公明正大)' 원칙에 입각하다 보니 자칫 이해관계가 얽힐까봐 사람도 가려서 만나야 할 정도였으니까요. 24년을 그렇게 살아오다 이제 자유를 찾았으니 그 기분은 말로 표현할 수가 없죠.

그럼, 요즘 어떻게 지내시는지요.

문화재위원직을 그만뒀지만, 문화재 분야를 완전히 떠난 것은 아닙니다. 현재 문화체육관광부의 동상(銅像)·영정(影幀) 심의위원회의 위원을 25년째, 위원장은 10년째 하고 있고 국립중앙박물관 운영자문위원장도 계속 맡고 있습니다. 간간히 박물관이나 대학, 연구소 등 여러 곳의 초청을 받아 강연도 하고 있습니다. 얼마 전에는 미국 메트로폴리탄 박물관이 개최 중인 〈조선왕조 초기 특별전〉에 참석해 기조강의도 하고 전시 작품에 대한 진지한 토론도 나누고 돌아왔습니다. 이같은 대외 행사 외에는 책을 집필하는 데 모든 역량과 시간을 쏟아 붓고 있습니다.

고고미술사 분야에 발을 들여놓게 된 계기가 있다면 말씀해 주십시오.

고교 3년 시절 저의 꿈은 미개척 분야의 학자가 되는 것이었습니다. 그때 막 신설된 서울대학교 고고인류학과에 지원하게 된 것도 그런 이유에서죠. 그런데 대학시절 초대 국립박물관장이셨던 김재원 선생을 만나면서 저의 전공이 크게 바뀌게 되었습니다. 김재원 선생은 그 당시 미술사학을 제대로 공부한 학자가 드물다며 그 분야를 공부하도록 적극 권유하셨죠. 요즘 젊은이들은 고고미술사에 많은 관심을 갖고 스스로 길을 찾아 옵니다. 이런 젊은이들에 비해 저는 은사님의 손에 이끌려 미술사 공부를 하게 된 '만들어진 미술사가'입니다. 그렇지만 살아오면서 전공을 바꾼 것에 대해 전혀 후회가 없습니다. 제가 전공하는 한국미술사, 그 중에서도 한국회화사가 미개척 분야이다 보니 자료를 수집하고 저술하는 데 많은 어려움을 겪었지만 하나씩 하나씩 무에서 유를 만들어 가는 과정 속에서 기쁨도 많이 느꼈습니다. 돌이켜 생각해 보니, 고고인류학과에 들어간 것도, 김재원 선생과 학부시절 지도교수이셨던 김원용 선생을 만난 것도 미술사가가 되기 위한 저의 운명이었던 것 같습니다.

미술문화재 분야에 있어 풀어야 할 과제는 무엇이라고 생각하십니까.

저는 동산문화재 위원장을 8년 동안 맡아 일했습니다. 이 자리는 회화, 서예, 전적, 도자기, 금속공예, 목칠공예 등 다양한 미술 분야에 대한 포괄적인 이해가 필요합니다. 그런데 대부분의 학자들은 자기 전공 분야에 대한 이해만 높이려 하지, 두루 폭넓게 알려고 하지 않습니다. 분야 간 장벽으로 소통이 부족합니다. 미술사 분야뿐만 아니라 인문학 전 분야에 걸쳐 학문 간 장벽을 헐고 인접 분야에 대한 이해의 폭을 넓혀야 합니다. 탈장르적 종합적인 식견이 필요한 때입니다. 그래야만이 문화재를 올바로 연구하고 다룰 수 있습니다. 이와 함께 이미 지정된 국보·보물의 재정비 문제가 큰 사업으로 남아 있습니다. 최근 역사적, 예술적 가치가 더욱 높은 유물들이 대거 발견되면서 과거에 지정한 국보·보물들에 대한 재정비 작업이 필요하다는 목소리가 높습니다. 이와 함께 명칭 문제에 있어서도 통일성이 필요합니다.

해외에서 돌아오지 못하고 있는 우리 미술문화재가 많습니다. 이에 대해 어떻게 생각하십니까.

수많은 우리 문화재가 해외 여러 곳에 흩어져 있는 것은 안타까운 일이 아닐 수 없습니다. 대부분이 도자기와 토기이며 회화와 불상도 소수 있습니다. 특히 외국 박물관의 경우 한국 회화를 선호하고 있죠. 희소성이 있는데다 중국·일본 등의 회화는 대부분 소장하고 있지만 한국 회화는 그렇지 못해 더 많은 관심을 가지고 있습니다. 문화재가 해외로 반출된 데는 전란을 겪었던 탓도 있지만 60년대 이전에 국가가 문화재 관리를 철저히 하지 못한 영향도 큽니다. 국립문화재연구소에서는 '국외 한국문화재 보존처리 지원사업'을 통해 해외에 소장되어 있는 우리 문화재의 보존수리와 국내 전시도 지원하고 있습니다. 이런 활동들이 모여 좋은 결실을 맺을 수 있을 것으로 기대합니다. 해외의 개인들 손에 사장되어 있는 우리 문화재들이 공공박물관들에 모여져 우리 문화의 홍보에 활용되면 좋겠다는 생각을 많이 합니다.

그럼, 해외에서는 미술문화재를 어떻게 수집하고 관리하고 있습니까.

정부 차원에서 문화재 수집에 나서는 경우도 있지만 개인 소장가들이 문화재를 사들이는 경우가 많습니다. 집에 모셔뒀던 귀한 문화재를 박물관에 기증할 경우 세제상의 혜택이 주어지기도 합니다. 우리나라도 문화재 기증을 촉진하기 위한 정부 차원의 대책이 필요하며 다양한 세제 혜택도 이

뤄져야 합니다. 외국에서 우리 문화재를 사들여 올 경우 쉽게 들여올 수 있도록 규제를 풀고 나가는 문화재에 대해서는 철저히 법으로 막아야 합니다. 문화재 수집의 상징인 간송 선생 같은 분이 많이 나올 수 있도록 제도적 지원이 필요합니다. 또 개인적인 생각이지만, 문화유산상 등에 개인 소장가들을 현창하기 위한 표창제도도 마련되었으면 좋겠습니다.

국립문화재연구소에 바라는 점이 있다면 한 말씀 부탁드립니다.

국립문화재연구소가 올해로 창립 40주년을 맞았는데, 진심으로 축하합니다. 지금까지 한국 문화재연구 분야에 많은 업적을 남겼는데, 이제부터 새로운 40년을 위한 준비를 할 때라고 봅니다. 연구소에서 회화, 서예, 조각, 도자기 등 각종 공예를 포함한 미술작품 사료의 총정리 작업을 추진해 줬으면 좋겠습니다. 또 문화재 정책에 관한 연구도 맡아서 수행해 주길 바랍니다. 현재 문화재 정책을 전문으로 연구하는 부서나 기관이 없다보니 제대로 자리 잡아야 할 문화재 정책이 흔들릴 수밖에 없습니다. 부서를 만들어 집중적으로 연구해야 문화재의 근본 문제들을 풀어나갈 수 있을 것입니다.

미술문화재 관련 드라마나 영화가 제작돼 인기리에 방영되곤 하는데, 이에 대해 어떻게 생각하시는지요.

사극이 국민들에게 미치는 영향은 매우 큽니다. 그러므로 역사적 사실을 원칙으로 삼아서 제작해야 합니다. 그렇지만 역사의 진실 규명은 소홀히 하면서 흥미 증대에만 연연한 작품들이 많습니다. 사실의 확인이 어려운 부분에 대해서만 상상의 날개를 펴주길 바랍니다. 또 사극 속에 등장하는 각종 미술작품에 대해서도 올바른 이해와 관심이 필요합니다. 드라마 속의 시대와 전혀 무관한 엉뚱한 작품들이 등장하는 경우가 허다합니다.

끝으로 앞으로 계획을 말씀해 주십시오.

계획되어 있는 책들을 내는 데 모든 노력을 기울일 계획입니다. 앞으로 제가 펴낼 책이 개정판을 포함하여 10여 권 정도입니다. 매년 2~3권씩 출간할 생각인데, 마음이 흐트러질 때마다 들여다보려고 집필할 책들의 목록을 적어서 지갑 속에 넣고 다닙니다. 최근에는 『청출어람의 한국미술』이라는 책을 탈고했는데 올 중으로 나올 예정입니다. 중국의 영향을 받았지만 중국보다 더 뛰어난 경지를 이룬 우리 미술 작품들에 대한 이야기입니다. 이러한 노력이 국민들에게 우리 문화재를 올바르게 이해시키고 사랑하게끔 하는 작은 불씨가 되었으면 합니다.

글 · 김화숙 학예사

약력

- 1940년 충청북도 진천 출생
- 서울대학교 문리과대학 고고인류학과 졸업
- 미국 하버드대학교 대학원 미술사학과 졸업(문학석사, 철학박사)
- 홍익대학교 미술대학 교수 · 박물관장
- 서울대학교 인문대학 고고미술사학과 교수 · 박물관장
- 명지대학교 인문대학 미술사학과 석좌교수
- 한국대학박물관협회 회장
- 한국미술사학회 회장
- 문화재청 문화재위원회 위원장 역임

현재

- 서울대학교 인문대학 고고미술사학과 명예교수
- 문화체육관광부 동상·영정심의위원회 위원장
- 국립중앙박물관 운영자문위원회 위원장

안견, 꿈(夢) 속 세상을 그리다 / 미술사학자 안휘준*

"어디서 다들 이렇게 알고 몰려든거야?" 곳곳에서 뿌듯함 혹은 절망감(?)의 탄성이 들려왔다. 뿌듯함은 함께 전통미술에 관심을 두고 있는 이들이 이토록 많다는 기쁨의 것이었고, 절망감은 오랜 시간을 줄을 서서 기다려야 한다는 아득함의 것이었다. 국립중앙박물관 앞마당은 562년 전 안견이 그린 〈몽유도원도〉를 감상하기 위한 5~6겹의 줄로 장사진을 이루고 있었다. 세종조의 안평대군이 꾼 꿈을 안견이 그려내고, 당대 최고의 문인들이 찬시를 덧붙인 〈몽유도원도〉는 현재 일본 덴리대에서 소장하고 있다. 우리 측의 요구 끝에 일본 덴리대 측은 단 10일간의 대여를 허락했고 추석이 시작되던 연휴부터 10월 7일까지 국립중앙박물관 앞은 〈몽유도원도〉를 보고자 하는 사람들의 줄이 길게 늘어졌다. 이에 〈몽유도원도〉에 관한 최고의

---

* 『미술세계』 통권 300호(2009. 11), pp. 98-101.

권위자인 안휘준 선생을 만나 화제의 중심에 서 있는 〈몽유도원도〉에 관한 이야기들을 나누어 보았다.

〈몽유도원도〉가 한국에서 전시를 갖게 되었는데 이번 전시의 의의는 어떤 것일까요?

1986년에 국립박물관이 중앙청 건물로 이사가면서 우리나라에서 처음으로 〈몽유도원도〉 전시를 하게 되었지요. 또 1996년에는 호암미술관이 많은 노력을 기울여서 전시를 했어요. 그리고 나서 지금 2009년이니까 〈몽유도원도〉가 13년 만에 고국에 다시 돌아와서 국민들에게 선을 보이게 된 데다가 불과 열흘밖에 전시를 안 하는데, 열흘이라 하더라도 오프닝 날까지 포함하고 있어서 실질적으로 9일밖에는 일반 국민들에게 보여지지 않는 것이거든요. 또 언제 이런 기회가 생기게 될지 아무도 알 수가 없기 때문에 이번 전시는 무척이나 소중한 것이죠.

이번이 〈몽유도원도〉를 볼 수 있는 마지막 기회는 아니겠지요?

〈몽유도원도〉는 올 때마다 늘 볼 수 있는 마지막 기회라고 여기며 볼 수밖에 없는 작품입니다. 이것을 통해서 우리가 깨달을 것이 참 많지만 그 중 하나가 우리의 소중한 문화재를 충분히 보호하지 못해서 외국으로 빠져나가게 되면 그때는 그게 남의 소유가 되어서 우리 국민이 아무리 원해도 보기도, 연구하기도 힘들게 된다는 것이죠. 그래서 문화재 보존에 만전을 기해야 한다는 것을 뼈저리게 느끼게 되는 그런 기회이기도 해요.

안견의 〈몽유도원도〉에 관한 국내 또한 세계 최고의 권위자로서 〈몽유도원도〉의 중요성 및 가치에 대해 말씀해 주신다면?

우선 안견이라는 작가는 신라의 솔거, 고려의 이녕과 함께 제가 꼽는 우리나라 미술사상 삼대가(三大家)의 한 분이십니다. 삼대가 중에 유일하게 작품을 남기고 있는 분은 오직 안견뿐인데, 〈몽유도원도〉는 유일하게 남아 있는, 시빗거리가 전혀 되지 않는 완벽한 그의 진작인 것입니다. 이 〈몽유도원도〉가 남아 있지 않다면 안견의 화풍이 어떠했었는지, 그 수준이 얼마나 높았었는지 알 길이 없습니다. 두 번째로는 안견의 그림과 안평대군의 글씨 이외에 성삼문, 박팽년, 신숙주, 김종서, 정인지, 강석덕, 박연 등 15세기를 대표하는 혜성 같은 역사적 인물들 스물한 분이 시도 짓고 자필로 찬문을 써 넣었다는 점이지요. 세종조의 시, 글씨, 그림이 어우러진 종합적 성격의 삼절(三絶)을 이룬 기념비적인 걸작 중의 걸작이라는 것이 두 번째로 꼽는 중요성이라고 하겠습니다. 세 번째로 〈몽유도원도〉는 구도와 구성, 공간개념, 필묵법, 설채법 등 모든 면에서 안견 화풍의 특징과 우수성을 잘 드러내고 있는 점입니다.

또한 네 번째로 안견의 영향이 조선 초기는 물론이고 조선 중기까지도 지대하게 미쳤음이 확인된다는 사실을 꼽을 수 있습니다. 상당히 많은 화가들이 안견의 화풍을 따라 그렸습니다. 공식적 기록적 성격을 띤, 왕실이나 또는 조정이 중심이 되어 제작한 작품들은 한결같이 안견의 화풍을 지니고 있는 것을 보면 그의 영향이 얼마나 컸는지를 우리는 알 수가 있습니다.

또 한 가지 중요한 것은 〈몽유도원도〉에 개재된 도가사상입니다. 도원은 도연명의 「도화원기(桃花源記)」를 토대로 한 것인데 이것은 도가사상과도 긴밀한 관련이 있을 뿐만 아니라 고대 사회에 있어서의 이상향 유토피아를 상징하는 것입니다. 성리학이라는 것이 국초부터 국가의 통치이념이자 백성들의 도덕규범으로 조선사회를 지배했지만 그 기저에는 이러한 억압적인 분위기로부터 벗어나 자유로워지고 싶어하는 생각이 공부한 사람들 마음속에 자리 잡고 있었고 그것이 바로 도가사상이었던 것입니다. 그러한 현상을 반영한 것이 〈몽유도원도〉라고 볼 수 있습니다. 한편 도원을 소재로 한 많은 그림들이 중국, 우리나라, 일본에서 그려졌는데 수많은 도원도들 중에서 가장 뛰어난 작품이 바로 안견의 〈몽유도원도〉입니다. 중국의 어떤 도원도도 안견의 〈몽유도원도〉를 능가하는 것은 없습니다.

마지막으로 앞에서 언급한 화풍의 독창성에 대한 언급을 조금 더 해야 하겠습니다. 일반적으로 두루마리 그림들은 오른쪽에서 시작해서 왼쪽으로 전개가 됩니다. 그렇지만 〈몽유도원도〉만은 반대로 왼쪽 하단부에서 시작해서 오른쪽 상단부로 이어집니다. 보이지 않는 대각선을 따라서 전개가 되면서 파격적인 구성을 보여줍니다. 이렇게 스토리 전개 면에서만 보더라도 안견의 〈몽유도원도〉는 독보적인 위치를 점하고 있는 것입니다.

이번 전시에 이토록 많은 국민들이 관심을 가지는 것을 보면 새로운 우리 문화의 전성기가 새로이 도래하는 것은 아닌가 하는 흥분된 기대를 가져보게도 됩니다.

얼마 전까지만 해도 서양 미술품이 전시될 때는 구름같이 많은 사람들이 몰려 장사진을 이루면서 관람에 열중하는 데 비해, 우리 문화재나 미술품에 대한 전시에는 비교적 냉담했던 것이 사실입니다. 그런데 이번에는 〈몽유도원도〉에 대한 관심도 크고 박물관 100주년 기념행사이기도 하여 특별한 경우이긴 하지만, 국민들이 몇 시간씩 줄을 서서 기다리면서 문화재를 감상하는 것을 보면서 우리 국민들도 이제 많이 달라지고 있구나 하는 생각이 들었고 이런 현상을 보면서 그렇게 흐뭇하고 기쁠 수가 없었어요. 문화재 보존을 위해서는 정부도 정책적인 면에서 치밀하게 대응해야 하고 국민들도 많은 관심을 가지고 애호해야 합니다. 관련 학계에 몸담고 있는 전문가들도 더욱 노력을 해야 합니다. 모두 이번 기회를 계기로 해서 분발해야 하리라고 생각합니다.

그동안 국내에서는 현대미술에만 많은 관심이 모아졌고, 상대적으로 전통미술에 관한 관심을 소홀했던 것이 사실입니다.

전통문화에 대해 되돌아보면 과거에는 국가나 국민이나 신경을 쓸 겨를이 별로 없었죠. 6.25전쟁이 났었고 그 뒤로도 궁핍한 상태가 오랫동안 지속되었습니다. 그런 어려운 여건 때문에 전통문화나 문화재에 대해 여유롭게 정성을 쏟을 형편이 못되었던 것이 사실입니다. 생활에 여유가 있고, 이것저것 신경 쓸 겨를이 생기고 해야 문화재 보존에 대한 생각도 생기는 것이 인지상정이니 그것을 나무라기만 할 수는 없어요. 그렇지만 국가와 정부는 달라야 해요. 국가는 정부 수립과 동시에 우리 문화재 정책에 대한 충분한 배려를 했어야 했는데 그렇지 못했어요. 〈몽유도원도〉는 정부 수립 이전에 이미 일본에 건너간 것이어서 어쩔 수 없지만 이제는 더 이상 중요한 문화재들이 해외로 밀반출되거나 하는 일이 없도록 정부 차원에서 만전을 기해야 하고, 일반 국민들도 문화재가 우리에게 얼마나 중요한 것인지, 이를 통해 우리가 얼마나 많은 도움을 받을 수 있는지를 절감하고 보존에 함께 신경을 써야 한다고 생각합니다.

안휘준 선생은 서울대학교 고고인류학과를 졸업하고 미국 하버드대학교 미술사학과(문학 석사, 철학 박사)를 졸업했다. 이후 미국 프린스턴 대학교 문리과 대학원 고고미술사학과에서 수학했다. 홍익대학교 미술대학 교수, 명지대학교 미술사학과 석좌교수, 문화재위원장, 한국미술사학회장 등을 역임하였으며 현재는 서울대학교 인문대학 고고미술사학과 명예교수와 문화체육관광부 동상·영정 심의위원장을 맡고 있다. 주요 저서로는『한국 회화사』, 『한국 미술의 역사』(공저) 등이 있다. 그의 그치지 않는 학문적 열정은 한국미술사의 가치를 발견해 나가는 데 있어서 중요한 동력이 되어 왔다.

글·주혜진 기자

안휘준 서울대 명예교수에게 듣는 '한국미술사학 50년'*

"당대 감성 농축된 예술 모르면서 인문학 위기 말하는 건 어불성설"

한국미술사학회(회장 최공호)가 창립 50주년을 맞았다. 한국미술사가 독립 학문으로 취급받지 못했던 1960년에 창립돼 반세기 만에 일반인들까지 한국미술사 교양강좌에 몰려드는 장족의 발전을 이뤘다. 학회는 50주년 기념으로 오는 29일 국립중앙박물관에서 '한국미술사학의 인문학적 성찰'이란 주제로 심포지엄을 연다. 또 11월 1일부터 5일까지 안휘준·강경숙·문명대·이성미·김리나 등 원로 미술사학자들의 '다시 듣는 명강의 시리즈'를 마련한다. 한국회화사 연구자로 30여 권의 저서를 통해 한국미술사 연구의 견인차 역할을 해온 안휘준 서울대 명예교수(70·전 문화재위원장)를

* 『경향신문』(2010. 10. 22).

만나 한국미술사학 50년의 역사를 들었다.

- 지난 50년을 어떻게 평가하십니까.

"고유섭 선생을 빼면 황수영·김원용·진홍섭·최순우 선생이 1세대이고 정영호·맹인재·정양모 선생이 2세대, 저희가 3세대라고 할 수 있지요. 이전 세대는 국립박물관, 문화재관리국에 근무하거나 사학과에 재직하면서 개인적 관심으로 한국미술사를 공부했고, 정식 미술사 교육을 받은 건 저희가 처음입니다. (안 교수는 1961년 서울대 고고인류학과 1기로 입학했다.) 선배들이 닦아놓은 터 위에서 눈부시게 발전했습니다. 그러나 저만 해도 회화가 주전공이지만 한국미술사를 가르쳐야 하니까 조각·건축·도자 등 다른 분야까지 섭렵했는데 우리 후배세대들은 자기 분야에서 심층적인 연구를 하게 됐지요."

- 요즘 미술사의 인기가 높아졌습니다.

"간혹 미술사가 인문학이 아니라는 분이 있는데 나는 미술사야말로 인문학 중의 인문학, 인문학의 꽃이라고 봅니다. 예술을 다루니까 예술학이라고 보는 분들에게 '그럼 문학사는 왜 인문학이냐'고 묻지요. 미술이 역사 연구에서 왜 중요하냐 하면 선사시대부터 현대까지 많든 적든, 뛰어나든 그렇지 않든 작품을 남기고 있어서 시대별 특징과 시대변화에 따른 문화의 변천 과정을 일목요연하게 파악할 수 있기 때문이지요. 요즘 인문학자들이 예술을 모르면서 인문학의 위기를 말하는 건 어불성설이라고 봅니다. 예술에는 당대의 창의적 감성이 농축돼 있는데 그걸 모르면 많은 부분을 놓치는 셈이지요."

미술사를 '미술의, 미술에 관한, 미술을 통해 본 역사'로 정의한 안 교수는 "미술사의 경우 일반 사학자들이 다루는 문헌과 함께 작품을 사료로 쓰기 때문에 그만큼 높은 감식안과 오랜 훈련기간이 필요하다"고 말했다. "오랫동안 작품과 씨름하면서 작품을 꿰뚫어보는 눈을 가져야 한다"고 강조한 그는 "요즘 국립중앙박물관에서 열리는 고려불화 전시를 보면서 몰랐던 것을 새로 발견했고 우리 예술이 세계 최고 수준임을 다시 한번 느꼈다"며 관람을 '강추'했다.

- 미술사를 공부해도 취업이 어렵다고 하는데 해결책은 무엇일까요.

"미술사 전공자들이 늘어났지만 아직도 미술대학, 인문대학의 미술사 강의가 정상화되지 않았습니다. 실기 교수들이 시간 때우기로 부실한 강의를 하거나 미학·고고학 전공자들이 맡는 경우도 많아요. 박물관, 미술관이 점점 늘어나기 때문에 미술사 전공자들이 필요합니다. 항만과 공항의 감정요원, 미술평론가도 미술사 전공자가 하는 게 원칙이고요. 상업화랑도 전공자들로 세대 교체를 하고 있어요. 옥션에도 미술사 전공자가 들어가야 합니다. 철망 바깥에 먹이가 수북이 쌓여 있는데도 철망에 가려서 먹지 못하고 있는 상황입니다. 그런데 안타깝게도 아직까지 미술사가 독립된 학과인 곳은 명지대와 덕성여대밖에 없어요."

- 한국미술사학의 과제는 무엇일까요.

"발해나 가야 미술처럼 한국미술사의 후미진 부분을 찾아내고 기왕의 연구를 심층화하는 것입니다. 또 세계화가 필요합니다. 해외 박물관이나 미술관이 한국실을 열 때 제대로 일할 사람이 필요해요. 한국미술을 알기 위해 중국·일본 미술을 공부하는 것도 중요하고요. 유창종 변호사의 노력으로 올초 중국 최고의 미술대학인 중앙미술학원에 한국미술사 강좌가 생겼는데 지원하는 곳이 없어 강좌가 끊길 위기에 처했습니다. 진부한 이야기 같지만 기업이 우리 문화에 더욱 투자해야 합니다. 시간이 흐른 뒤 반드시 회수할 수 있는 돈입니다."

글·한윤정 기자

안휘준 전 문화재위원장, 끝없는 노력으로 한국미술사 지평 넓히다*

안휘준 서울대 고고미술사학과 명예교수이자 전 문화재위원장은 요즘 시간의 대부분을 집필 활동에 쏟고 있다. 최근 『한국미술사 연구』가 최종 마무리 단계에 들어가면서, 그의 생애 마흔 번째 책(단독 저서, 공저서, 편저서 포함)이자 올해 두 번째 책이 세상에 빛을 보게 되었다. 이처럼 미술사가로서 멈추지 않는 노력으로 한국 미술사의 업적을 쌓아가고 있는 안휘준 교수를 경복궁에서 만났다. 그와의 산책길에는 미술사를 향한 그의 뜨거운 열정만큼 푹푹 찌는 무더위도 함께했다.

근면한 학자의 무한한 노력

* 『문화재 窓』 Vol. 11, 2012 상반기(국립문화재연구소), pp. 48-50.

안휘준 교수는 앞으로 내야 할 책의 목록을 지갑 속에 언제나 지니고 다닌다. 지금 그는 『한국미술사 연구』 출간을 앞두고 있다. 지난 2006년 서울대 정년퇴임 후 내고자 계획했던 책들을 차질없이 계속해서 내고 있는 셈이다.

"초교(初校)를 모두 넘기고 지금은 표지 작업을 하는 중입니다. 물론 기술적인 디자인은 전문 디자이너가 도맡아서 하지만, 표지의 경우에는 저자인 제가 기본적인 콘셉트를 제시해야 하니까요. 이번에 출간하게 되는 책은 대부분 2000년 이후에 쓴 논문들을 모은 것인데, 이전에 나왔던 『한국회화사 연구』를 비롯한 논문집들 및 『한국회화사』, 『청출어람의 한국미술』 등 개론서들과 상호보완적인 역할을 할 것이라고 생각합니다."

우리나라 미술사와 문화재 분야, 특히 한국 회화사 분야에서 이른바 한 획을 그었다고 해도 과언이 아닐 만큼 전방위에서 활약한 이가 이토록 부지런히 집필 활동을 이어가는 경우는 그리 흔치 않다. 그럼에도 안 교수는 공개적으로 집필 계획을 밝히며 스스로를 채찍질하고 있다. 아주 가끔 마음가짐이 흐트러질 때마다 그는 품속에서 아직 완성되지 않은 책들의 제목을 곱씹으며 자신을 다잡는다.

"이런 목표를 굳이 숨기지 않는 것이 사람들에게 어떻게 비칠지는 모르겠습니다. 그럼에도 이렇게 공개적으로 이야기하는 것은 제가 나태해지지 않고 최선을 다할 수 있도록 저 자신을 다짐하고 채찍질하기 위해서입니다."

앞으로 남은 10권의 목표 가운데는 영문저서 3권과 일문저서 2권이 포함되어 있다. 우리나라 미술사 연구를 널리 알리기 위해서는 이와 같은 작업이 반드시 필요하다고 생각하는 까닭이다. 내년에 『한국 소상팔경도 연구』와 『조선왕조시대의 산수화』 두 권의 책을 마친 후에는 본격적으로 영문저서 집필에 전념할 계획이다.

"외국의 한 여성 노학자로부터 '지금 내 나이가 팔십을 넘었는데 언제 영문으로 된 책을 볼 수 있게 해줄 거냐'는 항의 섞인 메일도 온 적이 있어요. 그분에게 '여성 수명이 백이십이 될 것이라고 하니 아직도 40년은 더 사실 수 있을 것입니다. 그러니 너무 초조하게 생각하지 마십시오.'라고 둘러댄 적도 있습니다.(웃음) 그만큼 영문으로 된 한국미술사 책이 절실히 요구되고 있어서 그에 대한 책임감을 매우 무겁게 느끼고 있습니다."

나는 만들어진 미술사가

단독 저서와 공저서, 편저서를 포함해 그동안 발간한 책의 숫자만도 무려 40권. 이와 별개로 130여 편의 논문과 500여 편의 학술잡문까지 병행해서 써 온 그의 성과는 누가 보아도 놀라운 수준이다. 하지만 그는 겸손한 표현으로 스스로를 '만들어진 미술사가'라고 주저없이 일컫는다. 자신을 미술사 연구로 이끌어준 은사였던 김원용 선생과 김재원 선생이 아니었다면 오늘날의 자신은 없었을 것이라고 말하면서 말이다.

사실, 고등학교 때까지만 해도 그는 상과대 등 다른 분야의 진학을 염두에 두고 있었다. 하지만 때마침 서울대에 고고인류학과가 국내 최초로 개설되면서 미개척 분야의 학자가 되고 싶다는 꿈을 품고 첫 입학생이 됐다. 그의 진로는 초대 국립박물관장이었던 김재원 선생을 만나면서 보다 구체적으로 변모했다. 당시만 해도 미술사학을 제대로 공부한 학자가 드물다며, 그 분야를 공부하도록 그에게 권유했던 것이다.

"그분들이 아니었다면 이제껏 제가 내놓은 것들은 모두 나오지 않았을 겁니다. 저를 이 분야로 이끌어주신 은사님들께 언제나 감사한 마음이에요.

후배들에게도 늘 하는 말이지만, 문화재 분야는 학자로서 보람을 많이 느낄 수 있는 영역입니다. 그래서 미술사를 비롯해 고고학, 민속학 등 문화재 관련 학문을 하는 분들은 자신이 하고 있는 학문에 대한 긍지를 더욱 확고하게 가졌으면 좋겠어요."

실제로 올해 그와 그의 후배 교수들이 길러낸 제자 두 명이 세계적인 명문대학인 하버드와 예일대 동양미술사 교수로 동시에 임용되면서 우리나라 출신 미술사가들의 활동영역은 더욱 넓어지고 있다. 출근할 때 들고 갔던 가방을 미처 열어볼 틈도 없이 학생들을 수시로 지도해왔던 지난날을 생각하면 이들을 포함해 국내외 각계에서 크게 활약하고 있는 제자들의 성장은 더욱 뿌듯하고 자랑스럽기만 하다.

우리 문화재의 가치, 널리 알리고파

안휘준 교수는 더 많은 국민들이 문화재의 중요성을 깨달아 주었으면 하는 바람이 크다. 문화재만큼 한국인의 정체성과 우리 문화의 우수성이나 특성을 잘 드러내는 것은 없다는 것이다. 그중에서도 미술문화재는 선사시대부터 작품이 남아 있기에, 각 시대별 특징과 역사적인 변천 과정을 잘 알아 볼 수 있는 소중한 자산이다. 때문에 그는 이날 인터뷰가 있었던 경복궁 내에서 한창 진행되고 있는 흥복전 발굴작업 관계자들에게도 격려의 말을 전했다. 이런 자산들이 우리가 문화민족이라는 것을 널리 알리고 증명하는 바탕이 되는 까닭이다.

"문화재에는 우리 민족의 지혜와 창의성, 미의식과 기호 등이 모두 포함되어 있습니다. 새로운 문화를 창출할 때에도 이러한 부분들이 보배처럼 도움이 될 것입니다. 교육을 할 때에도 문화재를 중심으로 한 역사 교육과 문화교육이 필요하다고 생각합니다."

실제로 안 교수는 미술사와 현대미술을 넘나드는 교육을 해왔다. 현대미술에 관한 글도 여러 편 썼다. 그 가운데 그가 자부심을 갖고 있는 책은 서울대출판부에서 나온『미술사로 본 한국의 현대미술』이다. 비교적 작은 저서지만, 세월이 흐른 후에 후대가 자신을 평가할 때 가장 큰 의미를 가지게 될 책이라고 여기고 있다.

이처럼 우리나라 1.5세대 미술사가로서 나름의 사명감을 가지고 있는 안휘준 교수는 일평생 자신에게 주어진 모든 역할에 최선을 다해왔다. 교수로서 강의와 학생 지도에 전념했을 뿐만 아니라, 연구와 저술에 있어서도 빈틈이 없었다. 아울러 그는 24년간 문화재청 문화재위원과 위원장으로 활약했다. 또한 문화체육관광부 동상·영정심의위원회 위원도 역시 임기를 마치고 나면 30년이라는 시간을 쏟은 셈이 된다. 이 위원회의 위원장도 10년 넘게 해오고 있다. 이런 자신의 궤적을 두고 그는 "미술사와 현대미술, 문화재와 미술사교육, 그리고 박물관과 미술관 등 다방면에 걸쳐서 약방의 감초처럼 참여하며 일을 해왔다"고 자평한다.

"개인적으로는 정부가 가장 역점을 두어야 할 부분이 있다면, 국민의 생명 및 재산을 보호하는 것과 더불어 문화재를 안전하게 보존하고 계승하는 일이라고 생각합니다. 문화재야말로 우리를 우리답게 하고, 우리를 세계에 내세울 수 있는 한국 문화의 정수이자 정체성이기 때문입니다."

이런 역할의 중심에서 국립문화재연구소가 큰 몫을 해주기를 바라는 안휘준 교수. 더불어 그의 꾸준한 노력이 우리나라를 넘어 전 세계에 우리 문화재의 중요성을 올바르게 이해시키는 원동력이 되기를 기대한다.

글·정라희 기자

〈몽유도원도〉·'고려불화', 되찾아야 할 최고 걸작*

"세종연간 시·서·화를 대표하는 15세기 기념비적 작품인 〈몽유도원도〉와 외국에는 많지만 우리한테는 없다시피 한 '고려불화'는 시간이 걸리더라도 꼭 되찾아야 할 고미술 최고 걸작이다."

안휘준 국외소재문화재재단 이사장의 말이다. 원로 미술사학자이자 서울대 명예교수인 안 이사장은 취임한 지 한 달이 채 되지 않는다. 재단은 문화재청 산하 문화재 환수와 활용 민간 전담기구다. 지난 17일 문화재 환수와 관련, 국제회의가 열리고 있는 서울 서대문구 그랜드힐튼호텔에서 그를 만났다.

원로 학자는 만나자마자 조금 기다려 달라며 "머리 좀 빗고 오겠다. 처

---

* 『아시아경제』(2012. 10. 18).

음 봤는데 예쁘게 보여야지"라고 했다. 늘 우리 미술과 한국의 미(美)를 책으로, 강연으로 전파했던 그의 첫인상이었다.

안 이시장은 "약탈되거나 우리한텐 없지만 외국에는 많은 문화재는 꼭 찾아와야 예술적, 역사적으로 규명할 수 있다"라며 "안견의 〈몽유도원도〉와 '고려불화'는 그 대표적인 예"라고 소개했다.

〈몽유도원도〉는 1592년 임진왜란 때 빼앗긴 문화재로 현재 일본의 텐리대학 중앙도서관이 소장하고 있다. 1447년 안견이 안평대군의 명을 받고 그린 걸작이다. 예술과 풍류를 즐겼던 안평대군이 기암절벽과 구불구불한 냇가, 복숭아나무 숲에 떠오른 붉은 노을을 노니는 환상적인 꿈을 꾸고 안견에게 청한 그림이었다. 안 이사장은 "문화를 사랑하고 식견과 안목이 있었으며 경제력을 겸비한 안평대군 같은 사람은 다시는 안 나올 것"이라며 "그런 분과 당대 최고 작가가 참여한 아주 기념비적인 작품"이라고 설명했다.

그는 또 고려불화에 대해 국내 국립박물관 소장 작품이 단 한 점도 없다는 점을 강조했다. 가장 많이 소재한 곳은 일본으로 100여 점이 넘고, 이외에도 미국, 유럽 등지에 고려불화는 퍼져 있다. 안 이사장은 "고려불화는 당시 사찰마다 있었으니 수천 점에 이르고 패턴화돼 대량생산으로 그려졌는데, 국내 사립박물관과 미술관에 있는 게 전부니 아쉬움이 크다"고 말했다.

국외소재 우리 문화재 현황은 대략 15만 점으로 집계되고 있다. 이 중 일본에 있는 우리 문화재는 6만 5000여 점으로 가장 큰 비율을 차지한다. 이외에 미국, 유럽, 중국 등지에도 수천~수만 점씩 퍼져 있다. 약탈 문화재 외에도 외교적으로, 개인 소장품으로 보내진 것들도 많다. 따라서 외국에 있는 우리 문화재들이 현재 위치한 그 지역에서 우리 문화를 알리는 매개체로 활용돼야 한다는 목소리도 커지고 있다.

안 이사장도 “서양의 세계적으로 유명한 공공박물관들을 돌아보면 중국실과 일본실은 어디나 대부분 가지고 있지만 한국실은 거의 없다”면서 “있어도 소장품 내용이 매우 빈약한데 특히 순수미술을 대표하는 그림이나 조각이 드물다”고 지적했다. 그는 이어 “외국에서 개인소장품으로 공개되지 않은 것들은 문화·역사적인 가치를 발휘하지 못하는데, 이런 문화재들을 외국의 공공박물관으로 가져갈 수 있도록 외국 박물관과의 협정이나 국가 간 교류 등 정책 마련에 힘쓸 것”이라고 밝혔다.

더불어 문화재환수운동에 앞장서고 있는 시민단체들의 활동을 지원하겠다는 의지도 표했다. 그는 “사랑하는 사람에게 정성을 쏟듯이 우리 문화재도 똑같다. 보살피고, 아껴야 겉돌지 않는다”며 “시민단체들이 애쓰는 환수와 지킴이 활동들에 경의를 표하고 지원할 수 있도록 하겠다”고 말했다.

안 이사장은 연내 재단에 자문위원회를 꾸려 문화재 전문가 집단을 구성할 계획이다. 학계와 문화계 인사들뿐 아니라 문화재를 홍보할 전문인력도 이에 해당된다. 내년부터는 조직체계를 확립하고, 문화재환수 관련 국외사례 조사와 현재 우리 문화재 현황과 환수방법 연구, 해외 문화재 교류 등을 전개토록 기초적인 초석을 다지는 데 전념할 예정이다.

그는 “퇴직 후 공부와 저술에만 집중하려고 했고, 국민적 기대가 큰 역할임에도 단기간 실적이 나올 수 없는 자리여서 고민이 많았지만 ‘천여불수(天與不受)이면 반수기앙(反受其殃)’라는 안중근 의사의 글씨가 늘 마음에 있었다”며 “원만히 덕스럽게 일하면서도 초대 이사장으로 재단의 초석을 탄탄히 하도록 노력하겠다”고 포부를 밝혔다.

글·오진희 기자

미술사학자 안휘준, '민화, 한국적 특성 가장 많이 담고 있는 압도적인 그림'*

미술사학자 안휘준

미술사가 안휘준. 미술사학을 전공한 이들은 물론이고 어떤 경로로든 미술사를 접한 이들은 거의가 당대의 미술사학자 안휘준의 연구성과에 힘입은 문화적 수혜자들이라 해도 과언이 아니다. 35년에 걸친 긴 교수 생활을 마감하고 2006년 강단에서 은퇴한 후에도 그는 여전히 바쁜 나날을 보내고 있다. 한국미술사의 원로에게 듣는 전통 민화와 현대 민화 이야기.

항산 안휘준 국외소재문화재재단 이사장은 우리나라 미술사학의 역사를 이야기할 때 결코 지나칠 수 없는 우뚝한 봉우리다. 물론 그의 겸허한 말처럼 학문의 진보란 어떤 한 사람의 뛰어난 능력만으로는 성취되는 것이

* 『월간 민화』 Vol. 01(2014. 4), pp. 18-22.

아니다. 아무리 대단한 업적도 선학들의 축적된 연구 성과가 없으면 이루어질 수 없는 것이다. 그러나 그런 진리를 감안한다 하더라도 항산이 이 나라 미술사학에 남긴 발자취가 유례없이 크고 선명하다는 데 대해서는 누구도 이의를 제기하기 어렵다. 항산은 1967년 서울대 고고인류학과를 졸업하고 미국으로 유학, 미술사에 관한 한 당시 세계 최고 수준의 학부였던 하버드대에서 수학, 석사와 박사학위를 받았다. 한국회화사 연구로 박사학위를 받은 것은 우리나라에서 처음 있는 일이었다.

이후 그는 국내에 돌아와 대학 강단에 서서 수많은 후학들을 양성하기 시작했다. 당시만 해도 학문적 체계나 교수 방법에서 거의 불모지나 다름없었던 국내 미술사학계에 자신이 체득한 이론과 방법론을 한국적 토양에 맞게 전파하고 이식시킴으로써 한국 미술사학의 학문적 전문화와 교육과정의 체계화에 크게 공헌했다. 이것이야말로 그가 한국미술사학계에 남긴 가장 빛나는 족적일 것이다.

뿐만 아니라 뛰어난 미술사학자로서 열정적인 학문 연구를 통해 한국미술사학의 내용을 살찌우는 데도 큰 기여를 했다. 무려 40여 종의 저서와 140여 편의 학술 논문, 그리고 5백여 편에 이르는 논설 등 좀처럼 믿어지지 않을 만큼 방대한 논저의 양이 그 일차적인 증거다. 더욱이 그의 쉼 없는 학문 활동은 노익장을 과시하며 여전히 현재 진행중이다.

평생을 학자이자 교육자로서 대학 강단에서 보낸 그는 지난 2006년, 홍익대학교를 거쳐 서울대학교로 이어진 약 35년간의 긴 교수 생활을 마감하고 정년퇴임을 했다. 그러나 그는 정년 퇴임을 한 이후에도 '공부와 연구할 틈이 없다'며 불평 아닌 불평을 할 정도로 바쁘고 분주한 나날을 보내고 있다.

미술사, 그 중에서도 회화사의 우뚝한 대가에게 우리 민화의 과제와 미래의 비전에 대해 듣는 귀중한 시간을 가졌다.

Q. 2006년을 끝으로 서울대 고고미술사학과 교수직에서 정년퇴임하셨습니다. 지금은 명예교수로 계시는데, 요즘도 바쁘게 지내시는지요?

A. 퇴임 후에 더 바빠졌어요. 지금 일하고 있는 국외소재문화재재단이 설립된 지 1년 반 정도가 지났는데 처음이라 그런지 업무가 아주 많아요. 학자의 소임은 공부하고 연구하는 것인데, 정작 해야 할 일을 못하니까 영 조급하고 마음이 편치 않습니다.

Q. 일각에서는 한국 미술사학이 안휘준 선생님을 기점으로 전후로 나뉜다는 말을 할 정도입니다. 선생님이 한국미술사학계에 가장 크게 기여한 점이 있다면 구체적으로 무엇일까요?

A. 그런 말이 있는지도 모르지만 턱없는 과찬입니다. 학문이라는 것은 누구 하나에 의해 갑작스레 발전할 수 있는 게 아닙니다. 저 이전에도 평생을 학문 연구에 헌신한 훌륭한 학자들이 많이 계셨습니다. 다만 현대 미술사학의 체계적인 이론이나 방법론 등은 접할 기회가 없었기 때문에 그런 부분에서는 미흡한 점이 있었을 겁니다. 아마도 스승인 삼불 김원용 선생이나 여당 김재원 선생님 같은 분이 제게 유학을 강권했던 것도 '장차 그 부족한 부분을 네가 채워봐라' 하는 분부였을 거라고 믿습니다. 다행히 제가 유학했던 하버드대학의 미술사학과는 도서, 시설, 교수진 등 모든 면에서 세계 최고 수준이었습니다. 제가 작게나마 기여한 바가 있다면, 거기서 접하고 배운 체계적인 이론을 우리 미술사에 접목, 미술사학의 학문적 전문화와 체계화에 일정 부분 도움을 준 정도가 아닐까 생각됩니다.

Q. 미국에서 공부하셨으면서도 한국회화사 연구로 박사학위를 받으셨습니다. 미국에서 '조선시대 산수화'에 대해 논문을 쓰기가 쉽지 않으셨을 텐데, 처음부터 한국회화사를 전공하실 생각으로 하버드에 가셨는지요?

A. 제가 하버드에 갔을 때 록펠러 3세 재단 장학금(JDR3 Fund)을 받았습니다. 당시 재단 디렉터인 포터 맥크레이와 김재원 선생이 한 약속이 있었다고 해요. "안휘준은 반드시 한국에 돌아와 대학 강단에서 미술사학의 방법론과 체계를 정립하는 데 기여하게 해야 한다"는 거였지요. 그러니 한국미술사를 전공한 것은 필연이었어요. 그런 점에서 저는 제 뜻보다는 한국미술사의 장래를 내다본 스승님들에 의해 '만들어진 미술사가'였다고 할 수 있겠습니다.

Q. 한국에 돌아와서 갓 대학 강단에 서신 1970년대 중반만 해도 미술사 교육의 여건은 상당히 열악하지 않았을까 싶어요. 어땠습니까? 그리고 어떻게 극복하셨습니까?

A. 그때는 학부에는 아예 미술사학과가 없었고, 홍익대학교 대학원에 미학미술사학과가 있었어요. 그러니 교육여건은 말할 바가 못 되었죠. 환등기가 한 대 있기는 했는데, 스크린이 없어 칠판에 백지를 붙이고 수업을 진행했지요. 회화의 양식 등을 비교하며 설명하려면 두 장의 사진을 동시에 보여줄 수 있어야 하는데, 환등기가 한 대뿐이라 그게 안 됐어요. 게다가 교수가 적어 정확히 내 전공이 아닌 과목까지 강의를 맡아야 했지요. 그러나 그런 여건 속에서도 강의는 정말 열심히 했습니다. 15주 커리큘럼이라면 17주 분을 강의했습니다. 체계적인 방법론에 따라 논리적인 접근을 하도록 독하게 훈련시켰습니다. 나중에 많은 제자들이 외국에서 유학을 했는

데, 거기 가서도 별다른 어려움 없이 수업에 잘 적응할 수 있었다고 고마워했어요.

Q. 이제 본론인 민화에 대한 견해를 여쭙겠습니다. 적절한 표현인지 모르지만, 민화는 한동안 미술사학계로부터는 다소 폄하되어온 감이 없지 않나 하는 생각도 듭니다. 우리나라를 대표하는 미술사학자의 입장에서 민화를 어떻게 보시는지요?

A. '폄하'라는 말은 아마도 큰 오해일 겁니다. 문인화가 우리 그림이라면 민화 또한 우리의 그림입니다. 다 각자의 가치를 지니고 있는데, 특별히 한쪽을 폄하할 이유가 없습니다. 다만 '학문의 대상'으로 볼 때는 몇 가지 적절치 않은 부분이 있어 쉽게 회화사의 영역으로 포함시키기 어려운 점은 있습니다. 예컨대 대부분의 민화는 작가가 분명치 않고, 밝혀졌더라도 기준작을 선정하기 어렵습니다. 또 절대연대와 양식의 변화 등을 설명하기 어렵다는 한계가 있습니다. 이런 문제들은 미술사 연구의 기초적인 요소거든요. 그러나 그렇다고 해서 민화의 가치가 떨어지는 것은 아닙니다. 개인적으로는, 이러한 아쉬움에도 불구하고 민화는 이른바 주류 회화를 압도하는 힘과 매력이 있는 미술품이라고 생각합니다.

Q. 그렇다면 구체적으로 민화의 압도적인 힘, 혹은 민화가 한국미술사에서 갖는 의미는 무엇이라고 보십니까?

A. 앞서 말했듯, 학문의 대상으로서는 좀 불리한 조건을 갖고 있지만 적어도 한국적 특성과 독특한 색채 감각에서는 일반 회화보다 훨씬 큰 호소력을 갖고 있다고 봅니다. 일반 회화가 아카데믹한 연구자의 우회적 화법(話法)이라면 민화는 직설적인 화법이에요. 한국적 특성을 더 진하게 갖고

있다는 점에서 한국과 한국인을 이해하는 가장 좋은 통로가 될 수 있습니다. 그것이 한국미술사에서 민화가 지니는 의미라고 봐요.

Q. 그렇다면 연구 대상으로서의 민화가 아닌 작가에 의해 그려진 '현대의 민화'는 어떤 의미를 가지고 있을까요?

A. 그림은 학문의 대상이기 이전에 생활 속에서 즐기고 향유하는 예술입니다. 우리나라는 그림을 걸어놓는 데 아주 인색해요. 벽 전체가 빈 공간인 고대광실에 그림 하나 걸려 있지 않은 집이 아주 많습니다. 저는 이러한 풍토를 개선하는 데 현대의 민화가 큰 기여를 할 수 있다고 봐요. 그리는 인구가 많은 만큼 그림도 많고 또 친근합니다. 값도 비싸지 않고, 심지어는 친구나 이웃에게 기증할 수도 있지요. 그림을 즐기는 풍토, 그런 환경을 만들어가는 데 크게 기여할 수 있는 것이 민화라고 봅니다.

Q. 그렇다면 현대 민화는 어떤 방향으로 나가야 할까요?

A. 민화의 큰 특징 중 하나는 옛 작품을 정확히 모사하는 임모(臨摹)가 중요하다는 점입니다. 그러나 그 과정을 완벽하게 습득했다면 임모를 벗어나 창작을 지향해도 좋다고 봅니다. 그건 작가의 권리이지요. 유물이 된 옛 민화와 현대의 민화는 이름만 같을 뿐, 작가의 신분부터가 다릅니다. 옛 민화는 떠돌이 환쟁이가 그렸다면 현대의 민화작가들은 대체로 중산층 이상이고 배움도 깊습니다. 그러므로 민화작가들은 민화의 기법을 토대로 '한국미술사'에 포함될 수 있는 '작품'을 지향하는 것도 큰 의미가 있다고 봅니다. 참고로 한국미술사에 포함될 수 있는 그림이 되려면 몇 가지 조건을 갖춰야 합니다. 우선 예술로서 창의성과 고유성이 발견되어야 하고 한국의 미술인만큼 한국이라는 시공간과 문화적 요소가 반영돼야 합니다. 또 작품

을 통해 작가가 살았던 시대의 상황을 인지할 수 있어야 한다는 것 등입니다. 민화도 얼마든지 한국미술사에 편입되는 그림이 될 수 있다고 봅니다.

Q. 마지막으로 민화 연구 분야의 발전을 위해 당부하시고 싶은 고견이 있다면?

A. 요즘 민화를 다루는 학술지를 가끔 보는데, 아주 기분이 좋아요. 미술사, 특히 회화사를 전공한, 좋은 학자들이 민화의 연구에 관심을 많이 기울이고 있는 것을 볼 수 있습니다. 아주 고무적인 일입니다. 이런 학자들이 많이 늘어나면 민화 연구의 새로운 방법론이 모색될 수도 있다고 봅니다. 그런 점에서 학문적 연구 분야에서도 민화의 앞날은 밝다고 봅니다.

인터뷰: 유정서 편집국장/정리: 한명륜 기자

안휘준 이사장, 일흔넷에도 4시간 자며 공부 '열혈' 학자*

"자유롭게 공부할 수 있다 생각 정년퇴직 100일 전부터 손꼽아"

안휘준 이사장은 2012년 7월 설립된 국외소재문화재재단 이사장직을 제의받았을 때 다소 망설였다고 한다. 우리 문화재를 환수하는 일이 '잘하면 당연하고 못하면 욕먹기' 때문이기도 했지만, 재단을 맡으면 학자로서 '공부'를 할 수 없을 것이라는 생각 때문이었다. 결국 '천여불수 반수기앙이(天與不受 反受其殃耳 · 하늘이 주는 것을 받지 않으면, 도리어 재앙이 되어 돌아온다는 뜻)'라는 평소, 가슴에 품어온 안중근 의사의 말을 좇아 이사장직을 받아들였지만 공부에서만큼은 상당한 손해를 보고 있다고 그는 말했다.

"2006년 서울대에서 정년퇴직하면서 앞으로 15권의 책을 더 내겠다고

---

* 『문화일보』(2014. 9. 19).

말했다. 그 뒤 10권 가까이 책을 출간했는데, 퇴직 당시 만든 목록에 들어가지 않은 책들도 있어서 아직 내야 할 책이 10권이나 남았다. 이것이 나를 너무너무 속상하게 한다"고 그는 말했다.

재단 일로 바쁠 텐데, 어떻게 시간을 낼 수 있겠느냐고 묻자, 안 이사장은 공부를 위한 자신의 시간 활용법이 4가지 있다고 말했다. 한번 참고해볼까 귀를 기울였는데, 일반 사람들은 따라 할 수 없는 상당히 힘든 원칙이었다. 바로 '첫째 공부하고 관계없는 사회적 만남의 최소화, 둘째 토막시간의 선용, 셋째 수면 시간의 감축, 넷째 휴가의 포기'이다. 그는 동창회 같은 공부와 관계없는 모임은 되도록 가지 않고, 지금도 대개 오전 2, 3시에 잠자리에 들어 6시 30분이면 일어난다고 한다. "서울대를 퇴직할 때도 자유롭게 공부할 수 있다는 생각에 100일 전부터 손꼽아 기다렸다"고 하니 그는 공부에 관한 한 여전히 열혈 학자이다.

그렇게 평생 한국미술사를 파고든 그에게 우리 미술의 아름다움은 무엇인지 물었다. 그의 대답은 이랬다. "당연히 한국 미술의 특성을 한 마디로 이야기할 수 없다. 역사 시기에 따라 다르고, 지역에 따라 다르고, 도자기냐 불상이냐 회화냐에 따라 다르기 때문이다. 그럼에도 불구하고 한 마디로 하자면 자연스러움, 억지가 없는 자연스러움이라고 생각한다. 영어로는 흔히 자연주의(naturalism)로 번역하는데, 이보다는 자연스러움(naturalness)에 가깝다. 억지가 없고, 누가 봐도 부담스럽지 않을 정도로 자연스럽다. 그래서 애정이 느껴지고, 높은 격조가 감지되는 미술, 그것이 한국 미술의 아름다움이다."

글 · 최현미 기자

해외 반출 문화재 실태 파악부터… 그리고 환수 나서야*

『한국의 해외문화재』
안휘준 지음/사회평론/2,5000원

해외 문화재에 대한 흔한 인식 중 하나는 강탈된 것이니 돌려 받아야 한다는 것이다. 외세의 침략이 많았던 역사, 특히 일제강점기란 엄혹한 세월 때문일 터다. 물론 상당수 해외 소재 문화재는 불법적인 방법으로 유출됐다. 16만여 점의 해외 문화재 중 7만여 점이 일본에 있다는 점만 봐도 이런 인식은 사실을 반영하고 있기는 하다. 그러나 해외 문화재 전부가 강탈됐다거나, 원래 우리 것이니 무조건 돌려 달라고 나서는 것은 오해이고 억지이기 십상이다.

저자는 해외 문화재를 세 부류로 나눈다. 첫째는 "약탈·절도 등 불법적인 방법으로 반출된 것들", 둘째는 "외교·통상·선물·구입 등 우호적이고 합법적인 방법으로 나간 것들", 셋째는 "경위가 밝혀져 있지 않은 것들"

....

* 『세계일보』(2016. 10. 21).

이다. 그는 환수의 적극적인 대상으로 첫째 분류에 드는 것들을 꼽고 둘째, 셋째의 것들은 "현지의 해당 국가 국민들에게 우리나라의 역사와 문화를 올바르게 알리는 데 최대, 최선으로 활용이 되도록 하는 방안을 세워야 한다"고 강조한다.

2012년 해외 문화재 환수를 위해 설립된 국외소재문화재재단의 초대 이사장을 지낸 저자의 경험과 연륜이 녹아 있는 책이다.

저자는 해외 문화재의 환수 이상으로 중요한 것이 조사와 현지 활용이라고 역설한다. 그는 "국외 소재 우리 문화재들에 대하여 국가적 차원에서 가장 우선적으로 해야 할 일은 이들 문화재에 대한 총체적인 실태를 구체적으로 파악하는 일"이라고 말한다.

공식적으로 확인된 해외 문화재는 16만여 점이지만 알려지지 않은 것을 포함하면 일본에만 30만여 점이 될 것이라는 주장이 있다. 해외 문화재에 대한 조사가 아직 부족하다는 점을 보여주는 대목이다. 저자는 "해외에 반출된 우리 문화재가 개인 소장품을 포함하여 전부 몇 점이나 되는지, 국가별 소유 숫자는 얼마나 되며, …반출 경위는 어떠한지 등등 하나같이 규명을 요하는 상태"라며 "정확한 실태 파악이 최우선적인 과제"라고 적었다. 현지 활용에 대해서는 "외교와 통상, 선물 등 우호적인 방법으로 해외에 전해진 문화재들과 유출 경위가 밝혀져 있지 않은 문화재들은 환수 대상이기보다는 현지에서 한국의 역사의 문화를 올바르게 알리는 데 활용되는 것이 바람직하다"는 견해를 보인다.

어떤 문화재를 환수해야 할까. 물론 불법 유출된 것이 1차 대상이다. 그중에서도 "최우선 대상은 국내에 전해지는 작품이 없어서 한국의 역사와 문화예술을 연구하고 규명하는 데 큰 지장을 초래할 정도의 사료적 가치가 큰 것들과 창의성이나 예술성이 뛰어난 국보급이나 보물급의 격조 높은 것들"이다. 환수할 때도 너무 조급하게 생각하지 서두르지 말아야 할 것이며 "환수를 전제로 한 조사는 그 자체가 상대방을 자극하거나 긴장시키고 비협조적이게 할 수 있다. 차분하고 논리적인 설득, 상대에 대한 배려가 있어야 한다"고 말한다.

글·강구열 기자

해외 소재 문화재 환수보다 현지활용 방안도 찾아야*

안휘준 국외소재문화재재단 전 이사장은 26일 한국일보와 인터뷰에서 "해외 소재 문화재는 모두 약탈 문화재고 그래서 전부 환수해야 한다고 여기는 사람들이 많다"며 하지만 "현지에 두고 한국문화를 알리는 방편으로 활용할 문화재도 있다"고 말했다.

"국내에 있든 해외에 있든 우리 문화재는 한 점 한 점이 보배롭습니다. 소재지로 인해 문화재의 중요성이 변하지는 않아요. 그렇기 때문에 무조건 '환수해야 한다'는 주장만 내세우기보다 방치된 문화재가 제 기능을 할 수 있도록 하는 게 시급하죠."

지난달 임기를 마친 안휘준(76) 국외소재문화재재단 초대이사장은 26

---

* 『한국일보』(2016. 10. 27). 23면.

일 한국일보와 만나 "해외 소재 문화재 중 절대 다수가 사장(私藏) 또는 사장(死藏)돼 있는 현실이 안타깝다"며 이렇게 말했다. 국외소재문화재재단은 해외소재 한국문화재를 체계적으로 조사, 연구하고 활용, 홍보하기 위해 2012년 7월 설립된 문화재청 산하 특수법인이다. 재임 기간 해외 유수 박물관과 미술관은 물론 민간에 흩어져 있는 한국문화재 실태 파악에 주력한 안휘준 전 이사장은 지난 4년 활동과 성과를 담은 『한국의 해외문화재』(사회평론)를 최근 냈다.

홍익대를 거쳐 서울대 고고미술사학과에서 가르쳤고 서울대 박물관장, 국사편찬위원 등을 지낸 안 전 이사장은 해외문화재 환수를 위한 최우선 과제로 "해외 문화재 실태 파악"을 꼽았다. "전부 몇 점인지, 국가별 규모는 얼마나 되는지, 분야별·시대별 분포는 어떤지, 급은 어느 정도인지" 등을 일일이 규명해야 한다는 것이다. 문화재 유출 경위 파악도 중요하다. 그는 유출 경위에 따라 문화재를 크게 세 종류로 구분했다. 약탈·절도·협박 등 불법 행위로 유출된 문화재, 외교·통상·선물 등 합법적이고 우호적인 경위로 나간 것, 유출 경위가 밝혀지지 않은 문화재이다. 어떻게 흘러나갔는지에 따라 '환수'를 강구할 수도, '현지 활용'을 생각할 수도 있다는 것이다.

"물론 되돌려 받을 수 있다면 가장 좋겠지만 현실적으로 불가능한 경우가 태반입니다. 그렇다면 한국 문화와 역사를 연구하고 올바르게 소개할 수 있도록 활용이라도 해야 한다는 겁니다. 강압적인 태도로 '무조건 내놓으라'거나 지나치게 요란을 떨면 오히려 우리 문화재를 꽁꽁 숨기게 만들 뿐이라는 것을 알아야 합니다." 그가 임기 내내 "사자가 사냥감을 사냥하듯 조심스레" "손바닥 위 밤송이를 대하듯 조심스레" 해외소재 문화재에 접근해야 한다고 주장한 이유다.

재단 조사에 따르면 지난달 1일 기준으로 해외 한국문화재는 20개국 582개처 16만 7,968점으로 추산된다. 그러나 재단 설립이 얼마 되지 않은 데다 인적 구성, 예산, 시설 등 측면에서 턱없이 부족해 아직 갈 길이 멀다.

안 전 이사장은 특히 "중국 소재 문화재 파악이 어렵다"고 말했다. "각종 기록을 보면 중국으로 흘러간 한국문화재가 무척 많아요. 사신을 수도 없이 주고받은 만큼 선물도 갔을 테니까요. '금강산도' 같은 것도 15세기 중국 사신들이 여러 폭 가져갔다고 기록돼 있어요. 분명 어딘가에 보관돼 있을 텐데 중국은 이상하리만치 공개를 하지 않아요. 시간을 두고 노하우를 쌓아야 할 필요성이 재단에 있는 거죠."

"중국과 일본 문화재는 세계 각국에서 보살피는 사람이 많아요. 중국은 자국에서 크게 신경 쓰지 않아도 동양 문화 중심지로 각국이 알아서 중국학을 배우고 전문 인력을 양성하기 바쁘죠. 일본은 해외소재 문화재를 위해 정부·민간이 많은 지원을 합니다. 유명 대학과 박물관에 거금을 투자하고 전문 큐레이터를 심어놨어요. 반면 양적·질적으로 열세인 한국 문화재는 중국이나 일본 문화재 연구 인력이 간간이 들여다보는 식에 불과합니다." 그나마 환수를 강력하게 주장하는 사람들조차 '내 물건 내가 돌려받는다는데 뭐가 문제냐'며 '투자가 웬말이냐'는 태도를 보인다고 그는 지적했다.

3년 임기를 채우고 1년을 더 재단 일을 본 뒤 물러난 소감은 "시원섭섭"이 아니라 "시원"이다. "공부하고 집필할 것이 워낙 많아 마음이 급했기 때문"이다. "마음을 다스릴 줄 몰랐다면 아마 진작에 몸져누웠을 거예요. 외국에 있는 문화재 생각만 하면 정말 그렇다니까요."

글·신은별 기자

"현대 민화, 미술사적 가치 높이려면 예술성·한국성·시대성 갖춰야"*

창간 5주년 기념 특별 인터뷰 – 원로 미술사학자 항산 안휘준

월간 『민화』가 창간 5주년을 기념해 원로 미술사학자 항산 안휘준 교수와 대담을 나눴다. '항산(恒山)'이라는 호처럼 언제나 그 자리에서 묵묵히 한국미술사를 지켜온 그에게 민화가 가진 미술사적 의미와 향후 나아갈 방향에 대해 물어보았다.

한국미술사의 적토성산 이루다

원로 미술사학자 안휘준 서울대 명예교수(79)는 한국회화사의 개척자

* 『월간 민화』 Vol. 62(2019. 5), pp. 36-39.

이다. 안 교수가 연구에 주력했던 1960년대 말은 광복 이후 미술사학의 기틀을 잡아가는 시기이긴 했지만, 회화 부문은 여전히 척박한 상황이었다. 서울대 고고인류학과 1기생으로 입학해 인류학자나 고고학자를 꿈꿨던 안휘준 교수 역시 처음엔 한국회화사 부문이 엄두가 나질 않았지만, 지도교수였던 삼불 김원용 교수와 초대 국립박물관장 여당 김재원 선생의 권유로 한국회화사 연구에 발을 내딛었다. 서울대를 졸업한 그는 미국 하버드대 대학원 미술사학과에서 석사와 박사학위를 받고 미국 프린스턴대 대학원 고고미술사학과에서 수학했으며, 1974년 귀국해 그가 익힌 학문적 체계나 방법론을 전파함으로써 한국회화사의 초석을 마련했다. 그는 그 공을 겸허히 스승에게 돌렸다.

"저는 은사들에 의해 만들어진 미술사가예요. 김원용 교수와 김재원 선생님이야말로 미술사의 선구자입니다. 최고의 은사들을 만난 덕분에 작은 학자가 될 수 있었어요. 저뿐만 아니라 고고미술사학과에서 공부한 모든 학생들이 은사들의 학은(學恩)을 입었다고 생각합니다."

그는 한국 미술사학 교수로서 30여 년의 강단 생활을 마치고 2006년 정년퇴임한 이후에도 명지대 석좌교수, 문화재위원회 위원장, 국외소재문화재재단 초대 이사장 등을 두루 역임하며 바쁜 행보를 이어갔으며 왕성한 집필 활동을 통해 40여 권의 서적 및 100여 편의 학술논문을 선보였다. 일생을 미술사에 바친 투혼의 대학자, 황무지나 다름없던 한국회화사 영역을 종래 푸르른 산으로 가꿔낸 안휘준 교수를 만났다.

창간호 인터뷰 이후 본지 단독 인터뷰는 5년 만입니다. 최근의 근황에 대해 말씀해주십시오.

벌써 시간이 그렇게 흘렀네요. 저는 요즘 여러 책을 낼 준비를 하고 있습니다. 하나는 『한국회화의 4대가』라는 책인데 역사를 통틀어 대표적인 화가 4명인 통일신라의 '솔거', 고려의 '이녕', 조선초기의 '안견', 조선후기의 '정선'에 대한 이야기로 그간 관련해 쓴 글들을 전부 모아 출판할 예정입니다. 또 하나는 어느 미술사가의 연구사라고나 할까, 책 제목은 아직 정해지지 않았지만 제가 지금까지 연구하면서 쓴 글들을 모아보려 합니다. 1장은 '제 학문적 발자취'로 연구사 중심에 대한 내용, 2장은 '제가 어떤 책들을 왜 냈는가'에 대한 것으로 저서 40여 권의 서문들을 모을 거예요. 사람마다 다르지만 저는 서문을 아주 중요하게 여겨요. 책을 낼 때마다 당시의 사회적, 정치적 여건 등을 언급하면서 책의 핵심적 내용에 대해 많이 이야기합니다. 3장은 '나의 학문적 봉사'에 대한 글로 구성하려고 해요. 그간 이학보국(以學報國)의 마음으로 학문을 했습니다. 홍익대, 서울대, 한국학중앙연구원, 명지대 등 여러 미술사학과를 거치면서 학문적인 봉사를 한 내용으로 3장을 형성할 겁니다. 4장은 제 은사들인 김원용 교수와 김재원 선생님에 대한 이야기로 구성하려고 해요. 그 외 『한국의 소상팔경도 연구』, 『한국 회화사』 개정판, 『미대생을 위한 한국미술사』, 우리 문화를 외국에 알리기 위한 한국미술사 개설서 영문판이나 한국회화사 영문판 논문 모음집 등이 늘 생각하는 책들입니다.

미술사학의 원로로서 현재 미술사학의 흐름은 어떻게 보시는지, 또 앞으로의 과제는 무엇이라고 보십니까?

제일 기분 좋은 점은 미술사를 전공하는 후배들이 많이 생겼다는 거예요. 미국유학을 마치고 귀국한 1974년, 그때 간절한 소망이 한 가지 있었어요. '미술사를 제대로 공부한 박사가 10명만 있어도 좋겠다.' 그만큼 국내 미술사 환경이 열악해 신뢰할 수 있는 학자가 드물었지요. 지금은 젊은 박사들이 수백 명으로 늘어났습니다. 그것만으로도 너무 행복해요.

제가 후배들한테 이야기하는 세 가지 부탁이 있습니다. 첫 번째는 연구의 다양성이에요. 제가 여러 저서를 통해 한국미술사의 개설적인 내용을 다뤘다면 후배들은 기성학자들이 하지 못했던 새로운 주제와 영역을 개척하라는 것이죠. 다음으로 다변화 못지않게 연구의 심층화가 필요합니다. 기존의 연구 성과에 머무르지 말고 더 깊이 연구하라는 것이죠. 우리 세대는 수박 겉핥기 시작으로 연구한 것들이 꽤 있어요. 이제는 훨씬 더 깊이 연구할 수 있는 상황이라든지 역량이 충분하다고 봅니다. 세 번째는 연구의 국제화에요. 영문, 일문, 제2외국어 등을 통해 연구 성과가 외국에 많이 소개되고 그것을 통해 해외에 우리 문화를 알리는 것이 중요합니다. 3대 요망사항이 부분적으로는 이뤄지고 있지만 아직은 충분하다고 볼 순 없어요.

슬슬 본론으로 들어가보려 합니다. 민화가 미술사학에서 갖는 의미에 대해 설명해 주십시오.

많은 사람들이 민화를 일반 회화와 별개로 생각하는데 그게 아니에요. 민화 속에 회화의 전통이 침잠되어 있습니다. 예를 들어 민화로 그려진 금강산도와 겸재정선의 금강산도가 관계없다고 할 수 있을까요? 조선 후기 진경산수화의 전통이 민화에 전파돼 민화 형식의 금강산도가 탄생했다고 볼 수 있습니다. 실제 민화가들은 경제적 여건 등의 한계로 금강산을 가볼 기회가 거의 없어요. 그래서 진경산수화를 토대로 상상의 날개를 펴는데 바로 이러한 점이 민화 작가들 고유의 영역이자 회화사에 기여한 부분이라고 생각해요. 기상천외한 발상들이 많다는 거죠. 또 하나의 예로 소상팔경도는 한, 중, 일 삼국에 다 있지만 우리나라에 제일 많이 남아 있고 민화가들도 많이 그렸습니다. 소상팔경도가 소강과 상강이 만난 경치를 그려낸 것이라고 하지만 민화 작가들은 실경산수화와 관계없이 상상의 날개를 펴서 기발한 그림들을 그렸습니다. 이처럼 민화에는 잠재적인 상상력, 그들 나름의 창의력, 그런 것들이 반영돼 있습니다. 민화가들이 아니면 만들어낼 수 없는 경지이죠. 민화와 일반 회화의 관계는 밀접해서 부정할 수 없습니다. 민화를 이해하고 싶은 사람은 일반 회화도 아울러서 공부해야 하는 거죠. 그 부분을 강조한 것이 제가 한 일 중의 하나입니다. 민화가 중요하다고 생각하기 때문에 앞으로 민화연구를 하겠다는 후배가 나오면 적극적으로 격려하고 지원할 것입니다.

미술사적인 측면에서 민화가 가진 한계가 있습니다

미술사에 민화가 편입되기 위해서는 몇 가지 조건을 갖추고 있어야 합니다. 첫째는 고도의 창의성과 예술성으로 최고의 경지에 올라서야 하는데 상당수의 민화가 전문가의 수준에 도달하진 못합니다. 두 번째로는 작가와 제작연대를 확인할 수 있어야 합니다. 민화의 경우 어림잡아서 연대가 18, 19세기라고 하지만 그 외의 정보를 알려줄 수 있는 구체적인 자료가 없어요. 설령 이름이 적혀 있다고 하더라도 이름뿐인 이름이 대부분이에요. 화가가 어떤 집안 출신인지, 누구와 교류했는지 등을 알 길이 없어요. 민화가 그런 몇 가지 조건을 충족시키지 못하기 때문에 일반 회화의 영역과 함께 다루기엔 무리가 있는 것이죠.

그렇다고 해서 민화가 중요하지 않은 것은 아닙니다. 민화는 일반 회화가 제대로 표현하지 못하는 한국의 미를 갖고 있어요. 비유를 들어 고고한 선비는 직설법을 거의 쓰지 않는 반면, 민화가들은 거침없이 직설법을 구사합니다. 자신이 표현하고자 하는 것을 뛰어난 채색 방법이나 기발한 표현 방법으로 진솔하게 그린다는 거죠. 민화를 일반 회화와 더불어 연구하되 민화는 민화대로 따로 떼어서 다뤄야 합니다.

18세기는 사람들이 민화를 선호하고 감상하던 시절로, 당시 민화가 미술 부문에 기여했다는 점에서 아주 중요합니다. 화원들이 그린 값비싼 그림을 갖고 싶어도 가질 수 없었던 사람들의 예술적 욕구를 민화가 충족시켜 줬거든요. 지금 21세기 현대인보다도 19세기를 산 우리 선조들이 훨씬 미술을 향유하고 사랑한 것 같아요. 현대인들은 고대광실에 살면서 그림 한 점 안 거는 사람이 많습니다. 18~19세기 민화가들이 활약했듯, 20세기 민화가들이 나서서 한층 더 문화예술을 향유할 수 있는 사회적 분위기를 만들었으면 합니다.

오늘날의 민화가 후대에 가치를 인정받기 위해선 어떠한 노력이 필요할까요?

민화의 이원화가 필요하다고 생각합니다. 우선 옛날 것을 똑같이 재현할 수 있는 사람이 꼭 필요하고, 중요하다고 생각해요. 두 번째는 창작민화 부문으로 자신만의 세계를 선보일 수 있어야 합니다. 요새 미대를 나오고 민화를 하는 사람들이 많이 있는데 그 이유가 무엇일까요? 일반 회화에서 볼 수 없는 무언가가 민화에 있기 때문이겠죠. 그렇다면 그 특징을 잘 살려야 합니다. 자기 나름의 상상력을 발휘하고 창의성을 구현함으로써 새로운 민화의 세계를 개척하란 것이죠. 이를 위해선 민화가들이 공부를 해야 합니다. 제 책 중에 권한다면 『한국의 현대미술』, 『한국 회화의 이해』로 그 두 권만이라도 읽으면 미술에 대한 눈이 뜨이고 생각을 다듬을 수 있을 거예요. 책 홍보가 아니라 공부를 안 하는 작가들이 너무 많아서 하는 얘기에요.

제가 미술사가로서 어떤 미술이 한국미술로 포함될 수 있는지에 대해 조금 더 설명해드리겠습니다. 그 기준이 세 가지인데 첫 번째는 앞서 말한 예술성과 창의성입니다. 두 번째로 많은 작가들이 소홀히 하는 한국성입니다. 국제화 시대에 세계 누가 보더라도 한국적 특징을 완연히 느낄 수 있도록 하는 작품이 굉장히 중요한데 수많은 화가들이 이를 등한시합니다. 자존심이 있다면 어떻게 한국적인 요소를 외면하고 서양 것을 흉내 냅니까. 세 번째가 시대성이에요. 21세기 화가는 21세기의 사회와 문화를 반영해야 합니다. 18세기의 그림을 암만 흉내 내도 그것을 미술사에 포함시킬 수는 없습니다. 반드시 작가가 살고 있는 시대를 작품에 투영해야 합니다. 이러한 것들을 그림에 구현하기 위해선 노력이 필요하겠지요. 학자처럼 공부하라는 게 아니에요. 창작에 필요한 만큼만 공부하면 된다 이겁니다.

진솔한 조언을 통해 민화에 대한 교수님의 각별한 애정을 느낄 수 있었습니다. 마지막으로 창간 5주년을 맞이한 월간 『민화』에게 하실 말씀이 있으시다면 무엇이든 말씀해주십시오.

월간 『민화』가 5주년을 맞이했다는 것은 기쁜 일입니다. 제가 받아 보는 잡지가 20가지 정도 되는데 그 잡지들 중에서 가장 아름다운 잡지라고 생각해요. 무엇보다 내용이 실합니다. 학술적인 콘텐츠도 풍성하거든요. 그리고 이 잡지가 민화가들의 유대관계를 돈독히 하고 교류를 활성화하는 데 크게 기여했습니다. 월간 『민화』가 아니면 어떤 민화전시가 열리는지 알 길이 없죠. 월간 『민화』 덕분에 각종 화단의 소식도 접하고, 공부도 할 수 있으며, 작품 감상도 할 수 있습니다. 추가로 권하고 싶은 것은 일반 미술사학계의 소식이라든지, 민화 전문 서적이 아닌 일반 회화 서적이나 관련 연구 동향도 조금이나마 곁들이면 더욱 좋을 것 같습니다. 민화가들이 공부하는 데에도 일정 부분 기여할 수 있을 거예요. 월간 『민화』는 앞으로도 잘 하겠지만, 더욱 분발하길 바랍니다. 월간 『민화』가 장족의 발전을 이루길 응원하겠습니다.

글·문지혜 기자

찾아보기

[ㅎ]